아일랜드 평화프로세스
Irish Peace Process

김정노 저

아일랜드 평화프로세스

2015년 5월 29일 초판 1쇄

지은이 김정노 **펴낸곳** (주)늘품플러스 **펴낸이** 전미정 **책임편집** 이동익 **디자인** 윤종욱 정진영
출판등록 2008년 1월 18일 제2-4350호 **주소** 서울 중구 필동 1가 39-1 국제빌딩 607호
전화 02-2275-5326 **팩스** 02-2275-5327 **이메일** go5326@naver.com **홈페이지** www.npplus.co.kr

ISBN 978-89-93324-82-2 03340 정가 16,000원

Irish Peace Process

저는 20년 이상을 북아일랜드 평화프로세스 관련 실무에 관여했던 사람으로서 2009년에 주한 아일랜드 대사로 부임할 당시 우리의 아이디어나 경험을 한국인들과 공유할 수 있는 방법이 없을까 고민했습니다. 아일랜드와 한국은 식민통치를 받고 나라가 분단된 것이나, 농업사회로부터 세계적인 경제대국으로 급속히 성장한 것 같은 여러 가지 역사적 경험을 공유하고 있었기 때문입니다.

제게는 한국이 독일의 경험과 통일 과정에 대해 많이 연구했다는 사실이 매우 인상적이었습니다. 그것은 한국이 매우 큰 책임감과 관심을 갖고 통일의 날을 준비하고 있다는 사실을 보여주는 것이기 때문이었습니다.

저는 제 조국인 아일랜드 섬의 경험을 통해 평화를 구축하고 분단을 극복하는 일은 매우 진행이 더디고 조심스러운 과정이라는 사실을 익히 알고 있었습니다. 그것은 최소한 수 세대 또는 수십 년이 걸리는 일인 것입니다. 아일랜드 식의 갈등해결, 권력공유, 남북협력 모델은 발전과 화해는 합의와 존중에 기반을 두고 있으며, 통일은 북아일랜드 주민 다수의 바람을 통해서만 실현가능하다는 전제에 토대를 두고 있습니다.

한반도 통일이 아직은 요원한 상태고, 특히 남북한의 분단이 반백년이 훨씬 넘게 지속된 상황이지만, 아일랜드의 평화구축 경험은 한국인들에게도 관심의 대상이 될 수 있을 것으로 생각합니다. 통일부 관계자들을 비롯해 많은 한국인들과 이야기를 나누는 가운데 저의 그 같은 생각이 옳았다는 것을 확인할 수 있었습니다. 저는 저자에게서 조국에 대한 헌신과 한국의 통일과 관련된 자신의 역할에 대한 열정, 그리고 그 무엇보다도 한반도 화해를 촉진시킬 수 있는 다양한 갈등해소 모델에 대한 지적 호기심을 발견할 수 있었습니다. 그는 이내 아일랜드의 경험을 연구하는 열성적인 학자가 되었고, 아일랜드의 교훈을 다른 사람과 공유하는 데 뛰어난 주창자가 되었습니다.

본 저서는 화해라는 주제와 한반도 상황에 대한 한국인들의 사고에 아일랜드의 경험이 어떻게 영감을 불어넣을 수 있을까 하는 것에 대한 그의 폭넓은 연구와 깊은 고찰의 산물입니다. 더불어 본 저서는 어떻게 하면 가장 효과적으로 한반도와 한국 민족의 비극적인 분단을 관리하며 궁극적으로 그것을 종식시킬 수 있을까에 대한 한국 내의 정책토론에 중요한 기여를 함으로써 열렬한 환영을 받을 것입니다. 여러분에게 강력히 일독을 권유합니다.

이몬 맥키 박사
現 주이스라엘 아일랜드 대사
(前 주한 아일랜드 대사)

Recommendation

Having spent over twenty years on the Northern Ireland peace process, I could not help but wonder on arrival as Ambassador to Korea in 2009 if there were any ideas or experiences that we might usefully share. Ireland and Korea shared many historical experiences, including colonisation, partition and rapid development from largely agrarian societies to leading globalised economies.

I was impressed with the extent to which South Korea had explored the experience of Germany and its process of reunification. This showed a deep and very responsible interest in preparing for the day of unity.

I was also aware from the experience of our own partitioned island that building peace and bridging divides is a slow and careful process, spanning decades, if not generations. The Irish model of conflict resolution, power-sharing and cross border cooperation is based on the assumption that progress and reconciliation is based on consent and respect and that unity can only come about through the wishes of a majority of the people of Northern Ireland.

One could see that the Irish experience of peace building

might be interesting to Koreans given that unity may not be imminent, particularly since the division of the Korean peninsula has persisted for more than half a century. So it proved to be as I explored the idea with many Koreans, including officials from the Ministry of Unification. I found in J.R. Kim a man devoted to his country, passionate about his role in matters relating to the unification of Korea and above all intellectually curious about models of conflict resolution that might advance reconciliation on the Korean peninsula. He became a devoted student of the Irish experience and a great advocate for the idea of lesson sharing.

This book is the product of his wide research and deep consideration of the issue of reconciliation and how the Irish experience might inspire and inform Korean thinking about its situation. It is to be greatly welcomed as an important contribution to policy discussions in Korea about how best to manage and ultimately end the tragic division of the Korean peninsula and its people. I highly commend it to you.

Eamonn McKee, PhD.
Irish Ambassador to Israel

2015년은 광복 70년이 되는 해다. 동시에 분단 70년이 되는 해이 기도 하다. 우리나라와 비슷한 시기에 분단되었던 독일은 1990년에 통일을 이루었다. 벌써 사반세기 전의 일이다. 우리는 지난 20여 년간 독일 통일을 연구해 왔다. 정부는 물론 민간에서도 동서독 통일을 연구하는 데 상당한 인력과 자원을 투입해 왔다. 실제로 독일 통일 은 우리 정부가 대북정책을 수립하고 한반도 통일을 준비하는 데 가 장 많이 참고해 온 모델이었다.

물론 현대에 들어 통일을 이룬 국가가 독일만은 아니다. 남과 북 으로 분단되었던 베트남도 1972년에 통일을 이루었다. 남북 예멘도 '통일-내전-재통일'이라는 복잡한 과정을 거쳐 1994년에 통일되었 다. 그러나 베트남이나 예멘은 한반도 통일을 위한 모델로는 적합하 지 않았다. 전자는 공산국가인 북베트남이 전쟁을 통해 통일을 성취 한 경우고, 후자는 종교나 문화적 측면에서 우리에게는 상당히 생소 한 중동의 이슬람 국가이기 때문이다.

한편 우리나라처럼 아직도 분단된 상태에 놓여 있는 국가로는 중국과 대만을 들 수 있다. 그러나 중국과 대만의 경우 양국 간 국토 및 인구, 경제의 규모나 분단의 기원 등에 있어 우리와는 큰 차이가 있다. 또 하나의 분단국가로는 그리스와 터키가 대립 중인 남북 사이프러스를 들 수 있다. 그러나 사이프러스의 경우 두 개의 다른 민족 간의 갈등이라는 점에서 우리와는 상황이 다르다. 물론 현실적으로 우리와 동일한 정치적, 역사적 배경을 지닌 또 하나의 분단국가를 찾는 일은 불가능하다. 그럼에도 불구하고 이들 국가들은 우리와 유사점보다는 차이점이 너무 많기에 의미 있는 통일모델이 되는 데는 한계가 있을 수밖에 없다.

우리 정부의 공식 통일방안은 1994년에 제시된 '민족공동체 통일방안'이다. '민족공동체 통일방안'은 평화적, 단계적, 합의적 통일모델을 제시하고 있다. 노태우 정부 이래 역대 정부는 각 정부 간의 이념적 차이에도 불구하고 민족공동체 구축을 통한 통일방안을 계승해 왔다. 그 같은 측면에서 볼 때 독일식 신속흡수통일은 우리 정부의 공식 통일방안과는 괴리가 있다.

그럼에도 불구하고 지난 20여 년간 독일통일 연구에 집중해 온 것은 어쩌면 그것이 우리의 희망사항을 가장 잘 반영하는 모델이기 때문이었을 것이다. 물론 다양한 역사적 사례의 부재라는 현실적 제약으로 인한 불가피한 선택이기도 했다. 그러나 독일식 통일모델에 대한 지나친 편중은 북한의 반발을 초래했고, 국제사회로부터 모순적이라는 지적을 받을 수밖에 없었다. 어떤 면에서 보면 독일의 통일은 하나의 기적이었다. 현실적으로 독일 통일을 가능하게 했던 냉전의 종식과 소련의 붕괴 같은 역사적 행운이 가까운 장래에 한반도에

Prologue

서 재현될 가능성은 그리 높지 않다. 그만큼 이례적인 경우였다.

　그와 같은 맥락에서 아일랜드에 주목할 필요가 있다. 아일랜드
는 한반도 평화구축과 통일 준비에 있어 우리에게 많은 것을 시사
한다. 그러나 그럼에도 불구하고 여태까지 우리의 관심 밖에 놓여 있
던 흥미로운 국가다. 아일랜드는 그간 우리에게 제임스 조이스James
Aloysius Joyce나 오스카 와일드Oscar Wilde, 윌리엄 예이츠William Yeats와 같
은 작가들을 통해 널리 알려져 왔다. 여성인 매리 로빈슨Mary Robinson
대통령이 이끌던 1990년대에는 눈부신 경제성장으로 관심을 끌기도
했다. 또한 종종 국제뉴스의 헤드라인을 장식해 온 무장조직인 아일
랜드공화국군IRA, Irish Republican Army에 의한 '테러'로도 주목을 받아 왔
다. 그러나 그간 우리가 간과해 온 한 가지 사실은 아일랜드도 분단
국가라는 점이다. 유럽의 끝, 영국의 서쪽에 존재하는 아일랜드 섬에
는 현재 두 개의 정치적 실체가 존재하고 있다. 하나는 아일랜드 섬
의 4/5를 차지하고 있는 아일랜드공화국Republic of Ireland이고, 다른 하
나는 섬의 북동부 지역에 위치한 영국령 북아일랜드Northern Ireland이다.

　아일랜드 섬이 남쪽의 아일랜드공화국과 북쪽의 북아일랜드로
분단된 것은 1921년의 일이다. 그 이전에는 아일랜드 섬 전체가 700
년이 훨씬 넘게 영국의 식민지배 아래 놓여 있었다. 현재 아일랜드공
화국은 주권국가이고, 북아일랜드는 영국의 일부다. 영국의 공식 국
가명칭이 '대(大)브리튼과 북아일랜드 통합왕국The United Kingdom of Great
Britain and Northern Island'인 것은 바로 그 때문이다. 아일랜드 섬 북동
부 지역인 북아일랜드가 브리튼 섬에 위치한 잉글랜드England, 웨일스
Wales, 스코틀랜드Scotland와 함께 영국이라는 하나의 연합왕국을 구성

하고 있는 것이다.

아일랜드 섬의 총 32개 주county 가운데 26개는 무려 750년에 걸친 독립투쟁 끝에 1921년이 되어서야 마침내 영국의 지배로부터 벗어났다. 그러나 독립 당시 영국의 일부로 남겨졌던 북동부 6개 주의 아일랜드계 주민들은 그 후에도 꾸준히 영국을 상대로 독립투쟁을 전개했다. 그들 아일랜드 민족주의 세력의 일부는 IRA라는 준군사조직을 결성해 요인 암살이나 주요 시설 대상 테러 공격을 통해 영국을 상대로 한 무장투쟁을 전개했다. 북아일랜드의 다수를 점유하고 있는 영국계 주민들도 아일랜드계 주민들의 독립 움직임을 저지하기 위해 폭력으로 맞대응했다. 그 결과 북아일랜드 내부의 영국계와 아일랜드계 주민 사이에는 물론, 북아일랜드와 영국, 북아일랜드와 새로 독립한 아일랜드공화국 사이에도 긴장이 고조되었다. 유혈사태가 계속되는 가운데 수많은 생명이 희생되었다.

그 같은 와중에도 평화구축을 위한 노력은 지속되었다. 그러나 평화에 이르는 길은 멀고 험했다. 협상과 결렬, 무장충돌의 악순환이 반복되었다. 문제의 핵심은 북아일랜드의 완전 독립을 요구하는 아일랜드계 민족주의Nationalists 세력과 이에 반대하는 영국계 통합주의Unionists[1] 세력 간의 상호 신뢰 부재였다. 양대 세력 내 강경파와 온

---

1 '통합주의자'는 계속해서 '대영통합왕국(United Kingdom)', 즉 영국의 일부로 잔류하기를 원하는 사람들을 지칭한다. '유니언(Union)'은 영국을 지칭한다. 영국 국기가 '유니언 잭(Union Jack)', 즉 '유니언의 깃발(jack)'이라 불리는 이유도 바로 여기에 있다. 잭(jack)이란 용어는 1600년 이전부터 사용되어 온 것으로 선박 앞부분에 걸린 깃발을 의미한다. 따라서 '유니언 잭'은 문자 그대로 '영국의 국기'라는 의미다. 영국은 1603년 엘리자베스 여왕 사후 당시 스코틀랜드 왕이었던 제임스 6세가 잉글랜드 왕위를 계승함에 따라 하나의 국왕을 모시는 두 나라, 즉 '통합왕위국(personal union)'이 되었

건파 간의 노선 차이도 문제였다. 힘들게 일부 정파 간 합의가 이루어지면 또 다른 정파가 반발하는 일이 반복되었다. 그것이 80년 가까이 계속되었다. 그리고는 마침내 1998년, 영국과 아일랜드공화국 정부, 그리고 북아일랜드의 제 정파 사이에 평화협정이 체결되었다. 비로소 '아일랜드 평화프로세스Irish Peace Process'[2]가 시작된 것이다.

'성금요일 협정Good Friday Agreement'이라는 이름의 3자 평화협정은 수백 년간 대립해 온 민족주의 세력과 통합주의 세력에게 갈등을 극복하고 공존할 수 있는 가능성을 제시했다. 그와 동시에 그것은 남북 아일랜드 사이에 상생의 토대를 제공하기도 했다. 북아일랜드 내부의 화해와 남북 간의 협력을 통해 아일랜드 섬에 평화를 구축할 수 있게 된 것이다.

성금요일 협정이 체결된 지 이제 불과 15년 남짓. 짧은 시간에도 불구하고 아일랜드 평화프로세스는 그간 놀라운 진전을 이룩했다. 남북 아일랜드 사이에 자유로운 통행을 규제하던 국경초소가 사라지고 국경이 철폐되었다. 남북은 양측 정부수반을 대표로 하는 공동 회의체를 통해 정책을 협의하고 12개 경제 분야에서 합의사항을 이행하며 교류와 협력을 확대해 가고 있다. 그 같은 관점에서 볼 때 아일랜드는 멀게는 분단 이후, 가까이는 2000년 제1차 남북정상회담 이후 제자리걸음만을 계속해 온 한반도 상황에 많은 것을 시사한

고. 1801년 웨일스와의 제2차 통합을 통해 현재의 대영통합왕국이 되었다.

[2] 또는 '북아일랜드 평화프로세스(Northern Ireland peace process)'라고도 불린다. 이 책에서는 북아일랜드 양대 정파 간의 관계뿐만 아니라 남북 아일랜드 관계를 포함하는 보다 포괄적인 개념으로서 '아일랜드 평화프로세스'라는 용어를 선택했다.

다. 아일랜드가 여러 가지 측면에서 우리에게 독일보다 더 적절한 분단 극복의 모델이 될 수 있는 이유는 바로 여기에 있다.

물론 아일랜드와 우리나라는 여러 가지 면에서 차이가 있다. 인종과 민족이 다르고 문화와 역사, 종교가 다르다. 갈등의 기원과 속성, 분단의 구조와 전개 과정에서도 남북 아일랜드와 남북한은 많은 차이가 있다. 아일랜드의 분단은 '1민족 2국가'적 성격을 띤 우리나라의 분단 상황과는 달리 '1민족 2국가'에 '2민족 1국가'적 성격이 더해진 훨씬 더 복잡한 구조를 갖고 있다. 외형적으로는 남북 아일랜드라는 두 개의 정치적 실체로 나타나지만, 내용적으로는 게일계 아일랜드인들이 중심이 된 남아일랜드와 다수의 영국계 아일랜드인들 속에 소수의 게일계 아일랜드인들이 동거하고 있는 북아일랜드라는 중첩적 분단구조로 되어 있기 때문이다. 남북 아일랜드의 게일계 주민 대다수가 통일아일랜드를 원하고 있는 데 반해, 북아일랜드 인구의 다수인 영국계 주민들은 이를 결사반대하고 있기에 아일랜드의 통일은 훨씬 더 복잡한 구조적 문제를 지니고 있다고 할 수 있다.

아일랜드의 갈등은 좁게는 분리독립을 원하는 북아일랜드 내부의 아일랜드 민족주의 세력과 영국의 일부로 남아 있기를 고수하는 영국계 통합주의 세력 사이의 갈등이지만, 그로 인해 전자와 정체성을 공유하는 아일랜드공화국, 즉 남아일랜드와 북아일랜드 사이의 남북 갈등이며, 동시에 아일랜드와 영국이라는 두 주권국가 사이의 국제적 갈등이다. 아일랜드가 우리의 관심을 끄는 이유는 그처럼 복잡한 갈등구조로 인해 일견 한반도 상황과는 사뭇 다른 듯하면서도 자세히 보면 여러 가지 측면에서 한반도의 다양한 갈등요소를 모두 포함하고 있기 때문이다.

한편 국제 냉전의 최전선에서 첨예하게 대립해 온 남북한과는 달리 남북 아일랜드의 경우 이념이나 체제의 차이는 그리 크지 않다. 아일랜드공화국과 영국령인 북아일랜드는 둘 다 자유민주주의와 시장경제를 기반으로 하고 있기 때문이다. 그러나 좀 더 자세히 들여다보면 갈등의 골은 더욱 깊다. 민족분쟁적 성격과 종교갈등적 성격이 동시에 작용하고 있기 때문이다. 게일계 아일랜드인들이 대부분 독실한 가톨릭 신자들인 데 반면, 영국계 아일랜드인들은 절대 다수가 개신교를 믿어 왔다. 수세기에 걸쳐 영국의 왕권에 의해 강요된 종교개혁과 가톨릭에 대한 차별, 그리고 본토 주민의 식민지 이주를 주요 수단으로 한 영국 정부의 식민지 정책은 두 종교 간의 갈등을 내전상태로까지 치닫게 만들었다.

그런 측면에서 볼 때 독일의 경우도 역사적 배경이나 문화는 우리와 많이 다르다. 실제로 독일에 비해 아일랜드는 우리나라와 훨씬 더 많은 공통점을 갖고 있다. 그중에서도 특히 아일랜드가 우리나라처럼 식민지 경험을 갖고 있다는 점이나, 독일과 같은 연방제 국가가 아니라 우리나라와 같은 중앙집권제 국가라는 사실은 의미 있는 공통점이다. 오랜 세월 외침을 당하고 이민족의 지배를 받아 온 역사는 물론, 술과 음악을 즐기며 불의나 억압을 못 참는 민족성까지도 우리와 비슷하다. 그렇기 때문에 외국에서는 우리를 "아시아의 아일랜드인The Irish of Asia"이라고도 하지 않는가. 흔히 대한민국Republic of Korea과 조선민주주의인민공화국Democratic People's Republic of Korea을 각각 '남한'과 '북한'으로 호칭하듯 아일랜드 섬 남쪽에 위치한 아일랜드공화국과 북쪽에 위치한 북아일랜드도 통상 '남'과 '북'으로 불린다. 이 둘 사이의 관계 역시 남·북한 간의 관계처럼 '남북관계'로 표현된다.

아일랜드 평화프로세스가 중요한 의미를 지니는 것은 그것이 독일 통일의 경우처럼 어느 한쪽의 붕괴에 의한 흡수형 통일이 아니라, 우리 정부가 추구하는 것과 같은 점진적, 합의형 통일을 지향하고 있기 때문이다. 지금까지 진행되어 온 것만 보아도 아일랜드 평화구축 과정은 우리에게 많은 것을 시사한다. 남북 아일랜드가 평화협정을 체결한 지 불과 10여 년 만에 벌써 우리의 '민족공동체 통일방안'이 두 번째 단계에서 목표로 하고 있는 교류협력의 제도화 단계에 접어든 것은 정녕 놀라운 성취가 아닐 수 없다. 남북 공동각료위원회의 구성 및 합의제 운영, 제도화를 통한 호혜적 경협의 확대, 국제기금 조성을 통한 북아일랜드 개발재원 조달 등은 한반도 통일을 준비하는 우리에게 많은 참고가 될 수 있다.

또 하나 중요한 사실은 이제 벌써 25년이나 지난 독일 통일의 경우와는 달리 아일랜드 평화구축 과정은 현재진행형이라는 것이다. 따라서 독일의 경우와는 달리 아직 그 궁극적인 귀착점을 알 수는 없으나, 그렇기에 우리에게 더욱 많은 것을 시사한다고 할 수 있다. 바로 옆에서 진행상황을 지켜볼 수 있기 때문이다. 정책 결정과 집행, 합의이행 과정에서 이루어지는 모든 것을 실시간으로 지켜보며 정책의 성패를 면밀하게 평가하는 것이 가능할 것이다. 심지어는 우리가 적극적으로 희망할 경우 남북 아일랜드와의 긴밀한 협력을 통해 아일랜드 평화구축 과정에 일정한 영향을 미칠 수도 있을 것이다.

그렇다고 이제 독일에 대한 연구를 그만두고 아일랜드 평화구축

과정에 대한 연구로 대체하자는 것은 아니다. 독일식으로 한반도 통일이 전개될 가능성도 전혀 배제할 수는 없다. 그러나 독일식 통일은 매우 특수한 역사적 상황 속에서 전개된 특이한 사건이라고 할 수 있다. 그 같은 측면에서 그것은 비상대비계획contingency plan을 위한 훌륭한 모델이 될 수 있다. 급작스러운 통일 후 경제 및 사회 통합을 준비하는 데도 좋은 참고가 될 수 있다. 그러나 현 상황에서 한반도가 실질적인 통일의 단계까지 나아가는 데는 현재의 아일랜드 상황, 그리고 향후의 전개 과정을 면밀하게 연구해 볼 필요가 있다. 보다 다양한 유형의 역사적 모델을 고찰함으로써 한반도 통일을 보다 잘 준비할 수 있을 것이기 때문이다.

이 책의 목적은 지난 15년간 진행되어 온 남북 아일랜드 사이의 평화구축 과정을 조명하고, 그것이 한반도 통일에 던져주는 시사점이 무엇인지를 찾아보는 데 있다. 그것을 위해 먼저 아일랜드 분단의 원인을 파악하고, 아일랜드 평화프로세스가 시작되기까지의 경과와 현재 가동 중인 평화구축 메커니즘에 대해 알아본 후 한반도 통일에 대한 아일랜드 모델의 시사점을 살펴보고자 한다.

마지막으로, 이 책이 세상에 나오기까지는 많은 사람들에게 마음의 빚을 졌다. 먼저 발간을 격려하고 지원해 준 엔지엘 오도노휴 Aingeal O'Donoghue 대사를 비롯한 주한 아일랜드 대사관 전·현직 직원들에게 감사드린다. 또한 지난 1년여의 집필기간 중 섣부른 이야기를 들어주며 생각을 정리할 수 있게 도와준 제8기 통일미래지도자과정 동기들과 케임브리지대학 동문 월례모임인 ROAD 회원들에게도 감사드린다. 아울러 졸고를 멋진 책으로 만들어준 전미정 늘품플러스 대표와 직원들에게도 고마운 마음을 전한다.

그 누구보다도 특히 이몬 맥키Eamonn McKee 전 주한 아일랜드 대사의 도움이 컸다. 2013년 8월 이한해 현재 주이스라엘 대사로 근무하고 있는 그는 필자에게 이 책을 집필하게 된 동기를 제공했을 뿐 아니라 국내에서 접하기 힘든 각종 자료를 수집하는 데도 적잖은 도움을 주었다. 그의 바람대로 이 책을 통해 국내에서도 아일랜드 평화프로세스에 대한 관심이 일어나고, 향후 여러 전문가들에 의해 보다 심층적인 연구가 진행될 수 있기를 기원한다.

한 가지 사족을 달자면, 집필 과정에서 문득 달을 가리키는 데 손가락 끝만 바라보는 세태를 한탄했던 선불교의 육조 혜능대사가 생각났다. 물론 기우에 불과하겠지만, 그래도 하도 말이 많은 세상이라 현직 공무원으로서 일말의 우려가 앞서는 것도 사실이다. 공무원은 "영혼이 없는 존재"라던데……. 여러 가지 부족한 부분에 대해서는 현명한 독자들의 너그러운 이해를 구한다. 아일랜드 평화프로세스를 단순 소개하는 수준의 졸저를 계기로 향후 국내에서도 동 주제에 대한 관심이 일고 보다 전문적인 연구가 활성화되기를 간절히 기원한다.

2015년 봄
김정노

Contents

추천사

프롤로그   8

I. 아일랜드 평화구축 과정

제1장 갈등의 기원   25
   1. 아일랜드 민족의 형성   29
   2. 켈트족 세계의 붕괴   36
      가. 로마제국의 침공   36
      나. 앵글로–색슨족의 침공   41
      다. 바이킹족의 침공   44
      라. 켈트족 국가와 잉글랜드의 분리   47
   3. 기독교의 전파   49

제2장 영국의 식민통치   55
   1. 앵글로–노르만족의 침공   59
   2. 두 개의 식민지 정책   67
      가. 농장화 정책   71
      나. 가톨릭 차별 정책   96

제3장 아일랜드의 독립과 분단   111

  1. 자치를 위한 투쟁   114

    가. 아일랜드 의회의 폐쇄와 영아합방   114

    나. 영아합방 무효화와 자치법 제정 투쟁   123

  2. 얼스터 딜레마   132

    가. 자치법을 둘러싼 갈등   132

  3. 아일랜드자유국의 탄생   141

    가. 아일랜드 독립전쟁(1919~1921)   142

    나. 아일랜드 내전(1921~1923)   146

제4장 북아일랜드 분쟁   157

  1. 고조되는 갈등   162

    가. 국경위원회의 위협   164

    나. 남북통일을 위한 시도   172

    다. '자유 데리'와 보그사이드 전투   174

    라. 준군사조직의 활거   179

  2. 평화협상의 장정   186

    가. 서닝데일 합의   189

    나. 비폭력 투쟁   196

    다. 힐스보로 합의   205

  3. 성금요일 협정의 체결   210

    가. 다우닝가 선언   216

    나. 휴전선언과 무장해제   217

다. 미국의 역할 222

라. 평화협상의 재개 227

마. 협정의 인준 231

제5장 협정 그 이후 235

1. 협정의 이행 238

2. 국제적 변수 245

가. 스코틀랜드 독립 주민투표 245

나. 영국의 EU 탈퇴 국민투표 261

3. 아일랜드 평화프로세스의 미래 272

Ⅱ. 성금요일 협정

제1장 구성과 주요 내용 281

제2장 합의이행체계 295

1. 남북각료위원회 296

2. 남북공동경협기구 300

가. 아일랜드 수로위원회 301

나. 식품안전증진위원회 302

다. 고유언어 보존기구 302

라. 아일랜드 무역기구 303

Contents

마. 포일·칼링포드 지역 호수 및 아일랜드 연안 등대위원회   303

바. EU 특별프로그램 담당기구   304

제3장 EU 프로그램   307

    1. PEACE 프로그램   309

    2. INTERREG 프로그램   312

Ⅲ. 한반도 통일을 위한 시사점

제1장 서론   319

제2장 통일 추진의 주체와 민족자결   327

제3장 민족공동체 개념의 재정립   335

제4장 헌법 영토조항의 개정   349

제5장 통일정부 구성방식   355

제6장 합의이행 메커니즘   367

제7장 통일비용의 조달   375

에필로그   383

찾아보기   390

I

아일랜드
평화구축 과정

제1장

갈등의 기원

아일랜드 평화구축 과정을 제대로 이해하기 위해서는 먼저 아일랜드 섬에 존재해 온 갈등의 기원과 구조를 이해해야 한다. 남북한의 경우보다 훨씬 더 복잡한 아일랜드 갈등의 배경에 대한 이해가 없이는 아일랜드 평화구축 과정의 시작이 왜 그토록 어려웠는지를 이해하는 것이 쉽지 않기 때문이다. 나아가 이와 같은 역사적 배경에 대한 이해가 없이는 성금요일 협정이행 과정에서 예상되는 각가지 난관과 아일랜드의 통일된 미래를 논하는 것 역시 어려울 것이기 때문이다.

  아일랜드 섬이 남북으로 분단된 것은 1921년의 일이다. 그러나 그 갈등의 뿌리는, 멀리는 중세를 넘어 고대로까지 거슬러 올라간다. 아일랜드는 12세기 중엽부터 20세기 초에 이르기까지 750년간 영국의 식민통치를 받아 왔으나, 켈트족과 게르만족의 충돌은 그보다 훨씬 전인 서기 5세기부터 시작되었기 때문이다. 따라서 기본적으로 아일랜드의 갈등은 짧게는 수백 년, 길게는 천 년이 훨씬 넘게 지속되어 온 켈트계 게일족인 아일랜드인과 게르만계 앵글로-색슨족인 잉글랜드인[1] 사이에 쌓여 온 민족 간의 갈등이라고 할 수 있다. 그것은 피정복민족과 정복민족, 식민지 피지배세력과 지배세력 사이의 갈등이었다. 그와 동시에 수백 년간 유럽 정치를 지배해 온 기독교 구교와 신교 사이의 종교 간 갈등이기도 했다. 즉 유구한 역사를 자랑해 온 아일랜드 가톨릭과 강력한 왕권에 의해 위로부터의 종교개혁을 단행해 온 영국 개신교 사이의 갈등이었던 것이다.

---

1 오늘날의 영국은 잉글랜드, 웨일스, 스코틀랜드, 북아일랜드 등 네 개의 독립된 왕국의 연합체다. 역사적으로 보면 네 개의 왕국 가운데 잉글랜드는 게르만계인 앵글로-색슨족이 세운 왕국인 반면 나머지 셋은 켈트계 주민들이 중심이 되어 세운 왕국이라고 할 수 있다.

이와 같이 아일랜드의 갈등은 오랜 세월에 걸쳐 두 개의 다른 민족, 정치, 문화, 종교가 충돌해 온 중층적 구조를 갖고 있다. 현실정치 속에서 그것은 '2민족 1국가'적 성격과 '1민족 2국가'적 성격이 서로 뒤얽힌 복잡한 형태로 나타났다. 아일랜드 갈등의 기원과 구조를 이해하는 데 아일랜드와 영국 양국관계의 역사에 대한 이해가 필요한 것은 바로 이러한 이유에서다. 따라서 북아일랜드 문제의 이해를 위해서는 먼저 양국 민족의 형성 과정과 초기 갈등의 기원을 살펴볼 필요가 있다.

　　그러나 주의할caveat 점이 있다. 민족의 기원과 같이 고대에 발생한 사건에 대한 기록이 시작된 시점은 민족마다 다르다. 고대에 전개된 사건에 관해 사건 발생 당시 해당 민족 스스로에 의해 기록된 사료가 존재하는 경우는 극히 드물다. 고대부터 고유 문자를 사용한 민족은 얼마 되지 않기 때문이다. 설혹 당시에 기록된 것이 있었다 해도 그 같은 기록이 오늘날까지 남아 있는 경우는 더더욱 드물다. 대개의 경우 수많은 세월이 흐르며 도중에 전쟁이나 화재, 홍수나 지진 같은 천재지변, 민족의 멸망, 또는 민족 이동 등으로 인해 분실되었기 때문이다.

　　일부의 경우 남에 의해 기록된 역사가 남아 있을 뿐이다. 그러나 남아 있는 기록은 결국은 승자, 강자, 기록한 자, 즉 오늘날까지 기록이 남아 있는 자의 시각을 반영할 수밖에 없다. 그나마 남아 있는 기록의 상당 부분도 역사적 사건이 발생한 당시에 기록된 것이 아니라 구전을 통해 전승된 것을 후대에 와서 재구성한 경우가 많다. 설혹 해당 민족의 일원에 의해 기록된 것이라 하더라도 저술 당시의 시대적 필요성, 저자의 개인적 동기나 목적 등에 따라 내용이나 해석이 상당 부분, 또는 일부 각색되었을 가능성이 높다. 나아가 일부 기록은 현대적 시각에서 보면 모순되거나 사실과 다른 경우도 있다. 간혹 역사적 기술 내용이 고고학적 발굴이나 DNA 비교와 같은 유전학적 연구 결과와 불일치하기도 하는 것이다. 그러나 그렇다고 해서 현대 과학의 성과로 역사를 다시 쓸 수는 없다. 역사는 그렇게 하기에는 너무나 방대하기 때문이다. 이러한 관점에서 보면 역사는 사실fact이기 보다는 인식perception의 문제라고 할 수 있다. 역사에 대한 당대 사람들의 인식이 중요한 이유가 바로 여기에 있다.

역사적 기록에 의존해 아일랜드 갈등의 기원을 살펴보는 과정에서도 이 같은 점을 조심해야 한다. 초기 켈트족이 문자를 사용했다는 증거는 찾아볼 수 없다. 켈트족에 대한 설명은 주로 그리스인이나 로마인과 같은 제3자에 의해 남겨진 기록에 의존할 수밖에 없다. 선사시대에서 로마시대에 이르기까지의 기록은 대부분 켈트족과 적대적 관계에 있었던 이들의 시각과 주관적 인식이 반영되었을 가능성이 높다. 정확성에도 문제가 있다. 로마시대 이후 아일랜드인이나 스코틀랜드인에 의해 기록된 켈트족의 역사는 당시 시대 상황의 필요성에 따라 각색되고 왜곡되었을 가능성이 높다. 일례로 기독교가 지배하던 중세에는 대부분 유럽 국가의 민족기원 설화에 기독교적 세계관이 투영되었다. 또한 각국의 지배세력은 자기 권력의 정당화를 위해 자민족의 기원과 성쇠를 각색하는 것이 다반사였다. 이 같은 사실을 염두에 두고 아일랜드 갈등의 역사적 기원과 형성 과정을 살펴보기로 하자.

1. 아일랜드 민족의 형성

아일랜드 섬에 처음 인류의 흔적이 나타난 것은 중석기中石器 시대인 기원전 8000년경으로 추정된다.[2] 오늘날에도 아일랜드 북단의 토르 헤드Torr Head에서 영국 서해안 스코틀랜드의 킨타이어곶Mull of Kintyre까지의 거리는 겨우 27km에 불과하다. 중석기 시대에는 두 지역이 서로 붙어있었거나 최소한 그 거리가 지금보다 훨씬 더 가까웠을 것이다.[3] 따라서 최초의 아일랜드 거주민들은 아마 그 같은 육로를 가로지르거나 해협을 건너 영국으로부터 넘어왔을 것으로 추정된다. 이들 중석기인들은 주로 수렵과 채집에 의존한 삶을 살았다. 그들은 어쩌면 계절에 따라 먹잇감을 쫓아 영국에서 건너온 사냥꾼일 수도 있다. 당시의 유물로는 돌로 된 칼날이나 화살촉 등의 작은 파편만이 남아 있을 뿐, 예술이나 농경활동의 증거는 아직 발견된 것이 없다.

농경활동에 의지한 보다 안정된 정착생활의 흔적은 그보다 훨씬 뒤인 기원전 6000년경 영국, 또는 유럽대륙에서 건너온 신석기인들에 의해 남겨졌다. 그들은 돌집을 짓고 돌담장을 쌓

뉴그레인지에서 발견된 신석기시대 무덤의 입구

---

[2] 최근에 워터포드(Waterford) 주에 있는 킬그리니(Kilgreany) 동굴에서는 기원전 9000년 이전의 것으로 추정되는 인류의 유적이 발견되기도 했다.

[3] 아일랜드 섬은 기원전 약 1만 4000~1만 6000년경에 해수면의 상승으로 인해 브리튼 섬에서 분리된 것으로 추정된다.

있으며, 돌무넘, 고인돌 등 수많은 거대 석조 건축물을 남겨 놓았다. 오늘날 도스Dowth, 노스Knowth, 뉴그레인지Newgrange 등지에서 발견되는 거대한 통로형 무덤passage-tomb과 석총들이 바로 신석기시대에 축조된 것들이다.

신석기인들은 정복자로서 아일랜드 섬에 도착했다. 그 후 청동기시대와 철기시대를 거치며 영국이나 프랑스, 스페인 등 유럽 국가로부터 보다 발달된 문명을 보유한 여러 정복민족들의 침공이 뒤를 이었다. 퓌르 볼그족The Fur Bolg[4], 투아타 데 데이난족The Tuatha Dè Danaan[5]에 이어 아일랜드에 정착한 것은 서력기원 시작 직전에 들어온 게일족The

---

[4] 퓌르 볼그족은 투아타 데 데이난족과 밀레시안족에 앞서 아일랜드를 다스렸던 고대 민족이다. '창의 사람들', '가방의 사람들', 또는 '보트의 사람들'로 해석되는 동 민족의 명칭이 어디에서 기원한 것인지는 아직도 논란의 대상이 되고 있다. 전설에 의하면, 퓌르 볼그족은 그리스인들 밑에서 300년간 노예로 살다가 배를 훔쳐 아일랜드로 도망친 것으로 전해진다. 당시 탈주자들의 지도자는 슬레인지(Slainge), 루드레이지(Rudraige), 게난(Genann), 간(Gann), 셍간(Sengann) 등 5형제였다. 5,000명에 이르는 퓌르 볼그족은 아일랜드 서해안으로 향했으나 심한 풍랑으로 인해 서로 흩어져 각기 다른 해안에 상륙하게 되었다. 그들은 '타라의 언덕(Hill of Tara)'에서 재결집한 후 그곳에서 아일랜드를 5개의 지역(Province)으로 나누어 각각 정착했다. 당시 그려졌던 구역의 경계는 당초 5개 가운데 2개의 지역이 하나로 합쳐진 것을 빼놓고는 오늘날까지도 아일랜드의 4개 구역으로 그대로 남아 있다. 아일랜드에 청동기문화를 들여온 퓌르 볼그족은 왕국을 건설하며 37년간 7명의 왕이 재임했으나, 결국은 투아타 데 데이난족에게 패해 아일랜드 서부 코낙트(Connacht) 지역으로 쫓겨났다.

[5] 투아타 데 데이난족의 명칭은 '다누(Danu) 여신의 사람(부족)들'이라는 의미이며, 동 민족의 초기 명칭인 투아스 데(Tuath Dè)는 '신의 사람들'이라는 의미다. 아일랜드 전설에 의하면 그들은 초자연적 능력이 뛰어난 민족으로서 기독교시대 이전 아일랜드 사회에 존재하던 주요 신들을 대변하는 존재로 여겨졌다. 전설에 의하면 투아타 데 데이난족은 동쪽으로부터 이동해 왔다. 이동 도중에 그리스에 들러 새로운 마법과 지식을 추가로 습득했다고 한다. 일부 학자들은 이들의 기원을 성경 이사야서에 나오는 이스라엘 민족의 일파인 데다님(Dedanim) 부족, 또는 에스겔서에 나오는 단(Dan) 부족에서 찾는다. 또 다른 학자들은 그들이 시리아의 트리폴리 인근인 페니키아(Phoenicia) 출신이라고도 한다. 아일랜드를 침공한 투아타 데 데이난족은 당시 그곳의 원주민이던 퓌르 볼그족 10만 명을 매흐-투이리드 콩가(Magh-Tuireadh Conga) 전투에서 살상하고 아일랜드를 정복했다.

Gaels이었다. 이베리아 반도에서 건너온 켈트족의 한 지파인 밀레시안족The Milesians의 아일랜드 정복사를 기록한 책에 의하면 초기 기독교 시대의 게일족은 자신들이 밀 에스패인Míl Espáine의 후손이라고 믿었다.[6] 그러나 밀레시안족이 처음부터 켈트족의 일파였는지, 아니면 그들이 켈트족 문화를 창조한 것인지, 그도 아니면 나중에 그것을 수용한 것인지는 아직도 불분명하다. 대부분의 경우에 그렇듯 민족 기

---

[6] 9세기에 출간된 『브리튼족의 역사(Historia Brittonum)』나 11세기에 출간된 『아일랜드 정복서(Lebor Gabála Érenn)』와 같은 야사책에 등장하는 아일랜드인의 기원에 관한 전설을 종합해 보면 게일족은 스키타이(Scythia) 지역에서 기원한 민족으로 노아의 셋째 아들 야벳의 후손이었다. 후일 이집트에 정착한 그들의 첫 번째 지도자는 바벨탑 사건 시 생존했던 페니우스 팔세이드(Fénius Farsaid)였다. 그의 손자 괴델 글라스(Goídel Glas)가 할아버지의 도움으로 게일어를 만들었다. 그의 후손 중 한 명이 이집트 파라오 휘하의 장군이었던 "매우 점잖고 빛나는 갑옷을 입은" 게달(Gaedhal)이며, 게일족은 이 게달의 후손이다. 게달은 후일 '스페인의 전사'라는 의미의 밀 에스패인(Míl Espáine, 또는 Míl Espáne), 라틴어로는 밀레스 히스파니에(Miles Hispaniae)로 불리게 된다. 그는 뛰어난 장군으로 여러 전투에서 용맹을 떨쳤으나, 유대 민족의 이집트 탈출을 도와준 죄로 처벌받을 위험에 처하게 되었다. 그러자 그는 자신의 후손이 아일랜드를 지배하게 될 것이라는 드루이드교 성직자의 예언을 좇아 부인인 파라오의 딸 스코타(Scota)와 함께 서쪽으로 향해 마침내 이베리아 반도에 도달한다. 그러나 게달은 그곳에서 몇 차례의 전투 끝에 결국 운명의 땅인 아일랜드에는 가보지도 못한 채 숨을 거두었다. 그의 임종 후 스코타와 삼촌인 이스(Ith)가 아일랜드로 건너가지만 이스는 그곳에서 투아타 데 데이난족에 의해 죽임을 당한다. 그 후 스코타는 게달의 여덟 아들과 이스의 아홉 형제들을 데리고 아일랜드를 침공하지만 투아타 데 데이난족이 마법으로 일으킨 거대한 폭풍으로 인해 대부분의 아들을 잃게 된다. 그럼에도 불구하고 게달의 자손들은 마침내 아일랜드에 상륙해 투아타 데 데이난족을 무찌르고 섬을 정복한다. 그 결과 게달, 즉 밀 에스패인과 스코타는 후일 게일족과 스코트족을 비롯한 아일랜드인 모두의 공동조상으로 섬김을 받게 된다. 켈트족과 게르만족 연구의 권위자인 네덜란드 학자 A.G. 밴 하멜(Anton Gerald van Hamel)에 의하면 파르솔롬(Partholom), 니메스(Nimeth), 그리고 밀의 세 아들들과 같은 이베리아인들이 아일랜드를 정복했다는 『브리튼족의 역사』속 이야기의 근원은 세빌의 이시도어(Isidore of Seville)가 그의 저서 『고트족, 반달족, 수에비족의 역사』서문에서 이베리아를 "모든 민족의 어머니"로 미화시킨 데서 찾을 수 있다. 또한 이 같은 주장은 아일랜드가 이베리아 반도 바로 건너편에 있는 것으로 묘사했던 중세 일부 지리학자들의 실수에서 연유한 것이라고도 할 수 있다. 일례로 11세기 후반 중세 아일랜드에서 저술된 것으로 추정되는 『아일랜드 정복사』만 해도 이스가 스페인에 있는 브레곤의 탑(Bregon's Tower)에서 바다 바로 건너편의 아일랜드를 볼 수 있었다고 적고 있다.

요정 부족인 투아타 데 데이난족은 마법의 선물을 가지고 물 위에 피어나는 연무와 같이 아일랜드에 도착했다고 전해진다.

원의 전설은 후세에 지어낸 이야기일 가능성이 높지만 어쩌면 역사적 사실을 각색한 것일 수도 있다. 옥스퍼드대학의 브라이언 사익스Brian Sykes 교수가 최근 발표한 유전자 연구에 의하면 게일족은 이베리아 반도 북서부 지역, 특히 그 중에서도 갈리시아Galicia와 아스투리아Asturia에 사는 사람들과 유전학적으로 밀접한 관계가 있다. 그렇다면 게일족이 이베리아 반도에서 건너왔다는 전설은 사실에 근거한 것일 가능성이 높다고 할 수 있다.[7]

켈트족의 기원에 대해서는 아직까지 정확하게 알려진 것이 없다. 켈트족은 기원전 1500년에서 1000년경 오스트리아, 체코, 남부 폴란드, 남부 독일 등 중서부 유럽 지역에서 발달했던 할슈타트Hallstatt 문화에 뿌리를 두고 있는 것으로 알려진 민족이다. 켈트족에 대한 기록이 처음 등장하는 것은 고대 그리스나 로마의 문헌이다. 기원전 5세기경부터 그리스인들은 자신들이 '켈토이Keltoi'라 불리는 이민족의 공격을 받고 있다고 기록하기 시작했다. 로마인들은 그들을 '켈타이Celtae'라고 불렀다. 이는 로마인들이 문명화되지 않은, 즉 로마제국

---

[7] 그러나 보다 더 최근에 발표된 유전자 연구 결과에 의하면 아일랜드인의 대부분은 켈트족에서 비롯된 것이 아니라 오히려 켈트족 이전에 아일랜드에 정착했던 퓌르 볼그족, 또는 그와 유사한 부족에 유전적 뿌리를 두고 있는 것으로 밝혀졌다.

의 세력권 밖에 있던 모든 부족을 일컫던 명칭이었다는 사실을 감안할 때 유사한 언어와 종교, 문화를 공유하는 다양한 부족을 통칭하는 용어였을 가능성이 크다. 실제로 '켈트족'이라는 명칭은 매우 폭넓은 개념으로 게일족뿐만 아니라 웨일스, 프랑스, 스페인은 물론 유럽 전역과 심지어는 중동(일례로 성경에서 갈라디아 사람들이라 불리는 민족)에 이르는 광대한 지역에 흩어져 살고 있던 사람들을 통칭하는 것이었다. 켈트족은 그처럼 광활한 지역에 흩어져 살고 있었

이베리아 반도 스페인의 갈리시아에 있는 브레곤의 탑. 전설에 의하면 이스(Ith)는 이 탑 위에서 바다 건너 있는 초록색 아일랜드 해안을 발견했다고 한다.

지만 공통적으로 인도-유럽어계 언어인 켈트어의 방언을 사용했기에 최소한 서로 간의 의사소통에는 큰 문제가 없었을 것으로 보인다.

켈트족은 기원전 700년경에 이르러 중서부 유럽에 정착했다. 그 후 그들은 여러 갈래로 나뉘어서 일부는 그리스와 로마를 공격했고, 다른 일부는 아일랜드 섬이나 브리튼 섬으로 건너갔다. 그 결과 아일랜드에는 게일족, 브리튼 섬 북쪽 오늘날의 스코틀랜드에는 픽트족 The Picts, 중남부 잉글랜드에는 브리튼족이라 불리는 켈트족의 일파가 각각 자리 잡게 되었다.[8] 아일랜드로 건너간 켈트족의 일파는 게일

---

8 브리튼족과 포스만(灣, Firth of Forth) 이북에 살던 픽트족의 관계는 아직도 많은 논란의 대상이 되고 있다. 대부분의 학자들은 픽트족의 언어가 공통 브리튼어(Common Brittonic)와 관련은 있지만, 그것과는 다른 언어임을 인정한다. 브리튼족은 영국의 철

어Gaelic, 괴델어Goidelic 또는 Q-켈트어Q-Celtic로 불리는 언어를 사용한 반면, 브리튼으로 건너간 일파는 오늘날 프랑스의 일부인 골Gaul[9] 지역에 살고 있는 대륙계 켈트족처럼 브리톤어Brythonic, 또는 P-켈트어 P-Celtic로 구분되는 언어를 사용했다. 아일랜드의 게일족은 후일 스코틀랜드와 맨 섬Isle of Man을 정복했으나, 웨일스와 콘월Cornwall 등의 지역에서는 앵글로-색슨족의 침공을 받고 쫓겨나게 된다. 한편 중앙 유럽에 걸쳐 살고 있던 다양한 켈트족들은 대부분 로마제국과 후대 침략자들에 의해 정복당했다.

게일족이 정확히 언제 아일랜드로 건너왔는지는 분명하지 않다. 고고학적 발견에 의하면 잉글랜드와 스코틀랜드, 아일랜드 등에 켈트족이 정착한 것은 기원전 500~100년경인 것으로 추정된다. 한편 밀레시안의 전설과는 달리 켈트족의 도래가 체계적으로 조직된 대규모 침략전쟁을 통해 이루지지는 않았을 것으로 생각된다. 여러 개의 부족으로 나뉘어져 있던 켈트족은 종종 그들 간에도 이민족을 상대로 한 것과 다름없이 전쟁을 치렀기에 그들이 하나로 연합해 대규모로 영국이나 아일랜드를 침공했을 가능성은 그리 높지 않기 때문이다. 따라서 그들은 기원전 500년에서 100년 사이에 이르는 수백 년 동안 서서히 브리튼 섬과 아일랜드 섬으로 이동해 왔을 것으로 추정된다.

기시대 후기, 즉 기원전 수백 년경 원시 픽트족으로부터 갈라져 나온 것으로 추정된다. 브리튼족을 켈트족으로 분류하는 것은 두 가지 차원에서다. 첫째는 현대 언어학적 관점에서 볼 때 그들이 켈트어를 사용했기 때문이다. 둘째는 일부 학자들의 주장에 의하면 브리튼족의 문화가 대륙계 켈트인 골족의 문화와 매우 유사했기 때문이다. 그러나 그럼에도 불구하고 고대민족학상 '켈토이', 또는 '켈타이' 라는 용어에는 브리튼족이 포함되어 있지 않았다.

[9] '골'은 영어식 명칭, 라틴어로는 '갈리아(Galia)'.

고대부터 중세 초에 이르기까지 아일랜드 섬과 브리튼 섬은 씨족, 또는 부족국가 시대였다. 아일랜드, 잉글랜드, 스코틀랜드 등에 자리 잡은 켈트족은 각 지역에서 부족국가 수준의 크고 작은 왕국을 형성했다. 로마인들의 기록에 의하면 기원전 1세기경 브리튼 섬에는 북서부의 칼레도니Caledonii에서 남동부의 카투벨라우니Catuvellauni에 이르기까지 30개에 가까운 켈트족의 왕국이 존재했다.[10] 한편 그리스계 알렉산드리아인 지리학자 톨레미Ptolemy가 서기 100년경 남긴 기록에 의하면 당시 아일랜드에는 북동부의 달 리아타Dál Riata에서 남서부의 이베르니Iverni에 이르기까지 20개 정도의 부족국가, 또는 왕국이 존재했다.[11]

켈트족은 온몸을 문신이나 대청woad에서 뽑은 푸른색 물감으로 그린 문양으로 치장하고 두 마리 말이 끄는 전차 위에서 긴 창을 능숙하게 사용했던 전사부족이었다. 그와 동시에 금속 세공에서도 놀라운 재능을 보유한 민족이었다. 숙련된 전쟁 기술과 우수한 무기, 대륙의 선진 철기문화를 보유한 켈트족은 손쉽게 토착민들을 장악할 수 있었을 것이다. 구체적으로 어떻게 켈트족, 또는 게일족이 당시의 아일랜드와 영국을 지배하게 되었는지는 불분명하지만, 철기시대 아일랜드와 영국은 켈트족의 세상이었다. 켈트족의 지배는 서기 1세기 중반 로마제국의 제1차 영국 침공이 있기까지 약 500백간 지속되었다. 아일랜드에 정착한 켈트족은 당시 중앙유럽에서 융성했던 켈

---

[10] 마이크 콜비쉴리(Mike Corbishley), 『영 옥스퍼드의 브리튼 및 아일랜드 역사 ─ 고대의 땅: 선사시대에서 바이킹시대까지(The Young Oxford History of Britain and Ireland, An Ancient Land: Prehistory~Vikings)』, 옥스퍼드대학 출판사(Oxford University Press), 2001, p.38.

[11] 숀 더피(Seán Duffy) 편집, 『아일랜드 역사의 지도(Atlas of Irish History)』, 제3판, 길 앤드 맥밀란(Gill & MacMillan), 2011, p.15.

트족의 칠기문화인 라 테인La Tène 양식을 꽃피웠나.

켈트족의 문화는 당시 아일랜드 섬의 토착문화와 혼합해 아일랜드의 독특한 게일문화를 낳았다. 5세기경에 이르러 아일랜드에는 높은 문화적 수준을 갖춘 투이서트Tuisceart, 에어길라Airgialla, 율레이드Ulaid, 미드Mide, 레간Laigin과 같은 상왕국over-kingdom들이 등장하기 시작했다. 이들 상왕국은 귀족 전사들과 드루이드Druids[12] 같은 종교지도자에 의해 통치되었다. 이들 지배계급은 모두 켈트계 언어를 사용했다. 앞서 언급한 톨레미의 기록에 의하면 당시 로마인들은 아일랜드를 '하이버니아Hibernia'라고 불렀다.

2. 켈트족 세계의 붕괴

가. 로마제국의 침공

수백 년간 지속되어 오던 켈트족의 세계에 변화를 가져온 것은 로마제국의 브리튼 섬 침공이었다. 로마의 첫 침공은 줄리우스 시저Julius Caesar[13]에 의해 이루어졌다. 기원전 58년 로마제국 북부 지역 총독이었던 시저는 오늘날의 프랑스와 남부 네덜란드, 벨기에 등을 포함하는 골 지역 정복에 나섰다. 동 지역 정복에 성공한 시저는 브리

---

[12] 드루이드는 골, 브리튼, 갈리시아, 아일랜드 등지에 거주하던 켈트족 사회의 전문가 계급을 지칭하는 용어였다. 드루이드 계급의 일원 가운데 가장 널리 알려진 것은 성직자이나, 법률가, 시인, 의사 등도 같은 계급에 포함되었다. 고대 드루이드 계급에 대해서는 알려진 것이 별로 없으며, 단지 로마나 그리스 시대의 작가나 예술가, 또는 중세 아일랜드의 작가들에 의해 남겨진 기록이 일부 존재할 뿐이다.

[13] '줄리우스 시저'는 영어식 명칭, 라틴어로는 '율리우스 카이사르'.

튼 섬의 켈트족이 같은 켈트족인 골족The Gauls을 배후에서 지원하고 있다고 생각했다. 이에 시저는 기원전 55년과 54년 두 번에 걸쳐 브리튼 섬 원정에 나서며 섬의 남동부 지역을 점령했지만 그곳에 머물지 않고 이내 골 지역으로 돌아갔다.

하드리안 장성과 안토닌 장성의 위치

그 후 서기 43년 브리튼 섬의 풍부한 광물자원을 탐낸 로마의 클라디우스Claudius 황제가 시저의 정복기를 참고해 전면적인 브리튼 침공을 실시했다. 로마제국은 그 후 수십 년에 걸친 정복전쟁 끝에 서기 84년에 이르러는 오늘날의 잉

현재까지 남아 있는 하드리안 장성의 일부

글랜드와 남서부의 웨일스, 콘월, 스코틀랜드의 동남부 일부를 점령했다. 그러나 북쪽으로 쫓겨난 켈트족의 강력한 저항에 부딪혀 브리튼 섬 전체 정복에는 실패하고, 스코틀랜드 이남에 하드리안 장성 Hadrian's Wall[14]과 앤토닌 장성Antonine Wall[15]을 쌓아 그 두 장성을 경계로

---

14 서기 122년 당시 로마 황제 하드리안의 명에 의해 스코틀랜드에 살고 있던 켈트족의 일파인 픽트족의 공격으로부터 로마군대를 보호하기 위한 용도로 축조하기 시작한 방어용 성벽이다. 현재의 타인강 유역 월센드(Wallsend on the River Tyne)에서 솔웨이만(灣)의 보우네스(Bowness on the Solway Filth)까지 잉글랜드 북부를 동서로 가로질러 동해안에서부터 서해안에 이르는 총 길이 약 118km, 폭 2.4~3.0m, 높이 4.6m에 이르는 하드리안 장성은 5세기 초까지 로마제국의 최북단 경계선 역할을 했다.

15 서기 142년 당시 로마 황제 안토니우스 파이어스(Antonius Pius)의 명에 의해 축조하기 시작해 약 12년에 걸쳐 완성된 앤토닌 장성은 하드리안 장성 이북 오늘날의 스코틀랜드 중심벨트(Central Belt) 지역을 가로지르는 총 길이 약 63km, 폭 5m, 높이 3m에 이르

앤토닌 장성 북쪽 면에 있었던 방어용 구덩이의 흔적

뮤로 팔드(Muir o'Fauld)에 남아 있는 1세기경 로마제국이 앤토닌 방벽에 세웠던 망루의 흔적

켈트족과 대치했다.

로마제국이 점령한 지역은 대부분 켈트족의 일파인 브리튼족이 차지하고 있던 영토였다. 각 켈트 부족 간 영토의 경계선이 수시로 변하긴 했지만 일반적으로 당시 브리튼족은 클라이드-포스 지협 Clyde-Forth Isthmus 이남의 브리튼 섬 전역을 차지하고 있었던 것으로 여겨진다. 그 이북은 픽트족의 영토로 이는 후일 게일족이 세운 달리아타 왕국에 흡수된다. 처음에 브리튼족이 정착했던 맨 섬도 결국 게일족의 수중에 들어가게 된다.

로마제국의 점령 하에서도 아일랜드인들의 항쟁은 계속되었다. 서기 60년경에는 브리튼 섬 동부와 남부의 켈트 부족들이 아이세나이Iceni 부족의 보디카Boudica 여왕의 지휘 아래 로마군 부대를 섬멸하는 등 로마 군대에 대항한 저항이 도처에서 진개되었다. 그러나 하드리안 장성 이남은 로마 군대의 주둔이 장기화되며 도처에 로마식 요

는 방어용 성벽이다. 브리튼 섬 북서부로부터 칼레도니아인들의 공세가 강화되자 안토니우스 황제는 로마 군대를 하드리안 장성 이북으로 이동시킬 필요성을 느꼈던 것으로 보인다. 그러나 야심찬 시작에도 불구하고 로마 군대는 20년 만에 앤토닌 장성에서 다시 하드리안 장성으로 퇴각한다. 그 후 서기 208년 당시 로마 황제 셉티미우스 세버러스(Septimius Severus)가 동 지역을 탈환하고 장벽의 수리를 지시함으로써 앤토닌 장성은 후일 세버란 장성(Severan Wall)으로 불리기도 한다. 그러나 이번에도 동 지역의 점령은 수년 만에 끝났고 그 후 앤토닌 장성은 두 번 다시 강화되지 못했다.

새와 도시가 들어서는 가운데 서서히 로마제국의 일부가 되어 갔다. 시간의 흐름에 따라 브리튼족 주민들이 유지해 오던 켈트식 문화와 언어, 생활양식은 점차 로마의 것으로 대체되었다.

한편 로마군은 켈트족의 강렬한 저항 뒤에는 아일랜드라는 배후 세력의 지원이 있다고 생각했다. 실제로 아일랜드는 패주한 브리튼 섬의 켈트족들에게 피난처가 되고, 브리튼 섬 서부의 로마군을 공략 하기 위한 배후기지가 되기도 했다. 이에 로마는 서기 70년 아일랜드 섬 정벌을 계획하기도 했으나 현실화시키지는 않았다.

브리튼 섬과는 달리 아일랜드는 로마제국의 통치권 밖에 있었다. 그러나 로마의 브리튼 침공은 아일랜드에도 많은 영향을 미쳤다. 교 역을 통해 로마제국과의 접촉이 확대되었기 때문이었다. 아일랜드 북 서부 지역에 거주하던 일부 스코트족The Scots[16]은 브리튼 섬으로부터 로마의 다양한 선진문물을 들여왔다. 그중 하나가 기독교라는 신흥 종교였다. 로마의 역사가 타키투스Tacitus[17]는 권력 투쟁에서 패한 아일 랜드의 군소 군주들이 종종 브리튼 섬의 애그리콜라Agricola[18]총독에

---

[16] 원래 라틴어로 '스코티(Scotti)'는 아일랜드에 거주하는 게일족을 지칭하는 말이었다. 그 러나 5세기에 이르러 '스코티'는 스코틀랜드의 원주민을 비롯해서, 당시 동 지역에 살고 있던 픽트족과 게일족, 브리튼족 등을 포괄적으로 지칭하는 명칭이 되었다. 이들 세 부 족은 모두 켈트어를 사용했으며, 그중 일부는 아일랜드 북서부 지역으로 건너가 살고 있었다.

[17] 퍼브리우스 코넬리우스 타키투스(Publius Cornelius Tacitus)는 로마제국의 상원의원 이자 역사가였다. 아우구스투스 황제가 사망한 서기 14년에서 제1차 유대-로마 전쟁이 발발한 서기 70년까지의 로마 역사를 기록한 『연대기(Annals)』와 『역사(Histories)』라 는 두 권의 저서를 남긴 그는 로마 역사상 가장 위대한 역사가 가운데 한 사람으로 손 꼽힌다.

[18] 니우스 쥴리우스 아그리콜라(Gnaeus Julius Agricola)는 브리튼 섬 정복 중에 크게 활약한 로마의 장군으로서 서기 77년에 브리튼 섬 총독에 임명되었다. 그 후 그는 웨일 스와 북부 잉글랜드, 북부 스코틀랜드까지 정복했다. 아그리콜라는 역사가 타키투스의 장인이기도 했다.

게 잠시 몸을 의탁했다가 아일랜드로 돌아가서 권력을 되찾곤 했다고 기록했다. 또한 로마의 시인 쥬베날Juvernal[19]은 로마 군대가 "아일랜드 해안 너머를 점령했다"고 적고 있다. 최근에는 로마 군대가 일부 게일족과 손을 잡고 서기 1세기경에 아일랜드 섬을 침공했다고 주장하는 학자도 있다. 그러나 이 시대에 로마제국과 아일랜드와의 관계에 대해서 아직 정확하게 알려진 것이 없다.

세상에 영원한 제국이란 없는 법. 지중해 일원을 제패했던 막강한 로마제국도 시간이 흐름에 따라 서서히 쇠퇴해 갔다. 3세기에 들어서는 이미 외부로부터의 공격과 내부의 권력 다툼에 의해 제국의 기반이 흔들리기 시작했다. 서기 250년대에는 게르만족이 봉기해 브리튼 섬 해안과 갈리아 지역 등 로마제국의 변방을 유린했고, 4세기에 들어서는 스코틀랜드의 픽트족[20]과 북아일랜드의 스코트족, 유럽의 프랑크족The Franks과 색슨족The Saxons 등이 로마 군대를 공격했다. 서기 367년에는 하드리안 장성이 뚫리고 중부의 주요 군사요새인 요크York가 포위되기도 했다.

외침과 함께 로마제국의 몰락을 초래한 것은 내부의 분열이었다. 일례로 서기 350년에는 마겐티우스Magentius[21]라는 골족 장군이 로마

---

[19] 영문명인 '쥬베날'로 더욱 잘 알려진 도메시우스 유니우스 유베리우스(Domecius Iunius Iuveralius)는 서기 1세기 말에서 2세기 초에 활동한 로마의 시인이다. 『풍자(Satires)』라는 시를 써서 풍자시의 아버지로 알려져 있다.

[20] 픽트족은 철기시대 말기에서 중세 초까지 스코틀랜드 중앙 및 북부 지역에 살던 사람들로서 겔릭어를 사용하며 문신과 모계 중심의 문화를 갖고 있었다. 그들은 기본적으로 고대 겔릭어를 사용했으나, 그들이 사용했던 언어가 P-켈트계 언어였는지, 아니면 Q-켈트계 언어였는지에 대해서는 아직도 논란이 계속되고 있다. 픽트족이란 명칭은 아마도 로마어로 '온몸에 물감칠을 한 사람들'이라는 의미였을 것이다. 동 부족에 대해서는 서기 297년에 처음 언급되었으며, 10세기에 이르러 게일족의 달 리아타 왕국에 통합된 것으로 알려지고 있다. 픽트족이라는 명칭은 포스-클라이드 지협(Forth-Clyde isthmus) 이북 지역에 살던 모든 부족을 통틀어 일컫는 일반적 용어였던 것으로 보인다.

[21] 플래비우스 매그너스 마겐티우스(Flavius Magnus Magentius).

제국의 황제를 자칭하며 당시의 콘스탄스Constans 황제에 대항했다. 브리튼 섬에 주둔하던 다수의 로마군 병사들은 마겐티우스의 편에 서서 싸우기 위해 유럽으로 건너갔다. 때문에 마겐티우스 세력이 진압된 이후에도 로마는 브리튼 섬 주둔 로마군의 규모를 이전 수준으로 복원시키지 않았다. 그 후 로마는 서기 383년과 407년 두 차례에 걸쳐 유럽대륙에서의 전쟁에 브리튼 섬에 주둔하던 잔여 부대를 투입했다. 그 결과 브리튼 섬에는 로마 군대가 거의 남아 있지 않게 되었다. 마침내 서기 410년에 이르러 당시 로마의 호노리우스Honorius 황제는 로마가 브리튼 섬의 방어를 더 이상 책임지지 않을 것이라고 선언하기에 이르렀다. 그 후 로마의 고위 관료들이 대부분 브리튼 섬을 떠남에 따라 로마의 식민통치는 막을 내리게 되었다.

나. 앵글로–색슨족의 침공

로마의 힘이 쇠퇴하기 시작한 4세기 말부터 브리튼 섬의 해안은 새로운 침략자들의 공세에 시달렸다. 서쪽의 아일랜드계 스코트족, 북쪽의 픽트족, 동쪽의 색슨족[22] 등이 그들이었다. 아일랜드의 게일족은 로마제국의 세력이 약화된 틈을 타 서기 500년경 퍼거스 모어Fergus Mor 왕의 지휘 하에 스코틀랜드로 건너가 픽트족 영토의 일부인 아르가일Argyll 지역을 점령하고 그곳에 달 리아타 왕국을 건설했다.[23]

---

22 색슨족(The Saxons)은 북부독일평원(North German Plain)에 살고 있던 여러 부족들의 동맹체였다. 색슨족이 문헌에 처음 등장한 것은 2세기경 그리스계 알렉산드리아 역사학자 톨레미가 남긴 기록에서다. 톨레미는 색슨족이 심브릭 반도(Cimbric peninsula), 즉 오늘날 덴마크 영토의 일부인 남부 쥬트란트(Jutland)에 거주하던 민족이라고 기록했다.

23 게일족이 아일랜드에서 건너와 달 리아타 왕국을 건설했다는 기록은 서기 9세기와 10세기에 처음 등장하지만, 지난 수백 년 동안 스코틀랜드 지역에 살고 있는 게일족의 기원에 대해서는 역사학자들 사이에서 논쟁이 계속되었다. 최근에는 고고학자들이 게일

게일족은 또한 웨일스 북부와 남부, 콘월과 데본Devon 지역에도 식민지를 건설했다.

그러나 로마제국이 남기고 간 공백을 전격적으로 파고 든 것은 앵글로-색슨The Anglo-Saxons족이었다. 앵글로-색슨족은 유럽에서 건너온 여러 갈래의 게르만족을 통틀어 일컫는 명칭이었다. 그 가운데 앵글족The Angles[24], 색슨족, 주트족The Jutes은 주로 북부 독일이나 스칸디나비아 반도에서 건너 왔다. 반면에 프리시아족The Frisians과 프랑크족은 오늘날의 프랑스와 네덜란드 지역으로부터 건너왔다. 앵글로-색슨족의 첫 번째 브리튼 섬 침공으로부터 300년이 지난 서기 8세기에 이르러 그들은 '잉글리쉬Englisc'라는 명칭으로 불리게 되었다. 그들이 사는 지역이 바로 '잉글랜드'였다.

일부 앵글로-색슨족이 브리튼 섬으로 건너오게 된 것은 아이러니컬하게도 로마제국의 영토에 살고 있던 브리튼족 주민들의 요청에 의해서였다. 서기 410년 로마 군대가 브리튼 섬에서 완전히 철수하자 브리튼족 주민들은 앵글로-색슨족에게 도움을 요청했다. 북부 지역에 살고 있던 픽트족 등의 침공으로부터 자신들을 보호하기 위해서였다. 그러나 브리튼 섬에 발을 디딘 앵글로-색슨족은 오히려 브리튼족 주민들을 향해 칼끝을 돌렸다. 그들은 브리튼계 귀족과

족에 의한 스코틀랜드 정복설에 반론을 제시하기 시작했다. 게일족이 아일랜드에서 건너와 스코틀랜드를 정복했다면 정복 이후 이전 것과는 다른 새로운 유물이나 건축양식이 출토되어야 할 텐데 그렇지 않다는 것이다. 즉 인공 호상 주택이나 요새 등 아르가일 지역에서 출토된 건축물 양식에 변함이 없음으로 미루어 볼 때 게일족은 퍼거스 모어 왕의 침공에 앞서 이미 수백 년간 동 지역에 거주하며 아일랜드의 게일족 문화를 공유하고 있었던 것으로 보인다는 것이다.

[24] 앵글족은 로마시대 이후 브리튼 섬에 정착한 대표적인 게르만족의 일파로, 그들은 여러 개의 앵글로-색슨 왕국을 건설했다. '잉글랜드'라는 명칭은 이 부족에게서 연유한 것이다. 앵글족이라는 명칭은 오늘날 독일의 슐레스비그-홀스타인(Schleswig-Holstein)주 발트해안에 위치한 앵글(Angeln) 지역에서 유래한 것이다.

주민들을 무참하게 살육하고 섬의 서쪽으로 몰아냈다. 그 결과 6세기 초에 이르러 앵글로–색슨족은 브리튼 섬 전역에 뿌리를 내렸고, 7세기 초에 이르러서는 서부의 웨일스와 콘월, 북부의 스코틀랜드를 제외한 브리튼 섬의 대부분을 장악했다. 로마제국의 영향권 안에 있었던 지역의 대부분을 앵글로–색슨족이 차지하게 된 것이다. 앵글로–색슨족에게 쫓겨난 브리튼족 중 일부는 앵글로–색슨족 문화에 동화되어 '잉글랜드인'이 되었으나, 다른 일부는 웨일스, 콘월, 남부 스코틀랜드 등 변방의 켈트 지역으로 도피했다. 또 다른 일부는 오늘날의 프랑스 영토에 위치한 켈트족 문화권인 브리타니Brittany 지역으로 건너가기도 했다.

7세기에서 8세기에는 앵글로–색슨족 왕국 가운데 하나인 중부 지역의 멀시아Mercia 왕국이 강성해져 동부의 험버 강The Humber 이남의 잉글랜드 전역을 지배하게 되었다. 서기 780년대에 들어서 멀시아의 오파Offa 왕은 자신의 왕국 서쪽 국경에서 계속되는 웨일스인들의 공격을 막기 위해 거대한 둑을 축조했다. 오늘날의 플린트Flint 이북 지역에서 브리스톨Bristol 이남 지역까지 이어지는 깊이 2.4m, 폭 20m의 '오파의 둑Offa's Dyke'은 앵글로–색슨족의 잉글랜드와 켈트족의 웨일스를 구분하는 서쪽 경계선이 되었다. 여기서 한 가지 중요한 사실은 이처럼 5세기에서 8세기에 걸친 300여 년 동안 앵글로–색슨족이 브리튼 섬을 장악하긴 했지만, 아일랜드는 물론 브리튼 섬의 서쪽 웨일스, 콘월과 북

'클론타프 전투'를 묘사한 1826년의 유화

18세기 판화 속의 아일랜드의 대왕
(High King) 브라이언 보루

쪽 스코틀랜드에는 여전히 여러 개의 켈트족 왕국이 존재했다는 사실이다.

다. 바이킹족의 침공

스칸디나비아 반도의 노르웨이, 스웨덴, 덴마크 등지에 살고 있던 바이킹족은 뛰어난 조선술을 이용, 8세기 말부터 서유럽 지역을 약탈하기 시작했다. 현존하는 기록에 의하면 바이킹족이 최초로 아일랜드를 침공한 것은 서기 795년이었다. 초기에는 아일랜드 북부와 서부 해안에 위치한 수도원들이 주로 노략질의 대상이었으나, 시간이 지남에 따라 점차 내륙 지역으로 진입했다. 마침내 서기 841년에는 더블린Dublin에 항구적인 선박기지ship-camp를 건설하고, 그곳을 근거지로 해 주변 지역에 대한 대규모 노략질을 전개했다.

그 후 아일랜드인들은 바이킹족 내부의 분열을 틈타 효과적인 공격을 전개해 서기 902년 마침내 더블린을 점령했다. 서기 914년에는 바이킹족이 더블린을 탈환했으나, 980년 남유아네일Southern UíNéill의 왕인 메일 셰흐네일 맥 돔네일Máel Sechnaill mac Domnaill이 '타라 전투Battle of Tara'에서 바이킹족을 상대로 결정적인 승리를 이끌어 내고 더블린을 재점령한다. 이어서 1014년, 당시 아일랜드 전체의 '대왕High-King'으로 인정받고 있던 먼스터Munster 왕 브라이언 보루Brian Boru가 라이벌인 레시에스터Leciester 왕을 지원하기 위해 바다를 건너온 바이킹 대군을 '클론타프 전투Battle of Clontarf'에서 격파함으로써 아일랜드에 대한 바이킹의 지배를 사실상 종식시켰다.

바이킹족의 아일랜드 침공이 갖는 커다란 의미 가운데 하나는 바이킹족에 맞서는 전쟁 과정에서 비로소 아일랜드 민족주의가 태동했다는 것이다. 이민족의 침공에 대항한 전쟁은 아일랜드의 크고 작은 부족국가들을 하나로 묶는 역할을 했다. 그것은 통일된 게일족 국가에 대한 인식의 시작

더블린성(Dublin Castle) 벽면에 조각된 브라이언 보루의 얼굴

이라고도 할 수 있었다. 9세기에서 11세기에 걸쳐 계속된 바이킹의 침공에 맞서 아일랜드 각 지역의 군소 왕국들은 여전히 개별적으로 저항했다. 심지어는 지역 패권을 위한 내부의 권력 투쟁에서 외세인 바이킹과 손을 잡기도 했다. 이들을 하나로 묶은 것은 브라이언 보루였다. 그는 아일랜드 역사상 최초로 자기 자신을 '아일랜드의 황제'라고 칭한 인물이었다.[25] 네덜란드 위트레흐트대학Universiteit Utrecht 도서관의 고서적부 책임자인 바트 야스키Bart Jaski는 보루가 "아일랜드에 있는 모든 아일랜드인과 바이킹족 주민들을 통치했으며, 나아가 스코틀랜드의 게일족에 대한 종주권까지도 주장했다"고 한다.[26] 『얼스터Ulster 연감』에 게재된 그의 부고에는 "아일랜드의 아일랜드인과 외국인 및 브리튼족의 제왕over-king"이자 "전체 북서부 유럽의 아우구스투스"였다고 적혀 있다. 브라이언 보

---

25 1005년 아마(Armagh)를 방문한 보루는 자신의 시종장에게 『켈스의 서(The Book of Kells)』에 자신이 '아일랜드인의 황제(Imperator Scottorum)'로서 선언하는 구절을 추가하라고 지시했다.

26 숀 더피(Seán Duffy) 편, 『중세 아일랜드 백과사전(Medieval Ireland. An Encyclopedia.)』, 알빙돈 앤드 뉴욕(Abingdon and New York), 2005, pp.45~47.

루 사후 크고 작은 지역의 패권을 손에 쥔 역대 아일랜드 왕들은 그처럼 아일랜드 전체에 군림하는 대왕이 되고자 했다. 그러나 그것은 상응하는 군사력의 뒷받침이 없이는 요원한 일이었다. 결국 바이킹족과의 전쟁 이후에도 아일랜드는 하나의 통합된 왕국을 건설하지 못했지만, 그것을 계기로 원시적 형태의 아일랜드 민족주의가 싹트기 시작했다고 할 수 있었다.

한편 바이킹족의 영국 침략은 서기 793년 린디스판Lindisfarne 수도원의 약탈과 함께 시작되었다. 8세기 말 내내 잉글랜드 북부와 동부 해안 지역에서 바이킹의 약탈행위가 계속되었다. 서기 835년에는 덴마크의 바이킹들이 이스트 앵글리아East Anglia 왕국을 비롯해서 잉글랜드 남북 해안 지역을 침공했다. 초기에는 아일랜드 인근 도서를 거점으로 해 여름을 지내고 겨울이 되면 주로 잉글랜드 해안 지역을 공격하는 단순 노략질에 지나지 않았다. 그러나 시간이 지남에 따라 침략의 규모가 점차 커지고 장기화되어 갔다.

마침내 서기 865년, 대부대Great Army[27]의 덴마크 바이킹족이 이스트 앵글리아에 상륙해 앵글로-색슨족의 왕국들을 공격하기 시작했다. 이번에는 단순한 약탈이 아니라 정복을 목적으로 한 것이라는 데 차이가 있었다. 바이킹들은 이내 노섬브리아Northumbria로 진격해 876년에는 중부의 최대 도시인 요크를 함락시키고 그곳에 조르빅Jorvic이라 불리는 요새를 건설했다. 이듬해에는 중부에 위치한 멀시아Mercia 왕국의 영토 일부를 점령했다. 그 후 9세기에는 스코틀랜드 해안에서 가까운 섬까지 장악하고, 그곳을 발판으로 점차 스코틀랜

---

27 덴마크, 노르웨이, 남부 스웨덴 등지의 바이킹들이 서기 865년 잉글랜드 정복을 위해 처음으로 통합 지휘체제 아래 대규모의 군대를 구성한 것으로 앵글로-색슨족은 그들을 '이교도 대군(Great Heathen Army)', '덴마크 대군(Great Danish Army)', 또는 '바이킹 대군(Great Viking Army)'이라고 불렀다.

드 서해안 지역과 맨 섬, 아일랜드 섬 등을 공략했다. 당시 스코틀랜드에는 켈트족계인 픽트족, 브리튼족, 스코트족과 앵글로—색슨계 잉글랜드인 등이 존재했는데, 그중 픽트족의 왕국이 바이킹의 침공으로 멸망했다.

서기 870년에 또 다른 바이킹 대군이 잉글랜드에 도착했다. 이들은 기존의 바이킹 군대와 연합해 이듬해 잉글랜드 남서부에 위치한 앵글로—색슨족의 웨섹스Wessex 왕국을 공격했으나, 알프레드Alffred 왕에게 패해 조르빅으로 퇴각했다. 그 후 알프레드 왕과 그의 후손들은 계속해서 바이킹족을 북쪽으로 몰아내어 결국 요크를 탈환했다. 그러나 서기 947년에는 대규모의 노르웨이 바이킹족 부대가 잉글랜드에 도착해 요크를 재점령했다. 요크를 중심으로 잉글랜드 중북부 지역을 점령한 바이킹족의 위세는 덴마크의 크누트 대왕Cnut the Great 치하인 1016년에서 1035년 사이에 가장 드높았으나, 그 후 점차 약화되어 1066년 '스탬포드 다리Stamford Bridge 전투'에서 패배한 후 잉글랜드에서 물러났다. 바이킹족이 브리튼 섬에서 물러남에 따라 아일랜드도 그들의 위협에서부터 벗어날 수 있었다.

라. 켈트족 국가와 잉글랜드의 분리

1000년이 넘는 세월에 걸쳐 로마, 앵글로—색슨, 바이킹으로 이어진 이민족의 침략은 아일랜드와 브리튼 두 개의 섬에 걸쳐 존재하던 켈트족의 세계에 큰 변화를 가져왔다. 아일랜드까지는 로마제국의 발길이 미치지 않았으나, 브리튼 섬에 살고 있던 켈트계 부족들은 비옥한 남동부와 중부 지역을 로마 군대에게 빼앗기고 황량한 남서부와 북부 지역으로 쫓겨났다. 450여 년간 지속된 로마의 식민통치 하에서 로마제국의 속주로 전락한 잉글랜드는 아일랜드, 스코틀랜드,

웨일스 등 제국 바깥에 존재하는 켈트족의 세계로부터 분리되었다.

로마 군대가 물러간 후 켈트족은 웨일스 지역을 회복하지만 잉글랜드 등 브리튼 섬의 중남부 대부분은 앵글로–색슨족이 차지하게 되었다. 앵글로–색슨족은 브리튼족을 변방으로 몰아내고 잉글랜드 지역에 그들의 왕국을 여러 개 건설함으로써 잉글랜드와 켈트족 세계와의 분단을 고착화시켰다. 그 후 그들은 바이킹족의 침공을 물리치고 잉글랜드에 대한 지배를 강화함으로써 분단은 더욱 공고화되었다.

바이킹족의 침공은 아일랜드와 브리튼에서 켈트계 게일족의 아일랜드 민족주의가 태동하는 계기가 되었다. 당시만 해도 이 두 섬에는 무수한 켈트계 군소 왕국들이 서로 견제하며 난립하고 있었다. 그러나 바이킹이라는 외세에 대항하는 과정에서 어렴풋하게나마 '민족에 대한 인식'이 생겨나기 시작했다고 할 수 있다. 이 시기에 발생한 브리튼족 난민의 아일랜드 유입과 스코틀랜드에 건설된 게일족 왕국의 등장은 아일랜드와 스코틀랜드 사이의 민족적 유대감을 더욱 강화시키는 동시에 이들 두 지역과 잉글랜드를 더욱 뚜렷하게 구별 짓는 결과를 낳았다.

그럼에도 불구하고 로마제국의 라틴족이나 바이킹족에 대한 켈트계 아일랜드 게일족의 적대감은 상대적으로 강하지 않았다. 브리튼 섬에 있던 게일계 부족국가 가운데 일부가 로마제국에 의해 점령당하긴 했지만 아일랜드 섬에 대한 로마 군대의 직접적인 침략은 없었기 때문이다. 한편 바이킹족의 지배는 상대적으로 짧은 시간에 스스로의 힘으로 종식시켰으며, 사회문화적 영향 역시 아일랜드 문화에 흡수해 융합시켰기 때문에 그 충격에서 쉽게 회복할 수 있었다.

그러나 앵글로–색슨족의 경우는 앞선 다른 정복민족의 경우와는 달랐다. 그들은 켈트족을 브리튼 섬의 중심부에서 몰아내고 그 곳에 대규모로 영구히 정착했다. 잉글랜드에서 앵글로-색슨족의 권력기반은 바이킹족 격퇴 이후 더욱 공고해졌다. 앵글로-색슨족에 대한 게일족의 적대감은 앵글로-노르만족의 아일랜드 침공과 그 후 수백 년간 이어진 잉글랜드의 식민통치로 인해 계속 악화되었다.

3. 기독교의 전파

켈트족은 매우 종교적인 민족이었다. 고대의 여러 다른 민족처럼 그들도 정령신앙animism을 숭배했다. 그들에게는 특히 풍요한 추수를 위해 필수적이었던 물이 경외의 대상이었다. 따라서 샘이나 우물, 연

전설에 따르면, 웨스트미스州(County Westmeath) 라스콘라스郡(Barony of Rathconrath)에 있는 유스니치(또는 어쉬닉) 언덕(Hill of Uisneach, 또는 Ushnagh)은 아일랜드 섬의 정중앙에 위치해 고대 켈트족이 종교의식을 진행하던 장소다.

못 등을 신성시했다. 로마의 역사가 타키투스는 켈트족이 짐승이나 사람의 피와 내장을 신들에게 제물로 바쳤다고 적고 있다.

기독교가 아일랜드에 처음 알려진 것은 브리튼 섬의 남동부를 지배하던 로마제국과 활발하게 교류하던 스코트족을 통해서였을 것으로 추정된다. 아일랜드의 켈트족은 물론 브리튼 섬의 주민들도 2세기 후반까지는 기독교에 관해 알 수가 없었을 것이다. 로마제국 초기에는 기독교를 금지했기 때문이다. 로마제국 영내의 주민들이 자유롭게 예배를 볼 수 있게 된 것은 4세기 들어 로마가 기독교를 국교로 공인한 이후라고 할 수 있다. 로마의 세력이 약화된 5세기 초부터는 브리튼 섬에 건설된 아일랜드의 식민지들을 통해 기독교와의 접촉도 더욱 활발하게 이루어졌을 것으로 추정된다.

서기 431년 교황 첼레스티노 1세St. Coelestinus I는 팔라디우스Palladius

를 "예수님을 믿는 아일랜드인들"을 위한 주교로 파송했다. 이는 당시 아일랜드에 이미 그 정도 숫자의 기독교인들이 존재했다는 사실에 대한 방증이라고 할 수 있다. 그후 약 백 년에 걸쳐 브리튼 섬과 유럽대륙으로부터 여러 명의 선교사가 아일랜

더블린 소재 캐빈틸리(Cabinteely) 교회의 스테인드글라스에 묘사된 성 패트릭의 이미지

드 섬에 연이어 도착해 기독교를 전파했다. 일설에 의하면 브리튼 출신의 성 패트릭St. Patrick이 서기 432년에 아일랜드 섬에 도착해 북동부 지역을 중심으로 활동하며 선교에 커다란 성공을 거두었다. 그가 선교활동의 중심지로 삼았던 아마Armagh의 교회가 후일 아일랜드 교회의 수좌가 된 것은 바로 이러한 이유에서였다.

아일랜드 교회는 수도원을 중심으로 발달했다. 아일랜드의 수도원 학교와 도서관은 서유럽 전체에 영향을 미친 우수한 학자와 선교사들을 대량으로 배출했다. 6세기 중반 아일랜드의 선교사 성 콜럼바St. Columba가 이오나Iona 섬에 세운 수도원은 스코틀랜드에 위치한 달 리아타 왕국의 종교적 수도가 되었다. 콜럼바의 제자인 성 아이단St. Aidan을 비롯한 아일랜드 선교사들은 잉글랜드와 웨일스는 물론 오늘날의 프랑스와 독일의 라인강 유역, 북부 이탈리아까지 진출해 기독교를 전파했다.

9세기에 들어서는 아일랜드 출신의 학자들도 선교사의 뒤를 이어 대륙에 진출해 유럽의 학문을 이끌었다.

한편 영국에서 본격적인 선교가 시작된 것은 아일랜드보다 훨씬 뒤의 일이었다. 그레고리오 1세Gregorius I 교황이 브

'미하엘의 바위'라는 의미를 지닌 '시일릭 미칠(Sceilig Mhichíl)'은 케리州 연안에서 14.5km 떨어져 있는 깎아지른 듯한 바위섬으로서, 이곳에 위치한 고대 기독교 수도원은 7세기 이래 아일랜드 수도사들의 주요 근거지였다.

리튼의 앵글로-색슨족 왕들에게 기독교를 전파하기 위해 약 50명의 선교사를 파송한 것은 서기 597년이었다. 당시 켄트의 이설버트 Aethelbert 왕이 그들을 캔터베리Canterbury에 체류하게 함으로써 캔터베리를 중심으로 한 잉글랜드의 기독교시대가 시작되었다. 브리튼 섬에 기독교가 전파된 데는 로마로부터 파송된 선교사뿐만 아니라 아일랜드 출신 선교사들의 공로가 컸다. 특히 북부 지역의 왕들이 기독교를 받아들인 것은 성 콜럼바나 성 아이단 같은 아일랜드 출신 선교사들에 의해서였다.

그러나 그 같은 역사적 배경에도 불구하고 아일랜드 교회와 영국 교회 사이에는 상당한 차이가 있었다. 특히 로마의 직접적인 영향을 받은 잉글랜드의 교회는 로마가톨릭의 교리와 제도에 충실했다. 그에 반해, 아일랜드 교회는 '켈트기독교Celtic Christianity', 또는 '도서기독교 Insular Christianity'라 불리는 중세 초기 켈트족 세계의 기독교 전통을 지니고 있었다.[28] 교황의 권위를 인정하지 않

기독교 4대 복음서의 초기 사본을 포함하고 있는 '켈스의 서(The Book of Kells)'. 성 콜럼바의 제자들에 의해 서기 800년경에 제작된 책으로서 전통적인 기독교의 성상(iconography)과 아일랜드 고유의 문양으로 화려하게 장식되어 아일랜드 최고의 국보로 손꼽힌다.

---

[28] 켈트 기독교가 로마 기독교와 내재적 차이가 있다는 것은 오랫동안 알려진 속설이었다. 일부 학자들은 켈트인들을 통합시키는, 유럽대륙의 로마가톨릭과는 구분된 또 하나의 조직, 또는 교단으로서 '켈트 교회'가 존재했다고 생각했다. 다른 학자들은 켈트 기독교를 켈트족 고유의 전통과 신앙체계를 토대로 가톨릭교회 내에서 행해지는 하나의 특수한 관행으로 해석했다. 그러나 현대의 일부 학자들은 체계화된 켈트 기독교의 존재를 부정한다. 그들은 설혹 개별 켈트 교회들 사이에 일부 공통적인 전통이 존재했다 해도, 그 같은 공통점은 그리 많지 않았다고 강조한다. 또한 그것마저도 "켈트적 종교성"이 아니라 다른 역사적, 또는 지리적 요인에서 기인한 것이라고 주장한다.

는 켈트기독교는 로마가톨릭보다 훨씬 덜 권위적인 반면, 더 영적이고, 여성 친화적이며, 자연과 좀 더 긴밀하게 연관되어 있으면서, 고대 켈트 종교와의 관계에서도 더 관대한 자세를 보였다.

켈트기독교에는 당시 영국 교회를 포함해 일반적인 로마가톨릭에서는 볼 수 없는 특이한 전통과 의식이 있었다. 켈트기독교는 부활절 일자를 결정하는 독특한 방식, 수도사의 삭발 유형, 속죄를 위한 고행제도 등에서 로마가톨릭과 차이가 있었다. 또한 교회 조직 면에서도 차이가 있었다. 아일랜드의 경우 성 패트릭

아일랜드와 웨일스, 스코틀랜드 등지에서 볼 수 있는 독특한 모양의 '켈트 십자가', 또는 '아일리쉬 하이 크로스(Irish high cross)'

에 의해 주교와 사제, 부제 등으로 이루어진 계급체계hierarchy를 토대로 한 교구제도가 확립되었다. 5세기 후반부터 6세기에 이르는 동안 수도원은 켈트기독교의 핵심으로 자리 잡았다. 성 패트릭의 교구인 아마에서는 이미 5세기 말 이전에 이와 같은 제도가 정착되어 사제가 수도원장abbot을 겸하기도 했다.

제2장

—

영국의 식민통치

아일랜드와 영국의 지도

　　한 국가의 운명을 결정짓는 중요한 요인 중 하나는 그 국가가 잠
재적 적들에게 지니고 있는 전략적 가치다. 전략적 가치는 영토의 크
기나 위치, 기후나 환경, 부존자원의 종류나 규모와 같은 자연적 요
소에 의해 결정된다. 대륙이나 반도, 도서와 같은 국토의 유형뿐만
아니라 산악이나 평야의 분포와 같은 지형도 전략적 가치에 영향을
미친다.

　　이웃하고 있는 국가의 성격이나 성향도 한 국가의 운명을 결정짓
는 또 하나의 요인이다. 한 국가의 운명은 이웃하고 있는 국가가 강
대국인가 약소국인가, 팽창주의 국가인가 고립주의 국가인가에 따

라서도 커다란 영향을 받는 것이다. 한반도가 패권적 중화제국의 변방에 위치하지 않았거나, 대륙세력과 해양세력을 잇는 가교적 위치에 자리 잡고 있지 않았다면 우리나라의 역사는 크게 달라졌을 것이다. 독일과 러시아 사이에 위치한 폴란드나, 동양Orient과 서양Occident의 교차점에 위치한 헝가리가 겪었던 역사적 비극도 이들 국가의 지정학적 위치와 무관하지 않다.

아일랜드의 역사적 운명에 크게 영향을 미친 것도 아일랜드 섬이 갖고 있는 지정학적 가치였다. 아일랜드는 유럽의 서쪽 끝에 위치한 섬나라다. 그렇기에 영국과는 달리 로마제국의 침공을 받지 않고 오랫동안 '팍스 로마나Pax Romana' 체제 바깥에 존재할 수 있었다. 그러나 아일랜드는 영국의 바로 옆에 위치해 있었기에 영국의 잠재적 적들에게는 상당한 전략적 가치를 지닐 수밖에 없었다. 브리튼 섬을 점령한 로마 군대가 아일랜드를 브리튼족의 지원세력으로 여겨 침공을 계획했던 것도 이러한 이유에서였다. 실제로 바이킹족의 경우 아일랜드 연안의 섬들을 근거지로 브리튼 섬을 공략하기도 했다. 영국이 유럽대륙의 국가들과 분쟁하는 중세시대에 이르자 아일랜드의 전략적 가치는 더욱 상승했다. 스페인, 네덜란드, 프랑스 등 유럽의 패권 국가들에게 아일랜드는 영국 침공을 위한 전략적 요충지로 인식되었던 것이다.[29]

영국과 아일랜드의 특이한 지형도 아일랜드의 전략적 가치 상승에 일조했다. 영국의 경우 유럽과 마주하는 동해안은 깎아지른 절벽이었지만 그 반대편인 서해안은 완만한 평원이었다. 그에 반해 아

---

29 영국 공략에 있어 아일랜드가 지닌 전략적 가치는 현대에 들어 제2차 세계대전 중 나치 독일도 방어망이 약한 영국의 서해안 쪽에서부터 런던을 공격하기 위해 아일랜드를 침공하기 위한 '녹색작전(Operation Green)'을 계획했었다는 사실에서 잘 드러난다.

일랜드는 동해안 쪽이 평지였다. 따라서 영국을 노린 유럽 국가들은 진출이 용이한 아일랜드 동해안 지역을 교두보로 영국의 서부에 대한 공략을 시도했던 것이다. 그로 인해 아일랜드는 스페인이나 프랑스 같은 잠재적 적국이 전략적 요충지를 장악하는 것을 사전에 봉쇄하고자 했던 영국의 침공을 받게 되었다.

초기 영국 왕들에게는 외세보다 내부의 정적이 아일랜드를 이용할 가능성에 대한 우려가 더 크게 작용했다. 헨리 2세나 헨리 7세 같은 초기 영국의 왕들은 자신의 정적이 아일랜드를 발판으로 세력을 키워 왕권에 도전할까봐 두려워했다. 요크가家, York와의 '장미전쟁Wars of the Roses'[30]에서 승리한 랭커스터가家, Lancaster의 왕들이 우려했던 것도 바로 그것이었다. '잉글랜드 내전English Civil War'[31]에서 패한 왕당파

---

[30] 장미전쟁은 영국 중세의 플랜태저넷(Plantagenet) 왕가 내 두 경쟁자인 랑크스터가와 요크가 사이에 잉글랜드 왕위를 놓고 전개된 일련의 전쟁이다. 두 왕가는 1455년에서 1487년에 걸쳐 수차례의 전쟁을 치렀다. 그 같은 왕위 다툼은 영국과 프랑스 사이의 백년전쟁으로 인한 사회적, 재정적 문제와 헨리 6세의 허약한 통치력으로 인해 발생한 것이었다. 장미전쟁에서 최후의 승리를 거둔 것은 랑카스터가의 먼 핏줄인 헨리 튜더였다. 헨리 튜더는 요크가의 마지막 왕인 리처드 3세를 꺾고 같은 요크인 에드워드 4세의 딸과 혼인함으로써 두 왕가의 통합을 성사시켰다. 이어서 튜더 왕가는 1603년까지 잉글랜드와 웨일스를 통치했다. '장미전쟁'이란 명칭은 두 왕가 모두 문장에 장미를 사용한 데서 연유한 것이었다. 요크가는 하얀 장미를, 랑카스터가는 붉은 장미를 각각 가문의 문장에 사용했다.

[31] 잉글랜드 내전은 국가권력을 차지하기 위해 잉글랜드 내의 제 정치세력이 의회파와 왕당파로 나뉘어 1642년부터 1651년까지 전개한 일련의 정치, 군사적 쟁투이다. 제1차(1648~1649년)와 제2차(1648~1649년) 전쟁에서는 찰스 1세 지지세력과 긴 의회(Long Parliament) 지지세력 간에, 제3차 전쟁(1649~1651년) 전쟁에서는 찰스 2세 지지세력과 나머지 의회(Rump Parliament) 지지세력 간에 전투가 전개되었다. 동 전쟁은 1651년 9월 3일 '우스터 전투(Battle of Worcester)'에서 의회파가 최종 승리함으로써 막을 내렸다. 종전 후 찰스 1세는 처형되고 그의 아들인 찰스 2세는 귀양길에 오름으로써 커먼웰스 정부가 왕정을 대체하게 된다. 그 후 잉글랜드는 1653년에 이르러 호국경의 지위에 오른 올리버 크롬웰(Oliver Cromwell)의 통치 하에 놓이게 된다. 잉글랜드 내전의 결과 잉글랜드의 왕은 의회의 동의가 없이는 통치할 수 없다는 선례가 세워졌다.

세력이나 오렌지공 윌리엄William of Orange[32]에게 내쫓긴 제임스 2세의 경우 실제로 아일랜드에서 자신의 지지세력을 재규합해 권토중래를 꾀하기도 했다. 1171년 잉글랜드가 아일랜드를 침공하게 된 직접적인 원인도 결국은 아일랜드 섬이 지닌 바로 그 같은 전략적 가치 때문이었다.

1. 앵글로-노르만족의 침공

12세기 중엽 잉글랜드가 아일랜드를 침공할 당시 잉글랜드의 지배세력은 노르만족이었다. 노르만족은 9세기경 북서부 프랑스 지역에 정착한 바이킹족의 후손이었다. 1100년에 이르러 그들은 남부 이탈리아와 잉글랜드까지도 정복했다. 노르만족의 강점은 뛰어난 군사적 기량과 강력한 적응력이었다. 그들은 자신들이 정복한 민족과 쉽게 융합했다. 그러므로 잉글랜드를 정복한 노르만족은 대부분 프랑스어를 사용했음에도 불구하고 자신들을 '잉글랜드인English'이라고 불렀던 것이다.

1066년 초 앵글로-색슨족인 참회왕 에드워드Edward the Confessor가 후사를 남기지 않고 사망하자 여러 명의 실력자들이 잉글랜드 왕위계승권을 주장하고 나섰다. 그들 중 먼저 에드워드 왕의 매제이자

---

32 오렌지-나소우(Orange-Nassau) 왕가의 창시자이자 네덜란드 공화국을 구성하는 홀란드, 지일란트, 유트레히트, 젤더란트 등의 주권 군주다. 1688년 명예혁명으로 잉글랜드 왕 제임스 2세를 쫓아내고 이듬해부터 윌리엄 3세가 부인인 매리 2세와 함께 잉글랜드와 아일랜드, 스코틀랜드를 공동 통치했다. 스코틀랜드 왕으로서는 윌리엄 2세로 알려져 있다.

잉글랜드의 귀족 가운데 가장 막강한 군사력과 경제력을 지닌 웨섹스의 해롤드 고드윈슨Harold Godwinson 백작이 해롤드 2세Harold II로 왕위를 계승했다. 그러나 그는 곧 인근 지역의 막강한 실력자 두 명으로부터 도전을 받게 되었다. 에드워드 왕이 생전에 자기에게 왕위 계승을 약속했다고 주장하는 노르망디[33]의 윌리엄 공작[34]과 선대 잉글랜드 왕과 노르웨이 왕 사이의 합의에 의해 왕위 계승권을 주장하는 노르웨이의 왕 하롤드 3세Harold III[35]가 그들이었다.

먼저 하롤드 3세가 군사를 이끌고 잉글랜드 북부로 침공하자 잉글랜드 왕 해롤드 2세는 대군을 이끌고 나가 스탬포드 다리 전투에서 침략군을 격퇴했다. 그로부터 며칠 후 윌리엄 공작이 브리튼 섬 남동부에 상륙하자 그는 숨 돌릴 겨를도 없이 대부분의 군사를 북부에 남겨 놓은 채 방어에 나서야만 했다. 그 결과 해롤드 2세는 '해스팅스 전투Battle of Hastings'에서 대패하고 그 자신도 전사했다. 해롤드 2세를 무찌른 윌리엄 공작은 같은 해 12월 윌리엄 1세로 잉글랜드 왕에 즉위해 노르만 왕조를 열었다.

---

33 노르망디(Normandy)는 오늘날 프랑스 영토의 일부로서 과거 노르망디 공국(Duchy of Normandy)이 존재하던 지역을 일컫는 명칭이다. 9세기 중반에 이 지역을 점령한 바이킹족은 하롤프 랑발슨(Hrolf Ragnvaldsson), 또는 롤로(Rollo)라는 이름의 지도자 아래 세력권을 구축했다. 그는 영어권에서는 '노르망디의 로버트(Robert of Normandy)'라는 이름으로 알려졌다. '노르망디'는 롤로가 바이킹 출신, 즉 '북방인(Northman)'이라는 사실을 반영한 명칭이었다.

34 후일 '정복왕 윌리엄(William the Conqueror)'으로 불리게 되는 노르망디 공작 윌리엄은 바이킹의 후손으로서 노르만족, 브레톤족, 프랑스인 등으로 구성된 혼성군대를 이끌고 브리튼 섬을 정복한 후 1066년에서 1087년에 걸쳐 잉글랜드를 다스린 최초의 노르만족 왕이었다.

35 흔히 하랄드 하드라다(Harald Hardrada)라는 이름으로 알려져 있다. 그는 그의 선대 노르웨이 왕인 마그누스 1세(Magnus I)와 잉글랜드의 하타크너트(Harthacnut) 왕 중 한 사람이 후사가 없이 사망할 경우 다른 사람이 잉글랜드와 노르웨이 왕위를 모두 승계하기로 한 약속에 근거해서 잉글랜드 왕위 계승권을 주장했다.

노르만족이 잉글랜드를 점령한 후에도 앵글로-색슨계 잉글랜드인들의 저항은 계속되었다. 따라서 극소수의 군사로 광대한 점령지를 다스리는 것은 쉬운 일이 아니었다. 일부 역사학자들은 당시 프랑스에서 건너온 노르만족 이주민의 전체 숫자는 약 8천 명에 불과했다고 한다. 윌리엄 1세와 그의 계승자들은 대부분 '부재 지배자absentee rulers'였다. 윌리엄 1세의 경우 침략세력으로부터 자신의 영토를 지키기 위해 대부분의 시간을 노르망디에서 보내야만 했다. 따라서 멀리서도 잉글랜드를 통치하기 위해서는 점령지 현지에 효율적이고 충성스러운 행정조직이 필요했다. 이에 노르만 왕들은 앵글로-색슨계 토착 귀족들을 대리인이나 징세관으로 임명해 그들로 하여금 질서를 유지하고 세금을 징수하게 했다. 당시 잉글랜드는 노르만족 왕실에 앵글로-색슨족 관리들이 다스리는 앵글로-노르만 국가였던 것이다.

노르만족에 의해 잉글랜드가 정복되자 수많은 앵글로-색슨족 주민들은 스코틀랜드나 스칸디나비아, 또는 아일랜드로 건너갔다. 특히 해롤드 2세의 일가친척들은 아일랜드로 망명해 그곳을 교두보로 삼아 잉글랜드를 공격하고자 했지만, 그 계획이 실제로 현실화되지는 않았다.

1171년 앵글로-노르만족의 아일랜드 첫 침공은 그 같은 우려로 인해 촉발되었다. 앵글로-노르만족에 의한 최초의 아일랜드 침공은 정복왕 윌리엄의 손자인 헨리 2세에 의해 이루어졌다. 1167년 레인스터Leinster 지역의 다이어메이트 맥머르차다Diarmait MacMurchada[36] 왕

---

36 영어식으로는 더못 맥머로우(Dermot MacMurrough).

1169년 노르만족의 첫 아일랜드 침공. 그로부터 2년 후 잉글랜드 국왕
헨리 2세가 정복자로서 아일랜드에 발을 디뎠다.

은 당시 아일랜드의 새로운 패권자로 부상한 서부 코낙트Connacht[37] 지역의 왕 류이드리 우에 콘초브헤어Ruaidri Ua Conchobhair[38]에게 쫓겨나 잉글랜드로 건너갔다. 그는 그곳에서 헨리 2세의 정적 편에 섰던 펨브룩 백작Earl of Pembroke 스트롱보우Strongbow의 지원을 얻는 데 성공했다. 1170년 아일랜드에 상륙한 스트롱보우는 맥머르차다의 왕권 탈환을 도와주고 그의 사위가 되어 왕위를 계승했다. 헨리 2세는 스트롱보우가 아일랜드에서 세력을 형성해 반역을 꾀할 것을 우려해 1171년 직접 군대를 이끌고 아일랜드에 상륙했다. 다행히 스트롱보우의 자발적인 협조로 손쉽게 아일랜드를 정복한 헨리 2세는 자신의 차남인 존 락클랜드John Lackland 왕자를 '아일랜드 군주Lord of Ireland'로 임명했다. 후일 존이 영국의 왕위를 계승하게 됨에 따라 아일랜드는 자연스럽게 영국의 왕권 아래 놓이게 된 것이다.

잉글랜드[39]가 손쉽게 아일랜드 섬 정복에 성공할 수 있었던 것은

---

[37] 'Connaught'로 표기하기도 한다.

[38] 영어식으로는 로리 오코너(Rory O'Connor).

[39] 1066년에 노르만족에 의해 정복된 잉글랜드는 노르만족의 통치 하에 1282년에 웨일스를 정복한 후 1530년대 초반에 이르러 비로소 웨일스와의 법적 통합을 완성시켰다. 1707년에는 스코틀랜드를 합방해 마침내 '대영왕국(Kingdom of Great Britain)'을 건설했다. 따라서 헨리 2세가 아일랜드를 침공한 12세기 중엽까지만 해도 영국은 아직 잉글랜드에 불과했다.

아일랜드에 강력한 중앙정부가 없었기 때문이었다. 당시 아일랜드에는 지역마다 여러 개의 소왕국이 존재했다. 그들은 일종의 부족국가와 같은 것들이었다. 일부 지역에는 지역 내 몇 개의 소왕국에 영향력을 행사하는 상왕국over-kingdom이 존재했지만, 군소 왕국 간의 분쟁을 조정하며 아일랜드 전체를 통솔할 수 있는 강력한 '대왕'의 부재로 인해 외세의 침공에 효과적으로 대처할 수가 없었다. 아일랜드 역사를 보면 먼스터 왕국의 브라이언 보루 왕 정도가 그나마 아일랜드 전체를 장악하는 데 근접했다. 그러나 이러한 통일체제마저도 그가 1014년의 클론탈프 전투에서 전사함에 따라 와해되었다. 영국은 소왕국 간 분쟁을 틈타 손쉽게 아일랜드를 정복할 수 있었던 것이다.

스트롱보우에 의해 더블린이 함락되자 콘초브헤어는 아일랜드의 군소 왕들을 동원해 더블린 탈환에 나섰다. 그러나 그가 대패하자 나머지 왕들은 앞 다투어 헨리 2세에게 충성을 맹세했다. 잉글랜드 군대는 저항세력을 잔혹하게 진압했다. 잉글랜드에 반기를 든 아일랜드 왕들은 참수되었다. 그로 인해 아일랜드인들의 저항은 점차 기세가 약화되었다. 잉글랜드는 계속해서 점령지를 넓혀 갔다. 1230년대 들어서는 결국 코낙트 지역마저 잉글랜드 군대에 의해 함락되었다.

아일랜드에 진출한 노르만계 군사들은 명목상으로만 잉글랜드 왕에게 충성을 맹세했을 뿐 실제로는 각자 자신의 이익을 위해 토지와 재물을 추구했다. 그들은 우월한 군사적 기술을 이용해 얼스터Ulster 지역 일부를 제외한 아일랜드 전역에서 토지를 찬탈하고, 그렇게 차지한 재산을 지키기 위해 곳곳에 성채를 세웠다. 그들은 현지인과 결혼하고 아일랜드 문화와 법을 받아들이는 등 급속하게 현지화되었다. 그 같은 과정을 통해 그들은 군소 부족이 끊임없이 쟁투하는 아일랜드 전국시대의 일부분을 형성했다. 그들 중 상당수는 "아일랜드인보다도 더 아일랜드적"이 되었다. 역대 잉글랜드 왕들은 이들의 동화를 막기 위해 부단히 노력했지만 성공을 거두지 못했다. 심지어는 잉글랜드 왕이 대리인으로 파견한 잉글랜드계 귀족들조차 시간이 지남에 따라 현지화되어 갔다.

그 결과 16세기 초 헨리 8세가 즉위할 무렵에는 헨리 2세부터 이어져 온 '아일랜드 군주'라는 칭호가 무색하게 아일랜드에 대한 잉글랜드 국왕의 권위는 지극히 제한적인 상태였다. 잉글랜드 왕의 권위가 실제로 미치는 범위는 '패일Pale'이라 불리는 더블린을 중심으로 한 수백 평방 마일 이내의 좁은 지역에 불과했다. 그 외 지역에서는 전통적인 아일랜드 권문세가나 헨리 2세 때 아일랜드로 건너온 노르만족 병사들의 후손인 앵글로-아일랜드계 귀족들이 권력을 쥐고 있었다. 16세기 초 아일랜드에는 왕이나 군주, 공작, 대공 등을 자칭하며 서로 쟁투하는 수십 명의 군소 부족장이 존재했다. 왕의 허가도 없이 서로 쟁투하는 잉글랜드계 대족장의 수만 해도 30명에 달했다. 심지어는 당시 아일랜드에서 잉글랜드 왕을 대리하던 앵글로-아일랜드계 호족의 하나인 킬데어Kildare의 피츠제럴드가家, House of Fitzgerald조차 국왕의 권위에 공공연하게 도전하는 형국이었다. 헨리 8세는 이같은 무질서에 종지부를 찍고자 했다.

잉글랜드 국왕과 식민지 아일랜드의 호족 세력 사이에는 긴장이 계속 고조되었다. 1534년에는 당시 아일랜드 총독[40]이던 부친이 런던에서 처형되었다는 소식에 접한 제10대 킬데어 백작Earl of Kildare 토마스 피츠제럴드Thomas Fitzgerald[41]가 잉글랜드에 대항해 봉기했다. 그는 개신

---

40 정식 명칭은 '아일랜드 군주의 대리인(Deputy Lord of Ireland)'.

41 '실큰 토마스(Silken Thomas)'라는 이름으로도 알려져 있다.

피츠제럴드 백작의 군대가 더블린성을 공략하는 광경을 묘사한 16세기 목판화

교 신자인 잉글랜드 왕에 대항해 가톨릭의 십자군 전쟁을 전개한다
는 명분으로 아일랜드인들을 선동했다. 그럼으로써 아일랜드 정치에
처음으로 종교를 끌어들이는 결과를 낳았다.

킬데어 백작의 반란에 직면한 헨리 8세는 아일랜드에 군대를 파
견해 반란을 진압한 후 피츠제럴드가의 토지를 몰수하고 동 가문의
모든 남성들을 처형했다. 그는 피츠제럴드가의 반란을 계기로 아일
랜드 교회와 국가기관에 대한 왕권의 지배를 대폭 강화하고자 했다.
1541년 헨리 8세는 스스로를 '아일랜드의 왕'이라 선포하고, 이듬해
에는 아일랜드 의회로 하여금 그것을 승인하도록 만들었다. 그로써
아일랜드는 스코틀랜드나 웨일스처럼 독립된 왕국으로서의 지위를
갖게 되었고, 더 이상 총독에 의한 대리 통치가 아니라 국왕의 직접
통치 아래 놓이게 되었다.

헨리 8세가 아일랜드에 대한 왕권을 확립하고자 한 데는 몇 가
지 이유가 있었다. 첫째, 내부적으로는 아일랜드에 대한 통치권을 강
화해 식민지의 안정을 꾀하기 위한 조치였다. 아일랜드 토착 지주세

력에게서 토지를 몰수하거나 그것을 매개로 충성을 서약하게 함으로써 저항세력의 등장을 원천봉쇄했던 것이다. 그 결과 그의 사망 직전인 1547년에 이르러서는 아일랜드의 거의 모든 주요 귀족들이 헨리 8세의 통치권을 인정하게 되었다. 아일랜드 귀족들은 잉글랜드의 법에 따라 토지를 왕에게 바치고 다시 교부받는 대신 재교부받은 토지를 장자에게 상속할 수 있는 권리를 부여받는 것에 동의할 수밖에 없었다. 둘째, 외부적으로는 아일랜드에 대한 교황의 권리 주장을 무력화시키기 위한 조치였다. 기술적으로 노르만 정복시대부터 이어온 '아일랜드 군주'라는 칭호는 교황이 부여한 것이었기에 아일랜드가 교황의 영지라는 의미를 내포하고 있었다. 로마가톨릭부터 파문당한 헨리 8세는 교황이 아일랜드 군주의 지위마저 박탈할 것을 우려했던 것이다. 셋째, 수장령 선포를 통해 로마교황청과 결별한 헨리 8세는 프랑스, 스페인 등과 같은 가톨릭 국가들이 아일랜드를 공략할 가능성에 대해 우려했다. 따라서 친정체제 구축을 통해 아일랜드에 잉글랜드 군대를 주둔시킴으로써 친가톨릭 국가에 대한 아일랜드의 방어력 강화를 꾀했던 것이다.

헨리 8세의 조치는 그렇지 않아도 복잡한 아일랜드 문제에 종교적 차원을 추가하는 결과를 낳았다. 아일랜드의 가톨릭 신자들은 왕에 대한 자신들의 충성을 증명하기 위해서는 종교를 바꿔야만 했다. 그러나 대대로 전해 내려 온 종교를 바꾸는 것은 쉬운 일이 아니었다. 한편 반란세력에 대한 가혹한 진압은 아일랜드 문제를 다루는 데 있어 관용보다 공포라는 수단에 의존하는 선례를 만들었다. 이때부터 반란 참여자의 경우 처형하는 것이 일반화되었다. 하지만 이 같은 대응방식은 상당한 정치·사회적 비용을 수반했다. 따라서 잉글랜드계 지배자들은 보다 저렴한 식민지 경영방안을 모색할 수밖에 없

었다. 그 결과 개신교 신
자들을 아일랜드로 이
주시키는 농장화Plantation
정책이 도입되었다.

17세기 초에는 아일
랜드의 마지막 가톨릭계
대족장이라고 할 수 있
는 얼스터 지역의 타이
론 백작Earl of Tyrone 휴 오
닐Hugh O'Neill과 그의 동

도네갈州(County Donegal) 라스물란市(Rasmulan)에 있는 백작들의 패주 기념 청동상

료들에 의한 독립항쟁이 엘리자베스 1세의 군대에 의해 진압되었다.
6년에 걸친 항쟁 끝에 항복한 오닐 백작은 1607년 틸코닐 백작Earl of
Tyrconnell 로리 오도닐Rory O'Donnell 등 다른 아일랜드 귀족들과 함께 스
페인의 지원을 얻어 내기 위해 로마로 탈주했다. 이것이 바로 '백작들
의 패주Flight of the Earls'라는 사건이었다. 오닐의 패주와 함께 게일족의
아일랜드는 막을 내렸다고 할 수 있었다.

2. 두 개의 식민지 정책

당시 아일랜드 사회는 크게 다섯 개 그룹의 사람들로 구성되어
있었다. 첫 번째 그룹은 인구의 대다수를 형성하는 게일계 아일랜드
인이었다. 그들은 대부분이 가톨릭 신자였다. 두 번째 그룹은 1170년
제임스 2세의 아일랜드 정복과 함께 건너온 앵글로-노르만계 지주

들로서 주로 가톨릭 신자였으며 상당 경우 이미 아일랜드 사회에 동화되어 있었다. 세 번째 그룹은 헨리 8세에 의한 종교개혁 이후 새로 도착한 잉글랜드계 이주민들로서 이들은 대다수가 잉글랜드의 국교인 성공회 신자였다. 네 번째 그룹은 스코틀랜드계 이주민들로서 이들은 장로교 신자였다. 마지막 그룹은 본래 가톨릭 신자였으나 정치권력과 재물을 유지하기 위해 성공회로 개종한 게일계, 또는 앵글로—아일랜드계 토착 유지들로서 소위 '우월계급Ascendancy Class'을 형성했다.

그처럼 다양한 종교·사회적 그룹이 존재하는 아일랜드를 대상으로 영국 정부는 두 개의 결정적인 식민지 정책을 실시했다. 그것은 토지 몰수를 통한 농장화와 위로부터의 강제적 종교개혁을 강요한 가톨릭 차별이었다. 그 두 개의 정책으로 인해 아일랜드의 갈등은 2민족, 2종교의 중첩적 구조를 갖게 되었다. 아일랜드의 게일족과 영국의 앵글로—노르만족 사이의 민족적 갈등 위에 가톨릭과 개신교 사이의 종교적 대립이 겹쳐지게 된 것이다. 이러한 토대 위에 정치적 사안에 따라 아일랜드 내부의 다양한 그룹들의 이해가 중첩되면서 혼란을 더욱 가중시켰다.

이 같은 관점에서 볼 때 아일랜드의 역사를 바꾼 것은 1171년 잉글랜드의 침공이 아니라 그 이후에 전개된 식민통치의 과정이었다고 할 수 있다. 성공적인 침공 이후 영국의 정책은 군사적 정복이 아니라 경제적 수탈에 초점이 맞춰졌다. 인구밀도가 낮은 섬나라 식민지를 다스리기 위해서는 대규모 농장plantation 건설과 같은 새로운 정책이 필요했다. 농장화 정책은 잉글랜드 왕이 몰수한 토지를 잉글랜드나 스코틀랜드의 로우랜드Low Land[42]에서 옮겨 온 이주민들에게 나누어 주는 방식으로 식민화하는 것이었다.

농장화 정책은 경제적 목적과 더불어 개신교 공동체를 아일랜드 섬의 평화를 유지할 수 있을 만큼 크고 힘 있는 세력으로 만들려는 정치적 목적을 띠고 있었다. 그것은 아일랜드인들이 개신교 신자가 되지 않으려 한다면 잉글랜드 본토로부터 신교도들을 데려오면 된다는 생각에 착안한 것이었다. 게일계 가톨릭 지주들로부터 빼앗은 토지를 신교도 이주민들에게 나눠 줌으로써 영국의 통치에 대한 잠재적 저항세력의 기반을 약화시키려는 의도가 내포된 것이었다.

한편 아일랜드 가톨릭 신자들의 운명은 역대 잉글랜드 국왕의 종교적 성향에 의해 크게 좌우되었다. 유럽대륙에서의 종교개혁과는 달리 잉글랜드 교회의 개혁은 주로 정부에 의해, 보다 정확하게는 국왕의 종교적 편향에 의해 주도되었다. 국민 여론은 그 같은 변화를 그저 추후 수용하는 데 그쳤다. 잉글랜드와는 달리 아일랜드의 경우 국민의 대다수가 가톨릭교회를 고수했기에 갈등이 더욱 깊어만 갔다. 예외적으로 잉글랜드의 왕권이 강력히 작용하고 있던 더블린에서만큼은 국왕과 가깝던 대주교에 의해 위로부터의 종교개혁이 추진되었다.

수장령 선포를 통해 로마가톨릭과 결별한 헨리 8세는 잉글랜드

---

42 로우랜드는 공식 행정적 지명이 아니다. 지리적으로 스코틀랜드는 북서부의 하이랜드(Highlands), 중앙의 센트럴평원(Central Belt), 그리고 남부의 업랜드(Uplands)로 구분된다. 로우랜드는 대략 게일계 문화가 주를 이룬 하이랜드를 제외한 나머지 두 지역을 일컫는 명칭이다. 로우랜드와 하이랜드를 구분 짓는 경계선은 스톤헤이븐(Stonehaven)과 클라이드만(灣, Filfth of Clyde)의 헬렌스버그(Helensburg)를 연결하는 선이다. 스코틀랜드계 게일어(Scottish Gaelic)가 주로 사용되었던 하이랜드와는 달리 로우랜드에서는 스코틀랜드어(Scottish)가 사용되었다.

교회처럼 아일랜드의 가톨릭교회도 개혁하고자 했다. 그는 목적을 달성하기 위해 강압적 수단을 사용했다. 뒤를 이은 튜더Tudor 왕가의 역대 왕들도 여러 가지 가혹한 방법을 동원해서 아일랜드인들을 개신교로 개종시키기 위해 노력했다. 그러나 아이러니컬하게도 헨리 8세 이후 역대 잉글랜드의 왕위는 가톨릭 신자와 개신교 신자가 번갈아 차지했다. 헨리 8세의 뒤를 이은 매리 여왕은 독실한 가톨릭 신자였으나, 그 뒤를 이은 엘리자베스 1세는 성공회 신자였다. 찰스 1세는 가톨릭 신자였으나, 찰스 1세를 처형하고 권력을 잡은 크롬웰은 엄격한 청교도 신자였다. 왕정 복구 후 왕위에 오른 제임스 1세는 다시 가톨릭 신자였으나, 그를 내쫓은 매리와 오렌지공 윌리엄은 개신교 신자였다. 역대 잉글랜드 국왕들은 자신의 종교적 성향에 따라 다른 종교를 잔혹하게 탄압했다. 다른 종교의 성직자들을 처형하고 신자들에게 개종을 강요했다. 개종하지 않은 사람들에게는 철저한 정치·경제적 탄압이 가해졌다. 잉글랜드 도처에 산재하던 수많은 수도원과 교회당이 파괴된 것도 이 시기였다.

교회는 왕권을 통해 교세를 확대하는 한편 다른 종교에 대한 복수를 자행했다. 보복의 강도는 시간이 지날수록 증가했다. 그만큼 자기 종교를 편들어 줄 왕권의 창출이 더욱 절실했다. 그로 인해 교회는 더욱 빈번하게 정치에 관여했고, 급기야 왕권 창출을 주도하는 데 이르렀다. 가톨릭계 아일랜드 주민들의 운명은 이러한 잉글랜드 내부의 종교정치에 의해 결정되었다. 그러나 역대 잉글랜드 국왕이 아일랜드에서 강행한 종교개혁은 소기의 목적을 이루지 못하고 종교적 갈등만을 더욱 심화시키는 결과를 낳았다.

가. 농장화Plantation 정책

1534년 헨리 8세는 아일랜드 전역의 토지에 대한 국왕의 권한을 선포했다. 아일랜드의 모든 토지 소유자는 토지를 왕에게 바치고 충성을 맹세한 후 다시 교부받아야만 했다. 그 같은 조치를 통해 잉글랜드의 법질서 아래 아일랜드에 대한 잉글랜드 국왕의 왕권을 확립하고 사회를 안정시키고자 했던 것이다. 아일랜드를 내부 저항이 없는 평화롭고 믿을 수 있는 식민지로 만드는 것이 궁극적인 목적이었다. 이러한 목적을 달성하기 위해서는 무엇보다도 먼저 아일랜드 토착 지배세력을 잉글랜드 귀족계층에 흡수시킬 필요가 있었다. 투항하는 토착 귀족들에게는 왕의 은총에 의해 그들이 소유했던 토지를 재교부했다. '투항과 재교부Surrender and Regrant' 정책이었다.

헨리 8세에 의해 시작된 토지개혁은 그의 딸인 엘리자베스 1세에 의해 더욱 강화되었다. 게일계 부족장들은 더 이상 고대 게일사회의 법과 관습에 따라 토지를 소유할 수 없었다. 토지를 소유하기 위해서는 잉글랜드 왕의 법과 은총에 따라야만 했다. 그러기 위해서는 왕에 대한 충성을 증명해 보여야만 했다.

아일랜드에서 잉글랜드 왕을 대리해 법을 집행하는 것은 더 이상 기존의 앵글로–노르만계 귀족들이 아니고 잉글랜드로부터 새로 파견된 관리들이었다. 새로운 잉글랜드 관리들은 아일랜드를 정복과 문명화의 대상으로 생각했다. 그것은 동 시대의 스페인 정복자들이 남미에 대해 갖고 있던 인식과도 유사했다. 모든 피해는 아일랜드 인구의 대다수를 차지하는 게일계 주민들에게 돌아갔다. 엘리자베스 1세 재위 말년에 이르러 비로소 아일랜드는 잉글랜드 정부의 효과적인 통치 아래 놓이게 되었다. 그러나 그와 동시에 잉글랜드의 지배에 대한 아일랜드인들의 증오도 이 시기에 그 뿌리가 형성되었다.

투항과 재교부 정책이 별로 큰 효과를 보지 못하자 잉글랜드 정부는 '농장화'라는 새로운 식민지 정책을 도입했다. 농장화의 목적은 잉글랜드의 법질서 아래 아일랜드의 평화를 유지하고 아일랜드의 잉글랜드화를 촉진하는 데 있었다. 그것은 국왕의 권한으로 게일계와 노르만 아일랜드계 귀족 가문 소유의 토지를 몰수한 후 잉글랜드에서 새로 건너온 이주민 농장주들planters에게 그것을 무상으로 불하함으로써 본국으로부터의 이주를 유도하기 위한 수단이었다. 그와 동시에 식민지의 토착 지배계급을 영국의 귀족계급에 귀속시키는 부수적 효과를 겨냥한 것이었다.

16세기 후반에는 두 가지 유형의 농장화가 추진되었다. 첫 번째는 '시범형' 농장화였다. 그것은 잉글랜드계 이주민이 중심이 된 소규모 농장의 건설을 통해 아일랜드인들에게 새로운 농촌공동체 모델을 제시하기 위한 것이었다. 1560년대 말에 데스몬드 백작 Earl of Desmond 소유의 영토를 임대해 코크 시Cork City 인근의 케리커리히 Kerrycurrihy에 건설한 농장이 그중 하나였다.

두 번째는 '징벌형' 농장화로서, 이것은 그 후 잉글랜드 정부의 대아일랜드 정책의 기조를 형성했다. 아일랜드인들이 일으킨 반란을 진압한 후 반란에 가담한 지주들로부터 몰수한 토지에 잉글랜드 정착민들을 이주시키는 징벌적 성격의 농장화였다. 1556년에 징벌형 농장화가 처음 실시된 곳은 당시 영국의 공동 통치자이던 윌리엄 왕과 매리 여왕의 이름을 따서 각각 '왕의 주King's County'와 '여왕의 주 Queen's County'로 불리던 오늘날의 오팔리Offaly 주와 라오이스Laois, 또는 Leix 주였다.

오팔리와 라오이스 지역의 호족인 오무어가家, The O'Moores와 오코너가家, The O' Connors는 오랫동안 친잉글랜드 세력의 근거지인 더블린에 대한 공격을 감행했다. 1578년 마침내 그들의 반란이 진압되자 당시 아일랜드 총독이던 서섹스 백작Earl of Sussex은 반란에 대한 징벌로 이들 두 가문의 토지를 몰수해 잉글랜드계 이주민들에게 분배했다. 그러나 이러한 농장화 정책은 별로 큰 성공을 거두지 못했다. 산악지대 등으로 피신한 오무어가와 오코너가 사람들이 그 후 40여 년간 최후의 1인에 이르기까지 항쟁을 계속했기 때문이었다. 그토록 오랫동안 폭력이 지속되었기 때문에 식민정부는 이주민을 모집하는 데 어려움을 겪을 수밖에 없었다. 그처럼 불안한 정국으로 인해 새로 건설되는 식민지들은 아일랜드 전역으로 확산되지 못하고 잉글랜드 군대가 주둔하는 군사요새 주위에 밀집될 수밖에 없었다.

농장화 정책의 또 다른 실패사례는 1570년대 동부 얼스터 지역에서 찾아볼 수 있었다. 잉글랜드 정부는 게일계 아일랜드와 스코틀랜드 사이의 경계선을 확립하고, 스코틀랜드 용병들의 아일랜드 유입을 방지하기 위해 동부 얼스터 지역의 식민지화를 추진했다. 얼스터 지역에는 공식적으로 아마Armagh, 카반Cavan, 콜러레인Coleraine[43], 도네갈Donegal, 퍼마나Fermanagh, 타이론Tyrone 등 여섯 개 주가 포함되어 있었다. 당시 동 지역은 맥도넬가家, The MacDonnells와 오닐가家, The O' Neills가 장악하고 있었다. 에섹스 백작과 토마스 스미스 경Sir Thomas Smith에게 이곳을 정복하는 임무가 주어졌다. 이에 얼스터 지역에 잉글랜드의 교두보가 마련되는 것을 우려한 오닐가의 대족장은 얼스터 지역의 오닐가를 지원하고 나섰고, 맥도넬가도 웨스턴 아일Western Isles과 스코

---

43 백작들의 패주(1607) 이후 영국 국왕은 아일랜드 귀족들로부터 콜러레인주 영토의 대부분을 몰수해 1609년에 이르러 농장화를 추진 중이던 런던시 정부에 하사했다. 그 후 1613년에 동 이르러 동 영토의 대부분은 새로 설립된 런던데리주에 귀속되었다.

틀랜드의 하이랜드High Land⁴⁴에 있는 동료 부족원들에게 지원을 요청했다. 결국 정복계획은 무산되었고, 농장화 정책은 현지 토착민들에 대한 일련의 잔혹행위로 전락했다. 이러한 농장화 과정에서 오닐가의 남녀노소 수백 명이 살해되었고, 민간인의 죽음에 충격을 받은 엘리자베스 1세가 1576년에 이르러 결국 농장화의 중단을 지시했기 때문이었다.

때문에 아일랜드에 세워진 최초의 대규모 농장은 1580년에 세워진 먼스터 대농장Munster Plantation이라고 할 수 있었다. 그것은 먼스터 지역에 대한 잉글랜드의 개입에 반대해 저항한 데스몬드Desmond의 제랄딘 백작Earl of Geradine에 대한 징벌의 결과로 탄생한 것이었다. 데스몬드 백작 가문은 1579년부터 1583년에 걸친 제2차 '데스몬드 항쟁 Desmond Rebellion'⁴⁵으로 인해 멸문당하고 그들의 토지는 몰수되었다. 동 사건은 영국 정부에게는 잉글랜드와 웨일스에서 데려온 이주민들을 먼스터 지역에 정착시킬 수 있는 좋은 기회를 제공했다. 정부는 장차 이들 이주민들이 저항세력에 대한 방어막이 될 것으로 기대했기에 몰수된 토지를 부유한 잉글랜드계 유지들에게 분배했다. 그들은 잉글랜드 본토에서 이주민들을 데려와서 식민지에 새로운 타운을 건설하고, 이주민들이 정착한 지역의 방어를 책임지기도 했다. 그들

---

⁴⁴ 하이랜드는 전통적으로 게일어를 사용해 온 스코틀랜드 북서쪽 지역을 일컫는 명칭이다. 지리적으로는 하이랜드 경계 단층 북쪽과 서쪽 지역을 가리킨다.

⁴⁵ 엘리자베스 여왕 정부의 팽창에 대항해 먼스터주 피츠제럴드(The FizGerald) 가문의 수장인 데스몬드 백작(Earl of Desmond)을 중심으로 제럴딘(The Geraldines) 가문 등 그의 동맹세력이 1569~1573년, 1579~1583년 두 차례에 걸쳐 전개한 항쟁을 일컫는다. 왕권에 대한 봉건 영주의 독립을 유지하고자 하는 투쟁이었으나 개신교 잉글랜드주와 가톨릭 아일랜드 귀족 간의 적대관계도 작용했다. 항쟁은 데스몬드 가문의 파멸과 그 뒤를 이은 먼스터주의 식민화, 또는 농장화로 끝이 났다. '데스몬드'는 '남부 먼스터(South Munster)'라는 의미의 아일랜드어를 영어식으로 표기한 것이다.

은 몰수된 토지를 처리하는 '장의사Undertaker'라고 불렸다.

먼스터 대농장 건설은 외부의 공격으로부터 방어가 가능한 정착지를 안전하게 제공하는 데 그 목적이 있었다. 그러나 현실적으로 잉글랜드계 이주민들의 정착지는 토지 몰수의 진행에 따라 먼스터 지역 사방에 흩어져 존재할 수밖에 없었다. 처음에는 잉글랜드계 유지들을 보호하기 위해 잉글랜드 군대가 정착지에 배치되었다. 그러나 1590년대에 들어서는 그 같은 조치가 폐지되었다. 그 결과 얼스터 지역에서 시작된 '9년 전쟁'⁴⁶의 여파가 먼스터 지역으로까지 밀려들자 대부분의 이주민들은 제대로 저항도 못하고 정착지에서 쫓겨나 성벽 안쪽의 타운으로 퇴각하든지, 아니면 잉글랜드로 되돌아가야만 했다. 먼스터 대농장은 얼스터 지역에서 시작된 9년 전쟁이 완전히 진압된 후 1603년에야 비로소 재건되었다.

9년 전쟁 끝에 잉글랜드에게 정복되기 전까지만 해도 얼스터는 아일랜드에서 게일계 세력이 가장 강성했기 때문에 잉글랜드의 지배 밖에 존재하던 유일한 지역이었다. 1594년부터 1603년에 걸쳐 전개되었던 9년 전쟁은 주도세력인 휴 오닐Hugh O'Neill 백작과 휴 로 오도널 Hugh Roe O'Donnell 백작 등이 잉글랜드에 항복함으로써 막을 내렸지만, 잉글랜드 정부로서는 큰 대가를 치른 치욕적인 전쟁이었다. 전후처리 또한 만족스럽지 못했다. 비록 잉글랜드의 법 체제 아래서의 진행이

---

⁴⁶ '9년 전쟁(The Nine Years' War)', 또는 '타이론의 항쟁(Tyrone's Rebellion)'이라 불리는 전쟁은 1594년부터 1603년에 걸쳐 아일랜드에서 전개되었다. 그것은 게일계 아일랜드인 부족장인 휴 오닐과 휴 로 오도널의 군대 및 그들의 우군이 잉글랜드의 통치에 저항해서 싸운 전쟁이었다. 전투는 전국에서 벌어졌으나 주로 아일랜드 북부의 얼스터 지역이 전쟁의 무대가 되었다. 전쟁은 결국 아일랜드 부족장들의 패배로 막을 내렸고, 그 결과 '백작들의 패주'와 얼스터의 농장화로 이어졌다. 이것은 엘리자베스 여왕 시대에 영국이 겪은 가장 대규모의 분쟁이었다.

긴 했지만 반란세력에게 그들이 소유하던 토지를 그대로 다시 봉지로 나눠주는 등 항복조건이 지나치게 관대했기 때문이었다. 그러나 스튜어트Stuart 왕가는 9년 전쟁을 얼스터 지역에 대한 식민통치를 확대할 수 있는 절호의 기회로 활용했다. 지도자를 잃은 아일랜드인들은 스코틀랜드계 장로교 이주민들로 구성된 얼스터 대농장에 더 이상 저항할 수가 없었다.

1607년 전쟁에 패하고 근신 중이던 오닐 백작 등이 아일랜드를 탈주하는 백작들의 패주 사건이 발생하자 이를 계기로 아서 치체스터Arthur Chichester 총독은 그들 가문 소유의 토지를 모두 몰수했다. 당초 치체스터 총독은 몰수한 토지를 9년 전쟁 중 잉글랜드 편에 섰던 아일랜드계 귀족들에게도 분배하는 매우 온건한 농장화 정책을 염두에 두고 있었다. 그러나 1608년 도네갈Donegal 주의 카힐 오도허티Cahir O'Doherty가 주동이 된 반란이 발생하자 그 같은 계획을 취소했다. 오도허티는 9년 전쟁 중 잉글랜드의 우군이었으나 전후 보상에 불만을 갖고 반란을 일으킨 것이었다. 반란은 이내 진압되고 오도허티는 살해되었지만, 동 사건은 치체스터 총독에게 얼스터 지역 토착민 소유의 모든 토지를 몰수할 수 있는 명분을 제공했다.

1603년에는 스코틀랜드 왕인 제임스 6세가 잉글랜드 왕에 즉위함에 따라 두 왕위가 통합되었다. 자연스럽게 제임스 6세는 당시 잉글랜드가 갖고 있던 아일랜드에 대한 소유권도 차지하게 되었다. 그는 당시 얼스터 지역에서 실시되고 있던 농장화 정책을 얼스터 지역의 문명화를 위한 잉글랜드와 스코틀랜드의 공동사업, 즉 '영국British'의 사업으로 인식했다. 따라서 최소한 이주민의 절반은 스코틀랜드인이어야 한다고 생각했다.

얼스터 지역의 농장화 계획은 두 가지 고려사항을 반영했다. 첫째, 먼스터 지역에서 시도되었던 대농장의 실패를 교훈삼아 반란군에 의해 파괴되는 것은 사전에 방지할 필요가 있었다. 그렇게 하기 위해서는 이곳저곳에 흩어져 있는 몰수된 토지에 정착지를 건설할 것이 아니라, 먼저 모든 토지를 몰수한 후 그곳에 새로 타운과 군사 요새를 건설하고, 그 주위에 잉글랜드로부터의 이주민들을 집중적으로 정착시켜야 했다. 나아가 새로운 지주들이 아일랜드인을 소작인으로 고용하는 것을 엄격하게 금지하고 잉글랜드나 스코틀랜드에서 소작인을 데려오도록 의무화했다. 나머지 아일랜드인 토착지주들에게는 얼스터 지역 토지 전체의 1/4만을 분배하고, 일반 아일랜드인들은 수비대 요새나 개신교 교회 주변 지역으로 쫓아냈다. 나아가 잉글랜드계 농장 이주민들이 아일랜드인에게 토지를 매각하는 것을 금지시켰다.

둘째, 다양한 영국 측 이익집단들의 요구를 모두 수용해야만 했다. 협상 결과 몰수된 토지의 가장 큰 몫은 본토에 있는 자신들의 영지로부터 영어 구사가 가능한 개신교 신자들을 소작인으로 아일랜드에 데려온 잉글랜드와 스코틀랜드계 유지들의 몫으로 돌아갔다. 아일랜드 항쟁 중 잉글랜드 편으로 참전했던 퇴역군인들도 치체스터 총독을 앞세워 로비를 한 끝에 일정 규모의 토지를 제공받았다. 농장화에 필요한 자본을 갖고 있지 못한 퇴역군인들은 런던의 금융권으로부터 자금을 융자받았다. 토지를 분배받은 또 하나의 주요 세력은 아일랜드 개신교 교회였다. 개신교 교회는 과거 로마가톨릭 교회가 소유했던 모든 토지와 교회 건물을 교부받았다. 그것은 잉글랜드 출신의 개신교 성직자들이 토착 아일랜드인들을 개신교로 개종시키는 것을 도와주려는 식민지 정부의 배려였다.

얼스터 대농장은 상당히 빠른 속도로 규모가 확장되었다는 측면에서는 성공적이었다. 이주민들은 타운을 중심으로 주변의 비옥한 토지에 정착했다. 그 결과 1630년대에 이르러 오늘날의 데리Derry[47]나 도네갈 주에서는 이주민들이 인구의 다수를 형성하기도 했다. 그러나 기존의 아일랜드인들은 다른 곳으로 이주하지도 않았고 성공회로 개종하지도 않았다. 그것은 잉글랜드나 스코틀랜드계 지주들이 얼스터 지역의 농장규약이 금하는 것과는 달리 아일랜드인들을 소작인으로 고용할 수밖에 없었다는 사실을 의미했다. '숲속의 경보병wood-kerne'이라 불리는 아일랜드 도적 떼Tories들이 계속해서 취약지역에 정착한 이주민들을 공격했다. 잉글랜드계 이주민들은 늑대 떼와 아일랜드 도적 떼들의 습격으로 인해 타운을 둘러싼 성벽으로부터 불과 1마일만 떨어져도 위험을 느낄 지경이었다.

17세기 초 제임스 1세나 찰스 1세 등 튜더 왕가 왕들의 재위기간 중에는 얼스터 대농장 이외에도 여러 개의 군소 농장이 건립되었다. 그 가운데 첫 번째는 1610년 맥머로우-카바나MacMurrough-Kavanagh 가문으로부터 몰수한 토지에 세워진 북부 웩스포드Wexford 농장이었다. 당시 아일랜드인 가문이 소유하고 있던 토지는 대부분 과거 400년간 힘으로 빼앗은 것이었다. 따라서 새로 도착한 잉글랜드계 지주들을 비롯한 극소수를 제외하곤 소유하고 있는 토지에 대한 법적 권리를 갖고 있지 않았다. 토지에 대한 법적 권리를 얻기 위해서는 소유하고 있는 토지의 상당 부분을 내어 놓아야만 했다. 그 같은 정책이 웩스포드의 카바나 가문에게도 적용되었던 것이다. 그것은 아일랜드

---

47 공식 명칭은 런던데리(Londonderry). 데리는 아일랜드식 명칭인 '다이레(Daire)', 또는 '도이레(Doire)'를 로마식으로 표기한 것이다. '데리'라는 명칭은 민족주의자들이 선호해 가톨릭 사회와 아일랜드공화국에서 통용되는 반면, 통합주의계 개신교 사회나 영국에서는 법적 공식 명칭인 '런던데리'를 사용하고 있다.

전국에 산재해 있는 아일랜드계 가톨릭 신자 소유의 부동산을 해체시키는 수단으로 사용되기도 했다. 웩스포드의 선례를 따라 라오이스와 오팔리, 롱포드Longford, 레이트림Leitrim, 북부 티퍼라리Tiperary 등지에도 소규모 농장이 세워졌다.

튜더 왕가에 의해 라오이스와 오팔리에 세워진 농장들은 일련의 군사요새를 형성했다. 이들 농장들은 전반적으로 평온했던 17세기 동안 영국 본토로부터 상당수의 지주와 소작인, 농업 노동자들을 끌어당겼다. 특히 17세기 상반기 중에는 잉글랜드와 웨일스로부터 수천 명의 이주민이 먼스터 지역으로 유입되었다. 아일랜드계 지주들의 경우 잉글랜드 당국으로부터 그들 소유의 토지에 대한 법적 권리를 인정받기 위해서는 소유한 토지의 1/3을 내어 놓아야만 했다. 다수의 소규모 농장이 먼스터 지역에 건설될 수 있었던 것은 이러한 이유에서였다.

아일랜드계 가톨릭 상류계층은 빠른 속도로 진행되는 농장화를 막을 수가 없었다. 그들은 가톨릭 신자라는 이유만으로 공직 진출이 금지되었고, 1615년에 이르러서는 아일랜드 의회에서 마저 소수파로 전락했기 때문이었다. 여태까지 개신교 신자들이 소수였던 의회 내의 세력 판도가 뒤바뀐 것은 농장화 지역을 중심으로 여러 개의 '소선거구pocket borough'를 신설한 결과였다. 아일랜드 귀족들은 잉글랜드가 프랑스, 스페인 등과 치른 전쟁의 비용 가운데 일부를 분담하는 대가로 겨우 1625년 한 해에 한해 일시적으로 토지몰수를 면제받을 수 있었다.

17세기 초에는 브리튼 섬은 물론 네덜란드와 프랑스로부터도 수천 명에 이르는 이주민들이 아일랜드로 건너 왔다. 그들 가운데 대다수는 아일랜드계 지주들에 의해 소작인으로 고용되었다. 나머지는 은행업이나 금융업에 진출해 더블린을 비롯한 여러 개의 타운에 정착했다. 그 결과 1641년에 이르러 아일랜드에 거주하는 개신교 신자의 수는 12만 5천 명에 달했다. 그러나 아일랜드 전체로 보면 가톨릭 신자 수가 아직도 15:1 정도로 우세했다.

그렇다고 해서 17세기에 건설된 잉글랜드계 농장의 소속원 모두가 개신교 신자는 아니었다. 상당수의 잉글랜드인 가톨릭 신자들도 1603년부터 1642년 사이에 아일랜드로 건너 왔다. 그들이 본국을 떠난 것은 단순히 경제적 이유에서만이 아니라 종교적 탄압을 피해서였다. 아이러니컬하게도 엘리자베스 1세와 제임스 1세의 즉위기간 중 잉글랜드의 가톨릭 신자들은 아일랜드의 가톨릭 신자들보다도 더 혹독한 박해를 받았다. 잉글랜드에는 개신교 신자가 가톨릭 신자보다 압도적으로 많았다. 소수파인 가톨릭 신자들은 늘 같은 동포들에게 배신당할지도 모른다는 두려움 속에서 살아야만 했다. 그러나 가톨릭이 인구의 다수를 형성하고 있는 아일랜드에서는 현지 사회에 쉽게 융화될 수 있었던 것이다.

농장화 정책이 정치적 이슈로 부상한 것은 찰스 1세의 측근인 토마스 웬트워스Thomas Wentworth가 아일랜드 총독으로 부임해서부터였다. 웬트워스의 임무는 찰스 왕을 위해 보다 많은 수익을 창출하고 아일랜드에 대한 국왕의 통치권을 더욱 강화하는 것이었다. 그는 그같은 두 개의 목적을 동시에 달성하기 위해 농장화에 박차를 가했다. 윅클로우Wicklow 주의 토지를 몰수하고 코낙트 대농장을 본격적으로 건설했다. 모든 가톨릭 지주들은 소유하고 있던 토지의 1/3에서 1/2을 내어 놓아야만 했다. 일부 코낙트 지역 지주들이 찰스 왕에게 항의하자 웬트워스는 그들을 감옥에 가두었다. 그 후 웬트워스는 그 같은 조치를 레인스터 지역으로 확대해 나갔다. 그러나 스코

English Protestants striped naked & turned into the mountaines, in the frost, & snowe, whereof many hundreds are perished to death. & many lyinge dead in diches & Sauages upbraided them sayinge now are ye wilde Irish as well as wee.

1641년 아일랜드 항쟁(Rebellion of 1641) 중 가톨릭 신자로 알려진 시위자들이 개신교 신자들을 학살하는 모습(좌)과 항쟁 진압 후 가담자를 처형하는 모습(우)

틀랜드에서 '주교들의 전쟁Bishops' Wars'[48]이 발발함에 따라 그의 계획은 중단되었다. 동 전쟁은 결국 잉글랜드 의회에 의한 웬트워스의 처형과 잉글랜드와 아일랜드 간의 내전으로 이어졌다. 가톨릭 신자의 토지 소유에 대한 웬트워스의 집요한 박해야말로 1641년 항쟁을 불러일으킨 주요 요인 중 하나이자 아일랜드의 가장 부유하고 가장 강력한 가톨릭 가문들이 동 항쟁에 참여하게 된 주요 이유였다.

1641년에 일어난 민중봉기는 처음에는 흉년과 정치적 불안 속에서 다양한 불만을 갖고 있던 아일랜드계 가톨릭 지주들에 의해 시작되었다. 가톨릭 지주들은 잉글랜드 국왕에 대한 충성을 약속하면서 빼앗긴 토지의 반환을 요구했다. 그러나 시간이 흐름에 따라 그것은 급속하게 민중봉기의 성격을 띠며 전국적으로 확산되었다. 아일랜드계 가톨릭 신자들은 전국 각지에서 농장을 공격했다. 그중에서도 특히 가장 많은 수의 이주민이 정착하고 있던 얼스터 지역의 농장들이 주목표가 되었다.

얼스터 지역에 거주하는 아일랜드 토착민들의 분노는 점차 새로

---

48 스코틀랜드 교회에 주교(bishop)를 중심으로 한 성공회식 감독교회(episcopal) 제도를 도입하려는 찰스 1세와 이에 대항해 장로교 제도를 고수하려는 스코틀랜드의 제 정치세력 간에 1639년과 1640년 두 차례에 걸쳐 전개된 전쟁으로 잉글랜드 내전의 전주곡이 되었다고 할 수 있다.

정착한 이주민들을 대상으로 한 무차별 공격으로 변해 갔다. 흥분한 시위대는 새로운 이주민들을 잔혹하게 살해했다. 봉기 초에만 해도 어린 아이들을 포함해서 최소한 1만 2천 명에 달하는 이주민이 피살되었다. 전국적으로는 십만 명이 넘는 개신교 신자들이 희생되었다. 후일 이 수치는 과장된 것으로 드러났으나, 당시에는 개신교 신자들의 분노를 사기에 충분했다.

봉기가 계속되는 동안 가톨릭 신자들은 '연방아일랜드Confederate Ireland'라는 이름의 독자적 정부를 수립했다. 새로운 정부의 역할은 잉글랜드계 정착민들과의 전쟁을 계속 수행하는 한편 찰스 1세와 협상을 전개해 농장화 정책을 중단시키고 기존의 농장들을 폐쇄시키는 것이었다. 서로 대립하는 민족과 종교 세력 간의 전쟁이 10년간 아일랜드 전역에서 전개되었다. 전쟁은 크롬웰의 군대에 의해 가톨릭 군대가 격파되고 아일랜드가 정복될 때까지 계속되었다.

크롬웰 군대의 드로게다(Drogheda) 대학살. 처음에는 관리들과 병사들, 그리고 그 후에는 일반 남성과 여성, 아동들까지 칼로 살해한 잔혹행위는 꼬박 5일에 걸쳐 계속되었다.

전쟁의 상처가 가장 깊게 남겨진 곳은 얼스터 지역이었다. 엄청난 수의 사람들이 목숨을 잃고 살던 집에서 쫓겨났다. 토착민과 이주민 양측이 서로에게 가한 잔혹행위는 양자관계를 더욱 악화시켰다. 마침내 얼스터 지역에도 평화가 찾아왔지만, 농장화와 전쟁으로 인해 양측이 입은 상처는 쉽게 아물지 않았다. 일부 사람들은 그때의 상처가 오늘날의 북아일랜드에서도 지속되고 있다고 생각한다.

1656년에 그려진 올리버 크롬웰의 초상화
(런던의 국립초상화미술관 소장)

먼스터 지역도 토착민인 아일랜드계 가톨릭 신자들과 새로운 이주민 및 그들의 후손 사이에 전개된 10년에 걸친 전쟁을 피해갈 수 없었다. 먼스터 지역의 대농장도 이전의 9년 전쟁 때처럼 1641년의 항쟁으로 인해 파괴되었다. 그러나 먼스터 지역의 경우 민족, 종교 간 갈등이 얼스터 지역에서 만큼 심각하지는 않았다. 먼스터 지역에 정착한 초기 잉글랜드계 이주민의 일부는 가톨릭 신자였기 때문이었다. 1640년대에 들어 그들의 후손은 대부분 아일랜드인 편에 서 있었다. 그에 반해 인치퀸 백작Earl Inchiquin처럼 개신교로 개종한 일부 아일랜드계 귀족들은 새로운 이주민들의 편에 서기도 했다.

연방아일랜드는 잉글랜드 내전에서 왕당파의 승리를 기원했다. 그 경우 국왕에 대한 그들의 충성심을 내세워 찰스 1세에게 자신들의 요구를 강요할 수 있을 것으로 생각했기 때문이었다. 그들은 찰스 1세에게 가톨릭에 대한 관용, 아일랜드 자치정부 허용, 농장화 정책 폐지 등을 기대했다. 그러나 그들의 기원과는 달리 찰스 1세의 왕

1899년에 영국 하원의회 건물 앞에 세워진 올리버 크롬웰의 동상

당파는 의회파에게 패했다. 1649년 잉글랜드 내전의 와중에 찰스 1세의 참수형 소식을 들은 아일랜드의 가톨릭 신자들은 잔여 왕당파 세력과 힘을 합쳐 올리버 크롬웰Oliver Cromwell의 의회파에 대항했다. 그러나 이 저항은 크롬웰에 의해 잔혹하게 진압되었다.

잉글랜드 내전에서 승리한 크롬웰은 1649년 '뉴모델New Model' 군대를 이끌고 아일랜드에 상륙했다. 그리고 3년 뒤인 1652년에 이르러 아일랜드 정복을 완료했다. 크롬웰은 왕당파의 잔당을 소탕하는 한편 일부 아일랜드계 지주들이 왕당파 편에 서서 반란을 일으킨 데 대한 징벌로 그나마 남은 아일랜드인 소유의 토지 대부분을 몰수했다. 그는 1641년 항쟁과 관련해서는 모든 아일랜드인이 유죄라고 간주했다. 죄의 경중에 따라 처벌의 차이가 있을 뿐이라는 것이었다. 처벌은 주모자의 경우 사형에서부터 항쟁에 참여하지 않은 사람의 경우 토지의 일부 몰수에 이르기까지 다양했다.

크롬웰 정권은 얼스터 지역 농장화 과정에서 겨우 살아남았던 토착 지주들마저 더 이상 남겨두지를 않았다. 크롬웰의 아일랜드 정복 이후 먼스터 지역과 레인스터 주에서도 아일랜드 지주 소유 토지의 대규모 몰수가 이루어졌다. 그로써 이주민들이 아일랜드 토지의 거의 대부분을 소유하게 되었다. 한편 1만 2천 명에 달하는 아일랜드인들이 크롬웰의 '커먼웰스 정부Commonwealth Government'⁴⁹ 하에서 노예로 팔려갔다. 또한 3만 4천 명은 가톨릭 국가인 프랑스 또는 스페인으로 망명길에 올랐다.

사실 의회파가 장악한 잉글랜드의 '긴 의회Long Parliament'⁵⁰는 1642년에 '모험가법Adventurers Act'을 통과시켰을 때부터 이미 아일랜드에서 대규모 토지 몰수를 감행할 계획을 갖고 있었다. 동법은 아일랜드 반란세력의 토지를 몰수해 아일랜드 정복에 필요한 재원을 마련할 수 있는 길을 열어 놓았다. 1652년에 제정된 '아일랜드 문제 정리를 위한 법Act for the Settlement of Ireland'⁵¹은 의회에 대항해 무기를 든 모든 자는 토지를 포기해야 하고 그렇지 않은 자도 소유하고 있는 토지의 3/4을 내놓아야 한다고 강제했다. 단, 그 경우 코낙트 지역의 토지로 대토한다고 규정했다. 그러나 왕당파에 대항해서 싸운 개

---

49 잉글랜드 커먼웰스는 제2차 잉글랜드 내전에 이어 잉글랜드 왕 찰스 1세가 처형된 후 아일랜드와 스코틀랜드를 비롯해서 잉글랜드가 공화국이라는 정치체제로 통치되었던 1649년 이후 수년간의 기간을 일컫는 명칭이다. 커먼웰스 정부는 1649년 5월 19일 '나머지 의회(Rump Parliament)'에 의해 선포되었다. 동 정부의 권력은 주로 의회와 '국가위원회(Council of State)'에게 있었다. 커먼웰스 정부 하에서도 의회파 군대와 그에 반대하는 세력 사이에 전쟁이 지속되었다. 특히 아일랜드와 스코틀랜드에서 지속된 전쟁은 그 후 제3차 잉글랜드 내전으로 불렸다. 학자에 따라 커먼웰스 정부의 수명을 1649년과 1660년 사이 영국 왕위가 비어 있던 공위시대 전체로 규정하기도 하고, 크롬웰이 집권하는 1653년 이전까지로 한정하기도 한다.

50 잉글랜드 역사에 등장하는 '긴 의회'는 '짧은 의회(Short Parliament)'가 중단된 지 12년 만인 1640년 11월 3일 '주교들의 전쟁(Bishops' Wars)'에 뒤이은 재정 법안을 통과시키기 위해 소집된 의회였다. '긴 의회'라는 명칭은 의회법에 따라 의원들의 동의가 있어야만 폐회할 수 있기 때문이었다. 실제로 의원들은 '영국 내전(English Civil War)'이 끝난 후인 1660년 3월 16일에 이르러서야 폐회에 동의했다. '긴 의회'는 크롬웰의 뉴모델 군대에 의해 해산되었다.

51 1652년 제2차 잉글랜드 내전 이후 권력을 잡아 크롬웰의 아일랜드 정복을 승인한 잉글랜드 의회에 의해 제정된 법으로서, 동법의 목적은 1641년의 아일랜드 봉기(Irish Rebellion)와 그 이후 발생한 소요사태의 참가자나 방관자에게 사형 및 토지몰수라는 징벌을 가하기 위한 것이었다.

신교 신자들의 경우는 커먼웰스 정부에 벌과금을 납부함으로써 토지몰수를 피할 수 있었다. 그에 반해 아일랜드계 가톨릭 지주계급은 철저히 파괴되었다. 어떤 면에서 크롬웰의 조치는 농장화 정책의 자연스런 논리적 귀결이었다고도 할 수 있다.

재정이 허약한 커먼웰스 정부는 1만 2천 명이 넘는 뉴모델 군대 출신 퇴역 군인들에게 봉급 대신 아일랜드 토지를 제공했다. 그들 가운데 상당수는 전쟁이 휩쓸고 간 아일랜드에 정착하지 않고 불하받은 토지를 다른 개신교 신자들에게 매각했다. 그러나 7천 500명 정도는 아일랜드에 잔류했고, 잉글랜드 정부는 그들에게 무기를 그대로 보관하도록 했다. 향후 반란이 다시 발생할 경우 즉시 동원될 수 있는 예비의병대 역할을 할 수 있도록 하기 위해서였다. 그들과 상업적 모험가들을 합쳐 약 1만 명 정도의 의회파 출신 인사들이 잉글랜드 내전 후 아일랜드에 정착했다. 그들 외에도 전쟁 중 얼스터 지역에 주둔했던 수천 명의 스코틀랜드 출신 장로교 병사들도 종전 후 영구히 그곳에 정착했다.

일부 의회파 인사들은 모든 아일랜드인을 샤논Shannon강 서쪽 지역으로 추방하고 잉글랜드계 이주민으로 대체해야 한다고 주장했다. 하지만 그렇게 하기 위해서는 아일랜드로 건너오길 희망하는 수십만 명의 잉글랜드계 이주민이 필요했다. 그러나 문제는 잉글랜드 본토에 그처럼 많은 수의 희망자가 존재하지 않았다는 것이었다. 때문에 아일랜드계 가톨릭 소작인들을 지배하기 위해서는 잉글랜드계 개신교 신자들로 구성된 새로운 지주계급을 구축하는 것이 필요했다.

크롬웰 시대에 형성된 신흥 지주계급은 의회파 군대 출신 퇴역군인과 의회파에게 재정지원을 제공한 채권자들을 포함했다. 그들 대부분은 이미 전쟁 이전에 아일랜드에 정착한 개신교 신자들로서 전쟁을 기회로 가톨릭 신자들로부터 몰수한 토지를 손에 넣을 수 있었다. 전쟁 전까지만 해도 가톨릭 신자들은 아일랜드 토지 전체의 60%를 소유하고 있었다. 그러나 커먼웰스 정부 하에서 그 비율은 8~9%로 떨어졌다. 아일랜드인들은 이러한 모욕적인 조치를 두고두고 '크롬웰의 저주Curse of Cromwell'로 기억했다. 아일랜드인 소유 토지의 비율은 1662년에 '청산법Act of Settlement'이 제정되어 몰수되었던 토지의 일부가 원상 복구되고 보상이 이루어진 후에야 간신히 20% 선을 회복했다. 그러나 1695년에 이르러서는 또 다시 14%, 1714년에 이르러서는 7%까지 감소했다.[52] 급기야 18세기 후반에 이르러서는 5% 이하로 떨어졌다.[53]

17세기 후반 내내 아일랜드계 가톨릭 신자들은 크롬웰 시대에 제정된 정착법의 폐지를 위해 노력했다. 그들은 윌리엄 전쟁 기간 중 제임스 2세 아래 그 같은 목표를 일시적으로 달성할 수 있었다. 그러나 제임스 2세의 패전은 또 한 번의 대규모 토지 몰수를 초래했다. 1680년대와 1690년대에는 또 다른 이주의 파도가 아일랜드에 밀려왔다. 새로운 이주민들은 기본적으로 스코틀랜드인들이었다. 로우랜드와 국경지역에 살던 수만 명의 스코틀랜드인들이 기아를 피해 얼스터 지역으로 몰려온 것이었다. 스코틀랜드 출신 개신교 신자들이 얼스터 지역 주민의 압도적 다수를 차지하게 된 것은 이때부터였다. 그들은 대부분 장로교 신자였다.

이 시기에 아일랜드로 이주한 또 다른 그룹은 1685년 '낭트칙령

---

52 로버트 키(Robert Kee), 『아일랜드의 역사(Ireland: A History)』, 아바쿠스(Abacus), 1995, p.48.

53 같은 책, p.54.

Edict of Nantes'[54]이 폐지된 이후 프랑스에서 추방된 위그노Huguenots[55] 교도들이었다. 이들 프랑스계 이주민의 상당수는 아일랜드에서 전개되었던 윌리엄 전쟁 중 윌리엄 왕의 편에 서서 싸웠던 퇴역 군인들이었다. 숫자가 거의 1만 명에 달한 그들은 주로 더블린에 정착했다.

가톨릭 신자에 대한 차별적 토지정책은 19세기 중반에 이르기까지 계속되었다. 아일랜드 토지의 대부분을 영국계 이주민의 후손들이 차지하고 있는 가운데 토착 아일랜드계 주민들은 소작인으로 전락했다. 상당수의 영국계 지주들은 부재지주absentee landlord였다. 아일랜드계 소작인들은 지나치게 높은 토지 임대료에 시달렸다. 그것은 당시 대표적인 제국주의 국가였던 대영제국 하에서 벌어진 전형적인 식민지 수탈정책이었다.

이러한 경제적 불공정을 시정하기 위한 움직임은 19세기 후반에 본격화되어 20세기 초까지 이어졌다. 이 시기에 아일랜드에서 토지개혁이 이루어지고 토지 소유에서의 불공정성이 시정될 수 있었던 데는 몇 가지 요인이 작용했다. 첫째, 그것은 토지동맹을 중심으로 전개된 아일랜드인 스스로의 노력의 결과였다. 둘째, 이러한 대중운동의 목표가 토지정책의 개혁을 통해 아일랜드의 안정을 이룩하고 자신의 정치적 입지를 강화하려던 글래드스톤 수상 등 영국 자유당 소속 정치인들의 목표와 이해가 일치했기 때문이었다. 셋째, 계속되는 경기 침체, 특히 대기근Great Famine 이후 계속된 아일랜드 지가의 하락으로 인해 지주들의 저항이 무뎌졌던 것도 주요 이유 중 하나였다. 마지막으로, 1869년에 실시된 아일랜드 국교회 제도의 폐지로 인해 우월계

---

[54] 1598년 교황 앙리(Henry) 4세가 신교도의 예배의 자유 등을 인정한 칙령.

[55] 16~17세기 프랑스의 칼빈주의(Calvinist) 개신교개혁교회(Protestant Reformed Church) 신자의 호칭.

급에 속하던 상당수의 개신교 지주들이 가톨릭으로 개종함으로써 가톨릭의 토지 소유에 대한 차별이 무의미해졌기 때문이었다.

1867년에 발생한 '페니언Fenians'[56] 들의 폭동에 충격을 받은 윌리엄 글래드스톤William Gladston 수상은 선진 제국주의 국가인 영국이 아일랜드에서 공정성fairness과 평화를 유지할 수 있기를 원했다. 그는 1868년 선거에서 아일랜드 토지개혁을 쟁점으로 내세워 자유당을 결집하는 데 성공함으로써

1867년 3월, 탈래트 마을 경찰서로 향하던 비무장 시위대를 향해 경찰이 발포해 시민 한 명이 죽고 수 명이 부상을 당한 '탈래트 전투(Battle of Tallaght)'

선거를 승리로 이끌 수 있었다. 그 결과 1870년에는 아일랜드 소작인의 토지소유권 문제 해결을 위한 첫 번째 토지개혁법인 '지주소작인법Landlord & Tenant Act'을 의회에서 통과시킬 수 있었다.

지주소작인법은 지주가 자신의 소작인을 임대료 지급 불이행 외의 이유를 들어 경작하던 토지에서 축출할 경우 토지가치를 향상시킨 것에 대한 '보상금'을 지급하도록 했다. 그와 동시에 지주들이 지나치게 높은 임대료를 부과해 보상금을 지급하지 않고 소작인을 축

---

56 '페니언(Fanian)'이란 명칭은 19세기와 20세기에 독립국가인 아일랜드공화국 수립을 위해 헌신한 '페니언형제단(Fenian Brotherhood)'이나 '아일랜드공화국형제단(Irish republic Brotherhood)'을 포괄하는 용어다. 그것은 1848년 존 오마호니(John O'Mahony)란 인물이 자신이 미국에서 구성한 아일랜드공화국 단체 회원들에게 처음 사용하기 시작했다. 원래는 고대 게일릭 아일랜드 시대에 사회로부터 떨어져 살다가 전시에는 긴급 소집되는 청년 전사그룹의 명칭에서 유래되었다. 오늘날 페니언이란 명칭은 북아일랜드와 스코틀랜드에서는 아일랜드 민족주의를 일컫는 보다 광범위한 의미로 사용되고 있다.

탈래트 전투에서 노획된 페니언 깃발. 미국의 성조기를 본떠 만든 32개의 별은 아일랜드의 32개 주를 상징한다.

티퍼라리州(County Tipperary) 밸리헐스트(Ballyhurst, 또는 Ballyhusty)에 있는 1867년 페니언 봉기기념관

출하는 것을 방지하기 위해 "지나치게excessive" 높은 수준의 임대료를 책정할 수 없도록 했다. 임대료의 과다여부는 신설된 토지법원이 결정했다. 그러나 상원이 "지나치게"라는 용어를 "터무니없는exorbitant"으로 수정함으로써 지주들은 소작인들이 도저히 지급할 수 없는 수준으로 임대료를 높여서 아무런 보상을 해주지 않고도 그들을 내쫓을 수 있게 되었다.

1874년에 들어 유럽의 농산물 가격이 하락하기 시작했다. 이어진 '장기 공항 Long Depression'[57] 동안에는 폭우로 인해 아일랜드에 흉작이 계속되었다. 그로 인해 유럽으로의 농산물 수출은 줄어든 반면 미국으로부터 값싼 수입 농산물이 밀려들었다. 그 결과 대다수 아일랜드인 소작인들의 수입이 줄어들어 토

---

57 장기공항은 1873년부터 1879년 봄까지 지속된 전 세계적 경기침체를 일컫는다. 장기 경기침체로 인해 가장 심각한 타격을 입은 것은 남북전쟁을 겪은 직후의 미국과 제2차 산업혁명을 거친 유럽이었다. 원래는 '대공항(Great Depression)'으로 불렸으나 1930년대에 대공항이 발생하자 명칭을 양보하게 되었다.

지임대료를 지불할 수 없게 되었다. 1870년대 후반 들어서도 공황이 계속되자 임대료 지급 미이행에 따른 축출 건수가 급증했다. 1879년의 아일랜드 기근은 상황을 더욱 악화시켰다. 그러나 다른 유럽 국가들의 경우와는 달리 아일랜드의 토지임대제도는 고난의 시기에도 유연성이 부족했다. 특히 임대료 지급이 어려운 소작인들에 대한 무보상 축출이 증가하는 상황에서 제대로 된 소작인 보호장치가 없었던 것이 문제였다.

아일랜드 전국 각지에서 소작인 권리 옹호운동을 전개하던 각종 토지단체들은 1879년 '아일랜드전국토지동맹Irish National Land League'[58]을 창설하고 찰스 스튜어트 파넬Charles Stewart Parnell을 대표로 선출했다. 토지동맹의 목적은 소작인들이 부당한 금액의 임대료를 지불하지 못해 강제 퇴거조치를 당하는 것을 막고, 모든 소작인이 일정 기간 공정한 금액의 임대료를 지급하면 경작하던 토지를 소유할 수 있도록 하는 법을 제정하는 데 있었다. 이에 1881년 영국 정부는 토지동맹의 투쟁을 저지하기 위해 "범죄나 음모"의 용의가 있는 자는 재판 없이 체포할 수 있는 '강제법Coercion Act'을 제정했다. 그 결과 토지동맹의 개혁운동을 지지하는 수백 명의 인사들이 구속되었다.

토지법의 집행을 방해했다는 죄목으로 영국 정부에 의해 투옥된 파넬을 비롯한 토지개혁운동 지도자들은 옥중에서 '임대료 지급 거부선언No-Rent Manifesto'을 발표하고 전국적인 소작인 파업을 지시했다. 영국계 지주들은 소작인들의 임대료 지급 거부에 경찰을 동원

---

[58] 아일랜드전국토지동맹은 19세기에 가난한 소작농을 지원하기 위해 조직된 정치단체였다. 동 단체의 궁극적인 목표는 아일랜드에서 지주제도를 폐지하고 소작인들이 토지를 소유하도록 하는 데 있었다. 아일랜드 역사는 이 시기에 전개된 토지동맹의 투쟁을 '토지전쟁(Land War)'이라고 부르고 있다.

1879년 10월 21일, 앤드류 케틀(Andrew Kettle), 마이클 드빗 (Michael Davitt), 찰스 스튜어트 파넬 등에 의해 창립된 아일랜드 토지동맹(Irish National Land League)은 당시 아일랜드 전국에서 소작농들이 처해 있던 끔찍한 환경의 개선을 목표로 했다.

한 강제 축출로 맞섰다. 토지동맹은 소작인들을 조직해 강제 축출에 대항했다. 토지동맹 측은 폭력사용을 자제했으나 소작쟁의 관련 범죄가 급증했다. 1879년에 시작된 '토지전쟁Land War'은 1882년까지 계속되었다.

아일랜드 토지개혁 세력이 옥중 선언으로 대응하자 영국 정부는 1881년에 제2차 토지법을 제정했다. 새로운 토지법은 토지 소유에 대한 아일랜드 소작인들의 요구를 충족시키기 위한 것이었다. 동법은 지주와 소작인에 의한 공동 소유의 원칙을 제시하고, 이를 위해 '토지위원회Land Commission'와 '토지법원Land Court'를 설립했다. 그것은 소작인들에게 자신이 소작하던 토지를 소유할 수 있는 기회를 제공했다. 토지위원회가 정부기금으로 토지 소유주로부터 토지를 매입해 소작인들에게 장기 담보대출 형식으로 매각하도록 한 것이었다. 소작인들은 5%의 이자로 과거 자신이 지불했던 임대료보다도 적은 금액의 원리금을 35년에 걸쳐 상환하기만 하면 되었다.

나아가 이듬해 영국 정부는 토지개혁운동 세력과의 협상을 통해 토지법을 수정해 '체납금탕감법Arrears Act'을 제정했다. 동법은 토지위원회에게 30파운드 이하의 임대료 체납액을 탕감해 줄 수 있는 권한을 부여했다. 토지동맹은 공정한 임대료fair rent, 자유로운 토지 매각free sale, 고정된 토지 소유권fixity of tenure 등 소위 '3F'를 위해 투쟁했다. 수정토지법은 이 모두를 보장하는 제도를 도입함으로써 토지동맹의 존재기반을 약화시켰다.

1885년 영국 정부는 '토지매각법Land Purchase Act'을 제정해 융자한도를 필요자금 전액으로 상향조정하고, 1870년 토지법에 의해 설정되었던 이자율을 4%로 낮추는 한편 상환기간은 49년으로 연장했다. 단위 면적당 토지가격은 17년 6개월분의 임대료와 동일하게 책정되었다. 그 후 1887년에는 또 하나의 토지법을 제정해 이중 소유 원칙을 소작인 소유 원칙으로 대체하고, 1888년에는 토지매각법을 개정해 토지위원회의 매각기금을 대폭 증액시켰다. 그 결과 1888년에 이르러서는 아일랜드 전역에서 총 94만 에이커가 넘는 토지가 25,400명에 달하는 소작인들에게 매각되었다. 1896년에는 1887년의 토지법을 개정해 매각 대상 토지의 규모를 확대했다. 그 결과 1891년에서 1896년 사이에 도합 4만 7,000건의 토지에 대한 소유권이 지주들로부터 소작인들에게로 넘어갔다.

1902년에 들어 영국 정부는 중도 성향의 지주와 소작인 대표들이 참여하는 토지회의를 개최하고, 합의결과를 토대로 '윈드햄법Wyndham Act'으로 불리는 토지매각법을 제정했다. 윈드햄법은 지주가 희망하는 매각가격과 소작인이 희망하는 매입가격의 차액을 정부가 부담하게 함으로써 지주와 소작인 모두가 토지매매에 매력을 느낄 수 있게 했다. 그것은 토지소유권의 이전을 용이하게 만듦으로써 아일랜드에서 영국계 지주 중심 토지제도의 종식을 가져왔다. 1909년에 제정된 토지매각법은 한 걸음 더 나가서 토지위원회를 통한 소작농의 매입을 의무화했다. 그 결과 1921년에 '영아조약Anglo-Irish Treaty'이 체결되기 직전에 이르러서는 총 31만 6,000명의 소작인이 합계 2,000만 에이커에 달하는 아일랜드의 토지 가운데 1,150만 에이커를 소유하게 되었다. 이로써 아일랜드의 소작인들은 토지 소유에 관한 한 나머지 다른 지역의 영국 농부들보다 훨씬 더 많은 권리를 누리게 되었다. 특히 데니얼 데스몬드 쉬한Daniel Desmond Sheehan과 윌리엄 오브라이언William O'Brien이 이끄는 아일랜드토지노동협회의 지원을 받은 먼스터 주의 소작인들은 다른 어느 주의 농부들보다도 더 많은 토지를 매입했다.

이렇듯 19세기를 전후해 진행된 일련의 토지개혁으로 인해 수백 년간 지속되어 온 영국계 지주와 아일랜드계 소작인 사이의 토지쟁의는 해소되었다. 하지만 영국의 농장화 정책은 아일랜드에 몇 가지 심대한 영향을 끼쳤다. 첫째, 그것은 영국British과 개신교의 정체성을 지닌 여러 개의 대규모 지역사회community를 탄생시켜 아일랜드의 인구 구성에 커다란 변화를 가져왔다. 수차례에 걸친 정책적 증원에도 불구하고 영국계 이주민들은 아일랜드 전역에 뿌리내리지 못했다. 그러나 영국에 지리적으로 가깝고 상대적으로 도시화, 산업화가 일찍 진행된 북동부 얼스터 지역에서는 토지개혁에 힘입어 커다란 세력을 형성했다.

둘째, 소유권과 교역, 신용 등과 같은 새로운 개념이 도입되면서 아일랜드 사회의 물리적, 경제적 성격 또한 변화했다. 아직도 상당수의 빈곤층은 화폐를 접하지 못하고 물건이나 서비스로 임대료를 지급하는 물물교환 경제에 머물고 있긴 했으나, 이 시기에 이르러 아일랜드는 거의 전체가 하나의 시장경제에 통합된 상태였다. 17세기에 이루어진 이러한 변화는 아일랜드에 대한 영국 왕위의 권위를 확립시켜 준 개신교 지배계층의 탄생을 가져왔다. 잉글랜드 출신의 개신교 토지 소유주들이 아일랜드 일반 대중과 동일한 정체성과 정치적 가치를 공유하고 있던 기존의 가톨릭 지배계층을 대체해 우월계급이라는 새로운 지배계층으로 부상한 것이다. 그 후 가톨릭과 비성공회 개신교 신자들의 정치적 권리와 토지 소유권을 박탈한 일련의 형법에 힘입어 그들의 지위는 더욱 강화되었다. 아일랜드 사회에 대한 그들의 지배는 1800년에 영국과 아일랜드를 하나의 국가로 합병시키는 '합방법Act of Union'이 통과되어 아일랜드 의회가 폐쇄될 때까지 계속되었다.

셋째, 농장화 정책은 문화적으로도 중요한 영향을 끼쳤다. 게일계 아일랜드 문화가 배제되고, 권력과 비즈니스의 언어로서 영어가 아일랜드어를 대체했다. 1700년까지만 해도 아일랜드어가 아일랜드 주민 다수의 언어이긴 했으나, 당시 의회, 법원, 교역 등에서 사용되는 주 언어는 영어였다. 그 후 200년에 걸쳐 영어의 사용은 꾸준히 서쪽으로 확장되었다. 그 같은 영어의 확장은 대기근으로 인해 아일랜드인들이 갑자기 쓰러지기 시작한 1840년대 중반까지 계속되었다.

마지막으로, 대농장들은 아일랜드의 생태계와 지형마저 바꾸어 놓았다. 1600년 초 아일랜드는 늪지대를 제외하고는 국토 전역에 숲이 우거져 있었다. 대부분의 사람들은 소규모의 토지에 거주하면서 소떼 사육을 위한 목초지를 찾아 계절마다 이동하는 유목민의 삶을 살았다. 그러나 1700년에 이르러 아일랜드의 원시적 산림지대는 파괴되었다. 새로운 이주민들이 조선업과 같은 상업적 용도를 위해 무분별하게 숲을 착취했기 때문이었다. 과도한 사냥에 의해 늑대와 같은 일부 토착동물들이 멸종되기도 했다. 아일랜드 농부들은 그들의 전통적인 생활을 계속 유지했지만, 대부분의 이주민들은 도시나 타운에 거주했다.

현재까지 지속되는 아일랜드의 분단은 상당 부분 17세기에 실시된 농장화 정책에 의한 정책적 이주의 결과라고 할 수 있다. 이 시기에 얼스터 지역에 형성된 거대한 개신교 사회는 아일랜드 인구의 다수를 형성하는 가톨릭 신자들과는 달리 아일랜드가 영국의 일부분으로 남는 것을 선호했기 때문이다. 반면 인구의 다수를 점유하는 토착 가톨릭 신자들은 독립을 원했다. 1922년 당시 통합주의자들은 얼스터 지역에 있는 아홉 개의 주 중 네 곳에서 압도적 다수를 점유하고 있었다. 따라서 1921년에 영아조약이 체결되자 이들 네 개 주와 상당 규모의 가톨릭 신자들이 소수의 지위를 차지하고 있던 또다른 두 개의 주는 영국에 잔류해 오늘날의 북아일랜드를 형성했다. 그 결과 북아일랜드라는 신생국가는 비록 소수지만 상당수의 가톨릭 신자들을 포함하게 되었다. 그들 가운데 일부는 자기 자신을 농장화 정책으로 인해 토지를 빼앗긴 토착 지주의 후손이라고 생각했다. 이러한 측면에서 볼 때 1960년대 말에 시작된 '폭동의 시대The Troubles'는 수 세기 전 농장화 시대부터 이어져 온 갈등의 연장선상에 있었던 것이다.

나. 가톨릭 차별 정책

영국 정부가 실시한 또 하나의 결정적인 식민지 정책은 가톨릭에 대한 차별이었다. 앞서 설명한 대로 아일랜드는 일찍부터 가톨릭이 발달한 국가였다. 서기 4세기 말에서 5세기 중엽 사이 기독교[59]가 처

---

[59] 기독교는 서기 1세기 초 아브라함(Abraham)에서 비롯된 유대인의 종교다. 중동의 레반트(Levant) 지역에서 처음 시작되어 신속하게 시리아, 메소포타미아, 소아시아, 이집트 등지로 확산되었다. 서기 325년에 열린 '니케아 종교회의(Councils of Nicaea)'에서 예수 그리스도의 신성을 부인하는 아리우스주의(Arianism)와 분리되고, 1054년에는 로마가톨릭과 동방정교의 분리, 1517년에는 로마가톨릭과 개신교 개혁주의의 분리가 일어났다. 기독교는 처음 수세기 동안에 규모와 영향력이 급증해 4세기 말에 이르러서는 로마제국의 국교가 되었다. 아일랜드와 영국에 전파된 기독교는 로마가톨릭이었으며, 16세기 초 종교개혁이 일어나기 이전에는 유럽국가 대부분의 종교는 로마가톨릭이었다.

음 전파된 이후 점차 독창적인 형태의 수도원 제도가 발달했다. 그 결과 7~8세기 중에는 종교와 학문의 황금시대가 도래했다. 당시에는 수많은 아일랜드 선교사와 학자들이 유럽대륙으로 건너가서 기독교를 전파했으며, 아일랜드는 유럽 기독교 문화의 중심지 중 하나였다. 이러한 시대의 여파는 중세시대 아일랜드 국민의 대부분을 독실한 가톨릭 신자로 만들었다.

16세기 들어 유럽대륙에는 종교개혁의 바람이 휘몰아쳤다. 그것은 종교적인 동시에 정치적인 움직임이었다. 그 시대에 종교개혁이 일어나게 된 데는 여러 가지 요인이 작용했다. 봉건체제의 몰락과 민족주의nationalism의 부상, 판례를 토대로 한 보통법common law의 등장, 인쇄술의 발달과 일반인을 대상으로 한 성경의 보급, 지식층을 비롯해 상류층, 중산층, 나아가 일반 대중에게까지 전파된 새로운 지식과 사상 등이 이러한 개혁을 촉진했다. 스코틀랜드의 경우 이미 15세기부터 르네상스 시대의 인문주의가 가톨릭에 대한 비판적 사고를 장려해 종교개혁의 필요성을 느끼고 있었다. 마틴 루터의 사상에 커다란 영향을 받은 스코틀랜드는 1560년에 종교개혁을 통

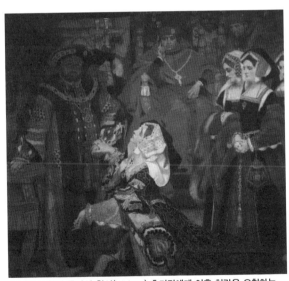

1529년 교황의 특사인 월시(Wolsey) 추기경에게 이혼 허락을 요청하는 헨리 8세와 부인인 아라곤의 공주 캐더린. 1910년 프랭크 살리스버(Frank O. Salisbury)의 유화 작품

해 로마교황청과 공식 결별을 선언했다. 그러나 아일랜드와 웨일스를 포함한 나머지 영국에서의 종교개혁은 그 같은 이유에서가 아니라 주로 정부의 정책변화에 의해 추동되었다.

영국의 종교개혁은 튜더 왕가의 두 번째 왕 헨리 8세에 의해 시작되었다. 형이 요절한 후 형수였던 스페인의 공주와 정략결혼을 한 헨리 8세는 그 후 가톨릭교회의 법에 따라 자신의 혼인을 무효화해 줄 것을 교황에게 청원했다.[60] 그러나 당시 교황이던 클레멘테 7세 Clemente VII는 이혼을 허용하지 않았다. 이에 격노한 헨리 8세는 이혼의 합법화를 위해 자신의 왕국 내에 존재하는 가톨릭교회에 대해서는 친히 주권을 행사하기로 결심했다. 잉글랜드 의회는 영국 교회에 대한 국왕의 지배권을 확인했고, 그것은 곧 로마교황청과의 결렬을 의미했다. 이처럼 혼인 무효화를 위한 헨리 8세의 개인적 욕구에서 시작된 영국의 종교개혁은 그 발단부터 신학적인 논란보다는 정치적 동기에서 비롯된 것이었다.

1534년 헨리 8세는 '수장령Act of Supremacy'을 선포했다. 수장령은

---

[60] 헨리 8세는 튜더 왕조의 첫 번째 왕인 헨리 7세의 둘째아들로 태어났다. 그는 형인 아더(Arthur)가 죽자 아버지로부터 왕위를 계승했다. 그리고 당시 초강대국이던 스페인과의 관계를 고려해 죽은 형의 아내인 스페인 공주 아라곤의 캐더린(Catherine of Aragon)과 결혼을 하게 되었다. 그러나 헨리 8세는 캐더린의 시녀인 앤 볼레인(Ann Bolane)을 사랑하게 되어 그녀와 결혼하기 위해 왕비와의 이혼을 시도했다. 하지만 가톨릭 교도였던 헨리 8세가 이혼을 하기 위해서는 로마교황의 허락이 필요했다. 교황이 이혼을 허락하지 않자 헨리 8세는 수장령을 통해 로마교황청과 단절을 선언하고 영국 성공회를 탄생시켰다. 그 후 헨리 8세는 앤 볼레인과 결혼해 딸 하나를 낳지만 후일 그녀를 간통죄목으로 처형하고 그 뒤로도 네 번 더 결혼해 왕비를 모두 여섯 번 바꾼 것으로 유명했다. 헨리 8세 사후 세 번째 왕비 소생인 에드워드 6세에 이어 첫 번째 왕비였던 아라곤의 캐더린 사이에서 난 딸인 매리가 왕위를 계승해 영국 최초의 여왕이 되니 그녀가 바로 매리 1세다. 매리 1세는 가톨릭 신자였던 어머니의 복수를 위해 성공회 신자를 무자비하게 탄압해 '피의 매리(Bloody Mary)'라는 별명을 얻게 되었다. 매리 1세 사후 왕위를 계승한 것은 앤 볼레인 소생인 그녀의 이복동생 엘리자베스 1세였다.

잉글랜드 왕을 "잉글랜드 교회의 유일한 최고 수장"으로 선언함으로써 로마 교황의 주권을 부인하고 국왕을 잉글랜드 국교회, 즉 성공회의 주관자로 규정했다. 교황은 가톨릭 신도들에 대한 영적, 정치적 권위를 주장하기에 그에 대한 모든 충성행위는 반역행위로 간주되었다.

1540년 당시 49세였던 헨리 8세의 초상화

아일랜드의 종교개혁은 헨리 8세의 지시에 의한 것이었다. 스스로를 아일랜드 교회의 수장으로 선포한 헨리 8세는 아일랜드에도 종교개혁을 단행했다. 식민지인 아일랜드도 왕권에 충성하는 개신교 국가로 변환시키고자 했던 것이다. 아일랜드 국교회 설립에 필요한 결정적인 역할을 할 수 있는 인사는 더블린 대주교였다. 이에 1536년에 더블린 대주교가 사망하자 헨리 8세는 교황의 승인도 없이 새로운 대주교를 임명했다.

이어서 헨리 8세는 아일랜드 가톨릭의 고유한 전통인 수도원을 폐쇄시켰다. 성 콜럼바 등의 영향으로 아일랜드의 가톨릭교회는 5세기부터 수도원을 중심으로 발전했다. 1530년에 이르러 아일랜드 전역에 존재하는 수도원의 수는 약 400개에 달했다. 인구나 경제력의 규모를 감안했을 때 그것은 잉글랜드나 웨일스의 경우에 비해 엄청나게 많은 숫자였다. 헨리 8세는 현지 귀족들에게 왕권에 대한 충성을 맹세하는 대가로 수도원 소유의 재산을 나눠 줄 것을 약속했다. 아일랜드 귀족들은 '투항과 재교부' 정책에 따라 자신들이 소유하던 토지를 재교부받기 위해서라도 새로운 아일랜드 국교회를 자신의 종교로 받아드릴 수밖에 없었다. 마침내 1537년에 이르러 이들 귀족들이 중심이 된 아일랜드 의회는 수도원 폐쇄를 합법화하는 법안을 통과시켰다. 그 결과 헨리 8세는 1547년에 사망하기에 앞서 전체 아일랜드 수도원의 절반가량을 폐쇄시킬 수 있었다. 그러나 상당수의 수도원은 그 후 엘리자베스 1세 때까지 끈질기게 잉글랜드 정부의 폐쇄 조치에 저항했다.

헨리 8세의 뒤를 이은 그의 아들 에드워드 6세는 더블린 대주교가 사망하자 교회 내 계급질서의 영속성에 바탕을 둔 사도직의 승계를 주장했다. 그것은 교황의 승인이나 교황과의 영적 교감이 없이는 정통성을 지닌 주교가 될 수 없다는 로마교황청의 입장에 정면으로 반하는 것이었다. 그는 성공회를 아일랜드의 국교로 공식 선포했다.

에드워드 6세의 급사로 왕위에 오른 매리 1세 여왕은 아버지인 헨리 8세와는 달리 독실한 가톨릭 신자였다. 왕위에 즉위하자 그녀는 가톨릭 정통주의를 전격 도입했다. 그녀는 교황의 승인을 받은 친가톨릭 사제들을 아일랜드 성공회의 주교에 임명했다. 그리고 아버지인 헨리 8세가 교황의 허가 없이 임명했던 교구장들을 축출했다. 1554년에는 수장령을 폐지했다. 한편 매리 1세는 잉글랜드 이주민들로 이루어진 대형 농장들을 처음으로 아일랜드에 설립하기도 했다. 그러나 아이러니컬하게도 이들 농장은 이내 개신교 신자들로 채워졌다.

매리 1세의 이복동생인 엘리자베스 1세는 언니와는 달리 개신교 신자였다. 매리의 뒤를 이어 왕위에 오른 그녀는 1559년 제2의 수장령을 선포하고, 1560년에는 '교식통일령Act of Uniformity'을 발표했다. 그것은 모든 교회에서의 예배는 의무적으로 아일랜드 국교회의 의식을 따라야 한다는 법령이었다. 나아가 아일랜드 교회나 정부의 공직에 있는 모든 공직자는 수장령을 준수할 것을 서약해야만 했다. 이를 위반할 경우 교수형이나 능지처참형에 처해졌다. 동 법령은 또한 모든 사람에게 아일랜드 국교회, 즉 성공회의 예배에 참석하는 것을 의무화했다. 이를 거부한 가톨릭이나 비국교도들은 공권력에 의해 벌금형이나 체형에 처해졌다.

초기에는 엘리자베스 1세도 비국교회의 예배의식에 관용적인 태도를 보였다. 그러나 그녀를 이단으로 규정하고 그녀에게 충성하는 자들을 파문하는 교황의 칙령[61]이 1570년에 발표되자 가톨릭을 국가에 대한 위협으로 간주하기 시작했다. 그럼에도 불구하고 16세기 당시 아일랜드인들에게 잉글랜드 국교회로의 개종을 강요하는 데는 한계가 있었다. 헨리 8세에 의해 시작된 위로부터의 종교개혁은 아일랜드인들에게 신앙생활과 아일랜드식 종교제도를 포기할 것을 강요했다. 그러나 정부의 변화된 종교정책을 단계적으로 수용한 잉글랜드인들과는 달리 대부분의 아일랜드인들은 여전히 로마가톨릭을 고수했다.

종교와 정치의 갈등은 영국—스페인 전쟁 기간 중 발생한 두 차례의 데스몬드 항쟁과 9년 전쟁 동안에도 계속되었다. 영국—스페인 전쟁 중에는 교황과 함께 엘리자베스 1세의 최대 정적이자 매리 1세의 전 남편인 스페인 왕 필립 2세Philip II가 아일랜드 귀족들을 지원했다. 그처럼 불안정한 내외정세로 인해 개신교는 아일랜드에서 쉽게 확산될 수 없었다. 결국 아일랜드에서의 종교개혁은 군사적 정복과 식민화를 통해 추진될 수밖에 없었다. 그 결과 많은 아일랜드인들의 가슴에 증오심을 불러일으키게 되었던 것이다.

---

61 '천상의 통치(Regnans in Excelsis, Reigning on High)'라 불리는 이 칙령은 1570년 2월 25일 교황 성 비오 5세(St. Pius V)가 발표했다.

엘리자베스 1세의 뒤를 이은 제임스 1세도 처음에는 가톨릭에 대해 관대했으나 그를 암살하려는 가톨릭 신자들의 시도[62]가 발각된 1605년 이후 강경노선으로 선회했다. 그러나 아일랜드인들을 개신교로 개종시키려는 시도는 그리 큰 성과를 거두지 못했다. 처음에는 언어장벽이 주 이유였다. 아일랜드 토착민들은 게일어를 사용했는데 새로 유입된 개신교 성직자들은 영어밖에 못했기 때문이었다. 또한 시간이 지나자 로마가톨릭 교회도 토착 신도 보호를 위해 적극적으로 종교개혁에 대응하는 조치들을 취하기 시작했다.

로마교황청의 개혁대응counter-reformation 조치가 아일랜드에서 실시된 것은 유럽의 다른 지역에서보다 훨씬 뒤늦은 1612년이었다. 당시만 해도 아일랜드 국민의 대다수는 가톨릭 신자였다. 아일랜드 의회에서도 가톨릭 신자들이 다수를 장악하고 있었다. 따라서 초기에는 로마교황청도 아일랜드에서 그러한 조치를 지켜야 할 필요성을 느끼지는 못했던 것이다. 뒤늦게나마 로마교황청이 개혁대응 조치를 단행하자 개신교로 개종하는 가톨릭 신자의 수가 현격히 감소했다.

한편 1607년 백작들의 패주 이후 탄생한 얼스터 대농장에 새로 이주해 온 사람들은 성공회가 아니라 장로교 신자들이었다. 그러나 그들은 비록 같은 개신교 신자이긴 했으나 국교인 성공회를 옹호하는 더블린 정부를 전적으로 만족시키지 못했다. 그럼에도 불구하고

---

[62] '1605년의 화약음모(Gunpowder Plot of 1605)', 또는 '예수회의 반역(Jesuit Treason)'이라 불리는 이 사건은 로버트 케이츠비(Robert Catesby)가 이끄는 일군의 가톨릭 신자들이 스코틀랜드의 제임스 6세이자 잉글랜드의 왕인 제임스 1세를 암살하려고 시도했으나 실패한 사건이다. 가톨릭에 대한 보다 폭넓은 관용을 원했던 케이츠비 등은 1605년 11월 5일 잉글랜드 의회 개원식에서 화약으로 상원 건물을 폭파해 제임스 1세를 살해할 계획을 세웠으나 무명 인사의 밀고로 인해 음모가 발각되어 전원 체포되었다.

그들은 1613년 아일랜드 하원선거에서 개신교 신자들이 박빙의 다수를 형성하는 데 일조했다.

　1613년 선거에서 개신교가 승리를 거둘 수 있었던 것은 개신교 이주민들이 다수를 형성하는 선거구를 여러 개 신설했기 때문이었다. 제임스 1세는 선거를 이용해 그 전까지 아일랜드 의회에서 다수를 장악하고 있던 가톨릭계 의원들을 의회에서 쫓아냈다. 나아가 17세기 말에 이르러서는 인구의 85% 이상을 차지하고 있던 가톨릭 신자의 의회 진출을 전면 금지시키고, 각종 형법penal laws을 제정해 가톨릭 신자들을 차별했다. 그 결과 소수의 개신교 신자들이 모든 정치적 권력을 장악하게 되었다.

　그러나 얼스터 지역의 농장화가 성공을 거둘 수 있었던 것은 잉글랜드 정부의 식민정책에 앞서 이미 오래전부터 진행되어 온 스코틀랜드 출신 개신교 신자들의 자발적 이주 덕분이었다. 스코틀랜드인들의 아일랜드 이주를 가능케 한 것은 두 국가 사이의 지리적 근접성이었다. 그 결과 얼스터 지역의 이주민들은 주로 잉글랜드인이 아니고 스코틀랜드인이었으며, 성공회가 아니라 장로교 신자였다. 스코틀랜드인들이 아일랜드로 건너 올 당시 장로교는 잉글랜드 국교회로부터 이단으로 간주되어 박해를 받고 있었다. 당시 잉글랜드의 지배 아래 있던 아일랜드에서는 장로교가 금지되어 있었기에 그들 중 일부는 주일이면 바다 건너 스코틀랜드로 가서 예배를 보고 오기도 했다. 시간이 지남에 따라 한때는 게일계 가톨릭이 가장 강성했던 얼스터 지역에도 잉글랜드와 스코틀랜드 출신의 개신교 사회가 형성되었다. 그 결과 하나의 마을임에도 불구하고 길 하나를 사이에 두고 '스코틀랜드인 지역'과 '아일랜드인 지역'으로 나뉘어져 있는 경우를 종종 볼 수 있었다.

1641년의 민중봉기는 그 후 대두된 아일랜드 문제에 중요한 시사점을 던져 주었다. 당시 아일랜드에는 서로 다른 두 개의 가톨릭 집단이 존재하고 있었다. 하나는 토착민인 게일계 아일랜드인들이었고, 다른 하나는 헨리 8세가 수장령을 발표하기 훨씬 전인 노르만 정복 시대부터 아일랜드에 정착한 올드old 잉글랜드계 아일랜드인들이었다. 1641년의 봉기는 게일계 아일랜드인들이 새로운 이주민들에게 빼앗긴 토지를 되찾기 위한 것이었지만, 결과적으로 이 두 가톨릭 그룹 사이에 동맹이 형성되는 계기가 되었다. 두 그룹 모두 종교로 인해 앞으로 토지 소유에 있어 더욱 큰 차별을 받게 될 것을 우려했기 때문이었다.

민족의 차이를 떠나 아일랜드를 가톨릭 아일랜드와 개신교 아일랜드로 양분한 것은 올리버 크롬웰이었다. 1649년 찰스 왕을 상대로 한 잉글랜드 내전에서 승리한 개신교 의회파 지도자인 크롬웰은 아일랜드에 잔류하는 왕당파를 제거하기 위해 아일랜드를 침공했다. 그는 월등한 무기와 숙련된 군사들을 이용해 단숨에 왕당파를 제압했다. 그러나 그 과정에서 보여준 잔혹함은 아일랜드인들의 뇌리에 깊이 각인되었다. 크롬웰은 왕당파 편에 섰던 아일랜드계 가톨릭 지주들에게 매우 가혹한 조치를 취했다. 그는 샤논강 동쪽에 있는 가톨릭 신자 소유의 토지를 모두 몰수해 자신의 병사들이나 아일랜드 원

1690년 7월 11일 윌리엄전쟁(Williamite War)의 승자와 패자를 결정지은 보인전투(Battle of Boyne). 얀 밴 헛튼버그(Jan van Huchtenburg)의 유화 작품

정 비용을 지원한 투자가들에게 분배했
다. 그리고 토지를 몰수당한 가톨릭 신
자들을 샤논강 건너 황량한 코나트 지역
으로 추방했다.

1660년 크롬웰이 사망한 후 왕정이
복구되고, 찰스 2세에 이어 가톨릭 신자
인 제임스 2세가 잉글랜드 왕위에 오르
자 상황은 역전되었다. 제임스 2세는 아
일랜드 정부의 고위직에 가톨릭 신자들
을 임명했다. 가톨릭이 다수를 장악하게
된 아일랜드 의회는 크롬웰이 취한 모든

제임스 2세(1633~1701). 스코틀랜드 역사
에서는 제임스 7세. 영국 역사상 마지막
로마가톨릭 신자인 국왕이었다.

조치를 무효화하는 법령들을 통과시켰다. 가톨릭의 횡포에 두려움
을 느낀 잉글랜드의 개신교 신자들은 제임스 2세의 여동생이자 개신
교 신자인 매리의 남편 오렌지공 윌리엄을 초청해 왕권을 찬탈하도
록 했다. 1688년 '명예혁명Glorious Revolution'에 의해 잉글랜드 왕위에서
쫓겨난 제임스 2세는 자신에게 충성하는 가톨릭 군대가 아직 남아
있는 아일랜드로 도망했다. 두 사람 사이의 왕위 쟁탈전은 아일랜
드에서 전개된 '윌리엄 전쟁Williamite War'[63]으로 이어졌다. 윌리엄은 '보
인 전투Battle of Boyne'에서 가톨릭 군대를 최종적으로 격파하고 아일랜
드의 개신교 신자들을 가톨릭 군대의 억압으로부터 구해냈다. 그 후
그는 윌리엄 3세로 잉글랜드 왕위에 즉위해 부인인 매리와 함께 잉

---

[63] 윌리엄 전쟁은 잉글랜드와 스코틀랜드, 아일랜드의 왕위를 놓고 가톨릭계 영국 국왕
인 제임스 2세의 지지세력(Jacobites)과 개신교 신자인 오렌지공 윌리엄의 지지세력
(Williamites) 사이에 1689년 3월부터 1691년 12월에 걸쳐 아일랜드에서 전개된 싸움
이다.

오렌지공 윌리엄(1650~1702). 잉글랜드와 아일랜드 역사에서는 윌리엄 3세, 스코틀랜드에서는 윌리엄 2세. 부인인 매리 2세 여왕과 공동통치한 그의 재임기간은 흔히 "윌리엄과 매리의 시대"로 불린다.

글랜드와 아일랜드를 공동 통치했다. 다행히 종교적 절대주의는 윌리엄 전쟁 중에 사라졌지만, 종전 후 대다수의 아일랜드 주민들은 이전보다 훨씬 더 피정복민으로서의 위치를 절감해야만 했다.

아일랜드인들을 상대로 진행된 전후 처리는 매우 잔혹했다. 가톨릭에 의한 봉기의 재발을 미연에 방지하기 위한 조치들을 주도한 것은 개신교 우월계급이었다. 그러나 통치권은 궁극적으로 잉글랜드 정부가 갖고 있었기에 우월계급 인사들은 권력에 대한 갈증을 호소했다. 우월계급의 '애국주의자들patriots'은 잉글랜드 의회에서 자신들의 이익을 대변할 수 있는 대표권을 확보하기 위해 애썼다. 이러한 노력은 비록 중산층 개신교 신자들만을 위한 것이긴 했으나, 결과적으로 아일랜드 민족주의의 씨앗을 뿌렸다고 할 수 있었다.

18세기 초에 들어 잉글랜드 의회는 각종 형법을 제정해 아일랜드 인구 대다수를 차지하고 있는 가톨릭 신자들을 차별했다. 가톨릭 신자들은 재산을 보유하거나, 교육을 받거나, 무기를 소유하는 것이 제한되었다. 성직이나 관직에 진출하는 것이 금지되고, 의회의원 선거권과 피선거권도 박탈되었다. 육군이나 해군에 입대하거나 변호사가 될 수도 없었다. 그러나 무엇보다 치명적인 것은 토지를 구입할 수 없다는 것이었다. 법적으로 31년 이상 장기간 토지를 임대할 수도 없었다. 이미 소유하고 있는 토지는 사망 시 모든 자녀들에게 동등하게 분배하되, 그 가운데 개신교로 개종한 자녀가 한 명이라도 있을 경우 그에게 모든 토지를 상속해야만 했다. 그 같은 법안의 제정으로 말미암아 17세기 말, 18세기 초에 이르러 가톨릭 신자 소유의 토지 규모는 극히 미미한 수준으로 감소했다. 18세기 후반에는 전체 아일랜드 토지 가운데 가톨릭 신자 소유로 남아 있는 토지의 비율이 겨우 5%에 불과했다.

잉글랜드 의회는 가톨릭을 다수 종교의 자리에서 끌어내리기 위한 시도를 노골적으로 전개했다. 그러나 가톨릭 신자들을 성공회로 개종시키기 위한 적극적인 시도가 없었던 점으로 미루어 보아 형법 제정의 목적은 종교적이라기보다는 오히려 경제적인 데 있었다고 할 수 있다. 가톨릭 신자들이 소유하고 있던 부를 개신교 신자들에게 이전시키는 것이 법령 제정의 궁극적인 목적이었다. 만약 이러한 형법들이 엄격하게 집행되었다면 아일랜드의 가톨릭교회는 완전히 파괴되었을 것이다. 그러나 아일랜드 가톨릭은 그러한 위기를 극복할 수 있었기에 스스로를 더욱 강화시킬 수 있었을 뿐 아니라 가톨릭교회야말로 자신들을 대변할 수 있는 유일한 조직이라고 믿었던 절대 다수의 아일랜드 주민과 강력한 연대를 형성할 수 있었다.

로마가톨릭에 대한 차별은 영국 본토와 식민지 아일랜드 모두에서 이루어졌다. 차별적 조치는 1560년의 교식통일령, 1670년대의 각종 '시험법Test Acts', 17세기 말에서부터 18세기 중반에 걸쳐 제정된 다양한 형법 등에 의해 더욱 확대되었다. 그러나 이러한 차별은 그 후 수십 년에 걸친 가톨릭 해방운동의 결과 점차 축소되거나 폐지되었다. 마침내 18세기 중반에 들어서는 가톨릭 사제에 대한 추살이 대부분 중단되었다.

1778년에는 영국과 아일랜드에서 가톨릭 해방을 위한 제1차 가톨릭 구호법인 '가톨릭신자법Papist Act'이 제정되었다. 그것은 비록 영국 국왕에 대한 충성을 약속하고 영국에 대한 교황의 정치적, 종교적 권한에 대한 부정을 서약해야 하는 조건부긴 했지만 가톨릭 신자들에게 부동산 소유와 토지의 상속, 군 입대 등을 허용했다. 그러나 이 조건에 반발한 가톨릭 신자들은 1779년과 1790년에 각각 스코틀랜드와 런던에서 폭동을 일으켰다.

아일랜드에서는 '포이닝스법Poynings' Act'[64]이 1782년에 폐지되고, 가톨릭 학교 건립과 주교 임명을 허용하는 법안이 통과되었다. 1792년에는 혼인과 교육에서의 차별을 폐지하는 법령이 제정되었고, 이듬해에는 '로마가톨릭구호법Roman Catholic Relief Act'이 아일랜드 의회를 통과했다. 동법은 일정 가치 이상의 토지를 소유하고 있는 가톨릭 신자들에게 투표권을 허용했다. 또한 비록 충성서약을 전제로 한 것이긴 했지만 가톨릭 신자들도 공직이나 변호사, 대배심원, 대학 교수, 또는 최고위직을 제외한 군인이나 행정직 공무원, 법조인과 같은 직종에 진출할 수 있도록 했다.

1800년에 영아합방이 논의될 당시 가톨릭 신자들에게 보다 폭넓은 정치적 해방을 허용하는 문제가 논의되기도 했으나, 막상 합방법에는 그 내용이 반영되지 않았다. 그 경우 보다 많은 수의 아일랜드 개신교 신자들이 양국의 합방에 반대할 것을 우려해서였다. 당시에는 다른 비국교도들도 차별로 인해 고통을 받고 있었고, 영국 전체를 놓고 볼 때 가톨릭 신자의 수가 상대적으로 낮은 비율을 차지하고 있었기에 어느 정도의 차별은 어쩔 수 없는 것으로 여겨졌던 것이다.

---

[64] 1494년 당시 아일랜드 총독이던 에드워드 포이닝스(Edward Poynings)의 제안으로 아일랜드 의회가 제정한 법령으로서 장미전쟁이 끝난 후 잉글랜드 국왕에 대한 아일랜드 주민의 복종을 강화시키기 위한 것이었다. 아일랜드 의회를 잉글랜드 의회의 권력 아래 복속시킴으로써 아일랜드에 대한 튜더 왕가의 직접통치를 가능케 했다.

윌리엄 피트William Pitt 수상은 영아합방 이후 가톨릭 해방을 약속했다. 그러나 그는 조오지 3세의 반대로 인해 추가 조치를 취할 수가 없었다. 국왕의 반대 사실을 알게 된 피트는 자신이 한 약속을 지킬 수 없게 되자 수상직을 사임했다. 그후 가톨릭 해방 문제는 주요 정치적 사안이 아니라 단지 하나의 논란거리로 전락했다.

19세기 초에는 데니엘 오코널Daniel O'Connell의 주도로 '가톨릭협회Catholic Association'가 창립되었다. 오코널은 '가톨릭 해방Catholic Emancipation'을 위한 대중운동을 전개해 1829년 마침내 또 하나의 로마가톨릭구호법을 영국 의회에서 통과시켰다. 새로 제정된 가톨릭구호법은 비국교도들의 공직 진출을 금지시켰던 1673년의 시험법을 포함해 1728년 이후 존재해 온 모든 형법들을 폐지시켰다. 이로써 그간 가톨릭 신자들에게 가해졌던 법적 차별이 대부분 사라지게 되었다. 아일랜드에서 혁명이 일어나는 것을 우려했

가톨릭 해방과 영아합방법 폐지운동에 앞장섬으로써 '해방자(The Liberator 또는 Emancipator)'라고 불린 데니얼 오코널 (Daniel O'Connell)과 더블린의 글레스네빈 (Glasnevin) 묘지 지하에 안장된 그의 석관

던 당시 영국의 수상 웰링턴 공작Duke of Wellington은 위그당과 토리당 진보파의 지원을 등에 업은 덕분에 국왕인 조오지 4세와 상원의 격렬한 반대에도 불구하고 가톨릭해방법의 의회 통과를 성공시킬 수

있었다. 당시에는 세속정치에 대한 교황의 영향력이 이미 약화되었던 것도 영국 정부의 정책 변화를 가능케 한 하나의 요인이었다.

1829년의 로마가톨릭구호법은 그동안 진행되어 온 가톨릭 해방 운동의 결정체였다. 이로써 가톨릭 신자들도 극히 일부 규제만 제외하고는 개신교 신자들과 동등한 권한을 누릴 수 있게 되었다. 그 후 나머지 규제도 점차 폐지되었다. 단지 1701년에 제정된 '왕위계승정리법Act of Settlement'만 오늘날까지도 살아남아 가톨릭 신자가 영국의 왕이 되는 것을 금하고 있을 뿐이다. 로마가톨릭구호법의 제정은 아일랜드 대중이 자신의 의사를 적극적으로 표명함으로써, 런던 정부가 결정한 사안에 대해 다수 대중의 주장을 관철시킬 수 있는 정치력을 발휘한 상징적인 사건이었다.

제3장

―

아일랜드의 독립과 분단

아일랜드의 독립과 분단 과정을 보면 일종의 기시감déjàvu이 든다. 우리나라의 해방과 분단과정을 보는 것 같기 때문이다. 물론 아일랜드의 독립과 분단은 우리의 해방전후사보다 앞선 1920년대 초에 이루어진 일이다. 그럼에도 불구하고 시간을 역행해 기시감이 드는 것은 우리가 우리 역사의 전개과정을 먼저 배운 편견 때문일 것이다.

아일랜드의 역사가 우리의 그것과 비슷하게 느껴지는 데는 두 가지 이유가 있다. 무엇보다 먼저 눈길을 끄는 것은 독립을 전후해서 분출된 다양한 정파 간의 이견과 갈등이다. 다만 우리의 경우 사회주의와 민족주의 세력 간의 이념적 갈등이 근간을 이루는 가운데 다양한 민족주의 정파 사이에 노선의 차이가 존재했던 반면, 아일랜드의 경우 통합주의와 민족주의 세력 간 민족·종교적 갈등의 틀 안에서 다양한 민족주의 정파가 서로 노선의 차이로 반목했다는 것이 차이라면 차이라고 할 수 있다.

일제 치하에서 우리에게는 민족주의와 사회주의라는 이념의 차이가 그리 커다란 문제가 되지 않았다. '조국의 광복'이라는 훨씬 더 압도적인 과제가 있었기 때문이었다. 그러나 해방이 되자 다양한 정파 간에 갈등이 분출되었다. 그로 인해 독립과 함께 나라가 분단되고, 결국 6·25전쟁이라는 피비린내 나는 내전을 겪으며 분단이 고착되었다.

아일랜드의 경우도 700년이 넘는 영국의 식민통치 초기에는 아일랜드계 가톨릭 세력과 잉글랜드계 개신교 세력 간의 갈등이 그리 심하지 않았다. 두 세력 모두 아일랜드의 자치라는 공동의 목표를 추구했기 때문이었다. 그러나 시간이 흐를수록 아일랜드 독립을 둘러싼 세력 간의 입장 차이가 점차 확대되었다. 19세기 초 영아합방 무효화를 둘러싸고 표출된 양대 세력 간의 갈등은 그 후 아일랜드 자치법 통과와 영아조약 수용 여부를 둘러싸고 더욱 악화되었다. 그에 앞서 18세기 말에는 무장독립투쟁 세력이 부상함에 따라 민족주의 세력 내부에 강·온파 간의 노선 차이가 드러나기 시작했다. 그 후 20세기 들어 정파 간의 차이는 계속되는 내부 분열을 통해 분화, 재생산되며 반목과 갈등의 첨예화를 가져왔고, 결국 아일랜드 섬의 분단과 내전으로 이어졌다.

아일랜드 분단과정에서 기시감을 느끼는 또 하나의 요인은 분단 후 수립된 남북 아일랜드 모두에서 결국은 강경 무장투쟁 세력이 도태되고, 비폭력 의회주의 세력이 득세했다는 것이다. 해방 후 미국과 소련 간 '국제냉전'이라는 외재적 요인으로 인해 분단된 우리나라와는 달리 아일랜드의 분단은 수백 년간 지속되어 온 민족 및 종교 갈등이라는 내재적 요인에 의해 발생했다. 이러한 차이에도 불구하고 1921년 영아조약 체결 전후 아일랜드 국내 정세의 전개과정은 묘하게도 우리나라 해방 정국에서 남한 단독정부를 수립하게 되는 과정과 흡사했다.

영국을 상대로 한 2년간의 독립전쟁 끝에 아일랜드는 마침내 독립을 쟁취할 수 있었다. 그러나 1921년 영아조약에 의한 아일랜드의 독립은 완전치 못했다. 아일랜드의 32개 주 가운데 통합주의자들이 다수를 장악하고 있던 북동부 6개 주의 영국 잔류에 동의해야만 했기 때문이었다. 나아가 남아일랜드의 26개 주도 영국 국왕에게 충성을 서약해 영연방의 일원으로 남는다는 조건을 수용해야만 했다.

어렵게 독립을 쟁취한 남아일랜드 내부 정세는 1940년대 후반 남한의 국내 정세만큼이나 복잡하게 전개되었다. 영국을 상대로 한 독립전쟁을 승리로 이끈 아일랜드 지도부는 남아일랜드만의 독립이라도 우선되어야 한다는 영아조약 찬성파와 아일랜드 전체의 독립이 아닌 다른 어느 것도 수용할 수 없다는 조약반대파로 분열되었다. 두 세력 간의 갈등은 결국 아일랜드 내전으로 이어졌고, 2년에 걸친 전쟁은 찬조약파의 승리로 막을 내렸다.

내전에서 승리한 찬조약파는 아일랜드자유국을 수립하고 정부의 중심세력을 형성했다. 반면 내전에서 패배한 반조약파는 IRA를 재건한 무장투쟁파와 의회투쟁파로 양분되었다. 그 후 무장투쟁파는 대중의 지지를 잃고 입지가 약화되었으나, 의회투쟁파는 선거를 통해 찬조약파 집권당을 꺾고 정권교체에 성공했다. 남아일랜드는 1937년 반조약파 정부가 주도한 헌법 개정을 통해 영국 국왕에 대한 충성 서약을 폐기하고 영연방에서 탈퇴했다. 비로소 영국으로부터의 완전 독립을 이룩하게 된 것이었다.

1. 자치를 위한 투쟁

가. 아일랜드 의회의 폐쇄와 영아합방

최초의 아일랜드 의회는 대헌장Magna Carta[65]의 연장선상에서 1297년에 구성되었다. 아일랜드 군주였던 잉글랜드 국왕의 신민인 아일

---

[65] '잉글랜드의 자유를 위한 대헌장(The Great Chapter of the Liberties of England)'이라고도 불리는 동 문서는 잉글랜드의 존(John) 왕이 1215년 6월 15일 봉건 귀족들의 강요에 의해 서명한 것이다. 국왕의 폭정에 시달리던 일군의 봉건 귀족들은 법으로 국왕의 권력을 제한하고 자신들의 권리를 보호하고자 했다. 이는 잉글랜드 역사상 최초로 신하의 강요에 의해 국왕이 취한 행위로서 영어권 세계에서는 헌법주의의 시발점이 된 역사적 사건으로 인식되고 있다. 당초 라틴어로 작성되었던 대헌장은 법에 의하지 않고는 처벌되지 않을 자유 등을 '자유인'의 권리로 선언함으로써 민주주의와 법정 평등주의의 발전에 기여하고 영국 의회제도의 탄생을 가져왔다.

랜드인과 앵글로–노르만인들을 대표하기 위해서였다. 그러나 의회의 권한은 잉글랜드 국왕에게 충성을 바치는 주민들에게만 적용되었다. 잉글랜드 국왕의 통치권 밖에 존재하는 독립적인 게일계 왕국의 주민들에게는 의미가 없었다. 14세기부터 15세기에 걸친 '게일족의 부활기Gaelic resurgence'에는 잉글랜드 국왕에게 충성하는 식민지인의 수가 급감했다. 당시 잉글랜드 국왕의 통치권이 미치는 곳은 더블린 일대의 지극히 제한된 지역에 불과했다.

아이러니컬하게도 아일랜드의 자치를 처음 요구한 것은 식민지 아일랜드에 거주하는 잉글랜드계 지배계층이었다. 그들은 정치적 권리에서 소외된 대다수 아일랜드인들과는 달리 정치적 권력을 보유하고 있었다. 당시 아일랜드에서 잉글랜드 왕실의 이익을 대변하고 식민지를 관리하던 버틀러The Butlers나 피츠제럴드The FitzGeralds 가문 같은 아일랜드계 귀족[66]들은 본국의 잉글랜드인들과 동등하게 대우 받기를 원했다. 그러나 런던의 정치인들은 아일랜드 이주민들을 외국인 취급했다. 마침내 1460년, 이러한 차별에 불만을 품은 잉글랜드계 아일랜드인들은 설혹 잉글랜드 의회가 제정한 법일지라도 아일랜드 의회에서 통과되지 않은 한 더 이상 그것에 구속받지 않겠다고 선포했다.

시간이 지남에 따라 지리적 거리감과 함께 프랑스와의 백년전쟁[67]

---

[66] 이들은 주로 노르만족의 아일랜드 정복(1169~1171년) 직후 웨일스, 노르망디, 잉글랜드 등지에서 아일랜드로 건너가 정착한 사람들의 후손으로서 흔히 '아일랜드–노르만족(Hiberno-Norman)', 또는 '올드 잉글리쉬(Old English)'라고 불렸다.

[67] 영국의 플랜태저넷 왕가(House of Plantagenet)와 프랑스의 발루아 왕가(House of Valois)가 프랑스의 지배권을 놓고 1337년부터 1453년에 걸쳐 치룬 전쟁을 일컫는다. 실제로는 100년이 조금 넘게 전개된 양국 간의 전쟁은 1066년에 프랑스의 노르망디공이 정복왕 윌리엄(William the Conqueror)으로 영국의 왕위에 오른 데서 비롯되었다. 이때부터 노르망디 지역의 영주를 겸하는 영국 국왕은 프랑스 국왕에게 경의를 표

이나 잉글랜드 왕위를 둘러싼 왕가 내부의 장미전쟁에 정신이 빼앗긴 런던의 무관심, 강력한 게일계 가문의 존재 등으로 인해 아일랜드 의회의 위상은 점차 약화되어 갔다. 그럴수록 킬데어가 같은 막강한 가문의 손에 의회로부터 입법권이 넘어갈 가능성에 대한 우려는 더욱 깊어만 갔다. 1494년 아일랜드 의회는 그 같은 사태를 미연에 방지하기 위해 포이닝스법을 통과시켜 스스로를 잉글랜드 의회에 종속시켰다.

한편 일부 아일랜드 토착세력은 장미전쟁을 기회로 아일랜드의 독립을 쟁취하고자 했다. 자신들이 지원한 왕가가 왕권투쟁에서 승리할 경우 그 대가로 독립을 얻어낼 수 있을 것으로 기대한 것이다. 그들은 요크가와 긴밀한 관계를 맺고 지원했다. 심지어는 랭커스터가의 헨리 7세가 양 왕가 간의 전쟁에서 최종 승리를 거둔 이후에도 요크가를 참칭僭稱하는 람버트 심넬Lambert Simnel 같은 반란자들을 지원하기도 했다.

1534년에 발생한 피츠제럴드 백작의 반란은 영국 국왕 헨리 8세로 하여금 아일랜드 문제에 더욱 관심을 기울이게 만들었다. 그 결과 1541년 스스로 아일랜드의 왕임을 선포한 헨리 8세는 아일랜드에 대한 자신의 권위를 인정하는 조건으로 게일계와 앵글로-노르만계 아일랜드 귀족들에게 새로운 아일랜드 의회에 참여할 수 있는 권리를 부여했다. 그러나 아일랜드 하원에 참여한 올드 잉글랜드계 가톨릭 의원들은, 왕에게는 가톨릭을 차별하는 형법을 제정하거나 게

하게 되었으나, 1337년 당시 영국 국왕인 에드워드 3세는 이를 거부했다. 이에 격노한 프랑스 국왕 필립 4세는 프랑스 내에 있는 에드워드 3세의 영토를 몰수했다. 그러자 에드워드 3세는 모계 후손의 왕위 계승권을 인정하지 않는 프랑크족(The Franks)의 살릭법(Salic Law)에 따라 필립 4세보다는 자신이 더욱 적법한 프랑스 왕위의 계승자임을 주장했다. 따라서 백년전쟁의 핵심은 프랑스 왕위 계승권에 대한 논란이었다고 할 수 있었다.

일계나 가톨릭계 저항세력을 진압하기 위한 용도의 세금을 과대하게 징수할 권한이 없다고 선언했다. 이에 영국 국왕은 1613년 선거에서 잉글랜드와 스코틀랜드계 개신교 세력이 가톨릭계 의원들을 몰아내고 아일랜드 하원의 다수를 장악하도록 지원했다. 이 같은 개신교 세력의 승리는 얼스터 지역에서 실시된 농장화 정책과 개신교 신자들에게 유리하게 선거구를 획정한 게리맨더링Gerrymandering에 힘입은 것이었다. 그러나 상원에서는 1649년부터 1660년까지 존속한 커먼웰스 정부 시절을 제외하고는 1689년까지 가톨릭계의 우세가 계속 유지되었다.

1641년 아일랜드 봉기에 대거 참여했던 가톨릭 신자들은 그 이듬해 독자적인 가톨릭 의회를 구성했다. 이에 1652년 잉글랜드 내전에서 왕당파를 몰아내고 정권을 잡은 강경파 개신교 지도자인 크롬웰은 '아일랜드문제정리법'을 제정해 가톨릭 신자들의 의회 참여를 금지시켰다. 이듬해 아일랜드를 완전히 장악한 그는 1641년 봉기에 대한 징벌로 아일랜드 의회를 폐쇄시켰다. 그 대신 런던의 웨스트민스터 의회에 아일랜드 대표를 위한 몇 개의 의석을 허용했다. 아일랜드문제정리법이 폐지된 것은 1660년 왕정 복구 후 찰스 2세에 의해서였다.

크롬웰 사후 아일랜드 의회의 다수를 재장악한 가톨릭계 귀족들은 오렌지공 윌리엄과의 전쟁에서 패해 아일랜드로 피신 온 제임스 2세에게, 그를 지원하는 대가로 크롬웰 치하에서 몰수당한 자치권과 토지의 복원을 요구했다. 그러나 아일랜드로 이어진 잉글랜드 내전은 윌리엄의 승리로 막을 내리고, 아일랜드계 가톨릭 귀족들은 종전 후에 체결된 '림머릭 조약Treaty of Limerick'에 따라 새로운 잉글랜드 왕에게 충성을 서약하지 않는 한 의원직을 유지할 수 없게 되었다. 그 후 새로 제정된 형법들은 제임스 2세를 지원한 아일랜드 귀족들의 의회 진출을 전면 금지했다. 그 결과 1695년부터는 영국 국왕에 충성하는 강경 통합주의 세력인 '로열리스트Loyalists'와 개신교 신자들이 또 다시 아일랜드 의회에서 압도적 다수를 장악하게 되었다. 1728년 이후 가톨릭 신자에게는 하원의원 선거권마저 허용되지 않았다.

그러나 의회의 특권은 아일랜드 국교회, 즉 성공회 신자들에게만 국한된 것이었다. 같은 개신교라도 장로교나 회중교Congregationalists, 퀘이커교Quakers와 같은 비국교회 신자들은 종속적인 위치를 누릴 수밖에 없었다. 그나마 1707년 이후에는 의회 의석만 허용되었을 뿐, 공직 진출은 금지되었다.

비록 성공회 신자들이 아일랜드 의회를 장악하기는 했지만 아일랜드는 영국에 점점 더 종속적이 되어 갔다. 아일랜드 의회는 극히 제한된 입법권만 가지고 있었고, 아일랜드 행정부는 런던에 있는 영국 정부의 지휘감독을 받았다. 포이닝스법에 이어 1719년에 제정된 '아일랜드의 대영 의존법Dependency of Ireland on Great Britain Act'은 영국 의회의 사전 승인 없이는 아일랜드 의회가 독자적으로 법안에 대해 토론하는 것마저 금지했다.

1798년 통일아일랜드인 항쟁 중 전개된 식초고지 전투(Battle of Vinegar Hill). 붉은 색 군복(Redcoats)을 착용한 편이 영국 측이다.

그 같은 상황에서도 아일랜드 의회는 런던으로부터의 독립을 여러 차례 시도했다. 그 결과 18세기에 들어서는 역대 왕 즉위 초에 단 한 번만 열리던 의회를 2년에 한 번 소집할 수 있게 되었다. 그 후 얼마 안 되어 잉글랜드 의회처럼 연중 개원이 가능하게 되었고, 1779년부터는 당시 북아일랜드 의회에서 다수당의 자리를 차지하고 있던 '아일랜드애국당Irish Patriot Party'이 잉글랜드 의회와의 관계 속에서 더욱 많은 권한을 가져오기 위한 투쟁을 시작했다.

한편 18세기 중 또 다른 영국의 식민지였던 미국과 프랑스에서 전개된 정치적 소요와 혁명은 개혁과 독립을 향한 아일랜드인들의 열망에 불을 질렀다. 마침내

1798년 항쟁 진압 후 가톨릭 신자들을 탄압하는 장면

1782년에는 포이닝스법에 의한 규제가 철폐되었다. 1798년에는 벨파스트의 장로교를 중심으로 로마가톨릭, 감리교 등 다양한 비국교도 교파의 신자들의 연합단체인 '통일아일랜드인사회Society of United Irishmen'가 창설되었다.

그에 앞서 1793년 프랑스 혁명전쟁의 연장선상에서 영국과 프랑스 사이에 전쟁[68]이 발발하자 가톨릭계 아일랜드 민족주의자들은 프랑스의 지원을 등에 업고 지하로 들어가 무장투쟁을 계획했다. 1796년에는 아일랜드를 지원하기 위한 프랑스 함대가 아일랜드 해안에 도착하기도 했다. 비록 프랑스군은 폭풍으로 인해 상륙하지 못하고 되돌아갔으나, 이를 계기로 식민지 정부는 계엄령을 선포하고 반

---

[68] 프랑스 혁명전쟁은 1792년에서 1802년에 걸쳐 프랑스 혁명 후 설립된 프랑스 공화국 정부와 유럽의 몇몇 군주국 사이에 전개된 일련의 전쟁을 일컫는다. 동 전쟁은 흔히 프랑스와 유럽 제국 간 1차 동맹과의 전쟁(1792~1797년)과 2차 동맹과의 전쟁(1798~1801년)으로 구분된다. 프랑스와 영국 간의 전쟁은 1793년에서 1802년에 걸쳐 전개되었으며, 1802년 '알미엔 협정(Treaty of Armiens)'으로 종료되었다.

란세력을 무자비하게 진압했다. 가톨릭 신자들은 체포되어 가혹한 고문을 당하거나 처형되었다. 그들의 가옥은 불길 속에 무너져 내렸다. 로열리스트들은 전국에 산재해 있는 오렌지기사단 지부를 통해 자원자들을 모집해 정부의 진압활동을 지원했다.

1798년 더블린에서 시작된 영국군과 로열리스트 연합세력과 반란군 간의 충돌은 이내 전국적으로 확대되었다. '통일아일랜드인항쟁United Irishmen Rebellion'이 시작된 것이다. 극단적 파벌주의와 아직도 남아 있는 형법 조항에 영향을 받은 영국군 병사들은 포로가 된 반란군 병사들을 잔혹하게 다뤘다. 대규모 집단학살이 빈번하게 자행되었다. 일부 반란군 병사들은 산 채로 화형에 처해지기도 했다. 반란군도 정부군 포로들을 잔인하게 처형하기는 마찬가지였다.

프랑스는 통일아일랜드인항쟁 동안에도 아일랜드인들을 지원했다. 그것은 영국인들로 하여금 아일랜드가 영국 공격을 위한 적의 기지로 사용될 가능성에 대한 오래된 두려움을 다시 한 번 떠올리게 했다. 그 결과 아일랜드와 영국 간 정치적 합방의 필요성이 새롭게 대두되었다. 당시 영국의 수상은 '소小 피트'라고 불리던 윌리엄 피트였다. 영국 국왕 조오지 3세George Ⅲ는 피트에게 그 같은 반란을 이용해 영아합방을 추진할 것을 조언했다. 그동안 아일랜드를 통치하는 데 이용해 온 개신교 우월계급은 이제 "부패하고, 위험하며, 비효율적"이어서 더 이상 효용성이 없으므로 직접 통치체제로 전환해야 한다는 것이었다. 1798년 6월 피트 수상은 콘왈리 경Lord Cornwallis을 아일랜드 총독으로 임명하고 아일랜드 내에 영아합방에 대한 우호적 여론을 형성할 것을 지시했다.

1798년 항쟁에 대거 참여했던 장로교 신자들은 아일랜드 의회의 종말을 그리 슬퍼하지 않았다. 오렌지기사단은 합방 문제에 중립

적 입장을 견지하려고 애썼다. 그러나 오
렌지기사단의 지역조직 가운데 아마Almagh
주와 로우스Louth주에 속한 36개 지부는
반대의사를 분명히 했다. 그들 지부의 회
원 중 특히 개신교 우월계급에 속한 일
부 인사들은 그 어떤 형태로든 영아합방
이 이루어질 경우 즉각적으로 가톨릭 해
방이 뒤따를 것을 우려했다. 한편 더블린
의 장인들과 상인들도 합방이 이루어질
경우 영국 물품의 대량 유입으로 인해 자
신들의 비즈니스가 타격을 입게 될까봐
두려워했다.

윌리엄 '소(小) 피트'(1759~1806). 1783년 24세의 나이로 역대 최연소 영국 수상에 취임 후 1804년 두 번째 수상 역임. 그의 부친 '대(大)피트'(William Pitt the Elder)도 영국 수상을 지냈다.

아일랜드와 영국의 정치적 합방 문제는 18세기 내내 수차례 제기
되었으나 그때마다 아일랜드의 강력한 반대에 부딪히곤 했다. 따라
서 1782년에 아일랜드에게 독자적 입법권을 허용했을 때만 해도 양
국의 합방은 물 건너간 듯 보였다. 그러나 조오지 3세가 병석에 눕자
웨스트민스터 의회가 미처 후계자 문제에 대한 결정을 내리기도 전에
아일랜드 의회가 황태자인 웨일스의 왕자[69]에게 아일랜드의 섭정왕이
되어 줄 것을 요청함에 따라 두 의회 사이에 긴장이 조성되었다.

아일랜드와 대영왕국의 합방은 형식적으로는 국가 간 조약의 성
격을 띠어야 했다. 따라서 더블린과 웨스트민스터에 있는 양국 의회

---

69 '웨일스의 왕자(Prince of Wales)'라는 칭호는 전통적으로 영국, 또는 잉글랜드의 예
상 왕위 계승자에게 주어진 것이다. 1780년대 말 당시에는 조오지 3세의 아들로 후일
조오지 4세가 되는 조오지 어거스투스 프레데릭(Geroge Augustus Frederick)에게
붙여진 칭호였다.

에서 각각 관련 법안이 통과되어야만 했다. 그러나 웨스트민스터 의회에서는 합방 지지세력이 우세했지만 더블린 의회에서는 그렇지 못한 것이 문제였다. 콘왈리 경은 합방법안에 찬성표를 던질 아일랜드 의회 의원을 최대한 확보하기 위해 직장이나 연금, 승진 등 다양한 유인책을 동원했다. 거액의 돈을 들여 주county와 구borough에 의석을 가지고 있는 지역구 의원들을 매수하기도 했다. 당시에는 그 같은 매표행위가 합법적이고 일상적인 것이었다. 이에 맞서 헨리 그라탕Henry Grattan[70]이 표결에 앞서 장장 두 시간에 걸쳐 반대연설을 감행했으나 역부족이었다. 합방 지지 결의안은 상당한 표 차이로 아일랜드 의회 상하원을 모두 통과했다. 개신교 우월계급 출신이 대다수였던 아일랜드 의원들이 스스로 아일랜드 의회를 폐쇄하고 대신 런던 웨스트민스터에 있는 잉글랜드 의회의 의석을 선택한 것이었다.

영국 측 합방법안은 1800년 7월 2일 영국 의회를 통과했다. 그리

1800년 아일랜드 하원에서 영아합방법 반대연설을 하는 헨리 그라탕(Henry Grattan). 영아합방법의 통과와 함께 아일랜드 의회는 폐쇄되었다.

---

70 그라탕은 아일랜드 하원의원으로서 아일랜드 의회의 입법권 쟁취를 위해 투쟁한 18세기 아일랜드의 정치인이다.

고 8월 1일에는 합방법에 대한 '국왕의 동의Royal Assent'가 이루어졌다. 다음 날 마지막 아일랜드 의회가 소집되었다. 아일랜드 의회와 영국 의회가 통합되어 단일 영국 의회가 탄생하게 됨에 따라 아일랜드 의회는 폐쇄되었다. 이는 곧 아일랜드 자치의 중단을 의미했다. 영아합방법은 1801년 1월 1일자로 그 효력이 발생했다. 이로써 합방법에 의해 '대영왕국Kingdom of Great Britain'과 아일랜드가 통합되어 '대영아일랜드연합왕국United Kingdom of Great Britain and Ireland'이 탄생했다.

나. 영아합방 무효화와 자치법 제정 투쟁

영아합방 이후에도 독립을 위한 아일랜드인들의 항쟁은 계속되었다. 19세기 내내 이루어진 영아합방에 대한 저항은 종종 폭력적 반란의 형태로 진행되었다. 초기에는 투쟁의 초점이 영아합방 무효화에 맞춰졌다. 1830년대와 1840년대에는 데니엘 오코널의 리더십 아래 영아합방 철폐운동이 전개되었다. 그는 '폐지협회Repeal Association'라는 단체를 조직해 합방법 철폐운동을 주도했다. 그러나 오코널이 추구한 아일랜드의 법적 위상은 완전한 독립국가가 아니었다. 헨리 그라탕처럼 그도 영국으로부터의 완전한 분리독립보다는 잉글랜드와 아일랜드 두 왕국이 공동의 국왕 아래 각기 독립된 의회를 보유하면서 오랜 혈연괴 공동의 이해관게로 서로 얽힌, 보다 밀접한 파트너 관계로 발전하길 원했다. 비록 그의 노력은 허사로 끝났으나, 이 운동이 촉발한 논란은 비로소 얼스터 지역을 나머지 아일랜드 지역과는 다른 '특별케이스'로 인식하게 되는 계기가 되었다.

한편 1840년대 말에 발생한 아일랜드 대기근 동안에는 개혁에 대한 요구도 침묵했다. 감자잎마름병으로 시작된 대기근은 영국 정부의 자유방임적 경제정책에 의해 악화된 재앙이었다. 동 기간 중 아일

더블린 시내에 있는 아일랜드 감자 대기근 기념비

랜드의 인구는 죽음과 질병, 이민 등의 복합적 요인으로 인해 200만 명이나 급감해 1851년에 이르러서는 겨우 600만 명 수준으로 떨어졌다. 하지만 영국 정부는 이러한 아일랜드 주민의 고통을 수수방관했다. 그 결과 영국 정부에 대한 불만이 팽배해지고 불신은 더욱 깊어만 갔다.

윌리엄 글래드스톤(1809~1898)은 영국 수상과 재무상을 각각 네 차례나 역임한 자유당 소속의 대정치가였다.

1848년에 일어난 '아일랜드청년봉기Young Irelander Rebellion'는 비록 실패로 끝났으나, 자치권을 쟁취하기 위한 수단으로 폭력이 재등장하는 결과를 낳았다. 그러나 1867년에 '아일랜드공화국형제단Irish Republican Brotherhood'을 내세운 페니언Fenian들의 봉기가 커다란 실패로 끝난 후 폭력적 수단은 일시적이나마 아일랜드 정치에서 사라지는 듯 보였다.

1867년 봉기가 남긴 한 가지 고무적인 결과는 그로 인해 잉글랜드의 거물 정치인인 윌리엄 이워트 글래드스톤[71]이 아일랜드 문제

---

71 글래드스톤은 자유당 출신 정치인으로 영국 수상을 네 차례(1868~1874년, 1880~1885년, 1886년 2~7월, 1892~1894년)나 역임했다. 재무장관도 네 차례 역임한 그는 최고령 영국 수상이자 가장 위대한 영국 수상 가운데 한 사람으로 꼽히고 있다.

에 관심을 갖게 됐다는 것이다. 글래드
스톤은 아일랜드 상황을 진정시키기 위
해 우선 아일랜드계 주민들의 토지 소유
와 관련된 불공정성을 일부 시정하는 토
지법을 웨스트민스터 의회에서 통과시켰
다. 그러나 토지법만으로는 공동의 국왕
을 모시는 것 외에는 모든 측면에서 잉글
랜드로부터 독립적이길 원하는 아일랜드
인들의 요구를 충족시킬 수 없었다. 오히
려 그것은 자신들과 관련된 사항은 런던
이 아니라 더블린에서 자주적으로 결정

찰스 스튜어트 파넬(1846~1891)은 아일랜드
의회당 창립자 및 대표이자 토지개혁가였다.

할 수 있기를 바라는 아일랜드인들의 열망에 불을 지피는 결과를
낳았다.

1870년대에 들어서는 아일랜드 자치 문제가 주요 이슈로 재부상
했다. 1870년에는 헌법파 민족주의와 혁명파 민족주의 세력 간의 합
작을 시도하던 아이작 버트Issac Butt 변호사에 의해 '자치정부협회Home
Government Association'가 탄생했다. 그리고 3년 후 이 단체는 '자치동맹
Home Rule League'으로 발전했다. 그것은 아일랜드 자치정부 수립을 위
한 대의회 로비조직의 등장을 의미했다. 동 단체의 지도자인 찰스 스
튜어트 파넬은 아일랜드전국토지동맹Irish National Land League의 대표로
자유당 출신의 글래드스톤 수상과 함께 개혁적인 토지법을 영국 의
회에서 통과시킨 인물이었다. 그는 자치법 쟁취운동을 강력한 헌법적
정치세력으로 전환시켰다. 이러한 업적에 힘입어 아일랜드의회당의 지
도자로 부상한 파넬은 아일랜드자치법안을 영국 의회에 상정시키는
데 성공했다.

1880년대부터는 아일랜드의 1차적 투쟁목표가 합방 무효화에서 자치권 쟁취로 바뀌었다. 영아합방 이후 아일랜드는 영국과 군주를 공유하는 독립적 왕국이 되었으나, 실제로는 영국 정부가 임명하는 총독이 국왕을 대리해서 통치했다. 영국에서 파견된 총독이 아일랜드 행정부를 구성하고 통제하는 가운데 아일랜드 주민들은 독자적인 의회를 갖지 못했다. 대부분의 아일랜드 유권자들은 자유당이나 보수당 같은 영국 정당 소속의 후보자 가운데 웨스트민스터 의회에서 자신들을 대표할 의원을 선택해야만 했다. 자유당과 보수당 소속 통합주의자들은 1800년 합방법을 희석시키는 그 어떤 조치에도 강력히 반대했다. 그 같은 상황에서 아일랜드인들의 당면 목표는 합법적 투쟁을 통해 '아일랜드자치법안Irish Home Rule Bill'을 영국 의회에서 통과시키는 것이었다.

그러나 이러한 움직임은 아일랜드 자치를 지지하는 민족주의자들Nationalists과 이에 반대하는 통합주의자들Unionists 사이의 긴장을 고조시켰다. '자치home rule'라는 개념은 1860년대에 처음 도입된 것으로 원래는 아일랜드 국내 사안에 관해 입법권을 가진 독자적인 아일랜드 의회를 구성하는 것을 의미했다. 그러나 1870년대에 이르러서는 자치에 대한 해석이 보다 다양해졌다. 대다수 영국인들은 그것을 웨스트민스터 의회가 계속해서 제국 차원의 사안에 대한 권한을 보유하는 가운데 별도의 아일랜드 의회가 아일랜드 국내 문제를 다루는 영연방 제도의 일부로 해석했다. 그러나 필요할 경우 물리력을 사용해서라도 영국으로부터의 완전 독립을 추구하는 페니언들이나 아일랜드공화국형제단의 경우 그것은 아일랜드의 완전한 자치를 의미했다. 한편 통합주의자들에게 있어서 아일랜드의 자치는 경제적 발전에 손상을 가져올 가톨릭교회 주도의 더블린 의회를 구성하는 것을 의미했다. 그들의 시각에서 볼 때 그것은 영국인임과 동시에 아일랜드인인 자신들의 정체성을 위협하고, 종교적 소수파인 자신들에게 차별이 가해질 수 있는 위험을 내포하고 있었다. 영국의 경우 글래드스톤이 이끄는 자유당Liberal Party은 자치법 상정에 적극적이었지만, 보수당Conservative Party은 아일랜드에 도움이 되는 다양한 입법을 통해 자치법에 대한 요구를 희석시키는 '건설적 통합주의Constructive Unionism'를 제안했다.

자치법에 대한 입장은 아일랜드 주민들 사이에도 거주 지역과 종교에 따라 극심한 차이를 보였다. 당시만 해도 아일랜드의 대부분은 농경사회였으며, 대부분의 아일랜드인은 가톨릭 신자이자 민족주의자였다. 그러나 다른 지역에 비해 산업화가 상대적으로 일찍 진행된 북동부 지역에는 개신교계 통합주의자들이 압도적으로 많았다. 통합주의자들은 자치주가 이루어 질 경우 가톨릭계 민족주의자들이 농촌 지역에서 압도적 다수를 차지함으로써 자신들이 현재 누리고 있는 정치적 권력과 경제적 부를 상실하게 될까봐 두려워했다. 그에 반해 민족주의자들은 자치정부가 없는 한 아일랜드인들은 영국의 식민통치 아래 영원히 정치, 경제적으로 2등 시민에 머물 수밖에 없다고 생각했다.

하지만 유감스럽게도 아일랜드자치법에 대한 웨스트민스터 의회의 관심은 아일랜드인들의 이해가 아니라 영국 국내 정파의 정치적 이해관계에 따라 좌우됐다. 1885년 영국 총선 결과 보수당과 자유당은 하원 의석수에서 박빙의 균형을 이뤘다. 자유당의 글래드스톤 수상은 캐스팅보트를 쥐고 있는 아일랜드의회당Irish Parliamentary Party의 협조가 절대적으로 필요했다. 아일랜드의회당은 아일랜드자치법안에 대한 자유당의 지지를 대가로 요구했다. 한편 당시 보수당의 지도자였던 윈스턴 처칠의 아버지 랜돌프 처칠Randolph Churchill은 아일랜드자치법을 강력하게 반대하는 것이 보수당의 정체성 확립에 유리하다고 생각했다. 그 같은 목적을 위해 처칠은 전통적으로 가톨릭 다수에 의한 지배를 두려워해 온 북부 아일랜드의 개신교 세력을 이용했다. 그는 그것을 '오렌지 카드Orange Card'[72]라고 불렀다.

글래드스톤 수상이 제1차 아일랜드자치법안을 의회에 상정한 것은 집권 이듬해인 1886년이었다. 동 법안은 아일랜드 '전체'가 잉글랜드 국왕의 통치 아래서 자치를 누릴 것을 제안했다. 법안의 핵심은 웨스트민스터 의회가 여전히 전반적인 문제에 대한 주권을 갖고 있는 가운데 아일랜드 전체의 국내 문제에 대한 법률 제정권을 지닌 별도의 의회를 구성한다는 데 있었다. 그 같은 법안이 의회에 상정되자 얼스터 지역에서는 내전 발발의 징후가 엿보였다. 얼스터 지역의 통합주의자들은 자치법Home Rule을 "로마가톨릭에 의한 통치Rome Rule"와 동의어로 여겼다. 그것은 또한 경제적 침체의 시작이자, 자신들의 문화적 정체성에 대한 위협이라고 생각했다. 개신교 신자들은 '충성애국동맹Loyal and Patriotic Union'이라는 조직을 결성해 군사훈련을 실시했다.

그러나 아일랜드자치법안은 보수당은 물론 자유당 내부의 반대로 인해 하원 통과에 실패했다. 그로부터 6년 후 실시된 선거에서 충

---

[72] 그것은 '개신교 오렌지사제단(Protestant Orange Order Lodge)'을 의미하는 정치적 용어였다. 동 단체의 뿌리는 1795년에 발족한 '오렌지 사회(Orange Society)'에 있었다. '오렌지'란 명칭은 가톨릭인 찰스왕으로부터 아일랜드 개신교 신자들을 구원한 같은 개신교 신자인 오렌지공 윌리엄의 이름에서 비롯되었다. 개신교 오렌지사제단은 그저 노동자, 농민으로 구성된 '핍 오데이 보이즈(Peep O'Day Boys)'라는 명칭의 비밀결사단체를 재조직한 것이었다. '핍 오데이 보이즈'라는 명칭은 새벽녘에 가톨릭 신자들의 집 문에 "지옥으로 갈래, 아니면 코낙트로 갈래"라고 적힌 쪽지를 붙이고 이주에 불응할 경우 슬개골을 쏘아 파열시키는 것과 같은 잔혹한 징벌을 가해 공포에 떨게 했던 일을 상기시키는 것이었다.

분하고 안정된 다수 의석을 확보한 자유당은 이듬해에 아일랜드자
치법안을 재상정했다. 당연히 자치법에 대한 얼스터 지역의 반발도 더
욱 격렬해졌으며, 벨파스트에서는 대규모 군중집회가 개최되었다. 제
2차 아일랜드자치법안은 하원을 통과했으나 보수당이 절대 다수를
차지하고 있는 상원House of Lords의 거부권 행사로 인해 부결되었다.

제2차 자치법안이 부결된 이후 영국의 역대 보수당 정부는 1903
년의 윈드햄법과 같은 일련의 "정치적 당근"을 제시했다. 잉글랜드-
아일랜드 통합의 매력을 더욱 증대시켜 아일랜드 자치에 대한 요구
를 희석시키기 위한 것이었다. 그러나 영국 정부의 이러한 노력에도
불구하고 의회 내 아일랜드 출신 의원들은 자치권 쟁취를 위한 노력
을 더욱 강화해 갔다.

아더 그리피스(Arthur Griffith)에 1900년에 창립한 신페인당은 1905년 조직을 정비하고 1916년
부활절봉기를 계기로 빠르게 세력을 확장했다.

잉글랜드 의회에서 두 번의 좌절을 맛본 아일랜드 민족주의자들
은 다음 기회를 기다리는 동안 우선 아일랜드 사회 내에서 민족의
식을 고취하는 일에 눈을 돌렸다. 그 결과 20세기 초 아일랜드 전역
에서는 잃어버린 게일족의 문화를 되살리려는 노력이 전개되었다. 게
일어뿐만 아니라 아일랜드 노래와 시, 무용, 의상 등을 장려하는 비
정치 문화운동 단체로 '게일릭리그Gaelic League'가 발족되었다. 그에

신페인당에 대한 지지와 동참을 호소하는
포스터

앞서 설립된 '게일릭체육협회Gaelic Athletic Association'도 문화운동에 앞장섰다. 그 같은 추세는 곧 문학, 교육 분야 등으로 확산되었다. 아일랜드 문화부흥운동은 주로 중산층과 중하층에 어필했다. 그것은 비정치성을 표방했으나 당연히 정치적 잠재력을 내포하고 있었다. 이 시기에 아일랜드 역사에 대한 교육을 받은 청년들의 가입이 폭증함에 따라 아일랜드공화국형제단처럼 그간 침체되어 있던 비밀단체들도 활기를 되찾기 시작했다. 신페인당Sinn Fein[73]이 탄생한 것도 이 시기였다. 또한 더블린시의 도시 노동자들로 구성된 무장조직인 '아일랜드시민군Irish Citizen Army'이 출범한 것 역시 이 시기였다.

제3차 아일랜드자치법안은 1912년 아일랜드자치당Home Rule Party이 캐스팅보트를 행사하고 있던 상황에서 H. H. 아스퀴스Asquith 수상이 이끄는 자유당 내각에 의해 의회에 상정되었다. 상원이 갖고 있던 거부권은 아스퀴스 수상과 아일랜드의회당의 지도자인 존 에드워드 레드몬드John Edward Redmond의 공조 하에 한 해 전에 제정된 의회법Parliament Act에 의해 이미 사실상 폐지된 상태였다. 앞의 두 법안과 마찬가지로 제3차 자치법안도 매우 온건한 내용을 내포했다. 동 법안

---

73 "우리끼리"란 의미의 신페인당은 1905년 《통일아일랜드인(The United Irishman)》과 《신페인(Sinn Fein)》이라는 두 개의 신문에 기고를 통해 아일랜드 자치를 주창하던 언론인 아더 그리피스(Arthur Griffith)에 의해 결성되었다. 그리피스는 경제적 보수주의자이자 비폭력 민족주의자였다.

은 대부분의 아일랜드 문제를 다룰 수 있는 양원제 아일랜드 의회의 창설과 웨스트민스터 의회 내 아일랜드 의석의 감축, 영국 식민정부 Dublin Castle의 폐지 등을 주요 내용으로 했다. 그것이 통과될 경우 아일랜드인들은 잉글랜드 왕위에 영향을

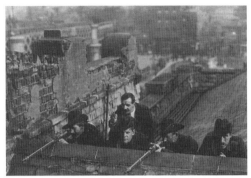

1913년 11월, 경찰의 폭력으로부터 노동자 시위대를 보호하기 위한 목적으로 소수의 아일랜드운송노조 회원들로 결성된 아일랜드시민군

미치거나 전쟁, 육해군, 국제조약, 세금 등과 관련된 문제를 제외한 대부분의 내치 문제에 대해 권한을 갖는 "아일랜드 전체"를 위한 독자적인 의회를 가질 수 있었다.

제3차 자치법안은 1912년에 하원을 통과했으나, 이듬해 초 상원의 반대로 인해 가결되지 못했다. 동 법안은 같은 해에 재상정되어 하원을 통과했지만 또 다시 상원의 반대에 부딪혔다. 그러나 더 이상 거부권을 행사할 수 없었던 상원은 법안의 통과를 최대 2년간 지연시킬 수는 있었다. 2년 후인 1914년, 자유당 정부는 자치법안에 대한 세 번째 독회가 끝나자 상원의 반대를 무시override하고 곧 바로 국왕의 동의를 요청했다. 그리고 마침내 그해 9월 18일 국왕의 동의를 얻어 아일랜드자치법을 '아일랜드 정부법Government of Ireland Act'이란 명칭으로 법령집에 등재했다. 그러나 그 직전인 8월에 유럽대륙에서 제1차 세계대전이 발발하자 영국 정부는 전쟁이 끝날 때까지 아일랜드 자치법의 시행을 잠정 유예했다. 당시만 해도 대부분의 사람들은 전쟁이 곧 끝날 것으로 생각했기 때문이었다.

2. 얼스터 딜레마

가. 자치법을 둘러싼 갈등

1914년 9월 마침내 아일랜드자치법이 웨스트민스터 의회를 통과하자 아일랜드인들은 모닥불과 불꽃놀이로 국가적 승리를 자축했다. 그들은 〈다시 하나의 국가로A Nation Once Again〉라는 노래를 목청껏 부르며 감격했다.

그러나 아일랜드 섬의 주민 모두가 자치법의 통과를 환영한 것은 아니었다. 자치법을 가장 격렬하게 반대한 이들은 대영연합왕국의 일부로 계속 남아 있길 원하는 얼스터 지역의 통합주의자들이었다. 그들은 대부분 잉글랜드계 이주민의 후손으로서 개신교 신자였다. 그들에게 있어 자치법은 곧 가톨릭계 다수에 의한 통치를 의미했으며, 더블린 정부에 의한 아일랜드 자치는 자신들의 문화적 정체성을 위협한다고 생각했다. 또한 아일랜드는 대영제국의 일부로 남아 있어야만 산업혁명으로 인한 커다란 경제적 성공의 혜택을 누릴 수 있다고 주장했다.

1912년 얼스터 엄숙동맹과 서약(Ulster's Solemn League and Covenant)에 서명하는 에드워드 카슨 경

자치법 통과를 눈앞에 두고 북아일랜드 개신교 신자들의 저항은 그 어느 때보다 더욱 거세졌다. 그들은 이미 자치법이 상정되기도 전에 '얼스터통합위원회UUC, Ulster Unionist Council'를 결성하고 법안이 통과될 경우

얼스터에는 별도의 개신교 정부가 수립될 것이라고 협박했다. 더블린 출신의 통합주의계 의원인 에드워드 카슨Edward Carson은 얼스터 지역이 더블린에 의해 통치된다면 무장투쟁을 전개할 것이라고 경고했다.

통합주의자들은 이미 1912년부터 '얼스터의용대Ulster Volunteers'라는 명칭의 민병대를 조직하기 시작했다.

얼스터 서약은 영국 정부의 권력위임에 대한 강력한 반대의 표현이었다.

그해 4월에 이르러 얼스터의용대는 이미 대원수가 10만 명에 달할 만큼 세력이 급속하게 확장되었다. 같은 해 9월 제3차 자치법안이 의회에 상정되자 50만 명에 달하는 개신교 신자들이 벨파스트에 모여 자치법에 반대하는 가두행진을 전개했다. 목총을 둘러멘 주민들의 행렬이 끊임없이 이어졌다. 통합주의 세력의 지도자인 에드워드 카슨과 제임스 크레이그James Craig는 시위 군중에게 "얼스터에 대한 강요coercion of Ulster"에 저항해 자치법에 대한 반대를 맹서하는 '얼스터 서약Ulster Covenant' [74]에 서명할 것을 촉구했다. 수십만 명이 서약에 참여하는 가운데 상당수의 시민들은 혈서로 서명하기도 했다.

---

[74] 1912년 9월 28일 제3차 자치법안 상정에 대한 항의의 표시로 47만여 명의 얼스터 출신 남녀가 서명한 결의문으로서 '얼스터 엄숙동맹서약(Ulster's Solemn League and Covenant)'이라고도 불리며, 총 23만 7,368명의 남성이 서명한 서약서과 23만 4,046명의 여성이 서명한 선언문 등 두 부분으로 구성되었다.

그와 동시에 얼스터통합위원회는 얼스터 각 지역에 산재한 오렌지기사단 단원들과 자원자들을 하나로 묶어 1913년 1월에는 '얼스터의용군UVF, Ulster Volunteer Force'이라는 준군사조직을 창설했다. UVF 대원들은 물리적 힘을 동원해서라도 자치법과 더블린 의회에 저항할 것이라고 협박했다. 통합주의자들은 급기야 '얼스터 임시정부'를 수립하고 필요시 언제라도 얼스터 지역의 행정권을 접수할 준비까지 완료했다.

한편 남아일랜드의 민족주의 세력은 이 같은 얼스터 지역을 통제하고 자치법을 수호하기 위해 1913년 11월 28일 '아일랜드의용군IVF, Irish Volunteers Force'을 조직해 맞대응했다. "전체 아일랜드 국민의 공통된 권리와 자유를 보호하기 위해서"라는 것이 그들의 명분이었다. 이로써 양측 모두 무장한 민간군사조직을 갖추게 되었다. 양측 병력은 각각 10만 명을 상회했고 일로부터 밀수한 무기로 무장했다.

이러한 저항에도 불구하고 자유당 내각에 의해 제3차 자치법안이 웨스트민스터 의회에 상정되자 통합주의자들은 더 이상 아일랜드 자치법의 제정을 거부하기가 쉽지 않다는 현실을 인식했다. 이에 카슨이 이끄는 온건파와 보수당은 차선책을 모색했다. 그들의 최종 방침은 얼스터 지역의 아홉 개 주 가운데 앤트림Antrim, 데리Derry, 다운Down, 타이론Tyrone 주를 비롯해서 북부 퍼마나North Furmanagh와 북부 및 중부 아마Armagh 등 도합 여섯 개 지역을 아일랜드 자치에서 제외시키는 것이었다.

아일랜드는 역사적으로 코낙트Connacht, 레인스터Leinster, 먼스터Munster와 얼스터Ulster라는 네 개의 지역province으로 나뉘었다. 이들 지역 간의 경계는 노르만 정복시대 이전에 존재하던 위대한 아일랜드 왕가들의 영향력이 미친 영역의 경계에서 비롯되었다. 그러나 전설에 의하면 그 기원은 그보다 훨씬 이전 고대 퓌르 볼그족이 설정했던 다섯 개의 구역으로까지 거슬러 올라간다. 처음에는 다섯 개의 독립된 지역이 존재했으나 노르만 시대 이후 그중 하나인 미스Meath의 대부분이 레인스터에 통합되고, 일부는 얼스터에 합쳐짐으로써 오늘날 네 개 지역으로 남게 된 것이다. 이렇게 구분된 네 개의 지역은 행정적, 또는 정치적 기능을 갖고 있지는 않았으나, 수백 년에 걸쳐 아일랜드 사회에서 각기 독립된 하나의 역사적, 문화적 공동체로서 중요한 역할을 해 왔다. 따라서 그 가운데 하나의 지역을 분리해서 다룬다는 것은 당시로서는 상상도 할 수 없는 일이었다. 얼스터 분리 문제는 이러한 역사성에 뿌리를 두고 있기에 타협점을 찾는 것이 결코 쉽지 않았던 것이다.

표 I-1. 아일랜드의 4대 지역 및 소속 주

지역(Province)		소속 주(County)
코낙트(5) (Connacht)		갈웨이(Galway), 레이트림(Leitrim), 마이요(Mayo), 로스커먼(Roscommon), 슬리고(Sligo)
레인스터(12) (Leinster)		칼로우(Carlow), 더블린(Dublin), 킬데어(Kildare), 킬케니(Kilkenny), 라오이스(Laois), 롱포드(Longford), 로우스(Louth), Meath(미스), 오팔리(Offaly), 웨스트미스(Westmeath), 웩스포드(Wexford), 위클로우(Wicklow)
먼스터(6) (Munster)		클레어(Clare), 코크(Cork), 케리(Kerry), 림머릭(Limerick), 티퍼라리(Tipperary), 워터포드(Waterford)
얼스터(9) (Ulster)	남아일랜드(3)	카반(Cavan), 도네갈(Donegal), 모네헨(Monaghan)
	북아일랜드(6)	앤드림(Antrim), 아마(Armagh), 다운(Down), 퍼마나(Fermanagh), 런던데리(Londonderry), 타이론(Tyrone),

특히 극단적 자치주의자들로서는 당시 상당수의 민족주의계 주민들이 거주하고 있던 타이론주는 물론 얼스터 지역의 그 어느 일부도 자치에서 영구적으로 제외시키는 것은 도저히 수용할 수 없는 일이었다. 아일랜드자치법의 의회 통과를 주도한 레드몬드 등 민족주의자들은 "아일랜드라는 국가를 분단시키려는 그 어떤 시도에도 동의할 수 없다"고 강조했다. 그들은 두 개의 아일랜드안은 "가증스럽고 불경스러운" 발상이라고 비난했다. '아일랜드를 위한 모두의 동맹All-for-Ireland League'을 제외한 대부분의 민족주의자와 공화주의자들은 "얼스터에 대한 양보는 없다"며 통합주의자들의 우려를 일축하고 그들의 협박을 단순한 엄포로 간주했다.

보수당은 아일랜드자치법에 대한 통합주의자들의 반발을 이용했다. 1914년 5월에 개최된 자치법안 3차 독회에서 일부 보수당 의원들은 얼스터 지역 전체를 향후 6년간 자치법 적용대상 지역에서 제외하는 방안을 제시했다. 카슨과 아일랜드통합주의동맹당 소속 얼스터 출신 의원들은 "잠정적으로 얼스터 지역을 제외"시키는 상원의 수정안을 지지했다. 그러나 예외가 적용되는 주의 숫자(네 개, 여섯 개, 또는 아홉 개)와 적용기간(일시적인지, 아니면 항구적인지)은 여전히 협상의 대상으로 남았다.

아스퀴스 수상의 최우선 순위는 아일랜드 내전을 피하는 데 있었다. 결국 자유당과 보수당은 얼스터 지역을 자치법 적용대상에서 제외하는 데 대해 정치적인 합의를 이루었다. 아스퀴스의 타협안은 간단했다. 얼스터 지역의 북동부 6개 주를 신생 아일랜드 의회와 정부의 영토에서 "잠정적으로" 제외한다는 것이었다. 그 경우 그들 여섯 개 주는 계속해서 영국의 웨스트민스터 의회와 화이트홀Whitehall 정부의 통치 아래 남게 되는 것이었다. 그러나 설혹 그 같은 제안이 받아들여진다 해도 그 예외의 적용기간이 얼마나 될지, 나아가 궁극적으로는 그들 여섯 개 주도 아일랜드 의회와 정부의 통치를 받게 될 것인지 등이 여전히 논란거리로 남았다.

제1차 세계대전이 발발하자 아스퀴스는 수정안을 포기했다. 그 대신 아일랜드정부법과 함께 자치법의 시행을 종전 시까지 중단하는 법안을 서둘러 상정했다. 얼스터 문제는 수정 입법에 대한 약속을 통해 나름대로 해결되었다. 카슨과 보수당은 자치법안에 대한 수정안을 당장 상정하려 했으나, 레드몬드와 아스퀴스 수상은 전쟁이 종료될 때까지 자치법의 시행을 중단하기로 합의했다. 야당 측의 수정안도 그때 가서 논의하기로 했다.

그 후 1916년에 부활절 봉기가 발생하자 전쟁 중에도 아스퀴스 수상은 두 차례나 자치법의 이행을 시도했다. 첫 번째 시도는 1916년 6월에 이루어졌다. 그는 데이빗 로이드 조오지David Lloyd George 군수장관을 통해 아일랜드의회당의 양대 지도자인 레드몬드와 존 딜론John Dillon에게 아일랜드의 분단은 잠정적 조치에 불과한 것이라고 설명하고, 그와 함께 자치법의 즉각적인 이행을 제시했다. 한편 얼스터 지역 지도자인 카슨에게는 얼스터가 아일랜드 자치국가에 강제로 편입되지 않을 것이라는 내용의 서면 보장을 전달했다. 아스퀴스는 양측이 합의에 이르기까지 그 사실을 비밀에 부쳤다.

6월 17일에 이르러 아스퀴스 정부는 자치법 수정안을 완성했다. 수정안은 통합주의자들이 원했던 얼스터 지역의 영구 제외와 영국 하원 내 아일랜드 의석 감축이라는 두 가지 요소를 포함했다. 그러나 아스퀴스의 계획과는 달리 합의에 이르기에 앞서 로이드 조오지 장관이 이러한 사실을 공개하자 레드몬드는 영국 정부가 속임수를 썼다고 격노했다. 첫 번째 시도는 그것으로 무산되었다. 두 번째 시도는 1917년 민족주의 세력과 통합주의 세력의 대표들이 참석하는 '아일랜드회의Irish Convention'의 개최를 통해 이루어졌다. 그러나 회의는 간신히 자치정부 설립에 관한 정책보고서에 대한 합의만 이루고 종결되었다.

한편 민족주의 진영은 제1차 세계대전 참전 문제를 놓고 두 그룹으로 분열되었다. 레드몬드를 중심으로 한 주류 자치주의자들은 전쟁에 참전하는 것이 추후 자신들에게 유리하게 작용할 것이라고 생각했다. 영국 편에 서서 참전할 경우 전후 온전한 자치를 위한 아일랜드의 권리를 보장받을 수 있을 것이라는 생각에서였다. 이에 그들은 아일랜드의용대 대원들의 참전을 독려했다. 그 결과 수많은 아일랜드 젊은이들이 영국 군대에 입대했으며, 그들은 종전 후 마침내 아일랜드의 독립을 성취할 수 있을 것으로 믿었다. 남부 아일랜드 젊은이들로 구성된 코낙트 레인저스Connacht Rangers, 먼스터 보병연대Munster Fusiliers, 더블린 보병연대Dublin Fusiliers 등과 같은 유명한 부대들과 얼스터 출신의 북부 아일랜드 병사들이 유럽의 전장 곳곳에서 어깨를 나란히 하고 싸웠다.

그러나 소수의 극단주의자들은 그 같은 지도부의 방침에 반발해

1914년 12월 26일, 제2차 세계대전 중 이브라(Ypres) 전선에서 독일군 병사들과 조우한 왕립더블린보병연대 소속 아일랜드 병사들

아일랜드의용대를 뛰쳐나왔다. 그들 대부분은 아일랜드의용대 창설 시부터 혁명의 전위 구축을 위해 동 조직을 이용하려 했던 세력이었다. 분리해 나간 극단주의 그룹이 '아일랜드의용대Irish Volunteers'라는 명칭을

고수함에 따라 남아 있는 다수 세력은 '국민의용대National Volunteers'라는 새로운 명칭을 선택할 수밖에 없었다.

한편 독일의 춘계공세에 의해 연합군의 전선이 붕괴되자 영국은 심각한 병력부족에 시달렸다. 영국 정부는 아일랜드자치법과 연계해 징병제를 아일랜드까지 확대하기로 결정했으나, 그 같은 '이중정책'은 정치의 시대에 종말을 가져오는 한편 주민 여론을 신페인당 쪽으로 기울게 함으로써 무력수단에 의존한 분리주의 세력의 득세를 초래했다. 그 결과 자치법에 대한 관심은 점차 줄어들었다.

반면 영국에 의한 그 어떤 형태의 통치에도 반대하는 극단적 민족주의 세력인 페니언이나 공화주의자들은 자치법을 일종의 '변절sell-out'로 여겼다. 과거 아일랜드형제단의 일원이었던 톰 클라크Tom Clarke나 동 단체의 새로운 리더인 숀 맥더못Sean MacDermott, 패트릭 피어스Patrick Pearse 등이 중심이 된 아일랜드공화국형제단IRB 군사위원회는 영국이 유럽에서의 전쟁으로 정신이 없는 지금이야말로 아일랜드의 독립을 시도하기에 더할 나위 없는 절호의 기회라는 인식 하에 시민봉기를 계획했다.

1916년 4월 24일 부활절에 피어스가 지휘하는 아일랜드의용대와 제임스 코널리James Connolly가 이끄는 아일랜드시민군은 더블린 시내 요소를 장악하고 아일랜드공화국의 독립을 선포했다. 그러나 더블린 봉기에 참여한 아일랜드의용대와 아일랜드시민군 소속 남녀 인사들은 아일

1916년 부활절 봉기로 인해 폐허가 된 더블린 중앙우체국(GPO) 건물

림머릭市(Limerick)에 있는 1916년 부활절 봉기 기념탑

랜드 국민을 대표하는 인사들이 아니었다. 그들은 단지 제복을 입고 더블린 시가에서 진행되는 퍼레이드에 참가한 일반 주민에 불과했다. 따라서 영국 정부도 그들을 심각한 위협으로 여기지 않았다. 대중의 호응을 얻지 못한 반란은 이내 진압되었고, 클라크, 피어슨, 맥더못, 코널리 등 주동자들은 체포되어 처형되었다.

학교 교장 출신의 피어스는 아일랜드를 정화시키기 위해 피의 제물이 필요하다며, 그것을 예수의 희생에 비유한 적이 있었다. 그들이 봉기일을 부활절로 잡은 것도 결코 우연이 아니었다. 클라크는 처형되기 직전 면회 온 아내에게 자신은 아일랜드의 자유를 얻기 위해 첫 번째 주먹을 날린 것이라고 말했다. 그는 "자유는 반드시 도래할 것이고 그때까지 아일랜드는 결코 쓰러지지 않을 것이지만, 지금부터 그날이 올 때까지 아일랜드는 지옥을 통과해야 할 것"이라고 덧붙였다.[75] 그의 유언은 놀랍게도 그 후에 전개된 아일랜드의 상황을 정확하게 예견했다.

75 로버트 키(Robert Kee), 아일랜드 역사(Ireland: A History), 아바쿠스(Abacus), 1995, p.172.

3. 아일랜드자유국의 탄생

1918년 11월 제1차 세계대전이 막을 내렸다. 종전에 앞서 아일랜드자치법의 시행을 논의하기 위한 아일랜드회의가 1917년에서 1918년에 걸쳐 개최되었다. 그러나 얼스터 지역을 자치법 적용대상 지역에서 항구적, 또는 잠정적으로 제외시키는 문제를 놓고 계속된 통합주의 세력과 민족주의 세력 간의 대립으로 인해 회의는 성과 없이 종료되었다. 한편 제1차 세계대전 중 아일랜드공화국을 선포한 민족주의 세력은 전쟁 중 독일을 지원했기 때문에, 전후 개최된 평화회의에서 승전 연합국들로부터 민족자결주의에 의거한 아일랜드 독립에 대해 그다지 지지를 받지 못했다. 결국 아일랜드 내부에서는 영국을 상대로 한 무장투쟁의 필요성이 강력히 제기되었다. 이는 1916년의 부활절 봉기가 비록 실패로 끝나긴 했으나, 아일랜드 내부에 아일랜드자치법을 강제로 이행하려는 강경이행파의 등장을 가져왔기 때문이었다.

종전 후 처음 치러진 1918년 영국 총선에서는 신페인당[76]이 아일랜드에 배정된 전체 의석의 3/4에 달하는 73명의 후보를 당선시켰다. 그러나 신페인당 소속 당선자들은 웨스트민스터 의회에 등원하기를 거부했다. 대신 그 가운데 25명은 '다일 아이린Dáil Éireann'이라 불리는 독자적인 아일랜드 의회를 구성했다. 그것은 아일랜드인들이 아일랜

---

[76] 신페인당은 아일랜드공화국과 북아일랜드에 존재하는 공화주의 정당이다. '신페인'이란 명칭은 아일랜드어로 "우리 자신(ourselves)", 또는 "우리 자신은(we ourselves)"이라는 의미이나 종종 "오직 우리 스스로(ourselves alone)"이라고 잘못 번역되고 있다. 1905년에 아더 그리피스(Arthur Griffith)가 창설한 '신페인기구(Sinn Féin Organization)'에 뿌리를 두고 있으며, 1970년에 분열되어 오늘날의 형태를 갖추게 되었다.

드 섬 전체에 대한 주권을 선언한 최초의 의회였다. 다일 아이린 의
사당 건물에는 아일랜드 국기인 삼색기와 함께 미국의 성조기가 게
양되었다.

가. 아일랜드 독립전쟁(1919~1921)

'아일랜드공화국군IRA, Irish Republican Army'[77]은 자치권 쟁취에 만족
하지 않았다. 그들은 아일랜드 전체의 완전한 독립 이외에는 그 어떤
대안도 수용을 거부했다.
그 같은 목적을 달성하기
위해 그들은 영국을 상대
로 '아일랜드독립전쟁Irish War
of Independence'이라는 이름의
게릴라전을 전개했다. 1919
년 1월 21일 다일 아이린 의
회 개원 당일, 아일랜드독
립전쟁의 첫 총성이 울려 퍼

1920년대 초 아일랜드독립전쟁 중 왕립아일랜드경찰을 지원
하기 위해 영국으로부터 파견된 경찰예비대는 '흑색과 갈색
(Black and Tans)'이라는 별칭을 얻으면서 아일랜드 주민들의
증오의 대상이 되었다.

---

[77] IRA는 아일랜드 공화주의자들의 무력투쟁조직이다. 1913년 11월 25일에 창설되어
1916년 4월 부활절 봉기를 주도했던 '아일랜드의용대(Irish Volunteers)'의 후신이다.
부활절 봉기에서의 패배 이후 1917년 10월 27일에 공화주의계 무장조직은 IRA로 재
조직되었다. 1919년 아일랜드 의회는 부활절 봉기 중에 선포된 '아일랜드공화국'을 공
식으로 인정하고, 아일랜드 의용군을 동 공화국의 합법적 군대로 인정했다. 이에 IRA
는 1919~1921년에 걸친 아일랜드 독립전쟁 기간 중 영국 정부를 상대로 게릴라전을
전개했다. 그러나 1921년 영아조약 체결로 아일랜드 독립전쟁이 끝나자 IRA는 분열
되었다. 동 조약을 지지하는 인사들은 마이클 콜린스(Michael Collins)를 중심으로
IRA의 핵심을 형성했다. 반면 협정 체결에 반대한 상당수의 인사들은 아일랜드 전체
의 완전한 독립을 위해 1922~1923년에 걸친 아일랜드 내전에서 자신들의 옛 동료들
을 상대로 싸웠다. 그들은 내전에서 패한 이후에도 '아일랜드자유국'과 북아일랜드 정
부의 전복을 위한 투쟁을 계속했다.

졌다. 그 후 점차 거세지는
IRA의 공격에 영국 정부는
통행금지를 실시하는 한편
'보조부대Auxiliarly Division'[78]와
'흑색과 갈색Black and Tans'[79]
으로 불리는 두 개의 특수
경찰부대를 새로 투입해 대
응했다. IRA는 수적으로

아일랜드독립전쟁 기간 중 한 무리의 IRA 대원들이 영국군
차량을 기습하기 위해 매복해 있는 모습을 그린 숀 키팅(Sean
Keating)의 유화 〈남부의 사내들(Men of the South)〉

우세한 경찰병력에 맞서 매복과 기습공격을 감행했고, 경찰 측은 법
적 절차를 무시하며 보복 살해와 가옥 방화로 맞섰다. 양측에 의한
잔혹한 보복과 재보복의 악순환이 반복되었다. 그 결과 갈등은 더
욱 첨예화되고 두 무장세력 간의 전쟁은 점차 확대되었다.

1920년 11월 21일은 아일랜드 역사에 20세기의 첫 '피의 일요일
Bloody Sunday'로 기록되었다. 그날 아침 마이클 콜린스Michael Collins가 이
끄는 IRA 대원들은 영국 정보부의 비밀 아지트를 급습해 십여 명의
요원들을 살해했다. 오후에는 영국 측이 그에 대한 보복으로 축구
경기장에 기관총을 난사해 12명의 IRA 출신 선수와 관객들이 사망
했다. 또한 그날 밤에는 전날 경찰에 체포되었던 두 명의 IRA 간부

---

78 아일랜드 독립전쟁 기간 중 창설된 왕립아일랜드경찰 내의 준군사조직이다. 영국 정부
가 1920년 7월에 제1차 세계대전에 참전했던 영국군 퇴역 장교들로 구성한 특수경찰
조직으로 IRA를 상대로 한 내란진압작전 수행이 주 임무였다. 1921년 영아조약 체결
후 해체되었다.

79 1919년 아일랜드 독립전쟁 기간 당시 전쟁장관(State Secretary of War)이던 윈스턴
처칠의 구상에 의해 왕립아일랜드경찰을 지원하기 위해 창설된 추가 경찰조직이다. 주
로 제1차 세계대전에 참전했던 수천 명의 퇴역 영국 군인으로 구성되어 왕립아일랜드
경찰을 도와 IRA와의 전쟁을 수행했다. 흑색과 갈색이라는 별칭은 초기에 대원들이
착용했던 제복의 색깔에서 유래한 것이었다.

1920년에 이르러 아일랜드공화국형제단(IRB) 의 지도자로 부상한 마이클 콜린스(Michael Collins). 1917~1921년 동안 IRA 정보부장과 IRB 최고위원회 서기를 역임했다.

가 살해되었다. 해가 바뀌어서도 지속되는 이 유혈사태는 영국을 비롯한 국제사회를 당혹스럽게 만들고 아일랜드 사태에 환멸을 느끼게 했다. 그 결과 영국 내에서도 정치적 타협을 요구하는 자유주의자들의 목소리가 높아만 갔다.

아일랜드독립전쟁 와중인 1920년 12월 23일 영국 정부는 아일랜드 자치를 이행하기 위해 제4차 아일랜드자치법안을 의회에 상정했다. 그 결과 '아일랜드정부법Government of Ireland Act'이 제정됨으로써 아일랜드 자치가 시행되었다. 강경파 통합주의자 월터 롱Walter Long이 작성을 주도한 제4차 자치법안은 남북 아일랜드의 분리를 공식화함으로써 얼스터에게 유리하게 작용했다. 영국 정부가 처음으로 아일랜드를 '남아일랜드'와 '북아일랜드'로 공식 구분한 것은 바로 이 법령에서였다.

영국 정부의 자치법 제정에도 불구하고 1921년에 이르기까지 양측의 대립은 계속되었다. 그해 5월 IRA는 더블린 주재 영국 정부의 심장부라 할 수 있는 더블린 세관에 불을 지르는 등 대규모 공격을 감행하기도 했다. 그러나 그로부터 2개월 후인 7월 9일, 아일랜드공화국과 영국 정부 사이에 휴전 합의가 이루어짐에 따라 전쟁이 중단되었다. 아일랜드 측에서는 이몬 데 발레라Éamon de Valera와 아더 그리피스Arthur Griffith가 각기 신페인당과 IRA를 대표해 협상에 참여함으로써 1919년부터 1921년에 걸친 2년간의 아일랜드독립전쟁이 마침내 막을 내렸다. 그러나 합의이행의 열쇠는 강경파 IRA의 지도자인 마이

아일랜드독립전쟁 중 더블린 시대 곳곳의 모습이다. 왼쪽부터 오코넬가(O'Connell Street)에서의 전투 장면, 그라프톤가(Grafton Street)를 지나고 있는 IRA 대원들, 더블린 시내를 조망하고 있는 영국군 기관총 진지, 반영 시위대를 저지하려는 영국군

클 콜린스가 쥐고 있었다.

이듬해 12월 6일에는 수개월에 걸친 지루하고 아슬아슬한 협상 끝에 마침내 아일랜드를 대표한 마이클 콜린스, 아더 그리피스와 영국 정부 대표 사이에 '영아조약Anglo-Irish Treaty'이 체결되었다. 그로써 부활절 봉기 중 일방적으로 선포되었던 '아일랜드공화국Irish Republic'은 깃발을 내리고, 캐나다나 호주와 유사한 성격의 영연방British Commonwealth 소속 자치령인 '아일랜드자유국Irish Free State'이 탄생했다. 아일랜드 섬의 26개 주는 아일랜드자유국을 형성해 독립을 쟁취한 이후에도 여전히 영국 국왕에게 충성을 서약하는 영연방의 일원으로 남았다. 그와 동

영아조약문

1921년 12월 6일, 런던의 영국 수상관저에서
'영아조약'에 서명하는 영국과 아일랜드 대표들

아일랜드자유국(Irish Free State) 제헌위원회

시에 영아조약은 북아일랜드 6개 주가 자유국에 합류하지 않고 영
국의 일부로 잔류하는 것을 허용했다.

나. 아일랜드 내전(1921~1923)

우여곡절 끝에 영아조약이 체결되자 아일랜드 국민들은 안도의
한숨을 내쉬며 고마워했다. 지난 2년 6개월에 걸친 공포가 종식되
고, 아일랜드의 대부분이 수백 년에 걸친 영국의 식민통치로부터 해
방되었기 때문이었다. 그러나 아일랜드 내부는 비록 남아일랜드만의
독립이지만 이를 지지하는 조약찬성파와 아일랜드 섬 전체의 독립을
요구하는 조약반대파로 양분되었다. IRA의 지도부도 둘로 갈라졌
다. 아일랜드공화국형제단의 지도자인 마이클 콜린스는 조약에 서명
했으나, 아일랜드공화국 정부의 명목상 수반인 이몬 데 발레라는 거
부했다. 대다수의 IRA 대원들은 영아조약 체결을 자신들이 투쟁해
왔던 것에 대한 배신행위로 간주했다. IRA의 분열은 정치권의 분열
로 이어졌다.

데 발레라의 호소에도 불구하고 아일랜드 의회는 오랜 논쟁 끝

아일랜드내전 당시 모습

에 찬성 세력의 미세한 우세로 영아조약을 비준했다. 이어 1922년 6월에 실시된 아일랜드자유국 최초의 총선에서도 조약찬성파가 박 빙의 승리를 거두었다. 의회 표결에서 간발의 차이로 패배한 조약반 대파는 동 조약을 "배신적treacherous 조약"으로 규정하고 무력투쟁에 나섰다. 양 진영의 선봉에는 IRA가 있었다. 영국을 상대로 아일랜드 의 독립을 위해 함께 싸웠던 동지들끼리 서로 총부리를 겨누는 '아 일랜드 내전Irish Civil War'이 시작된 것이다.

　　신생 아일랜드자유국 정부군의 중심을 형성한 것은 아일랜드 독 립전쟁 중에 IRA 지도부를 형성했던 인사들이었다. 과거 영국군 출 신 장교와 사병들이 정부군에 대거 입대하자 공화주의자들은 이러 한 사실이야말로 아일랜드자유국이 영국의 꼭두각시에 지나지 않는 다는 사실에 대한 방증이라고 비난했다. 정부군의 지휘관이 과거 자 신들의 지도자였던 마이클 콜린스와 아더 그리피스라는 사실이 그 들을 더욱 분노하게 만들었다.

　　잔류 IRA 대원들은 먼저 반란을 통해 아일랜드자유국 정부를 전복한 후 영국과 싸워야 한다고 생각했다. 정부에 의한 강경진압은 사태를 더욱 걷잡을 수 없는 혼란 속에 빠트렸다. 그 결과 요인 암살과 기습공격으로 점철된 게릴라전 양태의 내전이 일 년 가까이 지속되었다.

아일랜드 내전은 콜린스의 지휘 아래 있는 아일랜드자유국 정부군이 조약반대파 세력의 본부가 설치된 더블린 법원종합청사Four Courts에 포격을 가함으로써 시작되었다. 내전으로 인해 북아일랜드 전역에서 수 백 명의 사상자가 발생했다. 그 와중에 그리피스는 심장마비로 급사하고 콜린스는 조약반대파 세력에 의해 암살되었다. 그러나 시간이 지날수록 영국을 상대로 싸우던 과거와는 달리 조약반대파들에 대한 일반 국민의 지지는 점차 식어만 갔다. 공화주의자들은 점차 소규모의 전투마저도 전개할 수 없을 정도로 세력이 약화되었다. 결국 그들은 암살, 시설 파괴, 교각 폭파 등 전형적인 '비정규전irregular' 방식에 의존하지 않을 수 없게 되었다.

콜린스와 그리피스를 잃은 아일랜드자유국 정부의 새로운 지도자들은 그 어떤 대가를 치르고라도 자유국 체제를 유지하고자 했다. 이를 위해 아일랜드 의회는 '비상권한법안Emergency Power Bill'을 통과시켰다. 그것은 일정한 시한을 주고 항복을 권유에도 응하지 않을 경우 무기를 소유한 모든 공화주의자들을 재판 없이 살해할 수 있도록 허용하는 법안이었다. 법안 통과 후 7개월 만에 77명의 공화주의자들이 처형되고 1,300명이 투옥되었다. 그들은 감옥에서도 장기간의 단식투쟁으로 자신들의 뜻을 이어갔다.

시간이 흐름에 따라 IRA는 정부군에 쫓겨 산악지대로 숨어들며 점차 지역주민들의 지지를 상실했다. 1923년 4월 결국 그들이 투쟁 중단을 선언하자 아일랜드 정국은 진정되기 시작했다. 그러나 그들 가운데 대다수는 그 후에도 1932년 선거에서 공화주의파[80] 정당인 '피아나 패일Fianna Fáil'[81]이 승리해 아일랜드자유국의 정권을 잡을 때까지 자유국을 영국을 위해 언론을 검열하고 강압적 법령을 제정하는 가짜 민주주의 체제라고 비난했다.

영아조약 체결과 아일랜드 내전에서의 패배로 인해 공화주의자들이 추구했던 영국으로부터 완전분리와 통일아일랜드의 꿈은 좌절되었다. 상당수의 공화주의자들은 처형되거나 투옥되었다. 살아남은 인사들 가운데 상당수는 좌절에 앞서 포기상태에서 미국으로 이민을 떠났다. 그러나 두 그룹의 공화주의자들은 좌절하지 않았다. 그들 두 그룹은 처음에는 동료로 시작했으나 점차 서로에 대한 적대감으로 분열되었다.

첫 번째 그룹은 아일랜드내전을 시작했던 반조약파 IRA에 뿌리를 둔 직계 조직이었다. 그들은 과거 조직을 재정비해 예전처럼 무력을 사용해 영국으로부터 완전히 자유로운 통일아일랜드를 성취하려는 기존의 목표를 그대로 추구했다. 공화주의자들 가운데 보다 과격한 노선을 고수하는 이들 IRA 재건세력은 고전적 형태의 무장투쟁 방식을 신봉했다. 그러나 오히긴스가 주도하는 자유국 정부의 가혹한 반테러 정책으로 인해 그 같은 방식의 투쟁은 그리 큰 효과를 거두지 못했다. 하지만 그들에게 있어 더욱 큰 문제는 오랜 폭력에 지친 아일랜드 대중의 폭넓은 지지를 얻는 데 실패했다는 것이다. 따라서 새로운 IRA의 투쟁은 대영제국의 상징물 등을 파괴하는 수준

---

80 강경파 민족주의 그룹의 또 다른 이름으로 아일랜드 전체가 하나의 공화국이 되어야 한다는 신념을 견지하고 있다.

81 "운명의 병사들(Soldiers of Destiny)", 또는 "아일랜드의 전사들"이란 뜻으로 이몬 데 발레라가 1926년에 창설한 중도우파 공화주의 정당이다.

에 머무를 수밖에 없었다.

무력감에 젖은 IRA 내부에서는 심지어 제임스 코널리의 사회주의와 같은 극단적 노선을 채택해야 한다고 주장하는 인사들도 등장했다. 그러나 영국으로부터 보수적 사회경제학 원칙을 유산으로 물려받은 다수의 아일랜드 정치인들에게 있어서는 자본주의 이외에 그 어떤 다른 이념이나 사상도 아일랜드자유국의 기조로 검토대상이 될 수 없었다. 또한 당시에는 공화국 건설이라는 절체절명의 정치적 명제가 다른 모든 정치사회적 사고를 가리고 있었다.

또 하나의 그룹은 이몬 데 발레라가 이끄는 헌법투쟁파 세력이었다. IRA의 군사적 투쟁이 실패로 돌아가자 입지가 넓어진 데 발레라는 IRA 대원들에게 무기를 내려놓으라고 호소했다. 그는 이제 지금까지와는 "다른 방식"으로 아일랜드의 권리를 보호해야만 한다고 주장했다. 데 발레라는 보다 치밀하고 비폭력적인 접근방식을 제시했다. 그는 아일랜드 국민들이 지금은 휴식을 필요로 하고 있지만 머 잖아 기운을 회복해 대영 투쟁의 전열에 다시 참여할 것이라며 "후위 IRA 전사"들에게 그때가 오기까지 무기를 내려놓으라고 설득했다.

1923년에 실시된 아일랜드자유국 선거에서 데 발레라가 이끄는

아일랜드공화당은 전체 의석의 30%에 달하는 44명의 당선자를 내며 원내 제2당으로 부상함으로써 상당 규모의 아일랜드 대중이 그의 접근방

이몬 데 발레라(좌)와 윌리엄 토마스 코스그레이브(우)

식을 지지하고 있음을 증명했다. 그러나 아일랜드공화당 소속 당선 자들은 형식상으로나마 영국 국왕에게 충성을 다짐하는 의원선서 를 거쳐야 하는 의회 등원을 거부함으로써 스스로 정치적 무력화를 자초했다. 그로 인해 1927년에 실시된 선거에서는 충분히 원내 제1 당이 될 수 있었음에도 불구하고 44 대 47로 리암 코스그레이브Liam Cosgrave와 케빈 오히긴스Kevin O' Higgins가 이끄는 '큐만 난 게디힐Cumann nan Gaedheal당'[82]에게 또 다시 박빙의 차이로 뒤지게 되었다. 상당수의 유권자가 등원하지 않는 공화당보다는 노동당 후보에게 투표했기 때문이다.

결국 등원거부 문제를 놓고 신페인당 세력과 결별한 데 발레라는 자신의 지지자들을 중심으로 피아나 패일이라는 새로운 정당을 창 당한 후, 편법적인 방식으로 의원선서를 마치고 아일랜드 의회에 등 원함으로써 남아일랜드 정치에 본격적인 양대 정당 시대를 가져왔 다. 양대 정당 중 하나가 된 피아나 패일당은 영국 국왕에 대한 충성 서약을 삭제하는 헌법 개정을 추진하고 궁극적으로는 통일아일랜드 를 지향했다. 그 결과 IRA의 입지는 더욱 축소되었다. 그 후 5년 동 안 IRA는 어느 정도 영향력을 회복하지만 그들의 역할은 피아나 패 일당에 종속될 수밖에 없었다. 피아나 패일당과 IRA는 공화주의 이 상을 공유했고, 헌법 개정을 추구한다는 점에서 일치했다. 단지 피아 나 패일당이 그 같은 목표를 헌법적 수단에 의해 달성하고자 한 반 면, IRA는 무력 사용을 불사했다는 점에서 차이가 있을 뿐이다.

---

[82] 1923년에 창립된 '게일인의 사회(Society of the Gaels)'라는 이름의 아일랜드 민족 주의 정당으로 1923년부터 1932년에 걸쳐 아일랜드자유국의 집권여당이었다. 1933년 에 군소 정당들과 합당해 오늘날 아일랜드의 최대 정당인 '파인 게일(Fine Gael)'당 이 되었다.

피아나 패일당은 코스그레이브 정부에 의해 불법화된 IRA의 지원을 받아 마침내 1932년 총선에서 박빙의 승리를 거두었다. 이듬해 선거에서 노동당의 지원을 받아 압승을 거둔 피아나 패일당은 그로부터 17년간 연속해서 집권하게 된다. 일각의 우려와는 달리 코스그레이브의 큐만 난 게디힐당을 비롯한 보수세력은 아일랜드 내전을 거치며 지켜낸 정권을 패전세력에게 내어주어야 했음에도 불구하고 선거결과에 승복했다. 정권 교체는 민주적이고 평화롭게 진행되었다.

데 발레라와 피아나 패일당은 이내 그들의 프로그램을 실행에 옮겼다. 피아나 패일당이 집권하는 동안 헌법 개정이 이루어져 남아일랜드는 영국으로부터 보다 더 독립적으로 변했다. 또한 영국 국왕에 대한 충성맹서가 헌법에서 삭제되고, 총독의 역할은 사실상 의미 없는 것으로 축소되었다. 영아조약은 토지매입법Land Purchase Act에 의해 자신이 경작하던 농지를 소유하게 된 아일랜드 농부들로 하여금 영국 재무부에 토지대부 상환금land annuities을 지급하도록 규정했다. 그러나 데 발레라 정부가 일방적으로 상환금 지급을 중단하자 영국 정부가 보복적 관세를 도입함으로써 양국 간에 경제전쟁이 시작되었다. 한편 북아일랜드 6개 주 문제에 대해서는 여전히 진전이 없었다.

한편 시간이 흐를수록 피아나 패일당으로 대변되는 공화주의 정치세력과 IRA 친위대 간의 간극은 점차 더 벌어져 갔다. 그들은 종종 집권 피아나 패일당과의 친분을 등에 업고 공공장소에서의 무장 행진과 군사훈련을 통해 자신들의 정체성을 과시했다. 데 발레라가 총기 반납을 지시하자 그들은 향후 5년 내 자유국이 공화국으로 완전히 전환하지 않는 한 무장을 해제할 수 없다고 맞섰다. 한편 IRA의 민간인 살상이 계속되자 데 발레라도 더 이상은 IRA의 횡포를 묵과할 수가 없었다. 1936년 6월, 피아나 패일당 정부는 전임 코스그레이브 정부가 그랬던 것처럼 IRA를 불법단체로 선언했다. IRA는 피아니 패일당 정부를 상대로 투쟁을 시작했다. 심지어 1939년 말에는 정부의 무기고를 습격하기도 했다. 정부는 민간인을 살상한 IRA 대원을 체포해 처형했다.

피아나 패일당 정부의 무력화 조치와 함께 대원들 스스로 느끼는 무력감은 IRA의 분열로 이어졌다. 그들 가운데 급진 좌파 그룹은 사회정책의 부재를 비난하며 IRA를 떠났다. 과격주의자들은 최소한 데 발레라로 하여금 분단 문제에 관심을 갖게 하기 위해 북아일랜드를 공격해야 한다고 주장하는 그룹과 잉글랜드에 대한 공격을 주장하는 그룹으로 나뉘었다. 그 가운데 1939년 잉글랜드 시내 우체통이나 공중화장실에 폭약꾸러미를 집어넣거나 행인들로 가득 찬 대로에서 자전거에 폭탄을 달아 터뜨리는 일련의 폭탄테러를 감행한 것은 후자였다.

1937년에 이르러 데 발레라는 새로운 헌법을 제시했다. 새 헌법은 아일랜드자유국의 국명을 '에이레Eire'[83]로 개명하고, 아일랜드의 영토를 "아일랜드 섬 전체"로 규정함으로써 북부 6개 주를 포함한 아일랜드 전체에 대한 주권을 주장했다. 또한 아일랜드 정부가 "아일랜드 섬 전체에 대한 법률을 제정할 수 있는 권한"을 갖고 있다고 명시했다. 단지 현실적으로 북부 6개 주에서는 그 같은 주권을 행사할 수 있는 능력이 일시적으로 중단된 상태일 뿐이라는 논리였다.

개정헌법은 또한 "대다수 아일랜드 국민great majority of its citizens의 종교"로서 로마가톨릭교회의 '특수한 지위'를 인정했다. 그러나 과거 영국이 개신교를 국교로 선포했던 것과는 달리 가톨릭을 국교로 공

---

83 게일어. 영어로는 '아일랜드(Ireland)'.

인하지는 않았다. 그 같은 헌법조항은 국교 인정을 원하는 가톨릭교회 지도부와 그것에 반대하는 데 발레라 사이의 타협의 산물이었다. 동 조항은 1972년에 이르러서야 비로소 삭제되었다.

1937년 헌법으로 아일랜드는 명칭만 제외하고는 실질적으로 공화국이 되었다. 공화국이라는 명칭을 도입하지 않은 이유는 단지 그것이 북아일랜드 문제의 해결을 더욱 어렵게 만들 것이라는 우려 때문이었다. 그러나 명칭을 사용하지 않았다고 해서 문제의 해결이 쉬워진 것은 아니었다. 아일랜드인들은 아일랜드가 오스트리아, 캐나다, 영국, 뉴질랜드, 남아프리카공화국 등과 계속해서 "어울리는" 한 영국 국왕은 단지 아일랜드와 그들 국가들을 이어주는 "협력의 상징"일 뿐이라고 생각했다. 새 헌법에선 '제국'이나 '영연방'이라는 용어를 더 이상 찾아 볼 수 없었다. 그것은 1921년 영아조약에서 영국이 요구한 모든 것을 부정하는 것이었다. 그러나 영국은 이를 수용했다.

영국은 이듬해 데 발레라 정부가 토지대부상환금의 지급을 일방적으로 중단하면서 야기되었던 양국 간의 경제전쟁을 중지했다. 또한 영아조약에 의해 영국이 소유하게 된 아일랜드 내 육군 및 해군 기지 사용권을 포기하는 데도 동의했다. 1939년 제2차 세계대전이 발발하자 그 같은 조치는 영국에게 치명적인 군사적 결과를 가져왔다. 남아일랜드의 항구와 영공 사용권을 포기함에 따라 영국은 남서부 방향으로부터의 침공에 훨씬 더 취약했기 때문이었다. 그것은 대서양전쟁의 향방에 심각한 영향을 미쳤다. 1937년 헌법 개정으로 새롭게 주권국으로서의 위상을 확보한 아일랜드는 제2차 세계대전 내내 중립을 유지했다.

18년에 걸친 데 발레라와 피아나 패일당의 장기집권은 1948년에 마침내 막을 내렸다. 코스그레이브의 정당을 계승한 '파인 게일Fine Gael당'[84]과 새로운 강경 공화주의파 정당인 '클랜 나 포블락타Clann na Poblachta당'[85]이 손잡은 연대세력에게 선거에 패한 것이다. 새 정부는 아일랜드가 공화국임을 선포했다. 새로운 아일랜드공화국은 영연방에서 탈퇴함으로써 수백 년에 걸친 영국과의 종속관계를 완전히 청산했다. 그러나 IRA는 여전히 아일랜드 섬 전체의 완전한 독립을 위한 투쟁을 멈추지 않았다.

---

84 게일어로 '아일랜드 부족, 또는 가족'이라는 의미다. 1933년에 전국중도당(National Center Party)과 '블루셔츠(Blueshirts)'로 더욱 잘 알려진 국가방위당(National Guard Party)이 통합되어 만들어진 중도우파 정당이다. 2002년부터 엔다 케니(Enda Kenny) 현 아일랜드 수상이 이끌고 있다.

85 게일어로 '공화국의 가족'이라는 의미다. 1946년에 전 IRA 참모총장 숀 맥브라이드(Sean MacBride)에 의해 창설된 공화주의파 정당이다. 1964년에 자진 해산했다.

제4장

―

북아일랜드 분쟁

북아일랜드의 상황은 더욱 나빴다. 얼스터 지역은 1921년 남아일랜드의 독립으로 인해 나머지 아일랜드 섬으로부터 분리되었다. 그곳에 남게 된 소수의 아일랜드계 가톨릭 신자들과 다수의 잉글랜드계 개신교 신자들은 하나의 지리적 공간을 공유하며 살아야만 했다. 분단 이후 50년이 넘게 북아일랜드 정부를 장악해 온 통합주의 정당의 가톨릭 차별정책은 민족주의 세력의 반발과 저항을 초래했다. 저항은 폭동과 폭력으로 이어졌다.

아일랜드의 분단은 1921년에 이루어졌으나, 분단의 씨앗은 그로부터 750년 전에 이루어진 헨리 2세의 침공으로 배태되었다. 그 후 수 세기에 걸친 영국의 식민통치 기간에 두 정체성 사이에는 증오와 불신이 깊숙이 뿌리를 내렸고, 얼스터를 통치한 잉글랜드계 식민정부는 수세기에 걸쳐 아일랜드계 주민에 대한 차별정책을 실시했다. 개신교 주민들은 북아일랜드가 남아일랜드에 통합될 경우 그간 자신들이 누려 왔던 특혜를 잃게 될 뿐 아니라 그간 자신들에 의해 차별을 받아 온 가톨릭 다수에 의해 보복당할 것을 두려워했다. 따라서 그같은 상황이 전개되는 것을 막기 위해 필사적으로 저항했던 것이다.

북아일랜드의 독립을 저지하는 데 성공한 개신교 세력은 게리맨더링과 불평등한 선거제도를 이용해 정치권력을 독점했다. 그들은 북아일랜드 정부를 장악하고 소수인 가톨릭계 주민들에게는 공공주택 배정이나 공직 진출 등에 있어 각종 차별을 가했다. 나아가 소수 가톨릭계의 저항을 봉쇄하기 위해 민족주의계 주민의 불법 무기 소지를 금하는 특별권한법Special Powers Act이나 재판 없이 그들을 구속할 수 있는 임의구금제internment 같은 차별적 조치를 단행했다.

1960년대 들어 미국의 흑인 인권운동에 자극을 받은 가톨릭계 주민들은 차별 철폐를 위한 비폭력 민권운동을 전개했다. 이에 위기감을 느낀 통합주의 세력은 얼스터개신교의용대와 얼스터의용군 같은 준군사조직을 창설해 대응했다. 그러던 와중에 1969년 데리에서 개최된 평화적 인권시위를 왕립얼스터경찰과 강경통합파 로열리스트들이 무자비하게 진압하는 사태가 발생했다. 이러한 폭력사태는 데리시내로의 진입을 놓고 경찰과 민족주의 세력 사이에 전개된 '보그사이드 전투Battle of Bogside'로 이어졌고, 그 후 30여 년에 걸쳐 북아일랜드 역사를 폭력으로 물들인 '폭동의 시대The Trouble'의 서막이 되었다.

1969년에서 1998년에 이르는 폭동의 시대 동안 전개된 폭력의 선봉에는 무장한 준군사조직들이 있었다. 한편에는 '임시Provisional IRA'와 '공식Official IRA', '아일랜드민족해방군INLA, Irish National Liberation Army' 같은 민족주의 계열의 준군사조직이, 다른 한편에는 영국군 및 왕립얼스터경찰RUC, Royal Ulster Constabulary 같은 공권력에 더해 통합주의 계열의 준군사조직인 얼스터의용군과 '얼스터방위연대UDR, Ulster Defense Regiment' 등이 있었다. 30년이 넘게 폭력이 난무하는 동안 희생된 사망자 수는 총 3,451명에 이르렀다.[86] 그 가운데는 1,840명의 민간인을 비롯해서 1,125명의 영국 보안대원, 757명의 영국군, 그리고 319명에 달하는 왕립얼스터경찰이 포함되어 있었다. 대부분의 폭력은 북아일랜드 내에서 이루어졌으나, 종종 영국 본토나 남아일랜드로까지도 이어졌다. 그 결과 북아일랜드 정국은 통제불능 상태에 놓이게 되었다. 결국 북아일랜드 자치가 중단되고, 영국의 직접 통치가 복원되기에 이르렀다.

그 같은 폭동의 한가운데에서도 정치적 해법을 찾기 위한 노력

---

[86] 말콤 서튼(Malcolm Sutton), '아일랜드 분쟁기간 중 사망자 색인(An Index of Deaths from the Conflict in Ireland)', CAIN Web Service. http://cain.ulst.ac.uk/sutton/(2014.9.1 검색).

은 계속되었다. 그러나 북아일랜드 평화협상 과정은 좌절의 연속이었다. 각각의 세력이 원하는 것이 모두 달랐기 때문이었다. 아일랜드계 가톨릭 주민들은 차별정책의 폐지를 요구했다. 일부 강경 민족주의자들은 영국으로부터의 완전 독립을 원했다. 잉글랜드계 개신교 주민들은 북아일랜드가 남아일랜드에 흡수통합되는 것을 두려워했다. 강경 통합주의자들은 가톨릭계 주민의 집단 반발이나 저항을 용인할 수 없었다. 영국은 북아일랜드의 안정과 평화를 원했다. 아일랜드 공화국은 같은 동포인 아일랜드계 가톨릭 주민들에게 가해지는 탄압이 중단되길 원했다. 북아일랜드 평화협상은 고차원의 방정식을 푸는 것처럼 어려웠다.

모든 세력이 수용할 수 있는 합의점을 도출하는 것은 불가능해 보였다. 수백 년간 형성된 내재적 갈등이 문제였다. 수십 년간 합의와 결렬의 악순환이 반복되었다. 합의에 도달하기 위해서는 주요 준군사조직들이 무장투쟁을 포기해야만 했다. 합의에 반대하던 한 세력을 어렵게 설득해 합의에 동참시키면, 조직 내부로부터 그 같은 합의에 불만을 품은 강경파 그룹이 떨어져 나가 테러공격을 전개했다. 테러공격은 애써 이룬 다자 간 합의의 붕괴로 이어졌고, 양측은 또다시 폭력과 테러를 교환했다. 마침내 강경세력이 휴전을 선언하고 합의에 동참하게 되면 또 다른 강경파 그룹이 그 내부로부터 분리해 나갔다. 그때마다 테러를 통해 합의체제를 무너뜨린 것은 극단적 강경파였다. 강경파 세력은 끊임없이 자기분화를 거듭했다. IRA에서 PIRA로, 다시 OIRA로. 결국 극단적이 되어 갈수록 그들은 대중의 지지를 잃으며 더욱더 극단으로 치달았다.

근본적인 문제는 양대 세력 사이의 '신뢰 부재'였다. 영국 정부는 평화협상에 참여하는 정파에게 무장해제decommission를 요구했다. 그러나 민족주의나 통합주의 강경파에게 있어 그것은 생사의 문제였다. 탄압과 보복의 반복으로 점철된 역사적 트라우마를 극복하기 위해서는 상호신뢰가 필요했다. 신뢰가 없는 가운데 증오와 적대감이 허루 아침에 해소될 수는 없었다. 모두에게 인내가 필요했다.

결국 모두가 조금씩 양보하는 수밖에 없었다. 양보를 통해 윈윈 win-win하는 해법을 찾은 것이다. 영국은 북아일랜드에 대한 주권을 포기하고 자치를 허용했다. 가톨릭계는 독립과 통일을 포기하고 권력공유에 합의했다. 개신교계는 권력의 일부를 양보하는 대신 기존 북아일랜드 체제를 보장받았다. 남아일랜드는 북아일랜드 문제에 간여할 수 있는 제도적 권리를 얻은 대신 남북 아일랜드 통일 추구를 잠정적으로 포기했다. 1998년의 성금요일 합의는 모두에게 있어 이러한 양보를 통해 얻은 차선의 선택이었다. 영국의 직접통치라는 최악의 상황을 피하려는 노력이 차선의 선택을 가능케 한 것이다.

북아일랜드 평화협상은 영국 정부의 주도 하에 시작되었다. 영국 정부는 무장투쟁 세력을 철저히 배제하고, 폭력 포기를 협상 참여의 전제조건으로 고수했다. 협상에 참여한 다양한 정파는 아일랜드 평화를 위해 군사적보다는 정치적 해법 도출을 시도했다. 결국 평화협상을 통해 성금요일 협정을 체결하고 아일랜드 평화프로세스를 출범시킨 세력이 남북 아일랜드 모두 비폭력 노선을 견지한 온건 의회주의 세력이었다는 사실은 우리에게 주는 시사점이 적지 않다고 할 수 있다.

1. 고조되는 갈등

영아조약에 서명한 마이클 콜린스는 "내 자신의 사형집행영장에 서명했다"고 말했다.[87] 영아조약은 아일랜드의 총 32개 주 가운데 26개에게 당시의 캐나다와 같은 법적 지위를 부여했다. 그러나 그렇게 탄생한 신생 국가는 IRA가 목표로 했던 '아일랜드공화국'이 아니라 '아일랜드자유국'이었다. 이들 26개 주는 자체적으로 육군과 해군을 보유하고 국내외 모든 사안에 대해 주권을 행사할 수 있게 되었지만, 그 같은 자유는 영연방 국가의 일원으로 남아 영국 국왕에게 충성을 서약하는 것을 전제로 했기 때문이었다.

영아조약 협상과정에서는 두 가지 중요한 사실이 간과되었다. 첫째, 독립을 향한 아일랜드인들의 국민적 열망과 영국의 국익 사이에 타협점을 찾는 과정에서 얼스터가 배제되었다는 것이다. 둘째, 기술적 차원에서 볼 때 영아조약은 아일랜드 전체에 대한 주권을 아일랜드자유국에게 부여했다는 것이다.

한편 영아조약에 따르면 얼스터 6개 주에게는 아일랜드자유국으로부터의 탈퇴를 선택할 수 있는 권리가 있다고 유추할 수 있었다. 조약서명자 모두 그들 6개 주가 그 같은 권리를 행사할 것이라는 사실을 익히 알고 있었다. 실제로 그로부터 한 달 후에 진행된 조약 비준과정에서 앤트림Antrim, 아마Armagh, 데리Derry, 다운Down, 퍼마나Fermanagh, 타이론Tyrone 등 얼스터 지역 6개 주는 그러한 권한을 행사했다. 그럼에도 불구하고 영아조약은 하나의 아일랜드를 요구하는

---

[87] 로버트 키(Robert Kee), 『아일랜드의 역사(Ireland: A History)』, 아바쿠스(Abacus), 1995, p.191.

민족주의자들의 주장이 상당한 기반을 갖고 있는 것으로 상정했다. 문제는 과연 얼스터 6개 주 주민 다수에게 나머지 아일랜드로부터 분리해 나갈 수 있는 권한이 있느냐는 것이었다. 영국인들은 이 문제가 이미 해결된 것으로 생각했을 수도 있으나, 아일랜드인들에게 있어서 그 문제는 그때까지는 물론 아직도 여전히 미제로 남아 있었다.

그러나 영아조약 체결 당시만 해도 그것은 단지 부차적인 문제에 불과했다. 지루한 협상 끝에 간신히 합의점에 도달한 조약서명자들에게는 얼스터 분리 문제보다 더욱 민감한 사안이 여러 개 존재했기 때문이었다. 그 가운데 하나는 얼스터 6개 주가 아일랜드자유국으로부터 분리를 선택할 경우 '국경위원회Border Commission'를 구성해 "거주민들의 의사에 따라" 두 지역을 나누는 경계선을 설정한다는 영아조약의 조항이었다. 콜린스를 포함한 대다수의 민족주의자들은 그 경우 6개 주 가운데 최소한 타이론주와 퍼마나주는 북아일랜드로부터 아일랜드자유국으로 떼어내 올 수 있다고 확신했다. 그 두 개 주에는 민족주의계 가톨릭 신자들이 다수를 이루고 있는 도시들이 상당히 많았기 때문이었다. 그 경우 나머지 네 개 주만으로는 정치적으로 의미 있는 독립적 객체로 존재할 수 없음으로 그들도 자연스럽게 아일랜드자유국에 합류할 수밖에 없을 것이라고 생각했다. 따라서 당시에는 6개 주의 분리 여부가 그 이후 문제가 된 만큼 중대한 사안이 아니었다.

당시 대다수 민족주의자들이 아일랜드의 통일보다 더욱 시급한 문제로 생각했던 또 하나의 사안은 영국 국왕에 대한 충성의 유지 여부였다. 영아조약 제4항은 아일랜드자유국 의회 의원들에게 "영국 국왕 조오지 5세와 그의 법적 승계자들에게 충성"을 다할 것과 아일랜드의 영연방 잔류를 맹서할 것을 요구했다. 그것은 대다수 공화주의자들로서는 도저히 받아드릴 수 없는 조항이었다. 그들이 그토록 갈망하던 영국으로부터의 독립을 부정하고 "외국의 왕"에 대한 충성을 강요하는 것이기 때문이다.

가. 국경위원회의 위협

1921년 아일랜드의 분단과 북아일랜드의 탄생은 어떻게 보면 북아일랜드 개신교도들의 정체성과 자유를 보호해 주기 위해 나머지 아일랜드 국민들이 양보한 것이라고도 할 수 있었다. 그러나 북아일랜드의 개신교 신자들에게는 아일랜드인으로서의 정체성과 자유보다는 아일랜드계 가톨릭 주민들과의 오래된 갈등이 더욱 중요한 의미를 지녔다. 그들이 지금도 해마다 '보인 전투Battle of the Boyne'[88]나 '데리의 포위Siege of Derry'[89]와 같은 역사적 사건을 기념하는 것도 그런 이유에서였다.

1921년까지만 해도 일부 북아일랜드 주민들은 전체 아일랜드 국민 다수의 의사를 고려해 자치법에 대한 자신들의 반대를 중단해야 한다고 생각하기도 했다. 일부 주민들에 의한 그 같은 현실 수용 가

---

[88] 보인 전투는 1690년 가톨릭계 국왕인 잉글랜드의 제임스 2세와 개신교계 국왕인 윌리엄 3세 사이에 치러진 전투다. 윌리엄 3세는 1688년에 그의 부인인 매리 2세와 함께 장인인 제임스 2세를 왕위에서 축출했다. 전투는 아일랜드 동해안의 보인강(Boyne River) 인근 드로게다(Drogheda)라는 타운에서 전개되었으며 윌리엄 3세의 승리로 막을 내렸다. 동 전투에서 패함으로써 왕위 탈환을 노리던 제임스 3세의 노력은 수포로 돌아갔다. 개신교 신자들, 그 가운데에서도 오렌지 계열의 단체들은 전투에서의 승리에 중요한 상징성을 부여하며 이날을 윌리엄 전쟁의 승전일로 기념하고 있다.

[89] 윌리엄 전쟁 기간 중 윌리엄 3세 측의 주요 거점이었던 데리시는 1688년 겨울 제임스 2세의 군사들에 의해 봉쇄되었다. 총 3만 명의 시민 가운데 8천 명이 넘게 사망하는 가운데에서도 데리시의 시민들은 항복을 거부하고 이듬해 7월 왕립해군에 의해 구출되기까지 총 105일에 걸쳐 저항했다. 데리견습소년단(Apprentice Boys of Derry)은 해마다 8월이면 데리 시민의 영웅적 저항을 기리는 기념행사를 개최하고 있다.

능성이 통합주의자들로 하여금 어떤 대가를 치르고라도 얼스터를 사수해야만 한다는 결의를 더욱 굳게 다지게 만들었다. 아일랜드 자치에 반대하는 인사들은 이미 1913년에 에드워드 카슨 경이 이끄는 얼스터의용군을 중심으로 그 결의를 보다 효과적으로 실행할 수 있는 조직을 구성했다. 카슨은 현실적으로 아홉 개의 얼스터 주 가운데 여섯 개를 지켜내는 것이 가능하다고 역설했다. 실제로 영국 정부는 아일랜드 32개 주 가운데 26개에 대한 주권을 포기하는 가운데 이들 여섯 개 주에 대한 주권은 유지할 수 있었다. 영국이 포기한 26개 주 가운데 카반Cavan, 도네갈Donegal, 모네헨Monaghan 등 세 개 주는 원래 얼스터 지역에 속했던 것이다.

북아일랜드 6개 주의 개신교 주민들은 국경위원회가 신생 주의 기반을 붕괴시킬지도 모른다고 우려했다. 그들은 이번에도 지난 수백 년간 가톨릭 다수에 의해 자신들의 삶이 위협받고 있다고 생각될 때마다 그랬던 것과 동일한 방식으로 대응했다. 폭동을 일으킨 것이다. 그 결과 1922년 2월 한 달 동안 벨파스트에서만 해도 30명의 가톨릭 신자들이 목숨을 잃고 138명이 부상을 당하는 사태가 발생했다. 같은 해 여름에는 벨파스트에서 일어난 민중봉기로 인해 230여 명의 가톨릭 신자들이 사망했다. 그로 인해 국경을 넘어 남쪽으로 내려가는 가톨릭계 주민들이 줄을 이었다. 대규모 피난행렬은 국경위원회에 대한 우려 속에 평범한 가톨릭계 주민들이 느끼는 불안감을 반영하는 것이었다.

IRA는 남북 아일랜드 양쪽에서 민족주의계 주민들을 보호하기 위해 애썼다. 그들은 남북 아일랜드 국경을 폐쇄하고 영국의 존재를 북아일랜드로부터 몰아내기 위해 다양한 노력을 경주했다. 콜린스에게는 영아조약에 입각해 북아일랜드 주들의 독립성을 존중해야 할 의무가 있었다. 그러나 그러한 그도 북아일랜드에서 아일랜드계 주민들이 살해당하는 것을 수수방관하고 있을 수만은 없었다. 결국 그는 북부의 조약반대파 IRA 세력에게 무기를 공급해 줌으로써 동료들로부터 자신과 아일랜드자유국 정부의 권한이 도전을 받는 난감한 상황에 놓이기도 했다.

그럼에도 불구하고 IRA는 영국 정부에게 있어서는 그저 때때로 성가신 존재 정도에 불과했다. 그러나 북아일랜드의 개신교 신자들에게 있어서는 그 무엇보다도 더 사악한, 상존하는 위협이었다. 따라서 얼스터 지역의 개신교 신자들에게는 자신들의 평화를 지키기 위해 싸워야 하는 적이 누구인지가 애초부터 분명했다. 한편 남북으로 분단된 아일랜드를 하나의 아일랜드로 대체하기 위해 투쟁한 것은 IRA만이 아니었다. 아일랜드자유국 내에는 IRA 외에도 공화주의의 열기를 국경 너머로 확산시켜 분단의 갈등을 해소하고자 하는 조직이 여럿 더 있었다. 그들로 인해 벨파스트에서는 교통경찰마저도 권총으로 무장을 해야만 했다. 북아일랜드 정부가 1922년에 불법무기 소지자를 태형, 또는 사형의 중형으로 다스리는 특별권한법을 제정한 것도 바로 이러한 이유에서였다.

1924년 들어 아일랜드자유국 정부는 영아조약에 입각해 국경위원회를 구성할 것을 영국 정부에게 요구했다. 그러나 제임스 크레이그 초대 북아일랜드 수상은 북아일랜드가 영아조약 서명 당사자가 아니라는 것을 이유로 북아일랜드 대표의 위원회 참여에 반대했다. 그러자 영국 정부는 크레이그 수상의 절친한 친구인 조셉 피셔 Joseph Fisher를 얼스터 지역 대표의 자격으로 영국 측 대표단에 포함시켰다. 영국 정부가 국경협상에 참여하는 정부 대표단에 통합주의 세력의 대표를 포함시킨 것은 영국 정부도 북아일랜드 6개 주의 지속적인 존립을 상정하지 않았다는 사실에 대한 방증이라고 할 수 있었다. 그 같은 맥락에서 볼 때 심지어 영아조약마저도 얼스터 지역의 독자적인 생존을 보장한 것은 아니었다. 국경위원회에 거주민들의 의사에 따라 영국–아일랜드 국경을 조정할 수 있는 권한을 부여한 사실은 신생 북아일랜드의 생존을 시작부터 위협했다. 크레이그 수상이 국경위원회를 인정하지 않는다고 즉각 선언한 것은 바로 이러한 이유에서였다.

국경 문제에 관한 양측의 기본적인 입장 차이는 국경위원회가 "거주민들의 의사에 따라 국경을 조정한다"는 영아조약의 조항이 과연 단순한 미세조정만을 의미하는 것이냐, 아니면 보다 근본적인 조정마저 가능케 한 것이냐는 데 있었다. 실제로 타이론주과 퍼마나주의 여러 지역을 비롯해서 데리주, 남부 다운주, 남부 아마주 등의 일부 주민들은 자신들과 같은 민족주의계가 주류를 이루는 아일랜드자유국에 합류하기를 원하는 반면, 동부 도네갈주과 북부 모네헨주의 일부 주민들은 북아일랜드에 합류하기를 원한다는 데 의심의 여지가 없었다. 그 가운데 영국 정부의 대표단에게 내려진 지침은 단지 영아조약의 내용대로 여섯 개 주에 대한 북아일랜드 정부의 주권을 확고히 하라는 것이었다.

결국 1년에 걸친 협상을 거쳐 국경위원회는 단순 미세조정안에 서명했다. 한 가지 예외가 있다면 도네갈주의 일부 영토를 자유국으로부터 북아일랜드로 편입시킨 것이다. 아일랜드자유국 정부는 영아조약에 의해 영국 정부에 빚진 재정적 부채를 탕감 받는 조건으로 국경위원회가 제시한 안에 동의했다. 아일랜드자유국 정부 대표로 영국을 방문하고 돌아온 리암 코스그레이브 수상과 케빈 오히긴스 내무장관은 귀국 당일 이로써 "평화의 씨앗이 뿌려졌다"고 선언했다.

남아일랜드에서 얼스터 문제에 대한 국경위원회의 타협안으로 인해 가장 큰 타격을 입은 것은 존 레드몬드와 아일랜드의회당이었다. 얼스터 문제에 대해 지나치게 많은 것을 양보할 준비가 되어 있는 것으로 비쳐짐으로써 아일랜드 유권자들이 그들 대신 신페인당을 선택했기 때문이다. 한편 국경위원회의 타협안은 "평화의 씨앗을 뿌린" 것과는 거리가 멀었다. 국경 문제는 그로부터 90년이 지난 오늘날까지도 여전히 분쟁의 불씨로 남아 있기 때문이다.

신생 북아일랜드의 불안정성은 당시 북아일랜드 인구의 약 1/3을 차지하고 있던 아일랜드계 가톨릭 신자들의 태도에 의해 더욱 증폭되었다. 1921년 총선에서 당선된 민족주의계 후보들은 새로운 의회에 등원을 거부했다. 그들이 의회에 등원한 것은 1925년에 국경위원회가 해체되고 나서였다. 가톨릭 학교 교장들은 주 정부의 재정지원을 거절하고 일부 가톨릭계 교사들은 정부가 지급하는 봉급의 수령조차 거부했다. 통합주의계 의원들은 민족주의계 의원들이 단순히 스토먼트Stormont[90] 정부가 아니라 북아일랜드 국가 자체의 붕괴를 원하고 있다는 인식을 떨쳐버릴 수 없었다.

통합주의 정당인 얼스터통합당UUP, Ulster Unionist Party은 남아일랜드와 분리된 1921년부터 북아일랜드 의회가 폐쇄되는 1972년에 이르기까지 50년이 넘게 북아일랜드 정부를 장악했다. 개신교 통합주의 세력은 동 기간에 실시된 모든 선거에서 가톨릭 민족주의 세력에게 압승을 거두었다. 개신교 세력의 압도적 우위에 의한 안정성이 신생 국가의 가장 중요한 정치적 자산이었다. 그러나 정치적 관점에서 보면

---

[90] 북아일랜드 의회 건물은 1932년 영국의 왕세자인 웨일스의 왕자(Prince of Wales)에 의해 벨파스트 교외에 위치한 스토먼트에 새롭게 건립되었다. 그 후 스토먼트는 1972년에 북아일랜드 의회가 폐쇄될 때까지 북아일랜드의 정부 소재지 역할을 했다.

그것은 기형적인 민주주의라고 할 수 있었다. 개신교 세력의 우위는 자신들의 편의대로 선거구를 구획하는 게리맨더링과 다양한 형태의 부정선거를 통해 유지되었기 때문이었다. 민족주의계 가톨릭 주민이 인구의 거의 3/5를 차지하는 런던데리Londonderry 같은 도시에서조차 게리맨더링을 통해 수십 년간 지자체 정부 선출직의 3/5를 개신교 인사들이 차지했다. 그와 함께 투표권은 모든 성인이 아니라 오직 주택을 소유하거나 임차하고 있는 성인에게만 주어졌다. 나아가 소유 부동산의 가치에 따라 일부 인사들은 한 명이 최대 여섯 표의 투표권을 행사할 수도 있었다. 이 선거법은 상대적으로 부유한 개신교 주민들에게 절대적으로 유리하게 작용했다.

1920년대에서 1930년대에 걸쳐 북아일랜드와 국제사회는 그처럼 불합리하고 비민주적인 제도로 인한 경제적, 사회적 비용을 부담해야만 했다. 정치권력의 불공정한 분배는 경제적, 사회적 차별로 이어졌다. 가톨릭 신자들은 주택과 직장의 배정에서 차별을 받았다. 일례로 가톨릭 인구가 26%를 차지하고 있던 퍼마나주의 경우, 지자체 정부 내 일자리의 97.7%를 개신교 신자들이 차지했다. 그러나 북아일랜드라는 개신교 국가의 정치사회적 안정성에 대한 헌법적 고려의 필요성에 비쳐볼 때 이러한 차별은 부차적인 문제에 지나지 않았다. 영국 정부가 1920년에 제정한 '아일랜드정부법'은 그 같은 차별을 금지했으나, 스토먼트 정부는 1922년 지방선거에서 그것을 폐지시켰다. 영아조약 체결 이후 반세기에 걸쳐 영국 정부는 북아일랜드에서 진행되고 있는 일을 애써 모른 척하거나, 아니면 제도적 보완을 통해 오히려 지원하는 듯한 태도를 보였다.

성공회와 장로회 같은 개신교 신자들이 북아일랜드 인구의 절대적 다수를 장악하고 있는 가운데 UUP 정부는 시간이 흐를수록 소수인 가톨릭 신자들에 대한 차별정책을 더욱 강화했다. 1950 년대와 1960년대에는 북아일랜드 정부 내 고위직의 대부분을 개신교 신자들이 독점했다. 공공주택 혜택과 투표권 행사에서도 가톨릭 신자들은 차별을 받았다. 이에 1960년대 들어서는 '사회정의캠페인Campaign for Social Justice'이나 '북아일랜드인권협회NICRA, Northern Ireland Civil Rights Association'처럼 가톨릭 신자들의 시민적 권리를 보호하기 위한 단체들이 속속 등장했다. 그들은 비폭력 시위를 통해 가톨릭 지지세력을 동원하는 데 성공했기 때문에 IRA와 같은 폭력적인 조직들보다 훨씬 더 효과적이었다.

1960년대에는 북아일랜드에서도 평화적인 민권운동이 시작되었다. 민권운동의 목표는 가톨릭 신자와 아일랜드계 민족주의자들에 대한 북아일랜드 정부의 차별적 정책을 종식시키는 데 있었다. 아일랜드계 주민들은 일자리와 공공주택 배정에서의 차별을 철폐하고, 선거에서 게리맨더링을 중단하며 1인 1표제를 도입할 것을 요구했다. 또한 100% 개신교 신자들로 구성되어 가톨릭 신자들에 대해 가혹행위를 자행하고 있는 왕립얼스터경찰RUC를 개혁하고, 영장 없는 체포와 재판 없는 구속을 허용하는 특별권한법의 폐지를 요구했다.

1966년에는 당시 미국에서 진행되던 흑인 민권운동에 고무되어 북아일랜드 민권운동을 논의하기 위한 회의가 데리에서 개최되었다. 동 회의에는 IRA의 참모총장이던 캐달 골딩Cathal Goulding도 참석했으나, 당시 IRA는 1956~1962년 투쟁에서의 실패로 인해 가톨릭 사회로부터 배척을 당하고 있는 상태였다. 그 같은 이유로 인해 IRA는 1967년 NICRA 창설과정에서 철저히 배제되었다. 그 대신 신생 NICRA의 지도부를 구성한 것은 "중도적 성향의 중산층 중년 인사들"이었다.

민족주의자들이 주도하는 민권운동이 거세지자 강경파 개신교 지도자인 이안 페이슬리Ian Paisley 목사가 이끄는 통합주의자들은 '얼스터헌법수호위원회UCDC, Ulster Constitution Defense Committee'를 구성하고 그 산하에 준군사조직인 '얼스터개신교의용대UPV, Ulster Protestant Volunteers'를 창설했다. UCDC의 목표는 민족주의자들의 민권운동을 방해하고 온건파 통합주의자인 테렌스 오닐Terrence O'Neil을 북아일랜드 수상직에서 쫓아내는 데 있었다. 거의 같은 시기에 벨파스트 일원의 또 다른 로열리스트 그룹은 1910년대에 존재했던 동일한 명칭의 무장조직을 본 따 '얼스터의용군UVF, Ulster Volunteer Force'을 창설했다. 상당수의 UVF 대원들은 UCDC와 UPV 소속이기도 했다. UVF는 공식으로 IRA에 대한 전쟁을 선포했다. 그리고 IRA 대원과 그들을 지원하는 모든 사람들을 '처형'하겠다고 선언했다. 그 후 UVF는 실제로 가톨릭 신자들을 살해했기 때문에 북아일랜드 정부는 동 단체를 불법단체로 규정했다.

   개혁을 요구하는 가톨릭 신자들의 대중적 저항이 거칠어질수록 이에 대한 개신교 신자들의 집단적 대응도 점점 더 잔혹해져 갔다. 1968년 8월, NICRA는 최초의 민권행진을 개최했다. UPV 대원을 비롯한 로열리스트들은 민권행진 대열을 공격하고 반대시위를 전개했다. 같은 해 10월, 민권운동가들은 북아일랜드 정부의 금지조치에도 불구하고 또 하나의 가두행진을 조직했다. 그러자 RUC가 행진을 저지하

1968년 11월, 데리 법원 앞에서 시위하고 있는 북아일랜드인권협회(NICRA) 회원들

는 과정에서 폭력을 사용함으로써 백여 명의 사상자가 발생했다. 경찰의 폭력적 진압 장면은 TV를 통해 전 세계에 중계됨으로써 민족주의계 가톨릭 사회에 분노를 불러일으켰다. 그로 인해 데리에서는 이틀에 걸쳐 민족주의 세력과 RUC가 격돌하는 폭동사태가 발생하기도 했다. 결국 1968년 민권시위에 대한 왕립얼스터경찰의 가혹한 진압은 북아일랜드 역사를 되돌릴 수 없는 상황으로 몰아갔다.

나. 남북통일을 위한 시도

한편 사회적 소요와 폭동이 끊임없이 반복되는 가운데에서도 아일랜드 통일을 위한 남북 아일랜드 정부 차원의 노력이 없었던 것은 아니다. 1940년 제2차 세계대전 중 나치 독일과의 전쟁에서 전황이 심각하게 불리해지자 당시 영국 수상의 특사인 말콤 맥도날드Malcolm MacDonald는 아일랜드공화국이 군사적 지원을 제공할 경우 북아일랜드를 양보하겠다고 제안했다. 하지만 전쟁 중 중립국의 위치를 고수하던 아일랜드의 이몬 데 발레라 수상은 그 같은 제안을 거절했다. 북아일랜드 정부가 절대 동의하지 않을 것이라고 생각했기 때문이었다.

1945년에는 북아일랜드 내 일단의 민족주의자들이 '반분단동맹Anti-Partition League'을 창설해 아일랜드공화국의 지지를 얻어냈다. 1937년에 국명을 '에이레'로 개칭한 남아일랜드 26개 주는 제2차 세계대전 종전 후 4년이 지난 1949년에 이르러 공화국으로 국체를 전환하며 북아일랜드 6개 주에 대한 주권을 선포했다. 한편 영국의 노동당 정부는 얼스터 6개 주가 계속해서 영국에 잔류하기로 선택한 것에 대해 사의를 표했다. 그러나 이 두 가지 사실 모두 영국 국민들의 관심을 끌지 못했다.

북아일랜드 정부는 아일랜드공화국이 아일랜드 통일을 적극적으로 추진할까봐 우려했다. 아일랜드공화국은 남북통일 시 "모든 적절한 헌법적 보장"을 제공하겠다고 제시했으나, 북아일랜드 정부는 이를 거절했다. 북아일랜드 정부는 오히려 아일랜드공화국의 통일 공세에 대응해 영국 정부에게 북아일랜드 정부의 동의 없이는 북아일랜드의 위상을 변경하지 않겠다고 보장할 것을 요구했다. 이에 영국은 아일랜드공화국의 권리를 인정하는 한편 북아일랜드의 요구도 수용하는 입장을 견지했다. 그 결과 1951년 남북 양측의 무관심 속에 반분단동맹은 해체되었다. 1956년에는 IRA가 재조직되어 아일랜드 통일을 목표로 북아일랜드에 대한 공격을 감행했으나, 1962년에 이르러서는 무기 부족과 다른 민족주의 그룹의 무관심으로 인해 공세가 소강상태로 접어들었다. 1956~1962년에 걸쳐 '추수작전Operation Harvest'이란 암호명으로 전개된 IRA의 '국경공세Border Campaign'는 남아일랜드 국민들의 무관심 속에 별 성과를 거두지 못하고 중단되었다. 1960년대 초에는 남북 아일랜드 모두 통일에 대한 관심이 그리 높지 않은 상태였다.

1963년에는 분단 이후 세대 정치인으로는 처음으로 중도파 UUP 지도자인 테렌스 오닐Terrence O'Neil이 북아일랜드 수상에 선출되었다. 1965년에는 오닐 수상의 초청에 아일랜드공화국의 숀 레마스 Sean Lemass 수상이 응함으로써 분단 40여 년 만에 처음으로 남북 정상회담이 개최되었다. 그러나 이안 페이슬리 목사는 오닐 수상의 유화적 정책에 강력하게 반대했다.

1965년 2월 제2차 남북정상회담을 위해 더블린을 방문한 테렌스 오닐 북아일랜드 수상을 맞이하고 있는 숀 레마스 남아일랜드 수상

대중연설에 능한 그는 오닐 수상을 "최악의 변절자Arch Traitor"라고 비난하며 새로 '개신교통합당Protestant Unionist Party'을 창당해 잉글랜드계 기득권층과 상류 지주계층에 대항했다.

1967년에는 2차 정상회담이 더블린에서 개최되었다. 동 회담에서 양측은 관광과 전력 분야에서 서로 협력하는 데 합의했으나, 페이슬리를 비롯한 북아일랜드의 통합주의자들은 아일랜드공화국과의 대화와 협력에 강력하게 반대했다. 그들로서는 아일랜드공화국 헌법 제2조 및 3조와 가톨릭교회에 특별지위를 부여하는 남아일랜드 정부의 정책을 절대 받아드릴 수 없었던 것이다.

다. '자유 데리'와 보그사이드 전투

NICRA 지도부는 평화적 수단을 채택했으나 일부 소장세력은 당시 북아일랜드 정부가 금지하고 있던 가두시위를 선호했다. 1969년 1월에는 학생민권운동 단체 가운데 하나인 '인민의 민주주의People's Democracy'가 벨파스트에서 데리까지 나흘에 걸쳐 가두행진을 전개했다. 시위 참여자들은 일자리와 주택을 달라는 구호와 함께 '1인 1표' 선거제를 요구했다. 행진 기간 내내 시위대는 개신교 통합주의자들의 공격에 시달렸다. 시위대가 데리 인근에 도착할 무렵 쇠파이프와 벽돌, 유리병 등으로 무장한 200여 명의 로열리스트와 사복 경찰들이 그들을 암습했다. 그들은 시위대를 향해 반자동총을 난사하며 최루탄을 퍼부었다. 그리고 별다른 무장 없이 돌과 화염병을 던지며 저항하는 가톨릭 주민들을 가택까지 쫓아 들어가 폭행했다.

습격사건을 보도하는 TV 화면에선 공격자들 가운데 섞여 있는 RUC 소속 '특수B경찰대Special B Constabulary' 대원들의 모습이 눈에 띄

'자유 데리(Free Derry)' 경계석과 벽화

었다. 그러나 경찰은 폭도들을 적극적으로 제지하지 않았다. 폭도들 대신 오히려 보호해야 할 시위 참여자들을 수십 명 체포했다. 경찰은 그날 오후 늦게 데리시 외곽의 보그사이드Bogside 지역으로 진입했고, 그곳에서 자극적인 민족차별 구호를 외치며 가톨릭 신자들을 잔혹하게 폭행하고 가옥을 파괴했다. 데리 주민들은 경찰의 난입을 막기 위해 시 외곽에 바리케이드를 친 채 "자유 데리Free Derry"를 선포했다. 데리시는 소위 '해방구'가 된 것이다.

1969년 4월에는 보그사이드에서 NICRA와 RUC, 로열리스트 사이에 충돌이 일어났다. 경찰은 가톨릭 주민들의 가옥에 무단 침입해 폭행을 가했다. 뒤늦게 오닐 수상이 개혁조치를 발표했으나 흐름을 되돌리기에는 역부족이었다. 결국 오닐이 물러나고 치체스터 클락Chichester Clark이 후임 수상으로 취임했다.

8월에는 로열리스트 단체인 '견습소년단Apprentice Boys' 단원들이 보그사이드시 외곽까지 접근해 민족주의자들을 조롱하고 돌멩이 등을 집어 던졌다. 민족주의자들이 돌멩이와 화염병으로 응수하자 경찰이 보그사이드로의 진입을 시도했다. 경찰은 최루탄과 장갑차, 물대포 등을 동원했다. 그러나 민족주의자들의 거센 저항에 막혀 시내 진입을 포기해야만 했다. 그것이 이틀에 걸쳐 전개된 보그사이드 전투였다.

　TV로 데리 사태를 지켜본 아일랜드공화국 국민들은 경악했다. 당시 대부분의 남아일랜드 사람들은 경제적 번영에 도취해 아일랜드 통일이나 북아일랜드 문제에 무관심했다. 그러나 아일랜드공화국의 삼색기가 휘날리는 가운데 같은 아일랜드 동포들이 비참하게 공격을 받고 있는 장면은 커다란 충격이 아닐 수 없었다. 잭 린치Jack Lynch 아일랜드 수상은 즉각 아일랜드 정부는 "무고한 시민들이 다칠 경우 수수방관하지 않겠다"고 경고하며 북아일랜드 문제가 남의 일이 아님을 분명히 했다. 그는 유엔평화유지군의 파병을 요청하는 한편 아일랜드군 야전병원을 도네갈주와 데리주 국경지역에 설치하겠다고 발표했다. 또한 통일아일랜드만이 이 유혈사태를 영원히 종식시킬 수 있는 유일한 방안이라고 강조했다. 일부 인사들은 그것을 군사적 개입에 대한 암시로 해석했다. 실제로 폭동이 가라앉은 후 린치 수상은 아일랜드군에게 북아일랜드에 대한 인도적 개입의 가능성을 검토하도록 지시했다. 그러나 '아마게돈 훈련Exercise Armageddon'이라 명명된 동 계획은 결국 채택되지 않았고, 그 후 30년이 넘게 비밀에 부쳐졌다.

　그럼에도 불구하고 일부 남아일랜드 정부 인사들은 공공연히 북

보그사이드 전투. 1969년 8월 북아일랜드 런던데리의 보그사이드(Bogside) 지역에서 가톨릭 주민들과 얼스터 경찰이 충돌하는 폭동이 발생했다.

아일랜드의 가톨릭 신자들에게 방어용 무기를 공급하기 위한 시도를 감행했으나, 그 와중에도 IRA는 보이지 않았다. 벨파스트의 건물 벽에는 'IRA'가 "난 도망갔다 I Ran Away"의 약자라는 낙서가 등장했다. 가톨릭 젊은이들은 IRA가 개신교 신자들과 특수B경찰대의 공격으로부터 자신들을 보호해 주기를 기대했지만 그러기에는 국경 양쪽의 IRA 모두 충분한 군사력을 갖추고 있지 못했다.

1972년 데리에서 시위대를 진압하고 있는 영국군 병사들

'폭동의 시대(The Troubles)'의 한가운데인 1975년 데리 시가에서 시위대와 대치 중인 영국군 병사들

8월 14일과 15일, 경찰에 의해 무너진 법과 질서를 복원하기 위해 데리와 벨파스트에 영국군이 투입되었다. 그러나 군대는 보그사이드 시내 진입을 시도하지 않았다. 그제야 비로소 폭동이 가라앉았다. 한편 전통적인 강경파 공화주의자들에게 있어서는 다수의 가톨릭계 주민들이 영국군이 경찰이나 개신교 폭도들로부터 자신을 보호해 줄 것이라 믿고 안 믿고는 그리 중요한 문제가 아니었다. 60세 이상의 모든 아일랜드인들에게는 아일랜드독립전쟁 중에 그랬던 것처럼 영국군이 영국식 법과 질서를 복원하기 위해 아일랜드 영토에 다시 들어왔다는 사실만이 중요한 의미를 지녔기 때문이다.

통합주의 세력과 경찰의 데리 시내 진입을 막는 바리케이드 수는 그 후 점차 늘어나 1971년 말에 이르러서는 총 29개에 이르렀다. 바리케이드는 영국군의 장갑차도 통과할 수 없을 정도로 견고했다. 민족주의-공화주의자들이 점령하고 있는 진입금지no-go 지역을 통제하는 것은 아일랜드공화국군의 두 분파인 PIRA와 OIRA였다. 영국정부는 벨파스트와 데리에 설치된 진입금지 지역의 존재를 정부의 권력에 대한 심각한 도전으로 간주했다. 영국군은 1972년 7월 마침내 바리케이드를 부수고 동 지역들에 대한 통제를 복원했다. 처음에는 민족주의자들도 영국군을 환영했다. 그만큼 RUC를 믿지 못했기 때문이었다. 그러나 군대의 가혹한 조치가 계속되자 이내 관계가 악화되었다.

1920~1921년 때와 마찬가지로 법 수호와 질서 유지라는 명분 아

| 폭동의 시대(The Troubles) 벽화 | 1969년 벨파스트 시내를 순찰 중인 영국군 병사들 | 1969년 벨파스트 시가에서 경계를 서고 있는 영국군 병사들 |

래 자행된 영국군의 무단검색과 가혹행위는 이내 민족주의계 주민들의 분노를 불러일으켰다. 그 결과 IRA는 데리와 벨파스트의 가톨릭 지역에서 손쉽게 통제권을 행사하며 그들의 목적 달성을 위해 주민들의 분노를 이용할 수 있었다. 그에 반해 1969년 8월이 지나면서 민권운동 세력과 민족주의 정당의 영향력은 점차 감소되었다. 이제 무기를 다시 손에 쥔 IRA야말로 가톨릭 신자들이 사는 빈민가를 보호할 수 있는 물리력을 갖춘 유일한 세력이었다. 최소한 그들은 더이상 "도망가지 않는" 세력이었다. 대다수 가톨릭계 주민들은 개신교 국가에서의 차별로부터 벗어나기를 소망했기에 자연스럽게 공화주의

세력을 지지하게 되었다.

라. 준군사조직의 활거

1960년대 후반에 시작된 장기 폭력사태는 결과적으로 IRA와 같은 준군사조직들paramilitary organizations의 강화를 초래했다. 평화적 시위에 대한 영국 정부의 강경 진압은 IRA 내부에서도 격렬한 논쟁을 촉발했다. 다수의 IRA 회원들은 비폭력 전략을 지지했으나, 일부 강경파들은 지도부의 미온적 태도를 비판하며 IRA를 뛰쳐나와 '임시IRApIRA'를 창설했다. 잔류세력인 '공식 IRAoIRA'가 마르크스주의에 경사된 반면, PIRA는 전통적 노선을 견지했다. '임시'라는 명칭은 1916년 부활절 봉기 중 더블린 중앙우체국청사GPO에서 피어스가 선포한 임시정부에서 비롯되었다. 그 후 PIRA는 대영 무장투쟁의 선봉에 섰다.[91]

강경파 IRA는 일부 아일랜드공화국 인사들의 지원에 힘입어 북아일랜드 경제 파괴 및 영국군 철수를 목표로 과격한 폭탄테러를 감

IRA 벽화와 낙서

---

[91] 아직도 '공식 IRA'는 존재하지만, 오늘날 'IRA'를 언급할 때는 'PIRA'를 의미하는 것이 일반적이다.

행했다. 이에 통합주의계 준군사조직인 얼스터의용군은 PIRA로부터 개신교 신자들을 보호한다는 명분을 내세워 가톨릭 사회와 아일랜드공화국에 대한 공격을 감행했다. 한편 남아일랜드의 IRA도 종종 국경을 넘어 북아일랜드 지역의 개신교 신자들을 공격했다. 그때마다 개신교 신자들은 북아일랜드 내의 가톨릭 신자들을 상대로 보복행위를 저질렀다. 일부 통합주의자들은 개신교 신자 보호를 이유로 '얼스터방위협회UDA, Ulster Defence Association'를 조직해 가톨릭 신자들에 대한 테러를 자행했다.

IRA의 테러공격은 주로 벨파스트 등 가톨릭 밀집지역에서 계속 증가했다. IRA는 버스를 납치하고 경찰을 향해 돌멩이와 화염병, 심지어 수류탄을 투척했다. 곳곳에서 경찰을 살해하기도 했다. 경찰대원뿐 아니라 경찰서와 경찰 가족까지도 공격의 대상이 되었다. 클락 정부의 무기력한 대응에 실망한 개신교 신자들은 특수B경찰대의 재투입을 요구했다. UUC 내부로부터 격렬한 비난에 직면한 클락이 수상직에서 물러나자 브라이언 포크너Brian Faulkner가 그의 뒤를 이었다.

IRA와의 전쟁을 선포한 포크너 신임 수상은 임의구금제도를 도입했다. 이내 300명에 이르는 공화주의계 인사들이 재판도 없이 구속되었다. 그러나 이러한 조치는 사태를 더욱 악화시켰다. 그처럼 비민주적인 조치는 아일랜드독립전쟁 때처럼 아일랜드 국민의 권리를 위해 투쟁한다는 IRA의 명분을 강화시켜 줄 뿐이었다. 그것은 결국 더욱 많은 공화주의자들로 하여금 PIRA에 가입하게 만드는 결과를 낳았다. 당시는 증가하는 IRA의 폭력성에 대해 통합주의자들이나 영국 군경뿐만 아니라 북아일랜드의 상당수 가톨릭 민족주의자들마저도 거부감을 보이고 있는 시점이었음을 감안할 때, 임의구금제도의 도입은 결코 시의적절한 조치가 아니었다고 할 수 있었다.

'피의 일요일(Bloody Sunday)'. 1972년 1월 30일 일요일, 데리市의 보그사이드 지역에서 북아일랜드민권협회 주최 가두행진 중 영국군 공수부대가 쏜 총에 27명의 시민이 맞아 청소년을 포함한 13명이 현장에서 즉사한 사건이 발생했다.

1971년 말에는 IRA의 공격에 대한 보복행위로 통합주의계 준군사조직이 감행한 폭탄테러로 인해 벨파스트 시내 선술집에서 174명 이상의 인명이 살상되는 사건이 발생했다. 이에 포크너 수상은 군사적 해법에 초점을 맞췄다. 이러한 대응은 결국 데리 시가에서 영국군 공수부대에 의해 13명의 비무장 시민이 피살된 1972년 1월 30일 '피의 일요일Bloody Sunday' 사건으로 이어졌다. 그것은 남아일랜드에서도 격렬한 분노를 불러일으켰다. 2만 명이 넘는 남아일랜드 군중은 더블린 주재 영국 대사관을 습격해 건물을 불태워 버렸다. 당시 아일랜드 외교장관은 즉각 성명을 발표하고 "이제부터 우리의 한결같은 목표는 영국인들을 아일랜드에서 쫓아내는 것"이라고 역설했다. IRA는 복수의 칼을 갈았다.

양측 간에 폭력이 난무하는 가운데 사상자 수는 계속 늘어났다. 압박에 못 견딘 북아일랜드 정부가 결국 임의구금제도를 폐지했음에도 불구하고 폭동은 가라앉지 않았다. 북아일랜드 정부에게 더 이상 질서와 안녕을 유지할 수 있는 능력이 없다고 판단한 영국은 북아일랜드에서 법과 질서를 확립할 수 있는 새로운 방안을 모색했다. 그 결과 결국 1972년 3월 20일 영국 정부는 임시 북아일랜드법을 제정해 북아일랜드 자치정부의 기능을 중단시키고 사법권과 치안권을 장악했다. 이에 런던에 새로 설치된 북아일랜드청NIO, Northern Ireland Office 을 통해 아일랜드에 대한 직접 통치가 실시되고, 스토먼트 의회가 행사하던 모든 권력은 웨스트민스터 의회로 귀속되었다. 이로써 북아일랜드 자치정부는 출범 50년 만에 막을 내리게 되었다.

영국에 의한 직접 통치의 부활은 제리 아담스Gerry Adams와 마틴 맥기니스Martin McGuinness를 비롯한 PIRA 지도부에게는 오히려 분명한 목표를 만들어 주었다. 이제는 오직 전쟁만이 있을 뿐이었다. 전쟁은 차량폭탄을 이용한 무차별 테러의 형태로 전개되었다. 영국의 직접 통치가 복원된 지 3주도 채 안 돼서 동북 얼스터 지역 전역에서 하루에만도 30건의 폭탄테러가 감행되었다. 이에 맞서 개신교 준군사조직들도 가톨릭 주민들을 살해하는 보복조치를 단행했다. 영국군은 "공포와 폭력"의 근원이 되는 IRA의 능력을 제거하기 위해 '전차운전사 작전Operation Motorman'이라고 명명된 대규모 군사작전을 전개했으나 만족할 만한 성과를 거두지 못했다.

1972년에는 폭력이 절정에 이르렀다. 그 한 해에만 해도 476명의 사망자가 발생했다. 그 가운데 절반 이상이 민간인이었다. 그 시기에 폭력이 그처럼 고조된 데는 몇 가지 이유가 있었다. 우선 통합주의자들은 IRA가 강경파인 PIRA와 OIRA로 분열된 데서 그 이유를 찾았다. 1956~1962년의 투쟁 실패 이후 IRA는 순수한 아일랜드 민족주의 전통에서부터 점차 멀어져 사회주의 혁명노선을 걷기 시작했다. 민족주의 세력이 방어적 입장에 놓이고 영국 군대가 데리와 벨파스트의 거리를 순찰하고 있는 상황이었기에 각자의 정치노선을 내세우는 것이 가능했고, 그것은 바로 IRA의 분열을 가져왔다. 이전의 IRA는 비폭력 정치시위 노선을 채택했으나 '프로보스Provos'라는 애칭으로 보다 잘 알려진 신생 PIRA는 영국의 북아일랜드 통치에 대항한 무장투쟁을 주장했다. PIRA는 "가톨릭 코뮤니티의 수호자" 역할을 자임했고, PIRA 군사위원회는 1971년 초 영국군에 대한 공격명령을 내렸다. 한편 점차 개혁적 노선을 걸으며 마르크스주의에 경사되고 있던 OIRA도 민족주의와 통합주의 사회를 초월한 노동자 계급의 단결을 주창함과 동시에 독자적인 무장투쟁을 전개하며 PIRA와 경쟁했다. 결국 IRA 분파 간의 선명경쟁이 폭력의 상승작용을 가져온 것이다.

시가 순찰 중인 임시(Provisional) IRA 대원들

수제 박격포와 수류탄발사기를 시험 중인 PIRA 대원들(1992년)

　반면 민족주의자들은 가톨릭 주민에 대한 몇 가지 차별적 조치가 폭력을 고조시켰다고 주장했다. 첫째는 영국군과 OIRA 간의 교전이 전개된 직후 벨파스트의 민족주의자 밀집거주 지역에 실시된 통행금지 조치였다. 또 다른 하나는 1971년에 도입된 임의구금제도였다. 임의구금의 대상은 절대 다수가 민족주의자였다. 실제로 1971년부터 1975년 사이에 강제구금된 총 1,981명 가운데 1,874명이 가톨릭-공화주의자였던 반면, 개신교-로열리스트 인사는 겨우 107명에 불과했다. 구금된 인사들은 비인간적인 대우를 받고 때로는 고문을 당하기도 했다. 그처럼 불공정한 조치로 인해 영국군과 PIRA 및 OIRA 사이에 수차례의 교전이 발생했다. 민족주의자들은 또한 영

국군 공수부대가 자행한 '피의 일요일' 사건을 이러한 폭력 증가의 원인으로 꼽았다.

무장투쟁에 대한 강한 애착이 강하지 않았던 OIRA는 1972년 5월 들어 공격 중단을 선언했다. 그러나 영국의 직접 통치를 북아일랜드 자치정부에 의한 통치보다 훨씬 더 나쁜 것으로 인식하던 PIRA는 오히려 살상과 폭탄공격을 강화했다. OIRA의 휴전선언과 함께 영국 정부와 제 정파 간에 평화협상이 진행되고 있는 가운데에도, PIRA는 통일아일랜드를 달성하기까지 무장투쟁을 멈추지 않을 것임을 천명했다. 이에 영국 정부의 정책은 RUC와 영국군 출신 예비군으로 구성된 얼스터방위연대 같은 군사적 수단을 이용해 PIRA를 격퇴시키는 데 초점이 맞춰졌다. PIRA는 1972년 7월 21일 영국 정부와의 협상에서 북아일랜드를 아일랜드공화국에 넘겨 줄 것을 요구했으나, 영국 정부가 이를 거절하자 협상 결렬 직후 대규모 폭탄테러를 감행하기도 했다. PIRA의 도발에 대해 UVF와 UDA를 비롯한 통합주의계 준군사조직들은 가톨릭 신자나 민족주의자로 알려진 인사들의 암살을 확대하는 방식으로 응수했다. 가톨릭과 개신교 신자들이 뒤섞여 사는 지역에 거주하는 양측 주민들은 모두 오랫동안 살아오던 지역을 떠나 각자의 종교와 정치적 신념에 일치하는 지역으로 이주해야만 했다.

한편 에드워드 히스Edward Heath 영국 수상과 신임 윌리엄 화이트로우William Whitelaw 북아일랜드장관Secretary of State for Northern Ireland은 영국에 의한 직접통치야말로 법과 질서를 다시 세울 뿐 아니라 북아일랜드 문제를 정상궤도에 올려 놓을 수 있는 절호의 기회라고 생각했다. 그들은 1921년 영아조약 체결로 인해 비록 영국의 자존심이 실추되긴 했지만, 동 조약은 영국 정치에서 골치 아픈 문제 가운데 하나를 영구히 털어버리기 위한 것이었다고 믿고 있었다.

히스 수상을 비롯한 보수당 다수파의 시각은 전통적으로 노동당이 견지해 오던 입장과 다르지 않았다. 그러나 그 같은 생각은 현실에 대한 그들의 무지를 보여주는 것으로, 지난 수백 년에 걸쳐 아일랜드 문제에 얽혀 온 역사적 감정들을 고려하지 않은 것이었다. 그것은 단지 1914년의 아일랜드자치법에서 처음 제시되고 1921년의 영아조약에서 재확인되었던 원칙을 반복하는 것에 불과했다. 불행히도 현실은 그들이 생각하는 것과는 달랐다. 한때는 성공적이라고 평가되었던 직접통치의 복원 자체가 이내 문제의 일부가 되었던 것이다.

다양한 분파의 통합주의자들은 하나 같이 자신들이 누리고 있던 권력을 내려놓으려 하지 않았다. 그들이 지난 50년간 안심할 수 있었던 것은 권력을 손에 쥐고 있었기 때문이다. 직접통치의 복원에 대해 북아일랜드의 가톨릭 민족주의 사회뿐만 아니라 남쪽의 아일랜드공화국 정부도 환영의 뜻을 표하자 그들은 왜 그 같은 권력이 애초부터 필요했는지를 새삼 깨달았다. 통합주의자들이 느끼는 불안감은, 가까이는 1912~1914년과 1919~1924년, 멀리는 역사를 한참 거슬러 올라가 중세, 또는 근대에 겪은 역사적 경험에서 연유한 것이었다. 통합주의자들이 느끼는 원초적 불안은 1990년대 중반에 이르기까지 안보적 측면에서 마주해야 했던 IRA와의 대립만큼이나 정치적 측면에서 영국 정부를 괴롭혔다. 영아조약에서는 이 문제를 대충 얼버무릴 수 있었으나 더 이상 그럴 수 없는 상황에 놓이게 되었다.

히스 내각의 과감한 접근은 1973년 12월에 체결된 '서닝데일 합의Sunningdale Agreement'에서 절정에 이르렀다. 그러나 1972년 당시에는 통합주의자들이 느끼기는 고통에 대한 이해가 부족했다. 영국의 직접통치가 시행되자 통합주의자 내부의 주도권은 공식통합당Official Unionist Party으로부터 페이슬리 목사가 이끄는 보다 극단적인 민주통합당DUP, Democratic Unionist Party으로 옮겨갔다.

2. 평화협상의 장정

1972년 가을 벨파스트에서 발생한 26건의 IRA 폭탄테러로 인해 11명이 사망하고 130명이 부상을 입은 '피의 금요일Bloody Friday' 사건 발생 이후 영국 정부는 하나의 보고서를 내놓았다. 동 보고서는 먼저 "북아일랜드 주민 다수"의 동의가 없이는 북아일랜드의 위상에 변화를 가져올 수 없다는 원칙을 재천명함으로써 통합주의자들은 안심시켰다. 영국 정부는 이전에도 수차례 이 원칙을 강조해 왔다. 한편 남아일랜드 정부도 1949년에 제정된 아일랜드법Ireland Act of 1949에서 동일한 입장을 천명했다. 북아일랜드 의회의 동의가 없이는 북아일랜드의 위상 변화가 불가능하다고 명시한 것이다. 그러나 자치정부의 붕괴로 인해 북아일랜드 의회가 더 이상 존재하지 않는 당시 상황에서 동 보고서가 그 결정권을 주민들의 손에 쥐어준 것은 미래를 향한 중요한 출발점이라고 할 수 있었다.

그러나 이 같은 약속과 함께 제시된 두 가지 포인트는 통합주의자들로서는 경각심을 갖기에 충분했다. 첫째는 가톨릭 민족주의계 소수세력에게 "행정권의 공유"를 허용한 것이었다. 둘째는 역사적으로 북아일랜드 문제의 근간이 되었던 아일랜드 전체, 즉 아일랜드의 정체성을 수면 위로 다시 부상시킨 것이었다. 이 두 문제는 '아일랜드 차원Irish dimension'이라는 개념으로 포장되었다. 그것은 이듬해 3월에 발표된 '북아일랜드 관련 헌법적 제안Northern Ireland Constitutional Proposals'이라는 제목으로 영국 정부가 발표한 공식 백서에서도 언급되었다.

백서는 "북아일랜드와 대영왕국Great Britain의 의도에 부합한다는 전제 아래, 새로운 북아일랜드를 위한 그 어떤 안배도 최소한 아일랜드공화국이 수용할 수 있고, 수용하는 것이어야만 한다"고 강조했다. 그것은 아일랜드공화국이 북아일랜드를 자국 "영토의 일부"로 간주하고 있고 영토 전체가 "재통합"될 때를 "기다리고 있는" 헌법 제2조와 제3조를 갖고 있다는 사실을 인정한다는 것을 의미했다. 그러나 백서의 그 어디에서도 기존의 헌법적 현상constitutional status quo을 부정하는 내용은 찾아볼 수 없었다. 그럼에도 불구하고 오랜 역사적 경험으로 인해 통합주의자들의 눈에는 동 백서의 논조가 "민족적" 주장을 근거로 남아일랜드가 북아일랜드의 내정에 간섭하는 것을 허용하는 듯이 보였다.

"아일랜드 차원"이라는 제목 아래 제시된 것은 국경을 맞댄 양국 간 이해관계와 관심사를 조율하기 위한 '아일랜드위원회Council of Ireland'의 창설이었다. 통합주의자들은 이러한 조정기구를 통해 영국과 남아일랜드가 정치적으로 밀접한 관계로 발전하는 것을 우려했다. 당초 아일랜드위원회는 1921년 아일랜드 독립 당시 북아일랜드 주민들을 달래기 위한 장치 중 하나로 영아조약에서 제시된 것이었다. 동 위원회는 신생 아일랜드자유국에 합류를 거부할 수 있는 북아일랜드의 권리를 인정했지만, 북아일랜드 정부는 처음부터 동 위원회를 거부함으로써 스토먼트 정부의 안정성에 대한 대다수 통합주의자들의 우려를 해소시켜 주었다. 그러나 이제 스토먼트 정부가 더 이상 존재하지 않는 상황에서 아일랜드위원회가 재등장한 것이었다.

당시는 이미 1인 1투표제가 도입되고 런던데리 시의회Londonderry
Corporation는 폐쇄되었으며, 왕립얼스터경찰은 무장해제되고, 특수B경
찰대는 해체된 상태였다. 북아일랜드 내부의 정치적 환경이 급속히
변화하는 가운데 가장 보수적인 통합주의자들조차 북아일랜드의
미래에 대해 점치기가 쉽지 않은 상황이었다. 그 같은 상황에서 통합
주의자들이 미래에 대해 우려해야 할 것은 단지 "아일랜드 차원"
으로 가장한 가톨릭 다수의 횡포만이 아니었다. 그들에게 있어 더욱
큰 문제는 다수를 등에 업은 가톨릭 민족주의계 정치인들에게 자동
적으로 자리를 내어줘야 하는 "권력공유" 정부라는 발상이었다.

새로운 북아일랜드 정부에서도 수상직를 맡을 것으로 예상되던
스토먼트 정부의 마지막 수상 브라이언 포크너는 백서를 수용할 준
비가 되어 있었다. 그의 주도 하에 얼스터통합당의 정책결정기구인
UUC 집행위원회는 백서의 수용을 가결했다. 통합주의자들은 포크
너가 애초부터 새로운 정부의 수반 자리를 의중에 두고 권력공유 정
부를 추진했다는 의혹을 강하게 제기했다. 그것은 이내 UUC의 분
열을 가져왔다. 오닐 내각의 장관이었던 윌리엄 크레이그William Craig의
주도 하에 분리해 나간 일부 반대파 세력은 새로 '전위당Vanguard Party'
을 창당했다. 전위당은 로열리스트 준군사조직인 UDA와의 연계를
공공연하게 과시했다. UDA는 백서의 내용에 대한 자신들의 저항을
1914년 아일랜드자치법을 상대로 전개됐던 에드워드 카슨 경의 투쟁
에 비유했다.

UUC가 백서를 수용한 직후 영국 정부는 북아일랜드 의회 구성
을 위한 법안을 통과시켰다. 권력공유와 "아일랜드 차원"을 지지하는
인사들은 '공식 통합주의자Official Unionists'라고 불렸고, 반대파 인사들
은 단순히 '통합주의자Unionists'로 불렸다. 총선 결과는 포크너 수상

과 백서지지파의 압도적 승리로 나타났다. 그로부터 3주 후 북아일랜드헌법법Northern Ireland Constitution Act이 제정되어 북아일랜드 의회에 헌법적 지위가 부여되었다. 북아일랜드헌법법의 첫 번째 조항은 1921년 12월 이후 역대 영국 정부가 한결같이 천명했던 북동부 얼스터 지역 문제에 대한 원칙을 반복했다. 즉 북아일랜드는 여전히 "여왕과 영국의 영토의 일부로 남으며, 그 어떤 경우에도 주민투표를 통한 북아일랜드 인구 다수의 동의가 없이는 북아일랜드, 또는 그 일부에 대한 그 같은 사실이 변경되는 일은 없을 것"이라는 것이었다. 그것은 오늘날에도 여전히 유효한 1973년 북아일랜드헌법법은 1993년 '다우닝가 선언Downing Street Declaration'을 위한 법률적 토대를 제공했다고 할 수 있었다.

가. 서닝데일 합의(Sunningdale Agreement)

통합주의 세력과 민족주의 세력 사이에 권력의 공유에 기초한 북아일랜드 정부를 구성하기 위한 시도가 처음 이루어진 것은 1973년이었다. 1973년 10월, 영국 정부는 UUP, 북아일랜드동맹당APNI, Alliance Party of Northern Ireland, 사회민주노동당SDLP, Social Democratic and Labour Party 등 3당의 대표들과 함께 권력공유 정부 구성에 대한 논의에 착수해 합의를 도출했다. 이 합의를 바탕으로 영국 및 남북 아일랜드의 수상과 북아일랜드 제 정당 대표 등이 참여하는 다자협상이 1973년 12월 6일 서리Surrey주의 서닝데일Sunningdale에서 개최되었다. 이날은 영아조약이 체결된 지 52주년이 되는 날이자, 북아일랜드 분쟁의 현대사가 시작된 날이었다. 그와 동시에 1925년에 국경위원회가 폐지된 이후 남북 아일랜드와 영국 정부의 수반이 처음으로 자리를

9개월에 걸친 협상 끝에 '서닝데일 협정'에 서명하는 에드워드 히스 영국 수상과 리암 코스그레이브 아일랜드 수상, 얼스터통합당(UUP), 사회민주노동당(SDLP), 노동당, 북아일랜드 동맹당(APNI) 등의 대표들

같이한 날이기도 했다.

협상의 목적은 북아일랜드 문제 해결을 위한 정치적 합의를 도출하는 데 있었다. 그러나 아일랜드공화국을 이 해법에 포함시키는 소위 "아일랜드 차원"이 문제였다. 남북 아일랜드 간의 협력을 촉진하기 위한 아일랜드위원회 구성에 관한 조항은 이미 남아일랜드의 독립과 남북 분단을 가져 온 1920년의 아일랜드정부법에 포함되어 있었다. 그러나 동 조항은 이내 사문화되었다. 얼스터 지역에 대한 아일랜드공화국의 그 어떤 간섭도 거부하는 통합주의자들의 완강한 반대 때문이었다. 1973년 협상에서는 아일랜드공화국과의 협력을 촉진하기 위한 방안 차원에서 아일랜드위원회가 재논의되었다.

협상 참여자들은 나흘에 걸친 협상 끝에 두 개의 트랙으로 구성된 아일랜드위원회의 구성안에 합의했다. 하나는 북아일랜드 행정부와 남아일랜드 정부를 대표하는, 각각 7명의 장관들이 참여하는 '각료위원회Council of Ministers'를 구성하는 것이었다. 다른 하나는 북아일랜드 의회Northern Ireland Assembly와 남아일랜드 의회인 다일 아이린Dáil Éireann을 대표하는, 각각 30명의 의원들로 구성된 자문기관 성격의 '협의체 의회Consultative Assembly'를 설립하는 것이었다. 이로써 북아일랜드 권력공유 정부의 출범을 위한 정치적 토대가 마련되었다.

남아일랜드의 파인 게일당 정부는 북아일랜드 통합주의자들의 우려를 불식시키기 위해 하나의 중요한 조치를 취했다. 영국 정부가 북아일랜드헌법법에서 약속한 것을 실행에 옮기는 데 동의한 것이다. 즉 "북아일랜드 주민의 다수가 희망하지 않는 한 북아일랜드의 위상에는 변화가 없을 것"을 공식적으로 선언한 것이다. 이로써 영아관계에 중요한 이정표가 하나 세워졌다. 그때까지만 해도 남아일랜드 정부의 공식 입장은 아일랜드공화국 헌법 제2조와 제3조에서 볼 수 있듯이 그와는 정반대되는 것이었다. 남아일랜드의 헌법은 비록 다일에서 제정된 법령이 일부 지역에는 잠정적으로 적용되지 못하고 있지만, 그럼에도 불구하고 아일랜드의 영토는 "아일랜드 섬 전체"로 구성된다고 명시하고 있었다. 서닝데일 회담에 참석한 영국의 가렛 피츠제럴드Garret Fitzgerald 외상과 아일랜드의 코너 크루이즈 오브라이언Connor Cruise O'Brien 외무장관은 남아일랜드 헌법에서 그 두 개의 조항을 삭제하는 데 동의했다. 물론 헌법 개정은 국민투표를 필요로 하는 일이었다. 그러나 당시만 해도 국민투표 결과가 어떻게 나올지는 아무도 확신할 수 없는 상태였다. 만의 하나 결과가 부정적으로 나올 경우 서닝데일 합의가 무산될 수도 있었다.

서닝데일 합의는 아일랜드의 미래에 대해 두 가지 중요한 시사점을 갖고 있었다. 첫째, 헌법 개정과 같은 법적 조치가 아직 취해지지 않은 가운데에서도 남아일랜드 정부가 그 같은 약속을 했다는 사실 자체에 의미가 있었다. 둘째, 비록 포크너가 통합주의 세력 다수로부터 지지를 받고 있는 것은 아니었으나, 그의 변신은 설혹 다른 통합주의자들의 반대가 있을지라도 독실한 통합주의자가 권력공유 정부를 지지할 수도 있다는 가능성을 보여주는 것이었다.

아일랜드위원회를 통한 아일랜드 통일환경 조성이라는 정책을 꾸준히 추구해 온 SDLP는 모든 이해당사자들이 각자의 전통적인 입장을 일정 부분 조정하지 않는 한 아일랜드에는 건설적인 미래가 존재하기 어렵다는 사실을 잘 알고 있었다. 그 가운데 입장이 가장 복잡한 것은 그때까지만 해도 모순적인 태도를 보이던 영국 정부였다. 영국 정부는 다수 주민의 동의가 없이는 북아일랜드의 헌법적 위상에 변화가 있을 수 없다는 전통적인 입장을 고수하면서도, 장기적으로는 아일랜드의 통일이 바람직하다는 도덕적인 부담을 갖고 있었다. 영국의 이중적인 태도는 서닝데일 회담에서 SDLP가 제시한 아일랜드위원회 창설안에 대한 지지로 나타났다.

그러나 서닝데일 회담은 시작도 되기 전에 강력한 반대에 부딪쳤다. 다수의 통합주의자들은 권력공유라는 개념에 거부감을 보였다. 국가 파괴 세력과 권력을 나누는 것은 절대 불가하다는 이유에서였다. 그러나 보다 심각한 문제는 "아일랜드 차원"과 아일랜드위원회에 대한 그들의 반대였다. 통합주의자들은 그것을 통일아일랜드를 향한 디딤돌로 인식했다. 실제로 협상결과에 비록 남북 합동경찰 창설을 위한 SDLP 대표의 제안은 반영되지 않았지만, 서닝데일 합의로 인해 궁극적으로 통일아일랜드를 향한 미래로 나아가기가 훨씬 더 쉬워졌다는 데는 의심의 여지가 없었다.

더욱이 권력공유를 반대하는 정당들이 동 회의에서 철저히 배제되었던 까닭에 북아일랜드 내부에서는 불만이 고조되었다. "북아일랜드 여론을 대변하는 선출직 지도자"들을 회담에 초청할 것이라는 백서의 약속에도 불구하고 크레이그와 페이슬리는 초청되지 않았다. 반反포크너 진영의 모든 세력들은 권력공유에 반대하기 위해 연합전선을 구축했다. 북아일랜드가 영국의 일부로 존속하는 것을 종식시키는 것 이외에는 그 어떤 타협안의 수용도 거부하던 IRA 또한 회담에 반대했다.

결국 서닝데일 합의의 운명을 결정지은 것은 아일랜드위원회였다. 서닝데일 합의가 발표된 바로 다음 날 로열리스트 세력은 아일랜드위원회에 반대하는 모든 주요 단체와 조직을 망라하는 우산기구 '얼스터군위원회UAC, Ulster Army Council'를 발족했다. UAC에는 UDA와 UVF와 같은 통합주의계 준군사조직들이 망라되어 있었다.

통합주의자들의 반발에도 불구하고 서닝데일 합의에 따라 통합주의 세역과 민족주의 세력 간 권력공유에 기초한 북아일랜드 자치정부가 1974년 1월 1일 공식 출범했다. 제1차 권력공유 정부는 UUP의 포크너를 수상으로, SDLP의 게리 피트Gerry Fitt를 부수상으로 하고, UUP와 SDLP에서 각각 5명과 3명, 그리고 중도파인 APNI에서 1명이 참여하는 내각을 구성했다. 그러나 북아일랜드 권력공유 정부의 출범과 함께 일부 권력은 영국 정부와 의회로부터 북아일랜드 행정부와 의회로 위임되었으나, 국가안보와 경제 관련 권력 등은 여전히 영국 정부와 북아일랜드청이 쥐고 있었다.

페이슬리의 민주통합당은 즉시 반발했다. 민주통합당은 그것이 1689년에 데리시를 포위한 제임스왕의 군대에게 성문을 열어준 데리시장 로버트 룬디Robert Lundy의 행위 이후 "최대의 배신행위"라고 비난했다. 제1차 권력공유 정부가 출범한 지 사흘 후 UUC는 표결을 통해 서닝데일 합의에서 제시된 아일랜드위원회안을 거부했다. 그러자 포크너는 얼스터통합당 대표직에서 물러나 행정부의 대표로서 새로운 정당을 창당했다.

그러나 권력은 포크너 정부에게 즉시 위임되지 않았다. 그에 앞서 영국과 아일랜드 정부 사이에 "아일랜드 차원"의 문제가 먼저 해결되어야 했기 때문이었다. 아일랜드 문제는 아일랜드인들에게는 매우 중요한 것이었지만, 영국 정치에서는 우선순위가 낮은 부차적인 문제에 불과했다는 사실도 문제였다. 서닝데일 회담을 앞두고 영국 정부는

"더블린이 불과 서닝데일 거리에 있다(Dublin is Sunningdale Away)"

중동에서 새로 발생한 이스라엘－아랍 전쟁에 정신이 쏠려 있었다. 그와 동시에 중동전쟁으로 야기된 석유파동과 그로 인한 탄광노동자 파업에 발목이 잡혀 있었다.

한동안 탄광노동자 파업에 정신을 빼앗기고 있던 에드워드 히스 영국 수상은 북아일랜드 문제에 대한 주도권을 되찾기 위해 총선을 실시를 단행했다. 북아일랜드의 경우 총선은 권력공유 정부와 아일랜드위원회 구성에 대한 국민투표를 실시하는 것이나 마찬가지였기 때문이었다. 총선 결과 북아일랜드에서는 "더블린이 불과 서닝데일 거리에 있다Dublin is only Sunningdale away"는 선동적 구호를 앞세운 반포크너 세력이 압도적인 승리를 거두었다. 북아일랜드에 할당된 12석의 웨스트민스터 의석 가운데 11석을 반포크너 세력이 차지했던 것이다. 영국에서는 보수당이 선거에 패해 히스 내각이 물러나고 노동당의 해롤드 윌슨Harold Wilson이 새로 수상으로 선출되었다. 페이슬리는 즉시 북아일랜드 의회선거 실시를 요구했다.

선거 패배에도 불구하고 친포크너파가 다수를 점유하고 있던 북아일랜드 의회는 권력공유와 아일랜드위원회 구성에 대한 반대안을 표결로 부결시켰다. 이에 개신교 노동자들로 구성된 신생 '얼스터노동자위원회Ulster Workers' Council'는 얼스터 전역에 총파업을 지시하고 광범위한 시민불복종 운동에 돌입했다. 시위는 평화적으로 전개되었으나 이내 '타르탄청년단Tartan Youths'이라 불리는 청년그룹과 UDA 대원들이 중심이 된 로열리스트 세력에 의해 급속하게 폭력적으로 변모했다. 포크너가 도움을 요청했으나 새로 선출된 윌슨 영국 수상은 지원을 주저했다. 1974년 5월 28일 결국 포크너는 수상직에서 물러날 수밖에 없었다. 그의 정부는 더 이상 북아일랜드헌법법이 요구하는 것처럼 "지역사회 전역에서 광범위하게 수용될 수" 있는 상태가

1974년 로열리스트 준군사조직 대원들이 서닝데일 협정에 반대해 시가행진을 하고 있는 모습

1974년 로열리스트들에 의해 발생한 더블린 폭탄 테러

아니었던 것이다. 영국의 멀린 리스Merlyn Rees 신임 북아일랜드장관은 북아일랜드 행정부의 중단을 선언했다. 그것이 서닝데일 합의의 종말이었다.

1921년 영아조약 체결 이후 제시된 아일랜드 문제의 해법 가운데 가장 창의적인 방안이라 할 수 있었던 권력위임에 의한 해법은 그렇게 끝이 났다. 당시로서는 지나치게 창의적이고 비현실적인 것이었기 때문이었다. 한 가지 소득이라면 이로 인해 다수의 통합주의자들이 수용할 준비가 되어 있지 않는 한 북아일랜드에서는 할 수 있는 것이 아무것도 없다는 사실을 영국 정부가 깨달았다는 것이었다.

나. 비폭력 투쟁

제1차 권력공유 정부의 붕괴와 함께 영국 정부의 직접 통치가 재개되었다. 이제 영국 정부는 모든 것을 백지에서 다시 시작해야만 했다. 그러나 당분간은 그 백지조차 사라진 듯 보였다. 서닝데일 합의의 실패는 윌슨 내각으로 하여금 북아일랜드에서의 철수를 심각하게 고민하도록 만들었다. 영국군이 철수할 경우 북아일랜드는 영연방 내의 독립적인 영토가 될 것이었다. 그 경우 질서 있는 철군의 가능성, 아일랜드의 재분할, 또는 북아일랜드 내전 발발과 그로 인한 무정부 사태 발생 가능성 등이 고려의 대상이었다. 결국은 영국군이 철수할 경우 겨우 1만 2,500명에 불과한 북아일랜드 정부군으로는 북아일랜드가 심각한 내전상태로 빠져드는 것을 막을 길이 없다는 것이 문제였다. 당시 아일랜드 외무장관이던 가렛 피츠제럴드는 그 경우 아일랜드공화국의 민주정부에게도 심각한 위협이 될 것이며, 영국이나 기타 유럽국가들도 공산주의나 외국의 위협에 취약해질 것이라고 경고했다.

서닝데일 합의의 실패는 북아일랜드로 하여금 그 후 그 어떤 창의적, 정치적 구상에도 요지부동으로 저항하게 만들었다. IRA는 이러한 정치적 상황을 유리하게 이용했다. 1975년에 들어서는 제2차 휴전의 중단을 선언한 통합주의계 준군사조직들이 민족주의계 조직에 대응해 폭력을 행사하는 사태가 빈번해졌다. 북아일랜드에 대한 영국의 직접 통치가 다시 시작하자 IRA는 공포의 폭력투쟁을 재개했다. 1976년 초에 들어 PIRA는 1974년 12월에 선언했던 휴전을 중단했다. 1970년대 초만 해도 북아일랜드로부터 영국군의 조속한 철수를 이루어 낼 수 있으리라고 생각했던 희망이 수포로 돌아갔기 때문이었다. 무수한 인명 피해가 발생한 끝에 정부군의 효과적인 진압에 몰린 PIRA는 지하로 숨어들었다. 지하로 들어간 PIRA는 장기전을 위한 전략을 도입했다. 강도는 낮지만 무기한 지속가능한 폭력투쟁 방식을 선택한 것이다. 반면 OIRA의 경우 1972년에 선언한 휴전 상태를 계속 유지했다. 그 후 그들의 '공식' 투쟁은 폭력을 완전히 배제한 노동당Workers' Party의 출범으로 이어졌지만, 이 같은 온건 노선에 반발한 일부 강경세력은 OIRA를 뛰쳐나와 아일랜드민족해방군을 창설하고 폭력투쟁을 계속했다.

1970년대 후반에 들어서는 민족주의와 통합주의 사회 양측 모두가 전쟁에 대한 피로감을 느끼는 것이 눈에 띄었다. 그 방증 가운데 하나는 1976년에 노벨평화상을 수상한 '평화의 사람들Peace People'이라는 단체의 등장이었다. 이 단체는 준군사조직에 의한 폭력의 종식을 호소하는 대규모 군중시위를 개최했다. 그러나 그러한 노력에도 불구하고 영국을 상대로 한 IRA의 공격은 중단되지 않았다. 1979년 8월에는 IRA의 폭탄테러에 의해 마운트바튼 경Lord Mountbatten이 목숨을 잃고, 18명의 영국 공수부대 대원들이 희생되었다.

정치적 해법 도출에 실패한 역대 영국 정부는 북아일랜드의 "정상화"를 시도했다. 이 시도에는 재판 없는 무단구금제도의 폐지와 함께 준군사단체 소속 죄수들의 정치적 위상 박탈 같은 조치가 포함되었다. 그 결과 1972년부터 준군사단체 소속원들은 배심원이 없는 재판에 회부되었고, 유죄판결을 받을 경우 일반 죄수들과 같은 대우를 받아야 했다. 메이즈Maze 감옥에 투옥된 500여 명의 공화주의계 인사들은 그 같은 정책에 반발해 정치범의 '특별지위' 복원을 위한 옥중투쟁을 전개했다. 일반 죄수복 착용을 거부하며 담요를 몸에 두르는 '담요시위blanket protest'와 샤워를 거부하고 오물을 감방

자신의 감방에 배설물을 칠해 놓은 1980년대의 '더러운 항거자들'

벽에 바르는 '더러운 시위dirty protest'로 저항했다.

한편 "북아일랜드로부터 완전 철수"라는 대안을 포기한 영국 정부는 또 다시 정치적으로 간여할 수 있는 방안을 모색했다. 권력공유와 아일랜드 차원에 반대하는 반反서닝데일 세력이 북아일랜드 의회의 다수를 장악하고 있는 가운데 신임 북아일랜드장관 로이 매이슨Roy Mason은 강경정책을 선택했다. 그는 RUC와 영국군 병력을 증강하고 남부 아마 지역에 대규모 공군특수부대SAS, Special Air Service를 배치했다. 또한 북아일랜드 의회를 재소집하고 다수에 의한 통치의 복원을 위해 노동자 파업을 유도해 내려는 페이슬리의 시도를 분쇄했다. 그는 "테러리스트들은 치약을 밀어 올리듯이 그들의 아지트로부터 짜내면 된다"고 역설했다. "사회에서 짜내서 감옥으로 보내면 된다"는 것이었다. 그러나 폭탄테러는 여전히 줄어들지 않았다. 1979년 영국 총선에서 마가렛 대처Margaret Thatcher의 보수당이 승리하자 그는 험프리 앳킨스Humphrey Atkins로 교체되었다.

앳킨스는 북아일랜드 문제의 해법을 모색하기 위해 헌법회의를 소집했다. 영국의 입장은 언제나 모순적이었다. 역사적 경험으로 인해 기술적으로는 통일아일랜드를 선호했으나, 북아일랜드 주민의 다수가 원하지 않는 한 그것은 불가능하다는 생각을 갖고 있기 때문이었다. 북아일랜드 평화 방정식의 또 다른 변수인 아일랜드공화국 역시 나름대로의 모순에 빠져 있었다. 아일랜드공화국의 헌법에 의하면 아일랜드 문제의 방정식은 이미 풀렸으면서도 아직 다 풀리지 않은 상태였다. 얼스터 지역 6개 주의 경우 현실적으로 아일랜드공화국의 통치권이 미치지 않았음에도 불구하고 여전히 공화국 영토의 일부로 규정했다. 아일랜드공화국 정부는 같은 시각을 공유하고 있는 SDLP의 입지가 IRA 같은 폭력적 공화주의자들로 인해 잠식당하지 않도록 하기 위해 애썼다. 온건 노선을 견지하는 북아일랜드의 민주적 민족주의자들을 통해 남아일랜드 정부의 시각을 대변하게 하는 것이 중요했기 때문이다. 영국 정부는 바로 그 같은 "아일랜드 차원"에 눈을 돌렸다. 그러나 그 과정에서 영국 정부에 대한 통합주의자들의 충성심을 당연한 것으로 여기는 실수를 범했다.

마가렛 대처 영국 수상과 찰스 하우이Charles Haughey 아일랜드 수상은 1980년 10월 영아조약 체결 이후 최초의 영아 정상회담을 갖고 공동성명을 발표했다. 북부에서 활약했던 IRA 지도자를 아버지로 둔 하우이 수상은 잭 린치 전 수상으로부터 피아나 패일당의 당권을 이어받았다. 그의 전임자는 아일랜드 통일과 관련 다수 통합주의자들에게 거부권을 부여하는 문제에 대해서는 당내 주류보다는 오히려 페니언당에 가까운 시각을 갖고 있었다. 그러나 그는 달랐다. 남아일랜드의 양대 정당인 피아나 패일당과 파인 게일당은 둘 다 1919년 제1차 다일의 전통을 잇는 공화주의계 정당이었다. 전자는 현재의 IRA처럼 1921년 영아조약을 배신행위로 여기던 세력을 승계한 정당이었다.

1980년 영아 공동성명은 아일랜드의 미래를 위한 가이드라인을 제시했다. 그것은 "양국 사이의 독특한unique 관계"를 인정하고, "(아일랜드) 내부관계의 총체성totality에 대한 특수한 고려"와 "새로운 제도적 구조에 대한 가능성"에 대해 언급했다. 이 내용은 통합주의자들의 심리에 경고음을 발동시켰고, 페이슬리 목사는 군복 차림의 장정 500명이 참여한 군사행진을 조직했다. 그리고 며칠 후 벨파스트 시청 청사에서 에드워드 카슨의 1912년 '엄숙동맹'을 본 딴 '얼스터 선언'에 서명했다. 많은 통합주의자들에게 있어 대처-하우이 공동성명은 자치법안보다는 덜 자극적이었지만, 북아일랜드 내정에 대한 아일랜드공화국의 직접 간섭을 야기할 것이 예상된다는 측면에서는 충분히 우려할 만한 것이었다. 그들은 서닝데일 합의의 폐기와 함께 그 같은 위험이 확실하게 해소된 것으로 믿고 있었기에 그 충격이 더욱 컸다.

역대 다른 모든 영국 수상들처럼 대처 수상도 아일랜드 문제에 대해서는 별다른 계획을 갖고 있지 않았다. 그러나 하우이 수상의 계획은 분명했다. IRA처럼 그의 목표도 영국을 정치군사적으로 북아일랜드로부터 완전히 철수시키는 데 있었다. 그러나 IRA와는 달리 그는 합의에 의한 평화적인 방법으로 그것을 달성하고자 했다. 그는 영국 정부가 통일아일랜드에 대한 지지를 표명함으로써 그 같은 합의를 형성하는 데 도움을 줘야 한다고 역설했다.

그러나 북아일랜드의 통합주의자들은 하우이의 제안에 귀를 기울이지 않았다. 그들은 그의 제안을 "파리를 잡아먹기 위한 거미의 달콤한 유혹"에 비유하며 "절대 항복 불가"를 외쳤다. 한편 IRA는 일단 영국인들만 북아일랜드에서 철수시키면 어떻게든 통합주의자들을 항복시킬 수 있을 것이라고 믿었다. 그러나 IRA식 접근의 맹점은 지난 수십 년간의 폭력투쟁에도 불구하고 영국인들은 철수할 생각이 전혀 없어 보인다는 것이었다. 그에 반해 통합주의자들은 그들이 현재 갖고 있는 것을 반드시 지키겠다는 결의에 가득 차 있었다.

따라서 SDLP로 대변되는 북아일랜드 내부의 민주적 소수파에게는 운신의 폭이 좁았다. 그들은 평화적으로 성취하는 것이 가능하다면 통일아일랜드를 이룰 수 있길 바랐다. 그러나 민주적 절차와 아일랜드 차원이 갖는 무게의 조합을 통해 그것을 달성할 수 있을 때까지 기다릴 준비가 되어 있었다. 문제는 북아일랜드 주민의 다수가 그 어떤 민주적 설득에도 완강히 저항할 자세를 고수하고 있다는 것이었다. 나아가 당시 북아일랜드에는 그 어떤 민주적 절차도 진행시킬 수 있는 정치적 구조가 존재하지 않았다는 점도 문제였다.

한편 70년에 걸친 분단은 필연적으로 북아일랜드 소수파와 남아일랜드 다수파 사이에 아일랜드 민족주의에 대한 인식의 차이를 확대시켰다. 북아일랜드에 있어 민족주의는 "개신교 주민들을 위한 개신교 국가" 내에서 소수파에게 필요한 자기방어적 개념이었다. 실제로 위기가 고조될 때마다 IRA는 그것을 일종의 방어기제로 이용했다.

그에 비해 남아일랜드에서는 민족주의가 처해 있는 현실이 조금 달랐다. 특히 데 발레라에 의해 헌법 개정과 공화국으로의 전환이 성공적으로 이루어진 이후 남아일랜드에서의 민족주의는 주로 향수병적인 의무감이 되었다. 그것은 신성불가침의 헌법조항이었으며, 피아나 패일 당원을 비롯한 일부 정치인들에게는 공적으로 추앙되는 미덕이었다. 그러나 일반 시민들의 일상생활과는 점차 거리가 멀어져 가고 있었다. 과거에는 거의 모든 아일랜드 가정에 1922~1923년에 걸친 내전 동안 이쪽이든 저쪽이든 어느 한 편에 서서 함께 싸운 세대의 사람들이 생존해 있었지만, 이제는 그들마저 타계하기 시작했다. 과거의 역사는 점차 퇴색되고 일상의 현실과는 거리가 먼 단지한 조각 감성적인 역사의 기억으로 바뀌어 갔다.

한편 IRA의 무장투쟁으로 인해 사상자가 늘어감에 따라 남아일랜드의 평범한 시민들 사이에선 IRA의 전략에 대한 불편한 감정이 점차 확산되었다. 그들의 눈에는 일부 북아일랜드 도시와 마을에서 검은 깃발이 휘날리고 구호가 외쳐지는 가운데 교통이 마비된 모습이 무질서와 무정부주의의 발호로 비쳐졌다. 대규모 북아일랜드 시위대가 더블린 소재 영국 대사관을 급습해 경비 중이던 남아일랜드 경찰을 공격한 사건은 아일랜드 국민들의 들끓던 연민에 찬물을 끼얹었다. 아일랜드 국민들은 외부에서 들어온 폭력배들이 더블린 시내를 행진하며 외부에서 반입해 온 무기를 들고 가장 원시적인 방식으로 아일랜드 경찰에 대항하는 것을 결코 좋아하지 않았다. 그들은 그것을 아일랜드공화국이라는 "우리 나라"와 "우리 사회"의 이익이 외부세력에 의해 위협받는 아주 좋은 예라고 생각했다. 비록 시위자들이 북아일랜드인들이라 해도 그들의 행위는 생경하게 보였다. 그 같은 이질감은 분단 이후 남아일랜드 26개 주에서 발전되어 온 독자적인 정체성에서 비롯된 것이었다. 그럼에도 불구하고 그 같은 사건은 분단 후 수십 년에 걸쳐 발전해 온 민족주의에 대한 남아일랜드인들의 의식 한구석에 미래의 아일랜드 평화에 대한 인식을 새롭게 자리 잡게 했다.

1970년대에 정치범의 위상을 되찾기 위해 담요와 오물 시위로 시작된 공화주의계 수형자들의 항거는 1980년대에 들어서는 단식투쟁으로 이어졌다. 1981년 초에는 불법무기소지죄로 수감 중이던 공화주의계 인사인 보비 샌즈 Bobby Sands가 정치범 인권 개선을 위한 단식투쟁 끝에 사망하는 사건이 발생했다. 그 후 8개월 동안 아홉 명의 죄수가 뒤를 이어 단식투쟁으로 사망했다. 그들은

벨파스트 시내에 있는 보비 샌즈 벽화

모두가 IRA나 INLA 소속의 인사들이었다. 단식투쟁은 남북 아일랜드 주민 모두의 예민한 감성을 자극했다. IRA는 희생자들을 순교자로 추앙하며 민중폭동에 불을 지폈다. 대처 수상이 그 어떤 양보도 거부하는 가운데 남북 아일랜드 관계도 급속히 냉각되어 갔다.

대처 수상의 신임 북아일랜드장관 제임스 프라이어James Prior는 '단계적 권력 위임rolling devolution'에 의한 북아일랜드 정부 구성안을 제시했다. 그것은 영국 정부의

단식투쟁 끝에 사망한 보비 샌즈의 죽음을 보도한 각종 신문의 헤드라인

북아일랜드 관련 정책을 심의하고 북아일랜드 장관에게 자문하는 기능을 지닌 북아일랜드 의회와 함께 행정부를 별도로 구성한 후, 소속 의원 절대 다수의 동의가 있을 경우 영국 의회가 갖고 있는 권력을 순차적으로 위임하는 방안이었다. 일단 권력이 위임된 후에도 북아일랜드의회가 동의를 철회할 경우 권력은 다시 북아일랜드장관에게로 귀속되게 함으로써 "북아일랜드 사회의 양대 세력이 모두 수용할 수 있는" 상태에서만 권력 위임이 가능하도록 했다. 그 같은 단계적 권력 위임 방식은 당시에는 시기상조였지만, 그로부터 10년 후 재조명을 받았다. 그것이 바로 성금요일 협정에 이르게 한 접근 방식이었다.

포클랜드 전쟁 발발 사흘 후 영국 정부는 백서 한 권을 발간했다. 그러나 그 후 3개월 동안 대처 내각의 관심은 온통 아르헨티나와의 전쟁에 묶여 있었다. 그럼에도 불구하고 북아일랜드 의회 구성을 위한 법안이 1982년 7월에 의회를 통과해 10월에는 총선이 실시

되었다. 북아일랜드 주민들은 선거에 참여했으나, 불행히도 그렇게 구성된 의회는 그간 고수해 온 입장과 관련해서 그 어떤 변화도 논의할 준비가 되어 있지 않았다. 아무것도 변한 것이 없었다. 대부분의 통합주의자들은 아직 권력 공유를 논의할 준비가 아직 되어 있지 않았던 것이다.

SDLP는 선거에는 참여했지만 통합주의자들과 의회에 함께 앉아 있는 것조차 거부했다. "아일랜드 차원"은 검토조차 되지 않았다. 북아일랜드 정치범들의 옥중 단식투쟁을 놓고 어색해진 대처와 하우이의 관계는 포클랜드 전쟁에서 아일랜드가 중립을 지킴으로써 더욱 악화되었다. 그 결과 북아일랜드 의회는 일방적인 주장만 무성한 연설장으로 전락했고, 결국 권력 위임은 중단되었다.

단식투쟁 정국에서 군중의 지지를 확인한 공화주의 세력은 정치적, 또는 의회적 수단이 갖고 있는 전략적 잠재력에 대해 깨닫게 되었다. 그 결과 일부 인사들에 의해 PIRA의 정치조직으로 간주되던 신페인당이 사상 최초로 북아일랜드와 남아일랜드 선거에 참여하기 시작했다. 신페인당은 1982년 선거에서 '임시신페인당Provisional Sinn Féin' 이라는 간판을 내걸고 "한 손에는 투표상자, 다른 한 손에는 아말라이트Armalite 소총을"이라는 구호 아래 선거운동을 펼친 결과 다섯 명의 후보를 당선시켰다. 다섯 명의 당선자 가운데는 제리 아담스와 마틴 맥기니스가 포함되어 있었다. 아담스는 이듬해 실시된 영국 총선에서 SDLP의 게리 피트를 꺾고 하원의원에 당선됨으로써 영국 정부로 하여금 점증하는 공화주의 세력의 영향력에 대해 우려하지 않을 수 없게 만들었다. 신페인당은 1986년 마침내 남아일랜드 공화국의 의회인 다일Dáil의 합법성을 인정했다. 그러나 그로 인해 일부 공화주의자들이 신페인당으로부터 분리해 나와 '공화주의 신페인당

Republican Sinn Féin'을 창당하기도 했다.

1980년대에 IRA로 하여금 장기전을 지속할 수 있게 만든 것은 리비아의 무기원조였다. 무아말 가다피Moammar Gaddafi가 미국의 트리폴리 폭격을 지원한 대처 정부에 격노해서 PIRA에게 무기를 공급한 것이었다. 한편 1980년대 초와 중반에 보다 활발히 투쟁을 전개한 것은 INLA였다. 그리고 1980년 중반과 후반에는 남아공으로부터 무기와 화약을 들여온 UVF나 UDA, 얼스터레지스탕스Ulster Resistance와 같은 로열리스트 준군사단체들의 준동이 두드러졌다. 가톨릭 인사들을 타깃으로 한 그들의 살상행위는 1985년 영아합의가 북아일랜드 내정에 대한 남아일랜드의 '자문 역할'을 인정하자 이에 대한 반발로 이루어진 것이기도 했다. 1987년에는 INLA로부터 '아일랜드 인민해방기구IPLO, Irish People's Liberation Organization'가 떨어져 나와 INLA와 피비린내 나는 경쟁을 전개하기도 했다. 그 후 마약거래에 관여한 IPLO가 1992년에 PIRA에 의해 붕괴될 때까지 공화주의계 준군사 조직들 사이의 내분과 경쟁은 계속되었다.

다. 힐스보로 합의(Hillsborough Agreement)

1980년대 말 IRA의 무장투쟁이 여전히 계속되는 가운데 동 단체의 정치조직인 신페인당은 협상을 통한 갈등 종식을 모색하기 시작했다. 이러한 노력은 1983년부터 동 조직을 이끌어 온 제리 아담스의 리더십 아래 이루어졌다. 아담스는 SDLP 대표인 존 흄John Hume과의 공개 회담을 추진하는 한편 북아일랜드 정부 관계자들과도 비공개 대화에 착수했다. 로열리스트들 또한 영국과 남아일랜드 정부를 상대로 폭력을 종식시키기 위한 막후대화를 시작했다.

이러한 상황에서 영국 정부는 다시 한 번 "아일랜드 차원"에 관심을 갖기 시작했다. 강력한 공화주의 정당인 피아나 패일당 출신 찰스 하우이 수상과 합의만 이룰 수 있다면 그의 리더십을 이용해 안정적인 해결책을 도출할 수 있을 것이라 생각했기 때문이다. 그러나 1982년 말 선거에서 피아나 패일당은 다수당의 자리를 내어주고, 하우이는 파인 게일당의 가렛 피츠제럴드에게 수상직을 넘겨줘야만 했다.

한편 SDLP의 흄은 모든 이해당사자가 참여하는 정치포럼을 아일랜드공화국에서 개최할 것을 제안했다. 모든 포럼 참석자들이 "정치적 수사를 버리고 모든 카드를 테이블 위에 올려놓는 것"을 조건으로 얼스터 지역의 미래를 함께 논의하자는 것이었다. 피츠제럴드는 개신교 신자들의 반대로 인해 구체적인 미래, 또는 중장기에 아일랜드의 통일이 이뤄질 가능성은 희박하다고 생각했지만 그래도 제안을 수용했다.

1983년 3월, 흄과 아일랜드공화국 정부는 아일랜드의 미래를 함께 논의하기 위한 '신아일랜드포럼NIF, New Ireland Forum'을 발족시켰다. NIF는 영국 정부를 비롯한 모든 통합주의 정당과 신페인당이 불참한 가운데 더블린에서 개최되었다. 그 후 1년이 넘게 지속된 동 포럼은 양보할 준비가 되어 있다는 민주적 민족주의자들의 수사의 한계가 어디까지인지를 파악하는 데 상당한 도움이 되었다. 그러나 전통적인 통합주의자들이 참여를 거부했기 때문에 동 포럼으로 북아일랜드 문제의 해법을 찾는 데는 시작부터 한계가 있었다. 다수의 북아일랜드 인사들은 포럼이 더블린에서 개최된다는 사실만으로도 거부감을 느꼈다. 그럼에도 불구하고 해법을 찾기 위한 노력을 재개했다는 데서 NIF의 의미를 찾을 수 있다.

이듬해 5월 NIF는 아일랜드의 미래를 위한 세 개의 대안이 포함된 최종보고서를 제출했다. 그러나 마가렛 대처 수상은 "합의에 의한 통일아일랜드", "북아일랜드–아일랜드공화국 연방confederation", "북아일랜드 '공동정부joint authority'의 구성"이라는 세 개의 대안을 모두 거부했다. 북아일랜드 양대 세력 간에는 교착상태가 계속되었다. 통합주의자들은 권력공유에 기초한 그 어느 구상에도 반대했다. 반면 SDLP는 그 이하의 것은 그 어떤 것도 수용을 거부했다. 운신의 폭을 찾을 수 있는 유일한 분야는 SDLP가 두 번째 조건으로 요구한 "아일랜드 차원"이었다. 그나마 운신의 공간은 영국과 아일랜드 정부 사이에만 존재했다.

1985년 초부터 영국과 아일랜드공화국 정부는 비밀협상에 착수했다. 그리고 11월에 이르러 우여곡절 끝에 양국 정부는 '힐스보로 합의Hillsborough Agreement'에 서명했다. 힐스보로 합의는 비록 대처 수상의 반대 입장을 반영하긴 했지만 북아일랜드 문제에 남아일랜드 정부가 관여할 수 있는 제도적 토대를 확립했다. 그 이전의 서닝데일 합의처럼 힐스보로 합의의 제1항은 주민 과반수의 동의 없이는 북아일랜드의 위상에 변화가 있을 수 없다는 점을 분명히 했다. 또한 북아일랜드 주민의 대다수는 변화를 선호하지 않는다는 사실을 인정했다. 그러나 미래의 어느 한 시점에 통일아일랜드에 대한 양측 주민들의 분명한 요구가 있을 경우 영국과 남아일랜드 의회는 즉시 그것을 실현시키

2010년 힐스보로 합의에 서명하는 가렛 피츠제럴드 아일랜드 수상과 마가렛 대처 영국 수상

기 위한 법령을 제정해야 한다는 점을 강조했다.

1985년 영아합의의 핵심은 영국의 북아일랜드장관과 아일랜드의 외무장관 사이에 북아일랜드 문제를 비롯해서 다양한 차원의 영국-아일랜드 관계를 정기적으로 논의하기 위한 '정부 간 회의Intergovernmental Conference'를 설립하기로 한 데 있었다. 권력공유정부가 궁극적으로 정책목표의 공유를 전제로 한다는 사실을 감안할 때, 그것은 권력공유정부를 향한 첫 걸음이라고 할 수 있었다. 남아일랜드 정부는 정부 간 회의를 이용해 공동정부 구성과정에서 소수파의 이익을 반영시킬 수 있게 되었다.

이 발표를 접한 통합주의 사회는 커다란 충격을 받고 배신감에 분노했다. 영국 정부가 북아일랜드 의회와 아무런 상의도 없이 아일랜드공화국에게 북아일랜드 문제에 간여할 수 있는 권한을 부여했기 때문이었다. 그토록 믿었던 대처 수상에게조차 배신을 당했다는 탄식이 통합주의 사회에 울려 퍼졌다. DUP 지도자인 이안 페이슬리 목사는 대처에게 복수를 해달라고 신에게 기도했다. 영국 의회 소속 통합주의계 하원의원 15명은 전원 의원직을 사퇴했다. 북아일랜드 유력지인《벨파스트 뉴스레터Belfast Newsletter》는 "크롬웰과 룬디의 유령이 서로 손을 잡고 현대사에 유례 없는 유혈참사와 충돌을 만들어내고 있다"고 선동했다.

SDLP와 군소정당인 북아일랜드동맹당은 힐스보로 합의를 환영했으나 다른 모든 정당들은 강력하게 반대했다. DUP와 UUP는 항의시위와 파업, 시민불복종 운동 등을 주도했다. "얼스터는 반대한다Ulster Says No"가 시위대의 구호였다. 1986년 6월에 북아일랜드 의회가 강제로 폐쇄되자 UVF와 UDA는 영아합의의 폐기를 위한 무장투쟁에 착수했고, 대처 수상이 강경대응을 고수함에 따라 북아일랜드 전역에서 유혈사태가 전개되었다.

곳곳에서 폭동이 발생하고 RUC를 향한 투석과 총격이 감행되었다. 톰 킹Tom King 북아일랜드장관이 통합주의자들에게 공격을 당하고, 시위대와의 충돌에서 경찰들이 부상을 입었다. 경찰들의 가정집을 대상으로 한 화염병 공격도 전개되었다.

모든 통합주의자들이 영아합의에 격렬히 반대했지만 서로 다른 두 통합주의 정당의 존재는 온건파와 강경파 간의 차이를 보여주었다. 그중 얼스터레지스탕스는 최소한 페이슬리와 그의 수하인 피터 로빈슨Peter Robinson으로부터 지지를 받았다. 반면 제임스 몰리닉스James Molyneaux가 이끄는 공식통합당Official Unionist Party, 또는 얼스터통합당UUP, Ulster Unionist Party은 영아합의를 반대하는 40만 주민의 주민투표 청원서명을 영국 여왕에게 제출하는 등 비교적 온건한 형식의 시위를 주도했다. 가장 과격한 형태의 시위는 UDA와 여기서 갈라져 나온 몇몇 개신교계 준군사조직에 의해 주도되었다.

그들의 무자비하고 민족차별적인 테러는 시간이 갈수록 상대 조직인 IRA의 폭력성에 맞춰 점점 더 잔혹성을 더해 갔다.

하지만 시간이 흐르면서 통합주의자들은 대중시위나 무력행사를 통해서는 영아합의를 뒤집을 수 없다는 현실을 직시했다. 그렇게 되자 이해당사자들 간에 접촉이 이루어지기 시작했다.

그것은 협상모드로의 전환을 의미했다. 새로운 모드에는 페이슬리와 로빈슨의 민주통합당보다는 몰리닉스의 공식통합당이 더욱 적합한 듯 보였다.

특수B부대(B-Specials)는 1920년 10월에 창설된 북아일랜드 경찰의 준군사적 예비병력이었다.

3. 성금요일 협정의 체결

톰 킹의 후임으로 임명된 피터 브룩Peter Brooke은 북아일랜드장관
으로는 처음으로 군사적 수단을 통해 IRA를 봉쇄하는 건 불가능하
다는 사실을 인정했다. 그는 IRA가 폭력을 포기할 경우 "유연하고
창조적인" 접근을 시도할 수 있다는 입장을 공개적으로 천명했다.
돌이켜보면 그것은 그로부터 4년 뒤인 1993년 다우닝가 선언의 토대
가 되었다.

영국과 남아일랜드 정부 차원의 노력과는 별도로 1988년부터
SDLP 대표인 존 흄과 신페인당 대표인 제리 아담스 사이에 접촉이
시작되었다. 흄의 목적은 IRA의 폭력보다 민주적 절차를 통하는 편
이 두 사람이 공유하는 민족주의 세력의 목표를 달성하는 데 더 용
이하다는 사실을 아담스가 깨닫게 하는 것이었다. 그러나 아담스는
그 사실을 수긍했지만 자신의 입장을 바꿀 경우 동지들을 설득할
자신이 없었다. 따라서 흄-아담스 접촉은 뚜렷한 성과 없이 막을 내
렸다.

결과적으로 이 시기에 이루어진 다른 여러 갈래의 회담과 접촉은
정치적 조명을 별로 받지 못했다. 그러나 민주통합당을 제외한 모든
이해당사자들이 자신들에게 유리한 진전이 예상될 경우 과거의 입장
을 조정해 궁극적인 타협안 도출에 임할 수 있다는 의사를 내비쳤다
는 데서 그 의미를 찾을 수 있었다.

사실 영아합의로 인해 형성된 교착상태를 타개하는 데 가장 큰
책임은 영국 정부에게 있었다. 북아일랜드에 대한 영국의 주권 포기
야말로 현상 타개의 관건이었기 때문이다. 그것을 차치하고라도 그간

북아일랜드에서 진행되어 온 사태를 중단시키지 못하고 속수무책으로 지켜보아야만 했던 상황은 그 어느 민주적 주권국가도 그러지 못할 만큼 수치스러운 일이 아닐 수 없었다. 당연히 대헌장 발표 이후 근대 의회민주주의의 종주국임을 자랑해 온 영국으로서는 더욱 그러했다. 이러한 이유로 영국은 북아일랜드에서 통합주의계 주민의 지위가 보장되고 안정이 유지될 수만 있다면 언제라도 자치정부에게 권력을 위임devolve할 의향을 갖고 있었다. 심지어 여건만 갖춰진다면 통일아일랜드의 탄생에도 반대하지 않는다는 입장이었다.

그에 비해 남아일랜드의 경우 급할 것이 없었다. 남아일랜드 정부는 영아합의 제1항에서 북아일랜드 주민의 다수가 수용하지 않는 한 자국 헌법에 명시된 모든 주장이 현실화될 가능성이 희박하다는 사실을 인정했다. 더욱이 합의에 서명하기 전에도 이미 정치적 수사 말고는 그 같은 목표를 적극적으로 추구하지 않고 있는 상태였다. 헌법상의 주장과는 무관하게 분단이 70년 넘게 지속되면서 아일랜드 공화국에서는 남부 26개 주만의 독자적인 민족주의 같은 것이 형성되었기 때문이었다. 그것은 남아일랜드 주민들이 북아일랜드에 거주하는 민족주의자들의 이익에 동조하는 것은 의무감이라기보다는 주로 정서적 필요에 의한 것임을 암시했다. 이러한 측면에서 볼 때 아일랜드의 역사는 1798년 통일아일랜드인항쟁이 실패한 이후 통일아일랜드에 대한 갈망이 행동보다는 그저 정치적 수사에 불과했다는 사실을 보여주고 있다고 할 수 있었다.

북아일랜드에서 민족주의가 의미하는 것은 강조점을 어디에 두느냐에 따라 달랐다. 모든 소수민족에게 있어 아일랜드 민족주의는 다수에게서 공정한 대우를 받을 권리를 주장하는 데 필요한 정체성을 의미했다. 그러나 소수민족의 개념은 상황에 따라 차이가 있었다. 일례로 북아일랜드에서는 아일랜드계 가톨릭 신자들이 소수민족이었으나, 아일랜드 섬 전체를 놓고 보면 영국계 개신교 신자들이 절대적인 소수민족이었다.

한편 이미 수십 년 전에 독립을 쟁취한 아일랜드공화국의 관점에서 보면, 아일랜드 민족주의를 영국의 통치를 물리치는 것과 연계하는 건 무의미한 일이었다. 아일랜드공화국으로서는 전통적인 이유로 인해 영국 정부와의 양자회담 석상에서 아일랜드계 소수민족의 이해를 대변할 수밖에 없었으나, 다자협상 테이블에서는 같은 아일랜드 섬 주민인 통합주의자들의 입장도 고려해야 했기에 아일랜드 민족주의가 차지하는 우선순위는 그리 높을 수가 없었다.

아일랜드 평화프로세스에서 남아일랜드 정부의 양보가 요구될 가능성이 가장 높은 사안은 헌법 제2조와 제3조의 개정이었다. 그러나 헌법 개정이란 사안은 양당체제 아래서 그것이 불러일으킬 애국주의 논란에 비해 남아일랜드 국내 정치에서 갖는 실질적 파장은 그리 크지 않았다. 페니언당의 가렛 피츠제럴드를 비롯해서 상당수의 남아일랜드 정치인들은 이미 그 같은 헌법 개정안을 국민투표에 부치는 방안을 검토할 준비가 되어 있었기 때문이었다.

그에 비해 통합주의자들은 가장 안전한 위치에 놓여 있었다. 영국과 남아일랜드 정부는 주민 다수의 동의가 없이는 북아일랜드의 위상에 변화가 있을 수 없음을 거듭 약속했다. 실제로 이 약속은 이미 영아조약과 북아일랜드헌법법에 명문화되어 있었다. 심지어 후자는 다수의 의견이 여론조사를 통해 결정되어야 한다며 구체적인 방안까지 제시하고 있었다. 그러나 그 같은 제도적 보장장치도 아일랜드 섬 내의 소수민족으로서 그들이 겪었던 역사적 공포감을 잊게 할 수는 없었다. 그들은 영국 정부가 자신들을 분리시켜 통일아일랜드에 합류시키려 했던 과거를 결코 잊을 수가 없었다. 만약 지난 세기 초에 그들이 조금이라도 타협적 태도를 보였더라면 그 계획은 당연히 실현되었을 것이다. 그들은 대대로 그 같은 역사적 악몽을 잊지 못했다. 잊을 만하면 그때마다 IRA가 다수의 압력에 굴복할 경우 그들을 기다릴 운명에 대해 상기시켜 주었기 때문이다.

1988~1992년 사이에는 모든 유관 정파가 참여하는 평화협상을 위한 환경 조성 노력이 북아일랜드 제 정치세력 간 관계, 남북 아일랜드 관계, 영국-아일랜드 관계 등 세 개의 가닥strands에서 전개되었다. 1991년에 협상이 시작될 무렵만 해도 모든 정파가 합의에 이를 준비가 되어 있는 것은 아니었다. IRA, UDA, UVF 등 양측의 주요 준군사조직들은 협상에 불참했다. 그러나 SDLP의 지도자 존 흄이 IRA의 지도자 제리 아담스를 설득하는 데 성공하고, 대부분의 준군사조직들이 평화협상에서 자신의 이익을 대변할 정당을 확보함으로써 북아일랜드 역사상 최초로 모든 무장세력이 참여하는 정치협상이 시작될 수 있었다.[92]

---

92 이후 전개된 아일랜드 평화구축을 위한 다자정치협상에서 IRA는 신페인당이, 그리고 얼스터방위협회(UDA)와 얼스터의용군(UVF)은 각각 진보통합당(PUP)과 얼스터민주당(UDP)이 대변하게 되었다.

표 I-2. 북아일랜드 주요 정당과 연계 준군사조직

구분	정당 명칭	연계 준군사조직	비고
통합 주의 정당	얼스터통합당(UUP)	–	성금요일 협정 서명
	민주통합당(DUP)	얼스터저항대 (Ulster Resistance)	″
	진보통합당(PUP)	얼스터의용군(UVF)	″
	얼스터민주당(UDP)	–	″ (2001년 해산)
	UK Unionist Party(UKUP)	–	
민족 주의 정당	신페인당(Sinn Féin)	아일랜드공화국군 (IRA 및 PIRA)	성금요일 협정 서명
	사회민주노동당(SDLP)	–	
	얼스터헌법수호당 (Ulster Constitution Defence Party)	얼스터개신교의용대 (Ulster Protestant Volunteers)	
	아일랜드노동당 (Workers Party of Ireland)	공식 IRA(OIRA)	'공식 신페인당'
	아일랜드공화사회당 (Irish Republican Socialist Party)	아일랜드민족해방군 (Irish National Liberation Army)	
	공화주의 신페인당 (Republican Sinn Féin)	지속 IRA(CIRA)	
	공화사회주의단체 (Republican Socialist Collective)	아일랜드인민해방기구 (Irish People's Liberation Organisation)	
기타 정당	북아일랜드동맹당(NIAP)	–	
	북아일랜드여성연합 (Northern Ireland Women's Coalition)	–	성금요일 협정 서명

출처: http://en.wikipedia.org/wiki/List_of_political_parties_in_Northern_Ireland
http://www.irishconflict.webs.com/loyalistparamilitary.htm
http://irishconflict.webs.com/republicanparamilitary.htm 등을 참고해 재구성

다양한 민족주의와 통합주의 준군사조직들: 얼스터저항대, 얼스터의용군(UVF), 얼스터방위협회(UDA), IRA, PIRA, RIRA, OIRA, 얼스터게신교의용대, 아일랜드민족해방군(INLA), 아일랜드인민해방기구(IPLO)

가. 다우닝가 선언(Downing Street Declaration)

마침내 새로운 평화정착 협상 시작을 위한 환경이 조성되자 1993년 12월 15일 영국과 아일랜드 정부는 폭력을 포기한 모든 정파의 협상 참여를 허용한다는 내용의 '다우닝가 선언'을 발표했다. 영국이 "다수가 원하면 아일랜드 통일이 가능"하다는 입장을 천명하자, 아일랜드는 "아일랜드 통일은 오로지 다수의 합의에 의해서만 달성된다"고 화답했다. 다우닝가 선언은 "아일랜드 국민만이 민족자결의 권리를 행사"할 수 있기에 통일아일랜드에 관한 모든 결정은 "남북아일랜드 주민"에 의해 이루어져야 하며, "아일랜드 국민 전체의 민족자결"이 의미하는 것은 그 결과가 "북아일랜드 주민 다수"의 합의와 동의를 전제로 하는 것이라고 명시했다. 그것은 통합주의자들이 갖고 있는 두려움, 자신들의 정체성에 대한 북아일랜드 소수민족의 불안감, 아일랜드 민족주의의 전통이라는 세 요소 사이에 섬세한 균형을 유지하기 위한 방안이었다. 양측은 또한 통합주의 사회와 민족주의 사회 사이에 존재하는 갈등과 상처를 치유하기 위해 '평화화해 포럼Peace and Reconciliation Forum'을 공동으로 발족하는 데 합의했다. 다우닝가 선언은 한마디로 서닝데일 합의와 영아합의의 허점을 보완한 것이었다.

다우닝가 선언은 여러 해에 걸쳐 각계각층에서 이루어진 대화와 접촉의 산물이었다. 특히 흄-아담스 회담이 여기에 크게 기여했다. 흄-아담스 합의의 중요한 토대 가

다우닝가 선언을 발표하는 존 메이저(John Major) 영국 수상과 알버트 레이놀즈(Albert Raynolds) 아일랜드 수상

운데 하나는 아일랜드 통일에 대한 결정은 반드시 "민족자결의 산물"이어야 한다는 것이었다. 존 메이저 영국 수상과 피아나 패일당의 연정세력을 대표하는 알버트 레이놀즈Albert Reynolds 아일랜드 수상이 선언문에 서명함으로써 아일랜드 사상 처음으로 강력한 민족주의와 공화주의 세력이 공히 북아일랜드의 헌법적 지위를 인정하는 공식문서가 작성되었다.

다우닝가 선언의 성공 여부는 통합주의 세력의 손에 달려 있었다. 강경파 통합주의자들은 영국이 얼스터를 팔아 넘겼다고 분노하며 합의내용에 대한 구체적인 설명을 요구했다. 반면 온건파 통합주의 정당들은 이를 조심스럽게 환영했다. 레이놀즈 수상은 남아일랜드 정부에게 "헌법 개정을 지지할 의사"가 있음을 분명히 했다. 양국 정상의 공동선언문처럼 거창한 공공문서가 진정성과 미래를 향한 희망에 대해 그처럼 분명한 확신을 갖게 만든 것은 매우 이례적인 일이었다. 선언문에는 두 서명 당사자의 개인적 결의가 반영되어 있었기 때문일 수도 있었다. 실제로 다우닝가 선언은 서닝데일 합의나 힐스보로 합의보다 훨씬 더 희망적인 출발을 보였다. 종종 민주통합당의 방해 움직임이 있긴 했으나 공식통합당을 비롯한 대부분의 통합주의 정당들이 동 선언을 환영했기 때문이다.

나. 휴전선언과 무장해제

다우닝가 선언의 실질적인 진전은 1994년 8월 31일 PIRA의 휴전선언과 함께 이루어졌다. 그로부터 6주 후 잠정적으로 '통합로열리스트군사사령부Combined Loyalist Military Command'아래 합쳐져 있던 로열리스트 준군사조직들도 휴전을 선언했다. 이에 무장투쟁 종식 가능성에 대한 낙관적 여론이 급상승했다. 이제 아일랜드 평화프로세스는 더 이상 환상이 아니었다.

휴전이 선언되기 직전의 1년간은 특히 양측의 준군사조직들에 의한 무력행사가 증가해 긴장이 극도로 고조되었다. UDA와 UVF에 의한 가톨릭계 인사 살해가 계속되고 그들에 대한 IRA의 보복성 폭탄테러가 줄을 이었다. UVF에 대한 INLA의 공격도 산발적으로 이어졌다. 이 기간 중에 유난히 폭력이 증가한 이유에 대해서는 서로 상반된 주장이 존재했다. 하나는 평화프로세스가 진전될 경우 영국이 결국 자신들을 팔아넘길 것이라 우려한 로열리스트들이 점점 더 폭력을 강화했다는 것이고, 다른 하나는 휴전이 이루어지기에 앞서 공화주의자들이 "구원을 정리"하고자 했다는 것이다. 그 어떤 경우든 양측 모두 군사적으로 약자보다는 강자의 위치에서 평화협상에 참여하고자 했던 것이 분명했다.

비록 양측의 주요 준군사조직들이 휴전을 선언하기는 했으나, 그 후유증도 컸다. 양측 모두에서 휴전에 반대하는 소수 강경파 세력의 이탈이 생겼기 때문이다. 휴전선언으로 인해 분열된 첫 번째 준군사조직은 통합주의계 단체인 UVF였다. UVF 내부로부터 뛰쳐나간 휴전 반대세력은 새로운 조직인 '로열리스트 의용군LVF, Loyalist Volunteer Force'을 창설했다. 1997년 12월, INLA가 LVF의 리더를 암살하자 로열리스트 그룹에 의한 일련의 보복살인이 뒤를 이었다. 한편 민족주의계 준군사조직인 PIRA에서 떨어져 나간 강경파 공화주의자들은 '진짜Real IRA'를 창설했다. INLA는 후일 성금요일 협정 체결 직후 휴전선언의 대열에 동참했으나, 진짜 IRA는 그 후에도 여전히 폭탄테러를 감행했다. 그들은 비록 조직의 규모가 작고 영향력은 별로 크지 않았지만, 그래도 폭력투쟁을 전개할 수 있는 능력을 갖추고 있었다. PIRA 소속의 일부 대원들 역시 종종 인명 살상을 자행했다.

그로 인해 강경 공화주의 세력은 대다수 민족주의자들로부터 신뢰를 잃게 되었다.

한편 IRA의 휴전선언은 통합주의자들에게 경각심을 불러일으켰다. 가장 강경한 통합주의자인 이안 페이슬리 목사는 이제 북아일랜드 정부가 신페인당과 정치협상에 임할 가능성이 엿보인다며 "1922년 이후 얼스터 역사상 최악의 위기"라고 주장했다. 가장 온건파 인사라고 할 수 있는 제임스 몰리닉스의 반응도 크게 다르지 않았다. 그는 그간 통합주의계 다수가 유지해 온 전통적 질서의 급격한 변화를 지켜보면서, 그러한 상황전개는 "전체 주민의 불안감을 유발하는 것으로서, 전혀 축하할 일이 아니다"라고 경계했다.

아일랜드 평화프로세스의 진전에 가장 결정적인 열쇠는 IRA를 비롯한 각종 준군사조직들의 무장해제decommissioning였다. 그것은 성금요일 협정 체결 마지막 순간까지, 그리고 그 이후에도 계속해서 아일랜드 평화프로세스를 위협하는 문제였다. 무장해제를 위한 구체적인 법적 기반이 처음 마련된 것은 영국 정부가 1997년에 제정한 '북아일랜드 무장해제법Northern Ireland Arms Decommissioning Act'에 의해서였다. 같은 해 아일랜드공화국도 유사한 법령을 제정했다. 영아 양국 정부는 독립적 기구인 '국제무장해제위원회IICD, Independent International Commission on Decommissioning'를 설립해 준군사조직들의 무장해제를 중립적이고 객관적인 입장에서 검증하도록 했다. 무장해제법은 모든 준군사조직들에게 보유하고 있는 무기나 실탄, 화약 등을 IICD에 넘겨주든지 아니면 스스로 '파괴destroy'하도록 규정했다. '파괴'란 "영구히 사용할 수 없거나 접근 불가능하도록" 하는 것이라 정의했다. 애초에 제시된 무장해제 최종시한은 2002년이었으나, 그 후 2007년까지 연장되었다.

영국의 존 메이저 수상은 IRA의 휴전선언에서 "영구적"이라는 표현이 빠져 있는 것에 실망했고, 또한 IRA의 선언에 무기를 버리겠다는 언급이 없다는 사실에 유의했다. 그러나 IRA는 무장해제가 정치적 해법의 일부인 것은 분명하지만, 그것은 협상과정에서 다뤄져야 할 문제라고 응수했다. 메이저 수상은 IRA가 무장투쟁을 영원히 중단하겠다는 입장을 확실히 하지 않는 한 IRA를 대변하는 정치기구인 신페인당의 평화협상 참여를 허용할 수 없다는 입장을 분명히 했다. SDLP 대표 존 흄과 알버트 레이놀즈 아일랜드 수상은 그들 앞에 주어진 정치적 기회에 비하면 그것은 부차적인 문제에 지나지 않는다고 메이저 수상을 설득했다. 레이놀즈 수상은 이제 IRA의 무장투쟁은 종식된 것이나 마찬가지라고 강조했다. 마침내 그의 설득을 받아드린 메이저 수상이 IRA에게 영구적 휴전의 의도가 있다는 것이 영국 정부의 "잠정적 가정working assumption"이라고 한 발자국 양보함으로써 아일랜드 평화프로세스가 가동될 수 있었다.

　　이로써 북아일랜드의 정치적 환경을 실질적으로 변화시킬 수 있는 분위기가 성숙되었다. 그러나 영국 내 국민여론은 미래의 가능성을 모색하기 위한 다자협상을 환영하는 분위기가 결코 아니었다. 당연히 영국 정부로서는 매우 신중하게 접근할 수밖에 없는 문제였다. 더욱이 메이저 수상이 이끄는 보수당의 경우 하원에서 다수당의 지위를 유지하기 위해서는 통합주의 세력의 지원이 절실하게 필요한 상황이었다.

　　마틴 맥기니스를 단장으로 하는 신페인당 대표단이 영국 관리의 영접을 받으며 한때 그들이 "개신교 교도들을 위한, 개신교 교도들의 의회"로 여겼던 스토먼트 국회의사당에 도착한 것은 다우닝가 선언이 발표된 후 거의 1년이 지난 1994년 12월이었다. 신페인당 대표

제리 아담스가 영국의 북아일랜드장관 패트릭 메이휴Patrick Mayhew를 만난 것은 그로부터도 5개월이 더 지나서였다. 그러나 아담스와의 회동에서 메이휴는 IRA가 무장을 해제하기 전까지는 협상에 진척이 있을 수 없다는 종전의 입장을 반복함으로써 아담스를 실망시켰다.

평화협상에서 신페인당의 협상대표 역할을 한 마틴 맥기니스

메이휴의 발언으로 인해 민족주의 세력의 목표를 달성하기 위해서는 무장투쟁보다 정치협상이 훨씬 더 효과적인 방법이라는 아담스와 맥기니스의 주장은 IRA 내부의 강경파 동료들에게 설득력을 잃어갔다. 한편 메이저 수상은 신페인당과 영국 정부 사이의 간격이 너무 커서 통합주의자들의 지지를 잃으면서까지 그 간격을 줄이기 위해 노력할 가치가 없다고 생각했다. 무장해제 문제는 신페인당과 IRA가 정확히 어떠한 관계인지에 대한 의문과 함께 그 후에도 계속해서 아일랜드 평화프로세스를 괴롭히는 핵심 문제가 되었다.

과거 아일랜드자유국 수립에 반대했던 IRA의 일부는 아일랜드 내전에서 패한 이후 피아나 패일당을 창당해 제도권 정치에 진입했다. 그럼에도 불구하고 그들은 결코 무기를 내려놓은 적이 없었다. 정치지도자인 데 발레라의 지시에 따라 일시적으로 무기를 내던져 두기도 하고, 때로는 잠시 뒷주머니에 찔러 넣고 의회에 진출하기도 했지만, 결코 한 번도 무장을 해제한 적은 없었다. 공화주의자들은 여러 세대에 걸쳐 지켜 온 역사적 유산에 대해 강한 자긍심을 갖고 있었다.

나아가 IRA가 평화협상을 앞두고 휴전을 선언했다고 해서 70
년대 초부터 지속되어 온, 유혈이 낭자한 장기적 전쟁에서 패한 것
은 아니었다. 따라서 1994년에 IRA가 휴전을 선언한 직후 레이놀즈
가 메이저에게 설명한 대로 IRA로 하여금 무기를 내려놓게 하기 위
해서는 전쟁에 패했다거나 치욕을 당한다는 생각이 들지 않도록 배
려하는 것이 중요했다. 영국 정부는 전반적으로 그 같은 조언을 받
아드렸다. 후일 영국이 준군사조직들의 무장해제를 논하는 과정에서
패배나 항복을 의미하는 표현보다 조금은 의미가 모호한 '폐기처분
decommissioning'이라는 용어를 도입한 것도 그 같은 이유에서였다.

서로 상반되는 자세를 고수하고 있는 영국 정부와 신페인당을
하나의 협상 테이블에 묶어 둔 것은 아일랜드공화국이었다. 양측 모
두 아일랜드공화국과는 접촉을 유지했기 때문이다. 그러나 불행히도
그토록 중요한 시점에서 다우닝가 선언의 주역 중 한 명이었던 알버
트 레이놀즈 수상이 선거에 패해 물러나고 페니언당의 존 브루톤John
Bruton이 새롭게 아일랜드 수상에 취임했다. 전임자와는 달리 브루톤
은 IRA와 신페인당에 대한 이해가 부족했고, 그들을 그리 신뢰하지
도 않았다.

다. 미국의 역할

아일랜드 평화프로세스가 또 다시 교착상태에 놓이게 되자 미국
이 적극 지원하고 나섰다. 그 같은 상황에서 영국 정부와 신페인당
사이의 간격을 좁히는 데 지극히 중요한 역할을 한 것은 빌 클린턴Bill
Clinton 대통령이었다. 멀리는 1840년대 후반 아일랜드 대기근 이후, 보
다 가까이는 1920년대의 아일랜드 내전 이후 미국으로 이주해 오늘
날 4,000만 명에 육박하는 아일랜드계 미국인의 존재를 의식한 클

린턴 대통령은 아일랜드 사태의 진행에 깊은 관심을 갖고 있었다. 그는 영국 정부의 반대에도 불구하고 1994년 2월 IRA 지도자인 제리 아담스를 워싱턴으로 초청해 무장투쟁을 중단하고 휴전에 참여할 것을 촉구했다. 나아가 1995년에는 자신이 직접 벨파스트를 방문해 양측 간 중재를 위해 노력했다. 또한 조오지 미첼George Mitchell 연방상원의원을 아일랜드 문제 담당 보좌관으로 임명하고 북아일랜드에 대통령특사로 파견했다. 영국과 아일랜드 정부는 미첼 상원의원이 준군사조직들의 무장해제를 추진하는 국제위원회의 위원장직을 맡는 데 동의했다. 양국 정부는 그에게 향후 적절한 시기에 제 정당이 참여하는 다자협상의 시작 가능성에 대해 보고해 줄 것을 요청했다.

역사를 돌이켜보면, 그 시점 즈음에는 이미 여러 가지 상황이 성금요일 협정 체결이라는 절정을 향해 치닫고 있었다. 우선 1995년 8월 들어 UUP의 지도부가 교체되었다. 새로 선출된 UUP 대표는 데이비드 트림블David Trimble이었다. 트림블은 가톨릭 지역인 드럼크리Drumcree에서 개신교도들이 전통적으로 실시해 온 가두행진에 강경하게 대응함으로써 지도력을 인정

신페인당 대표 제리 아담스

미 연방상원의원 조오지 미첼

받은 인물이었다. 그는 권력 공유를 토대로 한 서닝데일 합의에도 반대 입장을 취해 왔다. 그러나 공화주의 세력이 신페인당을 내세워 테러투쟁에서 정치투쟁으로 전술적 전환을 꾀하고 있는 현실을 감안할 때 통합주의 세력도 보다 미묘한 정세변화에 적절히 대응할 필요가 있다고 생각했다. 그 같은 인식에서 나온 트림블의 첫 번째 행보는 신임 남아일랜드 수상인 존 브루톤에게 손을 내미는 것이었다. 그 시점에서 마침 브루톤 수상도 통합주의계 주민을 아일랜드공화국 국민의 일부로 포함시키기 위해 통합주의자들에 대한 자신의 시야를 넓혀 가고 있는 중이었다.

교착상태에 돌파구가 된 것은 미첼 상원의원의 첫 번째 보고서였다. 미첼 상원의원은 외부인의 객관적 시각으로 사태를 바라보았다. 그는 IRA의 경우 무장해제는 가능하지만 협상에 앞서 먼저 무기를 내려놓을 의사가 전혀 없다는 사실을 파악했다. 또한 제리 아담스가 그들을 설득하는 데는 한계가 있다는 사실도 간파했다. 이에 그는 협상기간 동안에만이라도 준군사조직이 무장을 해제할 경우 유관 정당의 협상 참여를 허용하는 중재안을 제시했다. 즉 무장해제는 별도의 의제로 하고, 먼저 제 정당 간 정치협상에 즉각 착수하자는 것이었다. 단, 보다 효율적인 논의를 위해 협상 참여대상은 민주적 절차에 의해 선출된 인사여야만 한다고 못을 박았다.

그러나 아직도 장애물이 완전히 제거된 것은 아니었다. 통합주의자들은 IRA의 휴전선언이 절대로 항구적인 것이 아니라며 민족주의계 준군사조직을 대변하는 정당이 평화협상에 참여하는 데 반대했다. 영국 정부는 신페인당과 수차례 회담을 갖고 신뢰구축 조치의 일환으로 영국군의 벨파스트 시내 주간순찰 중단, 일부 보안시설 철거, 영국군 철수 단행 등의 조치를 선제적으로 취했다. 하지만 그럼

에도 불구하고 1995년 '오
렌지기사단Orange Order'과 '견
습소년대Apprentice Boys'가 공
동 주관하는 개신교 주민
들의 연례행진으로 인한 폭
력사태가 발생하자 북아일
랜드 전역에서 다시 폭동이
일어났다. 폭력사태가 발생

DUP 대표 이안 패이슬리 목사는 평화협상 참가증을 내보이며,
기자회견 참석을 막으려는 조오지 미첼 위원장의 시도를 폭로했다.

하자 이미 평화협상이 시작되었음에도 불구하고 영국은 신페인당을
비롯해 준군사조직을 대변하는 모든 로열리스트 정당들의 협상 참
여를 불허했다. 존 메이저 영국 수상은 그들 정당이 협상에 참여하기
위해서는 항구적 휴전의 증거로 무장을 해제할 것을 요구했다. 이
에 격노한 신페인당이 회담장을 박차고 나감으로써 평화협상은 다시
한 번 교착상태에 놓이게 되었다. 신페인당은 IRA의 폭력투쟁 재개
에 대한 책임이 IRA가 무기를 버리기 전까지는 제 정당이 참여하는
협상의 착수를 거부한 영국 정부에게 있다고 비난했다.

　IRA의 발호에도 불구하고 같은 해 5월 미첼 상원의원이 제안한
대로 제 정당 회의체 구성을 위한 선거가 실시되었다. 동 선거에서
신페인당은 놀랍게도 15.5%의 지지율을 획득했으나, IRA가 휴전을
중단했던 까닭에 평화협상에 참여할 수가 없었다. IRA의 테러공격
은 여전히 계속되었다. 연이은 테러공격에 분노한 메이저 수상은 아
담스의 입지를 더욱 어렵게 만들었다. 그는 IRA의 휴전선언만으로
는 더 이상 신페인당이 정치협상에 참여하기에 불충분하다고 선언했
다. 일단 IRA가 휴전을 선언하면 영국 정부가 평화구축에 임하는
IRA의 진정성을 확인할 수 있도록 얼마간의 검증기간이 필요하다

는 것이었다.

그러나 IRA는 "선 평화정착 후 무장해제"를 주장하며 무기 반납을 거부했다. 양측의 입장이 계속 평행선을 달리자 1996년 2월 IRA는 또 다시 휴전 중단을 선언하고 60초 후 런던서 대규모 폭탄테러를 감행했다. 그 결과 영국군에 의한 벨파스트 시내 순찰이 재개되고 보안조치가 복원되었다. 폭탄테러 재개에 대한 민족주의 사회의 실망이 커지자 이를 의식한 IRA는 테러공격의 대상을 런던 등 영국 본토로 제한했다. 한편 나머지 통합주의 정당들은 자파의 준군사조직이 휴전을 유지하도록 설득했다. 하지만 1996년 여름 드럼크리에서 진행되던 개신교 단체 오렌지기사단의 연례행진 도중 일어난 폭력 사태로 인해 아일랜드 사상 최악의 소요가 발생하자 UVF과 UDA도 휴전 중단을 선언했다.

미첼 상원의원이 주재하는 다자 간 평화협상은 일단 신페인당을 제외하고 UUP, SDLP, APNI 등이 참여한 가운데 시작되었다. 일부 인사들은 메이저 수상이 아일랜드 평화프로세스의 진전보다는 통합주의 세력의 지원을 받아 자신의 소속정당이 하원에서 다수를 유지하는 데만 관심이 있다고 비난하기도 했다. 그 와중에 1997년 5월 영국 총선 결과 노동당이 압도적인 원내 다수를 장악함으로써 토니 블레어Tony Blair가 신임 영국 수상으로 선출되었다. 영국에서 정권 교체가 이루어지고 한 달 뒤 아일랜드공화국에서도 버티 아이헌Bertie Ahern이 이끄는 피아나 패일당이 권력에 복귀했다.

블레어는 수상에 취임하자마자 북아일랜드 주민 다수의 동의 없이는 그들의 헌법적 위상을 변화시키는 것이 불가능하다는 사실을 재강조함으로써 통합주의자들을 안심시켰다. 그와 동시에 신페인당에게는 폭력 대신 협상에 임할 것을 요청했다. 그리고 몇 주 후 블레어와 아이헌은 IRA의 무장해제가 더 이상 대화의 전제조건이 아니라는 데 합의했다.

라. 평화협상의 재개

1997년 토니 블레어 영국 수상은 신페인당의 참여 여부와 상관없이 새로운 평화협상을 시작할 것을 선포했다. 결국 IRA는 자파의 불참 속에 협상이 진행될 경우 이로울 게 없다는 판단 아래 1997년 7월 새로운 휴전을 선언했다. 이에 영국 정부는 IRA가 민주주의 원칙과 비폭력 수단을 수용할 경우 신페인당의 협상 참여를 허용한다고 발표했다. IRA는 영국 정부의 제안을 수용했다. 영국의 신임 북아일랜드장관 모 모우람Mo Mowlam은 그 후 두 달에 걸쳐 IRA의 휴전선언의 진정성을 확인한 후 9월 들어 신페인당의 다자협상 참여를 허용했다. 같은 해 9월 15일 DUP과 영국통합당UKUP, UK Unionist Party을 제외한 북아일랜드 내 모든 정파의 참여 아래 마침내 평화협상이 시작되었다. 영아조약 체결 후 76년 만에 아일랜드 문제를 처리하기 위한 가장 야심찬 시도의 첫 장이 비로소 막을 올린 것이었다.

스토먼트 정치협상의 분위기는 뜨거웠다. 협상 참석자들 간에는 인간적인 감정대립이 첨예할 수밖에 없었다. 통합주의자들로서는 IRA와 밀접한 관계를 맺고 있는 인사들과 자리를 함께 하는 것조차 용납하기 힘들었다. 토론은 계속 제자리를 맴돌았다. 무장해제 약속을 무색케 하는 IRA의 행위로 인해 한때 신페인당의 참여가 유보되기도 했다. 새해가 밝아오자 미첼 위원장은 인내의 한계를 보였다. 1998년 3월 25일, 제 정파 간의 이해충돌로 협상의 지연이 반복되며 타결의 기미가 보이지 않자 그는 1998년 4월 9일, 부활절 주일

아일랜드의 제 정당정파 대표들 사이에 지루한 정치협상이 전개되었던 스토먼트 의회 건물

직전의 목요일을 타협안 도출을 위한 최종 데드라인으로 제시했다.

그러나 4월 1일에 이르기까지 타결안의 공동후원자가 되기로 합의한 영국과 아일랜드 정부조차 아직 남북 아일랜드 공동기구의 성격과 구성에 관한 상당한 이견을 좁히지 못하고 있는 상태였다. 남은 8일은 협상 참석자 모두에게 악몽과도 같은 시간이었다. 블레어와 아이헌은 4월 6일에 이르러서야 겨우 합의에 이를 수 있었다. 그러나 미첼 위원장이 협상 참여자들에게 제출할 보고서를 막 완성한 바로 그날 아이헌 수상의 모친이 심장마비로 쓰러지는 돌발사태가 발생했다. 아이헌 수상은 급히 더블린으로 돌아갈 수밖에 없었으나, 그는 이틀 후 다시 스토먼트로 돌아왔다.

아이헌 수상이 자리를 비운 사이 다른 협상 참석자들은 미첼 위원장이 제시한 청사진에 대해 각자의 의견을 제시했다. 트림블의 얼스터통합당은 미첼 위원장의 초안을 전면 거부했다. 내용이 지나치게 민족주의 쪽으로 기울어져 있어 마치 "신페인당의 희망사항을 나열한 목록"처럼 보인다는 것이 이유였다. 그들의 반발은 '남북각료위원회North-South Ministerial Council'의 창설과 북아일랜드와 아일랜드공화국 간의 미래 협력에 초점이 맞춰져 있었다. 페이슬리의 민주통합당은 이미 신페인당이 협상에 합류할 당시 협상테이블에서 철수함으로써 평화협상 자체에 대한 경멸감을 드러낸 상태였다. 한편 SDLP와 신페인당 같은 민족주의 정당 역시 그들 나름대로의 이유로 유보적인 태도를 보였다. 데드라인까지는 겨우 72시간이 남아 있을 뿐이었다.

4월 8일 저녁, 블레어 수상은 협상의 붕괴를 막기 위해 런던에서 벨파스트로 날아갔다. 다음 날 아침 아이헌 수상도 블레어와의 조찬을 위해 벨파스트를 찾았다. 그러나 그는 스토먼트에 도착한 지 한 시간도 채 안 되어 모친의 장례식을 위해 더블린으로 되돌아가야만 했다. 그리고 그날 오후 6시에 다시 벨파스트로 돌아왔다. 블레어가 주재하는 다자회의에 참석하기 위해서였다. 아이헌은 이미 모든 이해당사자들과 대화를 나눈 상태였다. 그 가운데는 아담스와 맥기니스, SDLP의 시머스 말론Seamus Mallon, 트림블, 흄, 북아일랜드동맹당의 앨더다이스Alderdice, 두 로열리스트 정당을 대표하는 데이비드 어윈David Erwin과 게리 맥마이클Gery McMichael 등이 포함되어 있었다.

블레어 수상, 모우람 장관, 아이헌 수상을 비롯한 수십 명의 영국과 아일랜드 정부 관리들이 수천 장의 문서를 나르며 밤샘작업을 했다. 간혹 미국의 클린턴 대통령과의 통화가 그들의 바쁜 손을 멈추게 했을 뿐이었다. 그 같은 노력의 결과 성금요일 새벽에 이르러 대부분의 이견을 해소할 수 있었다. 분위기는 거의 매시간 변했다. 타협이 이루어졌다가도 이내 무산되었다. 그리고는 또 다시 타협이 이루어졌다. 모친의 장례식에서 돌아온 아이헌 수상은 한밤중에 신페인당이 제기한 76개 항의 새로운 질의와 맞닥뜨리기도 했다.

성금요일 당일 오후 늦게까지도 타결이 안 된 것은 바로 성금요일 협정의 성

성금요일 협정 서명 직후의 버티 아이헌 아일랜드 수상, 조오지 미첼 상원의원, 토니 블레어 영국 수상(왼쪽부터)

성금요일 협정은 북아일랜드 제 정파 간 정치적 합의임과 동시에 아일랜드와 영국 간에 체결된 국제협정이기도 했다.

공 여부를 판가름할 무장해제 문제였다. 신페인당은 계속해서 권력공유정부 참여를 위한 전제조건으로 그들에게 IRA의 무장해제에 대한 직접적인 책임을 지우는 것은 수용하지 않겠다는 태도를 분명히 했다. 단지 IRA의 무장을 해제시키기 위해 자신들의 영향력을 최대한 발휘하겠다고 약속했다. 영국 정부는 신페인당의 입장을 이해했다.

트림블과 얼스터통합당이 마침내 재조정된 남북각료위원회 구성안과 함께 무장해제에 대한 신페인당의 입장을 수용한 것은 성금요일 오후 4시 45분이었다. 정각 오후 5시, 미첼 위원장은 합의가 이루어졌음을 공식선언했다. 블레어 수상은 "이제 우리 어깨에서 역사의 짐을 벗어던질 수 있게 되기를 바란다"고 기원했다. 아이헌 수상은 "이번 합의는 우리 모두에게 새로운 출발점이다"라고 평가했다. 클린턴 대통령은 "북아일랜드는 30년에 걸친 파벌적 폭력의 겨울 끝에 이제 평화의 봄을 약속받게 되었다"며 보다 낙관적인 견해를 피력했다.

이에 반해 트림블은 "우리는 처음 협상장에 들어왔을 때보다 연합왕국이 더욱 굳건해졌다는 사실을 깨달으며 협상테이블에서 일어났다"고 했다. 한편 아담스는 "일부 민족주의자들은 회의론을 갖고 성금요일 합의에 임할 것이나 대부분은 희망을 갖고 접근할 것"이라며 보다 신중한 입장을 보였다.

먼 훗날 역사가 성금요일 협정에 대해 어떻게 평가할지는 알 수 없지만, 2년에 걸친 협상과정에서 거의 해결 불가능했던 난제들을 마지막 30여 시간 만에 성공적으로 풀어낸 헌신적인 노력은 놀라운 외교적 업적으로서 영구히 역사에 남을 만했다. 그러나 미첼 상원의원은 임무를 완수하고 아일랜드를 떠나며 그 모든 대화와 협상에도 불구하고 아직도 통합주의자와 민족주의자 사이에 신뢰가 존재하지 않는 현실을 안타까워했다. 그는 "앞으로 18개월 내에 북아일랜드 의회를 출범시키지 못하면 모든 프로세스가 중단될 가능성을 전혀 배제할 수 없다"고 했다. 놀랍게도 그의 예언은 적중했다.

마. 협정의 인준

성금요일 협정은 1998년 5월 22일 북아일랜드와 아일랜드공화국에서 각각 국민투표에 부쳐졌다. 북아일랜드에서는 성금요일 협정에 대한 직접투표로, 아일랜드공화국에서는 성금요일 협정에 맞춰 아일랜드 헌법 제2조와 제3조 영토 및 주권조항을 개정하는 수정조항 제19조에 대해 찬반을 묻는 투표 형식으로 진행되었다. 국민투표를 앞둔 5주 동안 북아일랜드의 통합주의자들은 두 그룹으로 나뉘어 서로 대립했다. DUP와 UKUP는 계속해서 협정 반대운동을 전개했다.

남북 아일랜드 주민들은 성금요일 협정 주민투표를 통해 자신들의 미래를 선택했다.

성금요일 협정 주민투표관리위원회가 발간한 투표 안내용 소책자

표 I-3. 헌법 제19조 수정조항에 대한 아일랜드공화국 국민투표 결과

구분		투표수	백분율(%)
찬성		1,442,583	94.39
반대		85,748	5.61
	유효 투표수	1,528,331	98.90
	무효표 또는 백지투표	17,064	1.10
	총 투표수	1,545,395	100.00
투표율			56.26

출처: Wikipedia(http://en.wikipedia.org/wiki/Belfast_Agreement) 참조 재구성

　　주민투표 결과 성금요일 협정은 남부 아일랜드 양쪽에서 모두 대다수 국민의 지지를 획득했다. 아일랜드공화국에서는 56%의 유권자가 투표에 참여해 94%가 개헌에 찬성을 표했고, 북아일랜드에서는 81%의 유권자가 투표해 그중 71%가 성금요일 협정에 찬성을 표했다. 이는 심지어 통합주의 사회에서도 미세한 차이나마 협정 반대자보다 지지자 수가 더 많았음을 의미했다. 민주통합당을 제외한 양측의 모든 주요 정당과 정파가 협정을 지지했던 것이다.

표 I-4. 성금요일 협정에 대한 북아일랜드 주민투표 결과

구분	투표수	백분율(%)
찬성	676,966	70.99
반대	274,979	28.83
유효 투표수	951,945	98.82
무효표 또는 백지투표	1,738	0.18
총 투표수	953,683	100.00
투표율		81.10

출처: Wikipedia(http://en.wikipedia.org/wiki/Belfast_Agreement) 참조 재구성

　이어서 같은 해 6월에 치러진 북아일랜드 선거에서는 찬협정 통합주의자들이 의회의 다수를 차지했다. 데이비드 트림블의 얼스터통합당이 의석수에서 반협정 노선에 선 페이슬리의 민주통합당에 앞선 가운데 SDLP와 신페인당도 선전했다. 7월에 개원한 북아일랜드 의회는 트림블을 수상First Minister으로, SDLP의 시머스 말론Seamus Mallon을 부수상Deputy First Minister로 선출했다. 의석수 측면에서도 협정찬성파는 반대파를 4:1로 압도했다.

　그러나 그들은 IRA가 무장을 해제하기 이전에는 신페인당과의 권력공유정부에 참여하는 것을 거부했다. 자칭 '진짜 IRA' 등 다수의 반협정파 순군사조식들은 테러공격을 새새했다. 그러나 그 길은 행위는 오히려 다른 여러 정파들을 분노하게 만들어 제 정당 간의 공조를 촉진시켰다. UUP와 DUP가 함께 신페인당을 설득해 협력을 유도했다. 그 결과 PIRA에서 갈라져 나온 강경파 그룹의 하나인 '지속Continuity IRA'를 제외한 모든 무장조직이 휴전을 선언하기에 이르렀다. 그 후 남북 아일랜드 양쪽에서 보다 강력한 반테러법이 제정됨에 따라 강경 통합주의자들은 더 이상 발붙일 곳이 없게 되었다.

제5장

—

협정 그 이후

성금요일 협정 체결 이후 불과 10여 년 만에 이룩한 놀라운 성과에도 불구하고 아일랜드 평화프로세스가 아직 완전히 정착된 것은 아니다. 대부분의 준군사조직paramilitary organizations은 권력공유를 위해 무장해제를 선택했으나, 일부 강경세력은 그 같은 타협안에 만족하지 않고 있다. 일부 극단적 민족주의 조직이 여전히 북아일랜드의 완전 독립을 추구하고 있고, 이에 대항해 강경파 통합주의계 세력도 계속해서 경계를 늦추지 않고 있다. 이러한 현실을 감안할 때 현재 진행 중인 아일랜드 섬의 평화는 언제라도 깨어질 수 있는 '불안한 평화fragile peace'라고 할 수 있다.

평화프로세스를 뒤흔들 수 있는 변수는 강경 준군사조직의 발호와 같은 내부적 요인만이 아니다. 아슬아슬하게 유지되고 있는 현재의 불안한 평화를 산산조각 낼 수 있는 충격은 외부로부터 가해질 수도 있다. 이러한 파괴력을 지닌 여러 가지 외부적 요인 가운데에서도 현 시점에서 가장 주목을 끄는 것은 두 가지다. 영국으로부터 독립을 추구하는 스코틀랜드의 움직임과 영국의 EU 탈퇴 움직임이 그것이다.

작년 9월 14일 스코틀랜드는 영국으로부터의 분리독립에 대해 찬반을 묻는 주민투표를 실시했다. 비록 이번에는 과반수의 스코틀랜드 주민이 영국 잔류를 선택했으나, 그렇다고 해서 독립을 위한 스코틀랜드의 노력이 끝난 것은 결코 아니다. 그것은 향후 언제라도 다시 수면 위로 부상할 수 있는 잠재적 변수다. 이번에 실시된 스코틀랜드 주민투표는 결과에 관계없이 잉글랜드, 스코틀랜드, 북아일랜드, 웨일스 등 네 개의 이질적인 요소로 구성된 연합국가 영국의 내부 역학관계에 커다란 변화를 초래하고, 결국은 북아일랜드의 위상에도 상당한 변화를 가져올 것이다. 앞으로 영국 정부와 스코틀랜드 관계가 어떻게 발전할지 예의주시할 필요가 있다. 영국 정부가 스코틀랜드의 독립을 저지하기 위해 약속했던 자치권의 확대를 제대로 이행하지 않을 경우 스코틀랜드에서 또 다시 주민투표가 실시될 가능성이 상존하기 때문이다. 향후 어느 시점에서든지 아일랜드와 켈트족의 유산을 공유하고 있는 스코틀랜드가 독립을 선택할 경우 그것은 남북 아일랜드의 민족주의 세력을 자극해 현재 진행 중인 평화프로세스를 토대부터 뒤흔들 수 있는 강력한 충격파를 형성할 것이다.

2017년에 실시될 가능성이 점차 높아지고 있는 영국의 EU 탈퇴 국민투표 역시 아일랜드 평화프로세스의 미래에 심대한 영향을 미칠 수 있다. 아일랜드 평화프로세스가 EU의 다양한 정치·경제적 지원 속에 진행되고 있는 사실을 감안할 때 영국의 EU 탈퇴는 커다란 타격이 될 수밖에 없기 때문이다. 또한 영국의 EU 탈퇴 결정은 강력한 친EU 성향을 띄고 있는 스코틀랜드의 독립 의지에 또다시 불을 지필 가능성이 높다. 이러한 점에서 영국의 EU 탈퇴 여부는 성금요일 협정, 나아가 아일랜드의 미래에 결정적인 영향을 미칠 수 있는 중요한 외부적 변수 가운데 하나라고 할 수 있다.

내부적 요인이 단기적 변수이고, 외부적 요인이 중장기적 변수라면, 아일랜드 사회를 구성하는 인적 구성의 변화는 아일랜드 평화프로세스 추진 환경에 결정적인 영향을 미칠 수 있는 장기적 변수라고 할 수 있다. 장기적으로는 모든 것이 변한다. 시간이 흐르면 가톨릭과 개신교 신자 수의 비율도 변하고, 그들의 상대적인 사회정치적 영향력도 변할 것이다. 종교도, 민족도, 민족의식도, 정체성도, 가치관도 예외가 될 수 없다. 그만큼 미래를 예측하는 것은 쉬운 일이 아니다. 그러므로 현재의 우리가 미래에 대한 그 어떤 결정을 미리 내리는 것은 부적절할 수도 있다. 아일랜드인들의 지혜는 이러한 맥락에서도 찾을 수 있다.

1. 협정의 이행

성금요일 협정은 1998년 12월 2일 영국과 아일랜드 정부가 국내 인준절차 완료 사실을 상호 통고함으로써 효력이 발생됐다. 그러나 통합주의 세력과 민족주의 세력이 참여하는 북아일랜드 권력공유정부가 그 즉시 구성된 것은 아니었다. 그렇게 되기까지는 그 후에도 1년 반이 넘는 시간이 걸렸다. 양측 준군사조직들의 무장해제 문제가 행정부의 구성을 지연시켰기 때문이었다. 권력공유정부의 구성은 양측 준군사조직들의 무장해제가 성금요일 협정에서 합의한 대로 이행되는 것을 전제한 것이었다. 그러나 합의이행 과정은 결코 순탄치 않았다. 무장해제는 쉽게 이루어지지 않았다. 성금요일 협정의 체결에도 불구하고 통합주의 세력의 양대 준군사조직인 얼스터의용군과 얼스터방위협회 소속원들은 쉽게 무기를 내려놓지 않았다. 준군사조직의 무장해제, 경찰개혁, 영국군 철수 등 다양한 사안에 관해 제 정파 간에 상호신뢰가 아직 형성되지 않았기 때문이었다.

모든 정치협상 참여 세력, 특히 통합주의 세력이 무장해제 문제를 협정에 명시된 내용대로 수용한 것은 모든 합의사항 가운데 가장 야심적이고 건설적인 동시에 가장 취약한 것이었다. 아이러니컬하게도 무장해제를 다루는 성금요일 협정의 조항은 모든 조항 가운데 가장 짧은 것 중 하나였다. 동 조항에는 IRA나 신페인당 그 어느 쪽에 대해서도 구체적인 언급이 없었다. 협상 참석자들은 그저 모든 준군사조직들의 완전한 무장해제를 위해 전력을 다하고 IICD에 건설적으로 협력하겠다는 입장을 천명했다. 그들은 단지 "가능한 모든 영향력"을 발휘해 협정 인준 후 약 2년 내에 무장해제가 이루어지도록 한다는 협정상의 의무를 지닐 뿐이었다.

　권력공유정부의 출범을 지연시킨 주원인은 트림블과 얼스터통합당에 있었다. 그들은 신페인당이 협정상의 의무대로 모든 영향력을 이용해 IRA의 무장해제를 성사시킬 것이라는 증거를 제시하지 않는 한 신페인당이 참여하는 그 어떤 형태의 권력공유정부에도 동참을 거부했다. 무장해제의 어려움은 상당 부분 신페인당의 제리 아담스나 마틴 맥기니스와 IRA 군사위원회 사이의 관계가 명확하지 않은 데에서 비롯되었다. 신페인당은 성금요일 협정에 입각해서 자신들은 모든 영향력을 행사하고 있다고 응수했다. 그러나 무기를 보유하고 있는 IRA가 협정 서명 당사자의 하나가 아닌 상황에서 협정에 반영된 고도의 민주적 원칙을 동 조직에 적용시키는 데는 애초부터 한계가 있었다. 대다수 통합주의자들은 IRA를 대표해서 협정에 참여한 신페인당과 IRA를 하나의 실체로 간주했으나, 양자 간의 실제적 관계는 불명확했다. 신페인당이 IRA에 얼마만큼의 영향력을 행사할 수 있는지도 분명치 않았다.

　IRA는 때때로 무기를 버리겠다고 선언하기도 하고 캐나다의 존 데샤뜨랑John de Chastelain 장군을 위원장으로 하는 IICD의 비공개 사찰에 응하기도 했지만, 과거에 그랬던 것처럼 만약의 경우를 대비해 여전히 일부 무기를 유지했다. 더욱이 내부로부터 소위 진짜 IRA와 같은 공격적인 반발세력이 더 이상 등장하지 않도록 몸을 사리는 IRA의 태도가 문제를 한층 더 복잡하게 만들었다. IRA 내부의 강경파들은 평화프로세스를 적들과 협력해 공화주의의 이상을 배신하는 행위라고 비난했다. 심지어 진짜 IRA는 트림블과 말론이 각각 수상과 부수상으로 선출된 지 불과 한 달 뒤 29명을 목숨을 앗아간 폭탄테러를 감행하기도 했다.

통치권을 북아일랜드 의회에 위임하려는 영국 정부의 시도는 트림블의 강경한 태도로 인해 교착상태에 빠졌다. 현상 타개를 위한 몇 차례의 시도가 수포로 돌아가자 블레어 수상과 아이헌 수상은 조오지 미첼 상원의원에게 도움을 요청했다. 1999년 가을 북아일랜드에 도착한 미첼 상원의원은 즉시 모든 이해당사자들과의 대화에 착수했다. 그 결과 트림블은 자당 내 다수세력을 설득해 신페인당과의 권력공유정부에 참여하고, 다른 정당들도 공동행정부에 참여하도록 설득할 것을 약속했다. 그 대신 그는 최소한 IRA가 무장을 해제할 준비가 되어 있다는 것을 보여주는 증거를 요구했다. IICD는 곧 그 같은 증거를 그에게 전달했다.

1999년 11월 29일, 성금요일 협정이 체결된 지 19개월 만에 마침내 협정에 입각한 제2차 권력공유 행정부가 출범했다. 1974년 1월 1일에 얼스터노동자위원회가 주도한 파업에 의해 권력공유정부가 붕괴된 지 사반세기만의 일이었다. 12월 2일에는 영국 의회로부터 북아일랜드 의회로 입법권이 위임되었다.

그러나 IICD의 간헐적인 보고에도 불구하고 무장해제의 유령은 그것이 현실화될 때까지 사라지지 않았다. 그로 인해 얼스터통합당 내부로부터 트림블에게 가해지는 압박의 수위는 날로 높아만 갔다. 점증하는 압박에 견디지 못한 트림블은 2000년 1월에 이르러 무장해제에 관한 좋은 소식이 없으면 더 이상 신페인당과의 공동정부에 잔류하기가 어렵다고 경고했다. 그 후 2월 11일 IICD는 피터 맨델슨Peter Mandelson 북아일랜드장관에게 IRA가 더 이상 무장해제에 관한 정보를 제공하지 않는다고 보고했다. 이에 맨델슨은 신페인당의 격노에도 불구하고 북아일랜드 의회가 트림블의 철수로 붕괴되는 것을 방지하기 위해 권력 위임devolution 절차를 중단시켰다. 권력 위임 절차는 그로부터 3개월 후에야 재개되었다. "완전하고 검증 가능한 방식으로 무기를 사용할 수 없게 하겠다"는 IRA의 약속이 있고나서였다. 그러나 권력의 위임은 그 후에도 두 번이나 더 중단과 재개를 반복했다.

무장해제에 실질적인 진전이 없자 권력공유정부는 결국 출범 2개월 만에 중단되었다. IRA는 성금요일 협정에 명시된 최종시한인 2000년 5월에 가서야 겨우 무장해제에 착수했다. 그에 따라 같은 달에 권력공유정부가 재가동되었으나, IRA의 약속이행은 수차례 지연되었다. IRA는 그 후에도 2001년 10월과 2002년 4월, 2002년 10월 등 세 차례에 걸쳐 무장해제 선언을 번복했다. 그에 따라 북아일랜드 권력공유정부도 중단과 재가동을 반복했다. 권력공유정부의 가동은 무장투쟁의 중단을 전제로 한 것이기 때문이었다.

그 가운데에서도 특히 2002년 10월 12일에는 무장해제 선언에도 불구하고 계속되는 IRA의 보복성 폭행과 콜럼비아에서의 게릴라 조련, 스토먼트 정부에 대한 간첩활동 등에 격노한 얼스터통합당과 민주통합당이 모두 의회로부터 철수하는 사태가 발생했다. 이에 IRA는 앞으로 IICD와의 모든 접촉을 중단하겠다고 선언했다. 통합주의계 최대 정당인 얼스터통합당의 철수로 인해 2007년 5월까지 계속된 장기 중단사태는 결국 자치정부의 붕괴를 가져왔다.

권력공유 정부가 중단된 기간 중에는 자치정부의 권력이 영국 정부의 북아일랜드실에 귀속되어 북아일랜드는 또다시 런던의 직접 통치를 받아야만 했다. 권력공유정부가 중단된 상태에서 실시된 2003년 총선에서는 반협정파 정당인 민주통합당이 주민들의 신뢰를 잃은 찬협정파 얼스터통합당을 물리치고 의회의 다수를 장악하기도 했다. 그 이듬해 영국과 아일랜드 양국 정부는 얼스터통합당, 신페인당 등

2005년 아일랜드해방군(INLA)의 보그사이드 시위

협정지지 세력과 회담을 갖고 권력공유정부의 재건을 시도했으나 별 성과를 거두지 못했다.

2005년 7월 28일 PIRA가 무장투쟁의 종식을 공식 선언했다. 그러나 그 같은 선언에도 불구하고 민주통합당을 포함한 대부분의 통합주의 세력은 PIRA에 대한 의구심을 버리지 못했다. 따라서 2006년 6월까지 해도 권력공유정부의 재건을 위한 합의 도출은 요원한 듯이 보였다. 사실 로열리스트 준군사조직 가운데 그때까지 실제로 무장해제를 완료한 것은 로열리스트의용군 단 하나에 불과했다. 얼스터의용군UVF은 2009년 6월에 이르러서야 공식적으로 무장해제를 선언했다. 얼스터방위협회UDA의 무장해제는 그보다 훨씬 뒤인 2010년 1월에야 이루어졌다. 심지어 그 산하조직인 '남동부앤트림여단South East Antrim Brigade'은 중앙의 결정에 반발해 그 후에도 한 달간을 더 버틴 끝에야 무장해제를 완료했다. 같은 해 9월 26일에는 PIRA가 무장해제 완료를 발표하고 더 이상 무기를 사용하지 않겠다고 선언했다. PIRA의 무장해제는 독립적 감시기구인 IICD에 의해 확인되었다.

한편 그처럼 불안정한 정국이 지속되는 가운데에도 영국과 아일랜드공화국 양국 정부와 민주통합당, 신페인당 등 북아일랜드의 주요 정당들은 평화협상을 재개했다. 그 결과 2006년 10월, 3자는 권력 위임에 관한 '성앤드류 협정St. Andrews Agreement'을 체결하는 데 성공했다. 그것은 자치정부를 재가동하는 것에 대해 모든 참여세력의 이익이 일치하는 가운데 북아일랜드 경찰과 법원제도, 그리고 그것을 토대로 한 법치를 지지하겠다는 신페인당의 약속이 있었기에 가능한 일이었다.

성앤드류 협정에 따라 2007년 5월 민주통합당과 신페인당 사이에 권력을 공유하는 제3차 북아일랜드 정부가 출범했다. 제3차 권력공유정부는 이안 페이슬리 민주통합당 대표가 수상First Minister을, 그리고 신페인당의 마틴 맥기니스 대표가 부수상Deputy First Minister을 맡아 구성되었다.[93] 8월에는 영국군이 북아일랜드에서 철수했다. 그러나 그렇다고 해서 테러공격이 완전히 중단된 것은 아니었다. 제3차 권력공유정부의 출범에도 불구하고 강경 통합주의 조직의 무장해제는 즉각적으로 이루어지지 않았다. 심지어 2008년 6월부터 11월에 걸친 기간에는 권력공유정부가 회의조차 열 수 없어 사실상 가동중단 상태에 놓이기도 했다. 신페인당이 치안권과 사법권 위임방식에 불만에 품고 정부 참여를 보이콧 했기 때문이었다.

2012년 12월 벨파스트에서 발생한 폭동

---

[93] 2008년 6월 5일 이안 페이슬리가 수상직에서 물러나자 피터 로빈슨(Peter Robinson)이 그의 자리를 이어받음으로써 권력공유정부가 유지되었다.

남북의회포럼(North South Inter Parliamentary Forum) 제1차 회의는 2012년 10월 12일 더블린에 있는 아일랜드공화국 상원(Seanad Chamber) 건물에서 개최되었다.

평화정착에 있어 가시적인 진전이 이루어진 것은 2009년 6월 얼스터의용군이 무장해제 완료를 선언하고 얼스터방위협회가 무장해제에 착수한 것이 확인되고 나서였다. 그 와중에도 영국 정부로부터 북아일랜드 정부로의 권력 위임은 차질 없이 진행되었다. 그 결과 2010년 4월 12일 마침내 영국 의회로부터 북아일랜드 의회로 치안권과 사법권의 위임이 완료되었다. 제3차 북아일랜드 자치의회는 2011년 3월 24일 해산되었다. 그것은 성금요일 협정 체결 이후 임기 만료로 해산된 최초의 의회였다. 그 해 5월 총선이 치러지고 제4차 의회와 행정부가 구성되었다.

제4차 권력공유정부는 현재까지 비교적 안정적으로 운영되고 있는 중이다. 그와 함께 남북 아일랜드 간의 평화구축도 순조롭게 이행되고 있다. 남북각료위원회를 중심으로 남북 아일랜드 간의 화해와 협력도 꾸준히 확대되고 있다. 2012년 7월에는 남북의회협회가 출범해 같은 해 10월 12일 더블린에 있는 아일랜드 상원 건물에서 첫 회의를 개최했다. 그러나 그 같은 진전에도 불구하고 아직도 아일랜드 평화프로세스를 좌초시킬 수 있는 암초는 곳곳에 도사리고 있다. 얼스터의용군과 같은 일부 강경 준군사단체는 지금도 경찰력을 상대로 총격과 폭탄테러를 산발적으로 감행하고 있다. 그만큼 아일랜드 평화의 길은 아직도 요원하다고 할 수 있다.

2. 국제적 변수

가. 스코틀랜드 독립 주민투표

2014년 9월 18일, 스코틀랜드는 영국으로부터의 독립에 대한 찬반을 묻는 주민투표를 실시했다. 주민투표에 부쳐진 내용은 간단명료했다. "스코틀랜드는 독립국가가 되어야 하는가?"라는 것이었다. 주민 과반수가 찬성할 경우 스코틀랜드는 2016년 3월에 영국으로부터 독립하게 되는 것이었다. 투표결과 총 430만 명에 가까운 유권자 가운데 85% 가까이가 투표에 참여해 찬성 44.7%, 반대 55.3%로 영국 잔류를 선택했다.

스코틀랜드는 본디 앵글로-노르만족이 중심이 된 잉글랜드와는 달리 아일랜드나 웨일스와 같은 켈트족의 국가였다. 앞서 설명한 것과 같이 오늘날의 영국은 세 차례의 국가통합을 거쳐 형성되었다. 먼저 16세기 초반에 잉글랜드 왕국이 웨일스를 합방했고, 1707년에 잉글랜드 왕국과 스코틀랜드 왕국이 통합해 '대영왕국Kingdom of Great Britain'이 되었다. 그 후 1801년에 대영왕국과 아일랜드가 통합해 오늘날의 영국이 탄생했다.

정복전쟁에 의해 통합된 웨일스나 아일랜드와는 달리 스코틀랜드는 비교적 평화로운 방법으로 영국의 일부가 되었다. 1603년 잉글랜드 여왕 엘리자베스 1세가 후사를 남기지 않은 채

스코틀랜드 독립을 지지하는 주민들의 집회

1603년 왕위 통합으로 스코틀랜드와 잉글랜드 국왕을 겸하게 된 제임스 6세, 스코틀랜드 역사에서는 제임스 1세다.

1630년 잉글랜드와 스코틀랜드의 왕위 통합. 지혜의 여신 미네르바와 사랑의 신 큐피드가 잉글랜드와 스코틀랜드를 상징하는 여인들과 함께 있다. 피터 폴 루벤스(Peter Paul Rubens)의 유화 작품

사망하자 당시 스코틀랜드의 왕이던 제임스 6세가 잉글랜드 왕위를 계승하게 되었다. 그로 인해 스코틀랜드는 잉글랜드와 통합왕위국personal union이 되었고, 그로부터 1세기 후인 1707년 5월 1일, 두 나라는 정치적 합방을 통해 하나의 국가를 형성했다. 중세 이후 계속해서 독립된 주권국가를 유지해 온 스코틀랜드의 대다수 국민은 잉글랜드와의 합방에 반발했다. 에든버러Edinburgh, 글라스고Glasgow 같은 대도시를 비롯해 스코틀랜드 전국 각지에서 반대시위가 일어났다. 그러나 이러한 국민적 반발에도 불구하고 1706년에는 잉글랜드와 스코틀랜드의 합방법이 양국 의회에서 통과되고, 그것을 근거로 이듬해 양국 간에 합방조약이 체결되었다.

잉글랜드와의 합방에도 불구하고 스코틀랜드인들은 800년이 넘는 독립국가 스코틀랜드의 유구한 역사를 결코 잊지 않았다. 그들은 한때 반노크번 전투 Battle of Bannockburn에서 잉글랜드를 무찌르고, 스코틀랜드의 왕은 스코틀랜드 국민의 동의 없이는 통치할 수 없다는 '알브로스 선언Declaration of Arbroath'을 이끌어 낸 자랑스러운 역사를 기억했다. 그것은 영국에 대항해 프랑스와 동맹을 맺고 영국의 캔터베리

Canterbury보다는 제네바Geneva에 더욱 가까운, 보다 검소한 캘빈주의를 받아드리고 마침내 영국과의 협상을 통한 자발적 통합으로 스코틀랜드 교회와 법률제도의 독창성을 지켜낸 자주적 역사이기도 했다. 그처럼 강력한 민족의식을 간직해 왔

잉글랜드와 스코틀랜드의 의회 통합 장면. 1707년 7월 성 제임스 궁전(St Jame's Palace)에서 양국의 의원들이 양국 의회 통합 합의서를 앤 여왕에게 증정하고 있다. 월터 토마스 모닝톤(Walter Thomas Monnington)의 유화

기에 잉글랜드에 합방된 지 300년이 지난 오늘날까지도 독립을 위한 스코틀랜드인들의 시도는 계속되고 있는 것이다.

스코틀랜드에서 독립 찬반을 묻는 주민투표가 실시된 것은 이번이 처음이 아니다. 영국 정부의 권력 위임에 의한 스코틀랜드 자치 지지 여부를 묻는 첫 번째 주민투표는 1979년에 실시되었다. 그러나 당시에는 찬성표의 우세에도 불구하고 자치안이 부결되었다. 찬성표가 전체 유권자의 40%를 넘어야 한다는 법조항이 발목을 잡았던 것이다. 그 후 마가렛 대처와 존 메이저 수상이 이끈 1979년부터 1997년까지 18년간의 보수당 정부 하에서는 주민투표를 위한 법령 개정 시도가 이루어지지 않았다. 그러나 1997년에 노동당이 권력에 복귀하자 이내 스코틀랜드 자치를 위한 제2차 주민투표가 실시되었다. 이번에는 압도적 다수의 주민들이 스코틀랜드 자치정부로 권력을 위임하고 스코틀랜드 의회에게 기초소득세율을 조정할 수 있는 권한을 부여하는 것에 찬성했다. 그 결과 1998년에 스코틀랜드법Scotland Act이 제정되어 새로운 스코틀랜드 의회가 설립되고, 1999년 5월 6일 제1차 스코틀랜드 총선이 실시되었다.

2010년의 주민투표 실시는 현재의 집권당인 스코틀랜드국민당 SNP, Scottish National Party이 2007년 스코틀랜드 총선에서 내세운 공약 중 하나였다. 선거 결과 원내 제1당으로 부상한 SNP는 알렉스 살몬드Alex Salmond 수상이 이끄는 소수 정부를 구성했다. 이어서 2007년 8월, SNP 정부는 여론 수렴을 위한 '국민과의 대화National Conversation'를 시작했다. 그 가운데는 주민투표 초안에 대한 논의가 포함되어 있었다. 2009년 11월 30일, '국민과의 대화'가 끝남과 동시에 SNP 정부는 주민투표안에 관한 백서를 발간했다. 『당신의 스코틀랜드, 당신의 목소리: 국민과의 대화』[94]라는 제목의 백서는 현상유지를 비롯해서 부분적 권력 위임, 권력 위임 확대, 완전 독립 등 스코틀랜드의 자치권 확대를 위한 네 개의 대안을 제시했다.

그 가운데 '확대위임안devolution max'은 스코틀랜드 의회에게 "모든 법령과 세금, 관세 등"에 대한 권한을 부여하는 시나리오였다. 그것은 영국의 웨스트민스터 의회가 국방 및 외교, 금융규제, 통화, 화폐 등에 관한 정책수립권을 그대로 유지하는 가운데, 스코틀랜드도 북아일랜드처럼 독자적인 관료조직과 사회보장제도를 갖추고, 영국 대법원 내에 별도의 법정을 가질 수 있도록 하는 것이었다. 그러나 보다 핵심적인 내용은 스코틀랜드 정부에게 북해 석유 판매수입에 대한 권한을 부여하고 주민들에게 공공서비스를 제공하는 데 필요한 자금을 자체적으로 조달할 수 있는 재정적 자율성을 부여한다는 것이었다. 그 경우 스코틀랜드는 기존의 스코틀랜드법이 허용하는 것보다 훨씬 더 큰 자율성을 누리게 되어 영국은 호주나 캐나다, 미국과

---

[94] The Scottish Government, Your Scotland, Your Voice: A National Conversation, 2009.

같은 연방국가 형태에 한 걸음 더 다가가게 될 것으로 해석되었다.

그에 비해 '부분위임안'은 2009년에 '칼먼위원회Calman Commission'[95] 가 제안한 내용과 유사한 시나리오였다. 노동당, 보수당, 자유민주 당 등 주요 통합주의 정당들에 의해 창설된 칼먼위원회는 권력 위임 을 보다 유연하게 추진할 수 있는 방안을 제시했다. '부분위임안'은 스코틀랜드에게 일정한 범위 내에서 영국의 여타 지역에 적용되는 것 과는 다른 소득세율이나 토지세율 등을 자체적으로 제정할 수 있고 자본투자를 위해 최대 22억 파운드까지 차입할 수 있는 권한을 부 여하는 것이었다.

2010년 2월 25일, 스코틀랜드 정부는 '스코틀랜드의 미래: 주민 투표법 초안 협의용 문서'[96]라는 제목의 84쪽짜리 문서를 선보였다. 동 문서에는 주민투표 문안 초안과 함께 주민투표 관리에 관한 내 용이 담겨 있었다. 주민들은 그 같은 주민투표안에 대한 의견을 2월 25일부터 4월 30일 사이에 개진할 수 있었다. 그러나 스코틀랜드 의 회 소속 의원 129명 가운데 주민투표 실시를 지지한 것은 50명(SNP 47명, 녹색당 2명, 무소속의 마르고 맥도날드Margo MacDonald 의원)에

---

[95] 종종 '스코틀랜드권력위임위원회(Commission on Scottish Devolution)', 또는 '스 코틀랜드의회위원회(Scottish Parliament Commission)'라고도 불린다. '칼먼위원 회'라는 명칭은 위원장인 글라스고대학 총장 케네스 칼먼(Sir Kenneth Calman) 교 수의 이름에서 비롯된 것이다. 야당인 노동당의 동의로 2007년 6월 구성되었다. 동 위 원회 구성안은 여당인 스코틀랜드국민당이 반대하는 가운데 보수당과 자유민주당의 지지로 통과되었다. 위원회는 상기 세 통합주의 정당이 지명한 인사들을 비롯해서 재 계, 노조, 학계, 지역단체 대표 등을 대표하는 총 15명으로 구성되었다. 2008년 4월 28일 스코틀랜드 의회에서 제1차 전원회의를 개최한 이래 약 한 달 간격으로 회의를 갖고 같은 해 12월 2일 1차 보고서를 제출했다. 최종 보고서는 2009년 6월 9일 발표 되었다.

[96] The Scottish Government, Scotland's Future: Draft Referendum (Scotland) Bill Consultation Paper, 2010.

불과했다. 결국 주요 정당들의 반대에 부딪힌 SNP 정부는 주민투표안을 철회할 수밖에 없었다.

2007~2011년 의회 회기 중 주민투표에 대한 다른 정당들의 지지를 얻는 데 실패한 SNP는 2011년 총선에서 또다시 주민투표 실시를 공약으로 내세웠다. 총선을 며칠 앞두고 진행된 TV토론에서 살몬드 수상은 새 의회의 회기 하반기 중에 주민투표를 실시할 것이라고 강조했다. 그는 자신이 스코틀랜드의 독립을 원하는 이유는 그 무엇보다도 먼저 스코틀랜드 의회가 한층 더 강력한 권한을 갖기를 바라기 때문이라고 설명했다. 총선 결과 SNP가 의석 129석 가운데 69석이라는 절대 다수를 차지함으로써 독립을 위한 주민투표를 실시할 수 있는 권한을 위임받게 되었다.

스코틀랜드 독립을 위한 주민투표는 영국과 스코틀랜드 정부 사이의 합의에 의해 이루어진 것이었다. 2012년 1월 10일, 스코틀랜드 정부는 2014년 가을에 독립을 위한 주민투표를 실시할 것이라고 밝혔다. 영국 정부는 주민투표가 "공정하고, 합법적이고, 결정적인" 형태로 실시된다는 조건 아래 스코틀랜드 의회에게 주민투표 실시를 위한 관련법의 제정을 제안했다. 주민투표를 실시하기 위해서는 투표에 부칠 구체적인 문안과 함께 유권자의 자격, 투표관리기구 등에 관한 법적 근거가 필요했기 때문이다.

두 정부 간 수차례의 협상 끝에 마침내 2012년 10월 15일 데이비드 캐머런David Cameron 영국 수상과 알렉스 살몬드 스코틀랜드 수상 사이에 '에딘버러 합의Edinburgh Agreement'가 이루어졌다. 이어서 주민투표 준비를 위한 스코틀랜드 독립법안이 2013년 3월 21일 스코틀랜드 의회에 상정되었고, 11월 14일 통과되었다. 그리고 동년 12월 17일 엘리자베스 여왕이 법안을 추인함으로써 주민투표를 위한 법적 토대가 마련되었다.

　스코틀랜드 주민들은 주민투표에서 "스코틀랜드는 독립국가가 되어야 하는가?"라는 지극히 간단한 질문에 대해 찬반을 표시했지만, 주민투표의 핵심 쟁점은 스코틀랜드의 경제력과 국방태세, 나머지 영국과의 관계 및 EU나 NATO와 같은 초국가기구들과의 관계 정립이라고 할 수 있었다. 2013년 11월 26일 SNP 정부는 670쪽에 달하는 『스코틀랜드의 미래』[97]라는 제목의 백서를 발간했다. 동 백서에는 SNP 정부가 스코틀랜드의 독립을 지지하는 이유와 함께 신생 스코틀랜드가 어떤 모습의 독립국가가 될 것인지에 대한 상세한 설명이 담겨 있었다.

　2013년 백서는 스코틀랜드가 영국으로부터 독립할 경우 스코틀랜드 정부는 재정, 안보, 외교 등 모든 분야의 정책수립에 있어 주권을 행사할 수 있다고 설명했다. 그 경우 잉글랜드, 웨일스, 또는 북아일랜드계 조상을 갖고 있는 스코틀랜드 국민의 경우 공동 및 이중 국적을 보유하는 것이 허용된다고 했다. 대외관계에 있어 독립국 스코틀랜드는 EU와 영연방의 회원국으로는 남아 있겠지만 NATO에서는 탈퇴할 것이며, 현재 클라이드Clyde 해군기지에 배치되어 있는 영국의 핵 억지력[98]은 다른 도시로 이전할 것을 약속했다. 나아가 현재처럼 영국–아일랜드위원회를 통해 이루어지는 잉글랜드, 아일랜드를 비롯한 여타 브리튼 지역과의 협력은 그대로 유지할 방침임을 밝혔다.

---

[97] The Scottish Government, Scotland's Future: Your guide to an independent Scotland, Createspace, 2013.

[98] 현재 클라이드 해군기지의 일부인 파스래인(Faslane)에는 트라이던트(Trident) 핵탄두 미사일을 장착한 잠수함 4척이 배치되어 있다.

그와 함께 SNP 정부는 스코틀랜드가 독립해도 여전히 영국 국왕을 상징적 국가원수로 삼고, 통화도 영국 파운드화를 그대로 사용할 것이라며 영국으로부터 독립하는 것에 대해 불안감을 느끼고 있는 일부 주민들을 안심시켰다. 심지어 BBC를 대신할 국영 방송사를 설립하되 BBC의 인기 드라마나 오락 프로그램은 그대로 시청할 수 있도록 하겠다는 약속도 했다.

그럼에도 불구하고 SNP 정부가 주민투표를 통해 궁극적으로 얻고자 하는 것이 무엇이었는지는 확실하지 않았다. 분리독립이 주민투표의 진정한 목적이었는지, 아니면 그것을 전략적 카드로 이용해서 영국 정부로부터 보다 많은 권한을 위임받는 것이 목적이었는지 불분명했다. 실제로 SNP 정부는 독립과 함께 확대 '권한위임안'을 제시했다. 주민투표 실시에 앞서 살몬드 수상은 추가 차입한도borrowing power, 기업세 징수권, 연안 왕실소유지에 대한 권한 등 세 가지 권한을 최우선적으로 요구했다. 영국 정부가 새로운 스코틀랜드법의 제정을 통해 그 같은 권한을 스코틀랜드 의회에 위임해야 한다는 것이었다. 그것은 스코틀랜드 독립을 반대하는 통합주의자들의 지지를 이끌어 내기 위한 방편 중 하나였을 수도 있고, 독립안이 부결될 경

알렉스 살몬드 북아일랜드 수상

우를 대비해 앞으로 독립을 향해 나아가는 데 필요한 발판을 마련하기 위한 전략적 포석이었을 수도 있었다.

여론의 변화 추이를 보면 주민투표 실시 직전까지도 결과를 예측하기가 쉽지 않았다. 주민투표 실시 2년 반 정도를 남겨 놓은 2012년 1

월까지만 해도 비록 독립을 "격렬하게 반대"하는 주민 수는 줄어들고 있었지만 그렇다고 독립을 지지하는 주민들이 과반수에 이를 것이라는 증거는 거의 없었다. 그러나 2013년에 실시한 여론조사에서는 찬성 38%, 반대 47%, 미결정 15%라는 결과가 나왔다. 이는 1년 전에 비해 찬성이 10%p 정도 늘어난 수치였다. 나아가 2014년 3월과 4월 들어 실시된 여론조사에서는 반대가 55%로 2013년 말의 61%에 비해 상당히 감소한 것으로 나타났다. 2014년 9월에 들어서는 격차가 더욱 좁혀졌다. 9월 11일에 실시된 각종 여론조사에서는 독립에 반대하는 주민의 평균비율이 51%에 불과했다. 이러한 박빙의 차이로 인해 찬반 세력 모두는 주민들의 투표 참여를 독려하기 위해 더욱 결사적으로 노력했다. 찬반 비율이 49:51로 막상막하인 상태였기 때문에 아무도 투표 결과를 예측할 수 없었다.

이러한 현실에 위기감을 느낀 보수당, 노동당, 자유민주당 등 영국의 집권 연정 정당들은 주민투표 직전 광범위한 권력 위임을 약속하며 스코틀랜드 주민들에게 독립에 반대표를 던질 것을 호소했다. 3당은 앞 다투어 당근책을 제시했다. 노동당의 고든 브라운Gordon Brown 전 영국 수상은 투표 하루 전에 추가 권력 위임에 관한 구체적 일정을 약속하는 것으로 노동당 지지자들의 추가 이탈을 저지했다. 그 결과 통합주의자들은 주민투표에서 승리할 수 있었지만, 문제는 이제부터 시작이라고 할 수 있다.

2012년에 개정된 스코틀랜드법은 칼먼위원회의 건의를 반영해 보다 폭넓은 재정권을 스코틀랜드 의회에 위임하도록 했다. 새 법에 따르면 스코틀랜드 의회는 우선 올해 4월부터 웨스트민스터 의회의 결정에 의해 부과되고 있는 기존의 인지세토지세stamp duty land tax와 토지매립세landfill tax 대신 토지건물거래세land and buildings transaction tax와 스코틀랜드토지매립세수Scottish landfill tax revenue를 신설하고 징수할 수 있는 권한을 갖게 될 예정이었다. 또한 현재 최대 5억 파운드로 제한되어 있던 스코틀랜드 의회의 차입한도가 증액되고, 22억 파운드에 달하는 신규자본의 차입도 새롭게 허용될 것이었다. 더불어 2016년 4월부터는 독자적으로 소득세율을 정할 수 있는 권한도 행사할 수 있게 될 것이었다. 문제는 설혹 그 같은 약속이 차질 없이 이행된다 해도 독립을 지지했던 스코틀랜드 주민들이 그리 만족하지는 않을 것이라는 데 있었다. 주민투표 직전 다급해진 영국의 집권 연정 3당이 더욱 많은 권한의 위임을 약속했기 때문이다. 현재 집권 3당은 세금 징수와 지출에 있어 얼마만큼의 권한을 더 스코틀랜드 자치정부에 위임할 것인지를 서로 협의 중이다.[99] 영국 정부는 2015년 1월 말까지 새로운 스코틀랜드법의 초안과 권력 위임 이행일정을 제시하겠다고 약속했다. 그 후 그것을 하원에 상정한 후 구체적인 실행계획을 마련해 2015년 10월 16일에는 하원에서 검토할 수 있도록 할 계획이라고 했다. 이를 위해 캐머런 수상은 주민투표 다음 날 정당 간 협의를 위해 각 당 소속 하원의원들로 구성된 '스미스위원회Smith Commission'를 발족시켰다. 독립을 지지했던 스코틀랜드 주민들은 지금 그 같은 상황의 진척을 예의주시하고 있다. 주민투표 직후 수천 명의 스코틀랜드인들은 독립 캠페인을 이끌었던 SNP나 스코틀랜드 녹색당SGP, Scottish Green Party에 입당했다. 주민투표 실시 직후인 10월 초에는 주민투표 이전에 2만 5천 명에 불과하던 SNP의 당원 수가 7만 5천 명으로

---

[99] 스코틀랜드 담당 국무장관이 여왕의 지시에 의해 2014년 10월 의회에 제출한 「스코틀랜드에게 추가 권한 위임을 위한 3당의 제안(The parties'published proposals on further devolution for Scotland)」, p.5, https://www.gov.uk/government/uploads/system/uploads/attachment_data/file/363236/Command_paper.pdf/ (2014.11.9 검색).

급증함으로써 보수당과 노동당에 이어 영국의 3대 정당으로 부상했다. 그들 가운데 상당수는 주민투표에서 찬성표를 던진 과거 노동당 지지자들이었다. 각종 여론조사 결과에 따르면 2015년 5월에 영국에서 총선이 실시될 경우 SNP는 총 650개의 웨스트민스터 의회 의석 가운데 스코틀랜드에 할당된 59석의 대부분을 차지할 가능성이 매우 높다.

그 결과 SNP가 웨스트민스터 의회에서 균형추 역할을 하게 될 경우 소수파인 노동당의 집권을 지원하는 대가로 다가오는 총선에서 또 한 번의 주민투표 실시를 추진할 것이라는 루머도 나돌고 있다. 그러나 주민투표 패배의 책임을 지고 수상직과 SNP 대표직을 내어 놓은 살몬드는 이러한 사실을 부인했다. 그는 주민투표 결과를 겸허히 수용한다며 2015년 5월에 실시될 영국 총선은 영국 정당들이 스코틀랜드 독립 주민투표 기간 중 스코틀랜드 주민들에게 약속했던 것을 이행하도록 하는 데 목적이 있다고 강조했다. 그는 외교와 국방 정책을 제외한 모든 분야에서 스코틀랜드의 완전한 자치를 요구하고 있다. 한편 SNP가 이번 총선에서 30석 이상의 의석을 얻게 될 경우 장차 집권 연정에 참여할 수 있는 가능성도 전혀 배제할 수 없다. 그 경우 그 같은 요구를 달성하기에 훨씬 더 유리한 위치를 차지하게 될 것이다.

이러한 맥락에서 볼 때 지난 2014년 주민투표의 결과는 비록 스코틀랜드의 독립이라는 결과로 이어지지는 않았지만, 향후 영국 내부의 역학관계에 커다란 변화를 가져올 가능성이 크다. 지금보다 훨씬 더 많은 권한이 영국 의회에서 스코틀랜드 의회로 이양될 것이기 때문이다.

그 경우 스코틀랜드는 보다 큰 자율성을 누리게 될 것이다. 그것은 북아일랜드의 자치 확대를 위한 강력한 선례가 될 가능성이 크다.

한편 권한 위임에 대한 영국 정부의 약속이 제대로 이행되지 않을 경우 상황은 달라질 것이다. 그 경우 SNP는 지난 번보다 더욱 큰 추동력을 갖추고 독립을 위한 주민투표를 또다시 추진할 가능성이 높다. 살몬드의 뒤를 이어 스코틀랜드 수상으로 취임한 니콜라 스털존Nichola Sturgeon도 고든 브라운을 비롯해서 영국의 집권 3당 지도자들이 주민투표 직전에 스코틀랜드에게 약속한 것은 "자치home rule"이자 "연방제에 가까운 것something near to federalism"임을 분명히 하면서, 향후 주민투표 추진 의지를 SNP의 선거공약에 분명히 명시할 것을 공언하고 있기 때문이다.

향후 스코틀랜드가 또다시 독립을 시도할 경우 북아일랜드는 다시 한 번 "지지냐 저지냐"는 선택의 기로에 서게 될 것이다. 켈트족 형제들의 편에 서서 스코틀랜드의 독립을 지지할 것인지, 아니면 그들에게 상당한 재정지원을 제공하고 있는 웨스트민스터 의회 편에 서서 그것을 저지할 것인지, 둘 중 하나를 선택하도록 강요받게 될 것이다. 그 같은 상황은 아직도 32개의 주로 구성된 통일아일랜드를 꿈꾸는 사람들에게는 절호의 기회가 될 수도 있다.

강경 민족주의 세력은 스코틀랜드가 영국으로부터 독립할 경우 보다 적극적으로 아일랜드 통일을 추구할 가능성이 있다. 성금요일 협정 체결을 계기로 북아일랜드의 주요 공화주의계 지도자들은 제도권 정치의 장으로 진입했지만, 그들의 지지자 중 상당수는 아직도 무장투사로 남아 있는 것이 현실이다. 소규모 폭동이나 몇 회의 폭탄 테러, 또는 런던에 대한 공격 위협이 있을 경우 영국 정부는 북아일랜드에 군대를 다시 투입할 것인지, 아니면 그대로 평화를 유지할 것인지 사이에서 고민하게 될 것이다. 역대 영국 정부가 쉽게 북아일랜드를 포기하지 못하고 살상과 폭동을 저지하기 위해 애쓴 이유 중 하나는 북아일랜드 내 양대 민족 사이에 폭력이 극에 달할 경우 그 같은 폭력이 영국 내 다른 지역, 특히 스코틀랜드로 번질 가능성이 높다는 다양한 연구결과에 따른 것이었다.

북아일랜드에서 또 다른 폭동의 시대가 시작될 경우 신생 스코틀랜드에도 커다란 파급효과가 있을 것이다. 지금도 스코틀랜드의 양대 도시인 글라스고와 에든버러는 민족 간의 깊은 경계선으로 나뉘어져 있다. 특히 글라스고에서는 가톨릭계 프로축구팀인 셀틱스Celtic와 개신교계 프로축구팀인 레인저스Rangers 사이의 경기가 있을 때면 고대부터 이어져 온 부족에 대한 충성심이 광적으로 분출되어 왔다. 스코틀랜드 독립의 결과로 북아일랜드에서 심각한 폭력충돌이 시작될 경우 신생 독립국 스코틀랜드의 거리들도 흉측하게 변할 것이 분명하다.

그에 반해 보다 평화적인 방법으로 통일아일랜드를 추구하는 사람들은 비교적 신중한 접근을 보이고 있다. 피얼스 도허티Pearse Doherty와 같은 신페인당의 젊은 의원들은 고전적 민족통일주의에 대한 대안으로 강경파 통합주의자들을 아일랜드 의회제도 안으로 수용하는 방안 같은 다양한 아이디어를 제시하고 있다. 한 가지 흥미로운 사실은 도허티 같은 온건파 민족주의자들의 경우도 2016년경에는 북아일랜드에서도 독립에 대해 찬반을 묻는 주민투표를 실시하는 데 초점을 맞추고 있다는 것이다. 신페인당의 제리 아담스 대표 역시 한편으론 스코틀랜드국민당이 영국을 위기에 빠뜨릴 수 있다고 지적하면서도, 아일랜드 독립 여부를 결정짓기 위한 주민투표 실시는 성금요일 협정에 명시된 조항의 하나임을 강조하고 있다. 신페인당과 사회민주노동당SDLP은 이미 올해 내에 국경 문제에 대한 여론조사가 실시되어야 한다는 입장을 밝혀 놓은 상태이다.

이러한 민족주의 세력의 행보로 인해 북아일랜드의 민주통합당과 얼스터통합당은 이번 스코틀랜드 주민투표에 대해서도 반대 입장을 분명히 했다. 민주통합당 대표인 피터 로빈슨 북아일랜드 수상은 이번 주민투표에서 나타난 스코틀랜드 주민들의 선택을 적극 환영하면서 SNP의 움직임에 대해 강한 우려를 표명했다. 같은 당 소속인 에드윈 푸츠Edwin Poots 북아일랜드 보건장관은 보다 직설적으로 살몬드 수상을 "목줄을 풀고 싶어 하는 개"와 같다고 비난하며, 영국은 기초fundamentals가 매우 튼튼하기 때문에 스코틀랜드의 독립은 불가능하다고 단언했다. 심지어 얼스터통합당의 전 대표인 킬클루니 남작 존 테일러 경Lord Taylor of Kilclooney은 현재 스코틀랜드에 재정착해서 살고 있는 다수의 스코틀랜드계 아일랜드인들은 스코틀랜드가 독립할 경우 스코틀랜드로부터 "재분리"해야 한다고 역설하기도 했다.

한편 스코틀랜드의 독립은 북아일랜드를 영국 본토와 분리된 서부 변방지역으로 만들 것이다. 마치 미국에서 알래스카가 그런 것처럼. 만약 그런 경우라면 북아일랜드는 남쪽으로는 아일랜드공화국, 동쪽으로는 스코틀랜드라는 두 개의 독립국가에 둘러싸인 고립된 영토가 될 것이다. 아일랜드해The Irish Sea 건너로 보이던 영국 본토가 더 이상 보이지 않게 될 것이다. 그만큼 북아일랜드에 대한 런던 정부의 관심이나 간섭도 줄어들 수밖에 없을 것이다.

영국으로부터 물리적으로 고립될 경우 EU 단일시장에 대한 북아일랜드의 접근성도 대폭 줄어들 가능성이 높다. 그 경우 북아일랜드에게는 아일랜드공화국과의 경제협력 확대가 더욱 절실하게 필요하게 될 것이고, 그 같은 필요성으로 인해 남북경협이 확대될 가능성이 높다. 또한 물리적 고립은 남북 아일랜드 주민들의 아일랜드 정체성을 강화시켜 남북 간 사회문화적 교류의 활성화를 가져올 가능성도 높다. 때문에 영국 정부는 북아일랜드의 현황에 대해 보다 정밀한 조사를 실시할 가능성이 크다. 그 경우 남북 아일랜드 사이의 물품과 서비스 교역, 경제협력, 문화교류 등 모든 분야에서 문제가 제기될 수 있다. 이러한 조치는 당연히 독립 찬반 양 세력 모두를 들썩이게 할 것이다. 북아일랜드 내에서 아일랜드 민족주의를 고취시켜 통합주의자들, 특히 스코틀랜드계 통합주의자들을 불편하게 만들 수 있기 때문이다.

한편 스코틀랜드가 독립해 나갈 경우 영국이 이전처럼 지속될 것으로 기대하기는 어렵다. 2013년 말 현재 인구 520만 명으로 전체 영국 인구의 8.4%를 차지하고 있는 스코틀랜드가 독립할 경우 잉글랜드가 새로운 영국에서 압도적인 위치를 차지하는 것을 방지하기 위해서는 혁신적인 변혁이 이루어져야만 한다. 일례로 현재의 인구비례에 의한 의석 배분방식을 그대로 적용할 경우 스코틀랜드가 독립해 나간 후 런던 의회에 남게 될 약 550석의 의원 가운데 510석을 잉글랜드 출신이 차지하게 될 것이다. 따라서 웨일스와 북아일랜드 주민을 포함한 모든 국민이 "영국은 공정한 대표성 위에 구성된 안정된 체제"라고 인식할 수 있게 하기 위해서는 남겨진 세 국가(잉글랜드, 웨일스, 북아일랜드) 간의 관계에 대한 근본적인 재검토가 이루어져야 한다. 그 경우 스코틀랜드가 떨어져 나간 나머지 영국은 보다 느슨한 형태의 국가연합이 될 가능성이 크다.

스코틀랜드의 독립이나 영국을 구성하는 연합국가 체제 내부의 역학 변화가 결과적으로 아일랜드 평화프로세스에 어떠한 영향을 미칠지는 예단하기 어렵다. 그 같은 변화에는 평화프로세스의 발전을 저해할 수 있는 요인과 촉진할 수 있는 요인이 병존하기 때문이다.

먼저 스코틀랜드의 독립으로 인해 웨일스나 북아일랜드 등 나머지 지역에 대한 런던 정부의 통제가 더욱 강화될 경우 남북 아일랜드 사이의 협력이 위축될 수 있다. 반면 런던 정부의 통제력이 감소할 경우라도 그것으로 인해 성금요일 협정 이행에 대한 영국 정부의 추동력이 약화된다면 남북협력의 위축을 가져올 수 있다.

다른 한편 스코틀랜드의 독립에 고무된 남북 아일랜드의 민족주의 세력이 적극적으로 통일을 추구할 경우 반대세력을 자극해 양대 세력 간의 갈등이 다시 고조될 가능성도 있다. 이 경우 궁극적으로 아일랜드 평화프로세스의 붕괴로 이어질 가능성도 배제할 수 없다. 북아일랜드 내 스코틀랜드계 통합주의 세력이 신생독립국 스코틀랜드와 보조를 맞춰 분리를 추구할 경우 상황은 한층 더 복잡해질 수도 있다. 스코틀랜드가 독립할 경우 북아일랜드의 로열리스트들도 적극적으로 독립을 추구할 가능성이 크다. 그러나 영국 왕실에 대한 그들의 충성도로 미루어 볼 때 남북 아일랜드의 통일에는 치열하게 저항할 것이기 때문이다.

물론 스코틀랜드가 독립하는 경우에도 그것이 곧바로 통일아일랜드의 실현으로 이어질지는 알 수 없다. 다양한 장애요인과 촉진요인 가운데 어느 것이 더 강하게 작용할지는 예측하기 어렵다. 그 결과에 따라 스코틀랜드의 독립은 아일랜드 평화프로세스를 가속화하는 새로운 동력을 만들어 낼 수도 있고, 그것의 중단을 가져올 수도 있을 것이다. 그러나 그 경우 최소한 남북 아일랜드가 하나의 주권국가로서 공통의 지리적, 문화적 정체성을 지닌 객체의 일부로 자신을 바라보는 것은 가능하게 될 것이다.

이러한 인식의 발전이 설혹 아일랜드의 통일까지는 ˙이르게 하지 않는다 해도 아일랜드 평화프로세스, 나아가 아일랜드의 미래에 적잖은 영향을 미칠 것임은 자명하다. 그 같은 상황에서 일부 호사가들의 주장대로 북아일랜드가 웨일스, 잉글랜드와 함께 느슨한 형태의 국가연합 형태는 계속 유지하면서 런던 정부로부터 보다 독립적이 되어 아일랜드공화국이나 스코틀랜드와 함께 일종의 켈트동맹을 형성할지는 알 수 없다. 다만 한 가지 분명한 사실은 북아일랜드를 둘러싼 정치적 지형이 빠르게 변하고 있다는 것이다. 이 변화 속에서 통일아일랜드를 꿈꾸는 사람은 그들의 소망을 현실화시킬 수 있는 역사적 기회를 찾을 수도 있을 것이다.

나. 영국의 EU 탈퇴 국민투표[100]

아일랜드의 미래에 영향을 미칠 수 있는 또 하나의 커다란 변수는 영국의 EU 탈퇴 여부다. 스코틀랜드 주민투표가 스코틀랜드에서 비롯된 변수라면, 영국의 EU 탈퇴라는 변수의 근원은 잉글랜드다. 물론 현 시점에서 영국이 EU를 탈퇴할 가능성은 그리 크지 않다. 그러나 앞으로 수년 내에 그 같은 일이 현실화될 가능성은 그 어느 때보다도 높다고 할 수 있다.

영국은 전통적으로 유럽통합에 소극적이었다. 영국이 1957년 EU의 전신인 유럽경제공동체EEC, European Economic Community 창설 당시 가입을 거부하고 1973년에 이르러서야 비로소 회원국이 된 것도 그 같은 이유에서였다. 영국은 가입 이듬해에 EEC 잔류 여부를 묻는 국민투표를 실시하기도 했다. 19991년 1월에 출범한 마스트리히트 조약Maastricht Treaty에는 합법적으로 불참을 선택opt-out함으로써 유로화 사

---

100 EU로부터 영국의 탈퇴(withdrawal)는 "영국의 퇴장(British exit)"이라는 의미로 흔히 'Brexit', 또는 'Brixit'으로 불린다.

용을 거부하고, 아직도 자국 화폐인 파운드화의 사용을 고수하고 있다. 영국은 경제화폐통합 외에도 역내 국가 간 인적 자유이동을 위한 쉥겐조약Schengen Agreement 등 세 개의 합의에도 동참을 거부함으로써 덴마크와 함께 유럽통합에 가장 소극적인 태도를 견지해 왔다.

영국은 EU 시장 개방과 자유무역 확대에는 관심이 있으나, 상대적으로 빈곤한 남유럽국가들과의 경제나 재정 통합에는 반대하며, 정치적 통합에는 더욱 강한 거부감을 갖고 있다. 영국은 또한 오랫동안 자국의 기여 규모에 비해 상대적으로 적은 환급혜택과 점차 줄어드는 EU의 직접투자 수익에 대해 불만을 표시해 왔기 때문에 그간 꾸준히 EU 예산 삭감에 앞장서 왔다.

최근 신규 EU 회원국들이 경제위기에 처함에 따라 영국 내에서는 EU에 대한 부정적 시각이 더욱 증가하고 있다. 특히 유로존 Eurozone 국가들을 괴롭히고 있는 경기 침체, 실업률 증가, 외국인 노동자 유입, 복지 위축 등으로 인해 영국인들 사이에 반EU, 반유로화 정서가 확산되고, EU의 간섭을 배제하자는 "우리민족끼리" 주장

이 공감대를 넓혀 가고 있는 중이다. 유럽 경제의 침체는 집권 보수당의 지지자들로 하여금 EU 탈퇴를 재촉하게 만들고 있다. 따라서 역내 경제가 호전되지 않는 한 영국의 EU 탈퇴가 현실화될 가능성은 상당히 높다.

지지자들의 점증하는 요구에 정치적 위기감을 느낀 데이비드 캐머런 영국 수상은 2013년 1월, 영국의 EU 탈퇴에 대한 의견을 묻기 위한 국민투표를 2017년

데이비드 캐머런 영국 수상

12월 31일 이전에 실시할 것이라고 선언했다. 이 공약은 2015년 총선에서 보수당이 다수당이 되어 그가 수상에 재선되는 것을 전제로한 것이기에 아직은 요원한 것처럼 보인다.[101] 그럼에도 불구하고 영국과 아일랜드의 많은 전문가들은 영국의 EU 탈퇴가 가져올 결과에 대해 심각한 우려를 표명하고 있다.

2010년 이래 북아일랜드를 제외한 나머지 영국 전역을 대상으로 실시한 각종 여론조사 결과 대부분의 경우 영국 국민의 다수는 EU 탈퇴를 선호하는 것으로 나타났다. 심지어 2012년 11월 13일~15일에 실시한 조사에서는 찬성하는 사람의 수가 역대 최대인 56%에 달한 반면 반대하는 사람의 수는 겨우 30%에 불과했다. 그러나 작년 들어 이 추세에 약간의 변화가 생긴 것도 사실이다. 2014년 초반에 실시된 각종 여론조사 결과를 보면 전세가 역전된 듯이 보인다. 비록 미세한 차이이긴 하지만 EU 잔류를 지지하는 사람의 수가 탈퇴를 지지하는 사람 수보다 많게 나타난 경우가 두 배가 훨씬 넘었다. 특히 2014년 5월 10~12일에 실시된 조사에서는 잔류 지지자가 54%로 같은 문제에 대한 여론조사가 2010년에 처음 실시된 이래 최고치를 기록하기도 했다.[102]

보수당 대표인 캐머런 수상은 자신은 영국의 EU 잔류 여부를 묻는 국민투표 실시에 반대하면서도 EU 내에서 영국의 위상을 강화하기 위해서는 국민투표를 실시하는 것도 가능하다는 입장이다. EU

---

101 2015년 5월 8일에 실시된 영국 총선에서 캐머런 수상이 이끄는 보수당은 예상을 뒤엎고 하원 의석 총 650석 가운데 331석을 차지해 232석에 그친 노동당을 누르고 승리했다.

102 영국의 EU 탈퇴 지지 여부를 묻는 최근 여론조사 결과, http://en.wikipedia.org/wiki/Brixit/(2014.5.29 검색).

와의 협상에서 보다 유리한 고지를 점유하기 위해서는 새로운 조건 하에서 영국의 EU 잔류 여부를 묻는 국민투표가 필요하다는 것이다. 따라서 국민투표 실시 시도는 영국 정부로부터 보다 많은 권력을 위임받기 위해 분리독립이라는 극단적 카드를 사용하고 있는 스코틀랜드처럼 EU와의 재협상을 앞두고 협상력을 제고하기 위한 영국의 전략적 행보일 수도 있다. 그러나 다른 EU 회원국들이 캐머런 수상의 이러한 도박을 블러핑bluffing으로 간주하고 영국의 요구를 수용하지 않을 경우 국민투표 실시는 피할 수 없는 현실이 될 것이다.

여당인 보수당 내 일부 인사들은 지난 수년간 유로존을 뒤흔들고 있는 경제위기야말로 영국을 EU에서 빼낼 수 있는 절호의 기회라고 생각해 왔다. 보수당을 지지하는 유권자들 사이에선 EU 탈퇴 지지의 목소리가 점차 커지고 있다. 현재 야당인 노동당은 국민투표 실시에 반대하고 있지만, 앞으로 그 같은 입장이 바뀔 수 있는 가능성을 배제하지는 않고 있다. 한편 제3당인 자유민주당은 EU 회원국으로 잔류하는 것이 영국의 국익에 부합하기에 국민투표를 지지하지 않는다는 입장을 밝히고 있다. 그러나 소수정당인 영국독립당UKIP, UK Independence Party과 영국국민당British National Party, 녹색당Green Party of England and Wales 등은 모두 국민투표를 지지하고 있다. 그 가운데 특히 애초부터 EU 탈퇴를 외쳐 온 우익 포퓰리스트populist 정당인 UKIP가 최근 각종 선거에서 약진을 거듭하고 있는 것은 무시할 수 없는 변수다.[103] 물론 EU 탈퇴가 국민투표에서 실제로 다수의 지지를 얻을 수

---

[103] UKIP는 2014년 5월에 실시된 유럽의회 선거에서 영국에 배정된 73개의 의석 가운데 24석을 확보함으로써 27.49%의 득표율로 제1당의 위치를 차지했다. 노동당이나 보수당 외의 정당이 영국에서 실시된 전국적 규모의 선거에서 최다 의석을 차지한 것은 최근 백 년 만에 처음 있는 일이다.

있을지는 불확실하다. 1975년에 실시된 EEC 탈퇴 지지 여부를 묻는 국민투표의 경우 투표 직전까지만 해도 찬반세력이 팽팽하게 맞섰으나 막상 뚜껑을 열어보니 잔류 지지가 반대보다 두 배나 많게 드러나기도 했다.

현재 EU의 정치지도자들은 한 목소리로 영국의 EU 탈퇴 움직임을 비난하며 잔류할 것을 공개적으로 촉구하고 있다. 그러나 최근 프랑스와 독일에서 실시된 여론조사의 결과는 양국 국민 모두 영국의 탈퇴를 선호하는 것으로 나타났다. 한편 오바마 행정부는 영국이 EU를 탈퇴할 경우 EU에 대한 영국의 영향력이 약화되어 미국의 국익에 도움이 되지 않을 것을 우려해 반대의사를 표명하고 있다.

북아일랜드는 그간 EU의 틀 안에 있었기에 경제, 정치, 문화 등 다양한 분야에서 보다 안정적으로 아일랜드공화국과 화해와 협력을 추진할 수 있었다. 그러나 영국이 EU를 떠날 경우 북아일랜드는 런던으로부터 소외되고 잊혀진 변방지역이 될 가능성이 크다. 그 경우 그간 EU라는 커다란 틀 안에서 진행되어 오던 남북협력도 추진동력을 상당히 상실하게 될 것이다. 그렇기 때문에 일부 북아일랜드 민주통합당 인사들은 영국의 EU 탈퇴 국민투표 실시에 완강히 반대하고 있는 것이다.

그것이 실질적인 것이든 아니면 단순한 인식의 차이이든 간에 브리튼과 북아일랜드 사이에 존재하는 EU에 대한 이해관계의 차이야말로 향후 실시될 EU 탈퇴 주민투표의 향방을 결정짓는 주요한 토대가 될 것이다. 그러나 북아일랜드 유권자 수가 전체 영국 유권자 수의 겨우 2.9%에 불과한 현실을 감안할 때 북아일랜드는 투표결과에 별 영향을 미치지 못할 것이다. 따라서 설혹 북아일랜드 주민 전체가 EU에 남아 있길 원한다 해도 전체 영국 국민의 다수가 탈퇴를 선택할 경우 북아일랜드 주민들의 의견은 무시될 수밖에 없다.

영국의 EU 탈퇴는 여러 가지 측면에서 영국과 아일랜드 관계를 변화시키고 아일랜드 평화프로세스에도 영향을 미칠 것으로 예상된다. 첫째, 영국이 EU를 탈퇴할 경우 무엇보다도 먼저 북아일랜드와 아일랜드공화국 사이의 국경이 복원될 가능성이 높다. 북아일랜드와 아일랜드공화국은 약 360km에 달하는 국경을 공유하고 있다. 영국이 EU에서 탈퇴할 경우 남북 아일랜드 사이의 국경은 EU 회원국과 비회원국이 공유하는 유일한 육상 국경이 된다는 점에서 중요한 의미를 갖게 된다. 따라서 영국이 EU를 떠날 경우 EU 회원국인 아일랜드공화국은 안보와 이민, 통관 검색을 위해 양국 간의 모든 국경통행로에 대한 순찰을 재개할 가능성이 높다. 북아일랜드에서 폭동의 시대가 절정에 달했던 시기에도 양국의 국경은 빈틈이 많고 그만큼 순찰하기 어려운 곳으로 악명이 높았다. 결국 EU 회원국과 비회원국 사이의 불법 월경을 막기 위해 통관 검문과 국경 순찰을 강화할 가능성이 매우 높다.

둘째, 국경의 복원은 남북 아일랜드 교역에 대한 관세의 복원으로 이어질 가능성이 높다. 북아일랜드에게 있어 아일랜드공화국은 제2의 교역 대상국이다. 현재는 같은 EU의 일원이기에 남북 아일랜드 교역에 관세가 적용되지 않고 있지만 영국과 아일랜드 간 교역에 관세가 도입될 경우 남북 교역량이 크게 감소될 것이다. 나아가 국경의 통제는 남북 아일랜드 사이의 교류와 협력에 물리적 장애를 조성해 성금요일 협정에 입각한 남북관계 발전에 부정적으로 작용할 것이다. 이 경우 특히 남북 아일랜드가 성금요일 협정에 의해 설립한 아일랜드 전역을 대상으로 한 공동경제협력기구들의 활동에 커다란 장애를 초래할 가능성이 높다.

셋째, 영국의 EU 탈퇴는 단일 EU 시장에 대한 북아일랜드의 접근성을 제한하게 될 것이다. 북아일랜드 경제에 있어서는 단일 EU 시장에 대한 접근성을 확보하는 것이 매우 중요하다. 지극히 작은 내수시장의 규모를 감안할 때 북아일랜드의 산업은 수출에 의존할 수밖에 없기 때문이다. 그러나 영국이 EU를 탈퇴할 경우 금융과 무역, 여행 등의 분야에서 영국에 대한 EU의 규제 도입을 불가피하게 만들어 북아일랜드 경제에 상당한 타격을 가할 가능성이 크다. 물론 영국이 EU를 떠난다 해도 EU에 대한 수출은 자유무역협정의 체결을 통해 이루어질 수도 있다. 그러나 설혹 영국이 EU와 자유무역협정을 체결한다 해도 EU 회원국 전체, 또는 대부분이 영국에 최혜국 대우를 제공할지는 미지수다. 따라서 영국의 EU 탈퇴는 북아일랜드의 대EU 수출에 심각한 타격을 가져올 수 있다. 물론 그 경우 역설적으로 북아일랜드의 EU 시장 접근을 위한 주요 관문으로서 아일랜드공화국의 가치가 상승해 남북경협의 확대로 이어질 가능성도 있기는 하다.

넷째, 국경과 관세의 복원은 특히 1998년 성금요일 협정 체결 이후 많은 수혜를 누려 온 남북 아일랜드 접경지역의 경제적 침체를 가져올 수 있다. 영국이 EU를 탈퇴할 경우 남북 아일랜드 접경지역은 정치·경제적으로 고립될 것이다. 그렇잖아도 동 지역은 지난 수년간의 경제 침체에 의해 심각한 타격을 입어 왔다. 그 와중에 공화주의파 저항세력이 주민들의 관심을 끌어왔다. 영국의 EU 탈퇴가 조성하는 새로운 상황은 그들에게 유리하게 작용할 가능성이 크다. 북아일랜드와 아일랜드공화국 정부가 접경지역 경제의 복원을 위해 노력하고 있는 가운데 가장 우려하는 것은 양측의 민족주의자들이 실업률의 증가를 자신들의 정치적 목적을 위해 이용하는 상황이다.

다섯째, 영국의 EU 탈퇴는 북아일랜드에서 유혈충돌의 재현으로 이어질 수 있다. 영국과 아일랜드 모두가 EU 회원국이라는 사실은 아일랜드 평화프로세스에도 긍정적으로 작용해 왔다. 그것은 오랫동안 영국과 아일랜드는 물론 유럽 전체의 안정을 위협해 오던 북아일랜드 내 양대 정파 간의 유혈갈등을 희석시키는 데 큰 도움이 되었다. 북아일랜드 갈등이 단지 아일랜드만의 문제가 아니라 EU 전체의 문제로 인식되어 회원국 전체의 공동대응을 가능케 했기 때문이었다. 그러나 영국이 EU에서 탈퇴할 경우 그것은 더 이상 EU의 문제가 아니라 단지 영국의 국내문제로 인식될 가능성이 높다. 과거에는 IRA가 유럽 주둔 영국군 기지를 대상으로 테러공격을 감행할 경우 유럽 안팎의 각종 테러리스트 단체들이 그것을 지원하기도 했다. 그러나 영국의 EU 탈퇴는 북아일랜드 무장세력을 여타 유럽 내 테러리스트 단체들로부터도 고립시키는 결과를 낳을 것이다. 결국 공동대처의 가능성이 줄어든 반면 횡적 연계의 가능성도 줄어들게 될 것이다. 그 같은 상황에서 IRA의 무장투쟁이 재개된다면 그만큼 더 극단적으로 흐를 가능성도 배제할 수 없다.

여섯째, 그간 아일랜드 평화프로세스를 지원해 오던 EU의 역할에도 상당한 변화가 예상된다. EU 탈퇴 주민투표와 관련해서 북아일랜드의 주요 관심사 가운데 하나는 "영국이 EU를 탈퇴한 이후에도 PEACE 기금과 농업, 수산업 등에 대한 구조적 자금의 지원이 계속될 것인가?"라는 것이다. 북아일랜드는 지난 수년간 영국 내 다른 지역이 누리지 못하는 EU의 재정지원 혜택을 누려 왔다. 그 가운데 가장 대표적인 것이 PEACE 기금이다. 2007년에서 2013년에 걸쳐 실업자 구제와 소외 청소년 교육훈련 등을 위해 북아일랜드에 지원된 다양한 유형의 PEACE 기금은 총 22억 5,000만 유로에 달했다. PEACE 기금의 축소는 여태까지 많은 성과를 이룩한 각종 프로그램을 위축시키는 결과를 낳을 것이다.

북아일랜드 지역이 영국의 다른 지역에 비해 더욱 많이 누려 온 또 하나의 혜택은 EU의 직접투자였다. 1988년 이후 북아일랜드 지역에 대해 이루어진 EU의 직접투자는 총 75억 유로를 상회했다. 영국이 EU를 탈퇴할 경우 북아일랜드가 받아 온 그러한 평화배당금도 중단될 가능성이 높다.

마지막으로, 영국의 EU 탈퇴는 향후 스코틀랜드의 독립 선택에도 적지 않은 영향을 미칠 것이다. 잉글랜드에 비해 유럽대륙으로부터 지리적으로 더 멀리 떨어져 있음에도 불구하고 스코틀랜드는 오랫동안 정서적으로나 학문적으로, 또는 문화적으로 유럽대륙과 가까운 관계를 유지해 왔다. 지난번 스코틀랜드 독립 주민투표에 앞서 살몬드 수상이 독립스코틀랜드는 EU에 잔류할 것이라는 점을 강조한 것도 그 같은 이유에서였다.

최근의 여론조사 결과를 봐도 잉글랜드와 스코틀랜드 주민들은 영국의 EU 탈퇴에 대해 상당히 상반된 입장을 보이고 있다. 일예로 2013년 초 《파이낸셜타임즈Financial Times》가 영국 전역을 대상으로 실시한 여론조사에 의하면 EU 탈퇴 지지 여부를 묻는 주민투표가 내일 당장 실시될 경우 영국 국민의 50%가 탈퇴에 찬성하는 반면, 단지 33%만이 잔류를 선택할 것으로 나타났다.[104] 이 같은 찬반 추세는 2010년과 2013년 사이에 실시된 각종 여론조사 결과와도 일치했

---

[104] Wikipedia, '영국의 EU 회원 탈퇴에 관한 주민투표 제안(Proposed referendum on United Kingdom membership of the European Union)', http://en.wikipedia. org/wiki/ Proposed_ referendum_on_United_Kingdom_membership_of_ the_European_Union#Opinion_polling/(2014.4.12 검색).

다.[105]

한편 영국의 저명한 시장조사 전문회사인 입소스-모리Ipsos-Mori가 2013년 2월 동일한 사안에 대해 스코틀랜드 주민들만을 대상으로 실시했던 여론조사는 전혀 상반된 결과를 보여주었다. 스코틀랜드 주민들은 영국의 다른 지역보다 훨씬 더 유럽 중심적인 성향을 지닌 것으로 나타났다. 53%에 달하는 스코틀랜드 주민이 EU 잔류를 지지한 반면 탈퇴 지지의사를 밝힌 주민 수는 겨우 34%에 불과했던 것이다. 이 두 개의 여론조사 결과로 미루어 볼 때 EU 탈퇴 여부를 묻는 주민투표가 실시될 경우 영국 전체가 찬성하는 가운데 스코틀랜드는 반대할 가능성도 배제할 수 없다. 스코틀랜드의 신임 스털존 수상은 이미 스코틀랜드 주민들에게 향후 EU 탈퇴 주민투표가 실시될 경우 반대할 것을 촉구했다.[106] 물론 스코틀랜드를 제외한 영국 전역에서 찬반이 비슷할 경우 스코틀랜드가 국민투표 결과를 결정짓는 스윙표swing vote를 행사할 수도 있을 것이다.

그러나 전체 영국의 4,500만 유권자 가운데 스코틀랜드 주민은 겨우 400만 명 정도에 불과하다. 따라서 현실적으로 스코틀랜드 주민들의 의사가 전체 영국 국민의 의사결정에 영향을 미칠 가능성은 지극히 희박하다. 그 같은 이유에서 비록 지난 2014년 가을에 실시된 주민투표에서 스코틀랜드가 영국 잔류를 선택했기는 하나 그것

---

[105] 2013년 12월 1일에 실시된 여론조사에서 최초로 찬반이 32:41로 역전된 결과가 나타난 것은 다소 예외적인 일이었다. http://en.wikipedia.org/wiki/Brexit/(2014.4.12 검색).

[106] 《더 가디언(The Guardian)》, 니콜라 스털존, '스코틀랜드 주민들에게 EU 국민투표 반대를 호소(Nicola Sturgeon calls for Scottish veto on EU referendum)(2014.10.20)', http://www.theguardian.com/politics/2014/oct/29/nicola-sturgeon-scottish-veto-eu-referendum/(2014.11.24 검색).

으로써 스코틀랜드의 미래에 대한 불확실성이 완전히 해소된 것은 아니라고 할 수 있다. 잉글랜드가 다수의 힘을 이용해서 친EU 입장을 견지하고 있는 스코틀랜드를 EU에서 빼낼 경우, 그에 따른 정치적 후유증이 상당히 오랫동안 지속될 가능성이 크다. 독립을 요구하는 스코틀랜드 민족주의에 다시 한 번 불길을 당겨 결국은 영국식 국가연합체제의 붕괴로 이어질 가능성도 있기 때문이다. 그렇게 될 경우 아일랜드 평화프로세스 추진환경에도 전격적인 변화가 일어날 것이다.

일부 인사들의 주장처럼 영국의 EU 탈퇴가 곧 아일랜드의 통일로 이어질 것이라는 생각은 어쩌면 환상에 불과할지도 모른다. 영국이 EU를 떠나기로 결정한다 해도, 북아일랜드인들은 늘 그랬던 것처럼 일상생활을 유지하며 그들에게 주어지는 기회를 최대한 활용하기위해 노력할 것이다. 성금요일 협정의 체결은 수백 년간 지속되어 오던 북아일랜드 갈등을 종식시켰다. 그러나 아일랜드 평화 정착을 위해서는 아직도 북아일랜드 개신교와 가톨릭 사회 사이에 보다 장기간에 걸쳐 신뢰와 안정을 구축하는 것이 필요하다. 영국의 EU 탈퇴와 같은 외부환경의 전격적인 변화는 지난 몇 년간 서로 신뢰를 쌓으며 선린우호관계를 발전시켜 온 남북 아일랜드 양국관계에도 상당한 부담으로 작용할 것이 자명하다.

3. 아일랜드 평화프로세스의 미래

아일랜드 문제의 근원은 하나의 지리적 공간에 겹쳐져 있는 두 개의 정체성identity에 있다. 그중 하나의 정체성은 로마 정복시대 이전부터 존재하던 켈트족 사회에 뿌리를 둔 토착 게일릭Gaelic 문화로서, 가톨릭적이고 민족주의적인 성향을 띠며 정치적으로는 공화주의를 지향해 왔다. 다른 하나는 주로 17~18세기에 아일랜드로 건너 온 스코틀랜드 출신의 개신교 정착민들로부터 이어져 내려온 것으로서 대영제국, 영국 왕실, 개신교 혁명 등과 정체성을 같이해 왔다. 전자가 신비주의적이고, 영적이며, 전통적인 이미지로 인식되어 왔다면, 후자는 실증적이고, 현실적이며, 진보적인 이미지를 형성해 왔다. 권력공유정부가 강경 민족주의 세력의 준동과 같은 내부적 도전이나 스코틀랜드의 독립이나 영국의 EU 탈퇴와 같은 외부적 도전에 취약할 수밖에 없는 것도 바로 그 같은 이유에서이다. 아일랜드 평화프로세스의 미래는 결국 서로 다른 두 개의 정체성이 어떻게 하나의 체제 안에서 안정적으로 공존할 수 있느냐에 달려 있다고 할 수 있다.

아일랜드 평화프로세스는 이 두 정체성의 평화공존 가능성을 테스트하는 하나의 시험대다. 성금요일 협정은 두 개의 정체성이 "전부 아니면 전무all or nothing"식의 대결이 아니라 권력 공유를 매개로 공존할 수 있는 토대를 제시했다. 두 개의 정체성 사이에 영국에 의한 식민통치보다는 북아일랜드의 자치를 선호하는 공통분모가 존재했기에 가능한 일이었다. 양측 모두 권력 공유 메커니즘이 실패할 경우 정책결정권은 다시 런던에 귀속되고 자치를 누리는 것이 불가능하게 될 것을 우려했다. 대부분의 북아일랜드인은 적대세력과 권력을 공유하는 것에 대해 정서적으로 거부감을 갖고 있었으나, 자신들과 관련된 문제는 런던의 정치인들보다는 지역 정치인들의 손에 맡기는 것이 훨씬 더 낫다고 생각했다. 권력 공유는 지역정부가 독립적인 정책결정권을 행사할 수 있는 유일한 방안이었던 것이다.

아일랜드 평화프로세스의 미래는 성금요일 협정에 의해 만들어진 권력공유체제가 과연 "지속적인 안정성sustainable stability"을 갖고 있느냐에 달려 있다. 권력공유체제가 현 상황에서 작동 가능한 유일한 메커니즘이라는 데는 이론의 여지가 없으나, 그것이 장기적으로 지속가능할지에 대해서는 아무도 장담할 수 없다. 지속가능성에 대해 의문을 갖게 되는 것은 대의제 민주주의의 관점에서 볼 때 북아일랜드의 권력공유정부는 민주적 제도라고 하기 어렵기 때문이다. 그것은 북아일랜드 사회의 다수를 형성하고 있는 가톨릭 유권자와 소수를 이루고 있는 개신교 유권자 사이에 존재하는 인구 편차를 무시하고 인위적으로 만들어진 세력균형의 토대 위에 수립된 체제다. 따라서 민주주의 제도의 기본적 요소 가운데 하나인 표의 등가성에 입각한 평등선거의 원칙을 훼손하고 있다. 두 개, 또는 다수의 주권국가 간 관계라면 인구 편차나 국력의 격차를 무시한 UN식 '1국가 1표제'의 권력 배분 방식을 적용하더라도 안정성이 담보될 수 있겠으나, 하나의 국가 안에서 그 같은 차별적인 제도가 장기적으로 유지되기는 쉽지 않을 것이다.

그렇다고 권력공유체제의 안정성을 담보하는 요소가 존재하지 않는 것은 아니다. 민족주의 세력과 통합주의 세력을 성금요일 합의에 도달할 수 있게 만든 바로 그 공통분모가 권력공유체제를 유지시키는 주요 동인이다. 그것이 서로 대립하는 정체성을 초월해 권력공유정부를 지속시키려는 정치적 동력이 되고 있는 것이다. 성금요일 협정 서명 당사자들을 비롯한 남북 아일랜드의 정치지도자들은 지난 수십 년간 상당한 규모의 정치적 자원resources을 아일랜드 평화프로세스에 투자해 왔다. 따라서 피터 로빈슨 현 수상이나 마틴 맥기니스 부수상을 포함한 양측의 주요 정치지도자들은 이제까지 투자한 정치적 자원이 아까워서라도 자신들의 업적이 실패로 돌아가는 것을 원치 않고 있다. 그들은 결코 현재 진행 중인 아일랜드 평화프로세스가 실패로 돌아가도록 놓아두지 않을 것이다.

권력공유체제를 통한 평화공존이 지속될수록 자치정부에 대한 북아일랜드인들의 자긍심은 더욱 커지고, 두 정체성 사이의 공통분모는 확대될 것이다. 한편 시간이 흐를수록 민족주의적인 정체성이나 통합주의적인 정체성에 대한 강조는 점차 줄어들 것이다. 궁극적으로 아일랜드계도 아니고 잉글랜드계도 아닌 제3의 통합적 정체성, 즉 북아일랜드인으로서의 정체성이 새롭게 대두될 가능성도 배제할 수 없다. 실제로 가장 최근인 2011년에 실시된 북아일랜드 인구조사에서 민족적 정체성을 묻는 질문에 대해 자신을 "영국인"이라 대답한 북아일랜드 주민이 전체의 40%, "아일랜드인"이라 대답한 주민이 전체의 25%인 반면, "북아일랜드인"이라고 답변한 사람도 21%나 되었다. 최근 북아일랜드 주민 사이에서 통합주의나 민족주의의 색채를 의도적으로 회피하고 있는 비동맹 중도정당에 대한 지지가 증가하고 있는 사실도 그 같은 가능성을 높여준다.

비록 두 개의 정체성을 뛰어넘는 제3의 정체성을 논하는 것이 아직은 시기상조일지 모르나, 제3의 정체성의 대두는 장기적으로 북아일랜드 권력공유정부, 나아가 아일랜드 평화프로세스의 미래를 결정지을 수 있는 중요한 변수가 될 수 있다. 장기적으로 북아일랜드인들의 정체성에 영향을 미칠 수 있는 두 가지 결정적인 요소는 시간의 흐름에 따른 북아일랜드 사회의 인구구성과 세대의 변화라고 할 수 있다. 물론 그 같은 변화가 향후 두 개의 정체성에 정확히 어떠한 영향을 미칠지는 예측하기 쉽지 않으나, 그것은 이미 오랜 시간 진행되어 왔고, 지금 이 시간에도 진행 중이다.

1921년 아일랜드가 영국으로부터 독립하던 당시 북동부 6개 주가 영국의 일부로 잔류할 수 있었던 것은 이들 6개 주에서는 개신교 주민이 인구의 다수를 차지하고 있기 때문이었다. 실제로 분단 직후 실시된 1922년 인구조사에 의하면 북아일랜드 6개 주에 거주하는 가톨릭 인구는 전체의 25%에서 30% 사이에 불과했다. 그러나 분단 이후 북아일랜드 사회의 가톨릭 인구는 꾸준히 증가했다. 그 결과 1961년 인구조사에서는 전체 인구의 약 38%에 불과하던 가톨릭 인구가 2011년 조사에서는 45%를 상회했다. 특히 최근 10년 동안 그 비중이 5%p나 증가했다. 반면 같은 기간에 53%를 상회하던 개신교 인구는 48% 이하로 감소해 전체 인구의 절반 아래로 떨어졌다.[107] 2011~2012년 북아일랜드의 각급 학교 재학생을 대상으로 한 조사의 결과는 그 같은 변화를 더욱 극명하게 보여주었다. 가톨릭계 학생이 전체의 50.9%를 차지한 반면, 개신교계 학생은 37.2%에 불과했던 것이다. 두 종교적 정체성 간의 인구구성비 변화는 궁극적으로 두 정체성 간 역학관계의 변화를 초래하고, 결국 성금요일 협정에 입각한 비민주적, 또는 제한적 민주주의의 근간을 허물 수도 있을 것이다.

또 다른 예측불허의 변수는 세대의 변화다. 다음 세대, 그 다음

---

107 '북아일랜드 사회에 관한 참고자료—인구 및 인구동태통계(Background Information on Northern Ireland Society—Population and Vital Statistics)', CAIN 웹서비스, http://cain.ulst.ac.uk/ni/index.html/(2014.6.3 검색).

세대에도 현재의 권력공유체제가 계속 유지될 수 있을까? 어쩌면 보다 정상적인 형태의 민주주의로 이동할지도 모른다. 물론 다음 세대의 북아일랜드 사람들이 보다 더 민족주의적일지, 아니면 보다 덜 민족주의적인 반면 보다 더 국제적일지는 알 수 없다. 지난 수백 년간 유지되어 온 민족의식과 종교적 전통이기에 여태까지 그래온 것처럼 향후 수십 년, 아니 수백 년간도 계속 유지될 수 있다고 생각할 수도 있다.

그러나 과거 수천 년간 인류역사의 흐름과 최근 십여 년간 인류역사의 흐름은 판이하게 다르다. 한 가지 결정적인 차이는 인터넷 같은 소셜네트워크서비스SNS, Social Network Service의 발달이라고 할 수 있다. 장거리 교통수단과 TV의 대중화에 이은 SNS의 발달은 공간적 거리감의 급속한 축소를 가져왔다. 그 결과 우리는 인류역사상 그 어느 때보다도 동일 국가, 또는 동일 민족 내 서로 다른 세대 간의 유대감보다는 국가와 민족에 관계없이 동 시대를 사는 동일 세대 간 느끼는 유대감이 훨씬 강한 시대에 살고 있다. 이처럼 세대적 정체성이 민족적 정체성을 압도하는 현상은 시간이 흐를수록 더욱 가속화될 가능성이 크다.

이러한 현실을 감안할 때 북아일랜드의 성금요일 협정 체결 이후 세대는 그들의 부모나, 조부모, 또는 그 이전 어느 세대보다도 기존의 민족·종교적 정체성을 뛰어넘는 제3의 북아일랜드, 혹은 아일랜드인으로서의 정체성을 발전시킬 가능성이 크다. 인류가 지금과 같은 사이버 문화를 지속해서 발전시켜 나간다면 시간이 지날수록 그 가능성은 더욱 커질 것이다. 물론 그 같은 일이 가까운 장래에 이루어지지는 않을 것이다. 지금부터 한참 후 미래의 일일 수도 있다. 지금부터 스스로에 대한 아일랜드인들의 인식이 어떻게 진화할지에 주목해 볼 필요가 있다.

아일랜드인들이 아일랜드 평화프로세스의 미래에 대해 그 어떤 단정도 하지 않는 것은 아마 그 같은 이유에서 일 것이다. 그들은 평화프로세스의 종착지를 미리 예단하지 않고 있다. 민족주의자나 통합주의자, 남아일랜드나 북아일랜드 그 누구도 현 시점에서 성급하게 남북통일을 전제하지 않는다. 아일랜드 평화프로세스의 종착지가 아일랜드 섬의 통일일지, 제3의 북아일랜드 정체성의 탄생을 통한 남북 아일랜드의 평화공존일지, 아니면 남아일랜드나 영국 어느 한 쪽에도 속하지 않는 독립된 주권국가 북아일랜드일지, 아무도 알 수 없다. 그렇다고 아일랜드인들이 통일아일랜드의 꿈을 포기한 것은 결코 아니다. 다만 굳이 어느 하나의 특정한 종착지를 미리 정하고, 그 곳에 도착하기 위해 무리하게 나아가지 않고 있을 뿐이다. 미래는 미래에 맡길 뿐, 과거로 인해 현재가 규정되는 역사의 고통을 처절하게 체험해 온 그들이기에 현재가 미래를 규정짓는 잘못을 다시 범하려 하지 않는 것이다. 그저 최선을 다해 당면한 도전을 헤쳐 나가며 현재 진행 중인 평화프로세스를 점진적으로 발전시키는 지혜를 보여주고 있는 것이다.

Ⅱ

—

성금요일 협정

제1장

구성과 주요 내용

'성금요일 협정', 또는 '벨파스트 협정Belfast Agreement'[108]은 영국 및 아일랜드공화국 정부와 평화협상에 참여한 북아일랜드의 여덟 개 정당, 또는 정파[109] 사이에 체결된 협정이다. 엄격히 말해 성금요일 협정은 두 개의 서로 연계된 합의문으로 이루어져 있다고 할 수 있다. 하나는 북아일랜드의 민족주의와 통합주의 정당들 사이에 체결된 다자협정multi-party agreement이며, 다른 하나는 영국과 아일랜드 정부 사이에 체결된 국제협정international agreement이다. 전자가 평화협상에 참여한 제 정당·정파 간에 이루어진 정치적 합의라면, 후자는 두 주권국가 정부 사이에 이루어진 법률적 합의라고 할 수 있다. 양국 정부 사이에 체결된 협정은 매우 간략해 단지 네 개의 조항만으로 이루어져 있다. 그러나 그것은 양국 정부에 의한 다자협정 이행을 보장하는 법적 구속력을 지니고 있다. 다자협정은 영아 양자합의 내용을 본문에서 재확인하는 한편 양자협정 전문을 부속문서로 포함함으로써 두 협정 간의 연계를 확실히 하고 있다.

두 개의 문서에 대한 서명은 모두 1998년 4월 10일 성금요일에 벨파스트에서 이루어졌다. 그 후 다자협정은 1998년 5월 22일 남북 아일랜드에서 동시에 실시된 주민투표에 의해 채택되었다. 반면 영아협정은 양국 정부의 내부 인준절차를 거쳐 1999년 12월 2일에 효력을 발생했다. 현재 영국의 일부로서 북아일랜드가 갖고 있는 헌법적 지위와 북아일랜드 자치정부 체제는 이 두 개의 협정에 그 근거를 두

---

[108] 전자는 아일랜드식, 후자는 북아일랜드식 명칭이다. 아일랜드어로는 'Comhaontú Bhéal Feirste', 또는 'Comhaontú Aione an Chéaste', 얼스터-스콧어로는 'Bilfawst Greeance', 또는 'Guid Friday Greeance'라고 한다.

[109] 성금요일 협정에는 얼스터통합당, 사회민주노동당, 신페인당, 북아일랜드동맹당, 진보통합당, 북아일랜드여성연합, 얼스터민주당, 노동당 등 8개의 북아일랜드 정당이 서명했다. 주요 정당 가운데는 민주통합당만이 유일하게 서명에 불참했다.

고 있다.

성금요일 협정, 즉 다자협정은 총 11개의 장으로 구성되어 있다. 전문격인 제1장에서 협상 참석자들은 성금요일 협정을 "새로운 시작을 위한 역사적 기회"로 규정하고, 다자협상의 합의에 대한 지지를 선언했다. 또한 "깊고 매우 후회스러운deep and profoundly regrettable"고통을 남긴 과거의 비극에 대한 성찰과 함께 화해와 관용, 다자 간 상호신뢰, 모든 사람의 인권에 대한 존중 등을 강조했다. 나아가 상호 간의 "상당한 차이"를 인정하는 한편 폭력을 배제하고 민주적이고 평화적인 절차를 통해 그 같은 차이를 해소할 것을 약속했다. 한편 성금요일 합의에 입각해 취해지는 모든 제도적, 헌법적 조치는 상호연계적interlocking이고, 상호의존적interdependent이어서 각각의 성공이 다른 모든 것의 성공과 직결되어 있음을 분명히 했다.

헌법적 문제들을 다룬 제2장에서는 별도의 영아협정에서 합의된 내용을 반복했다. 먼저 1973년의 서닝데일 합의나 1985년의 힐스보로 합의 같은 이전의 문서에서 그랬던 것처럼 두 가지 중요한 현실을 인정햇다. 첫째는 북아일랜드 주민의 "다수majority"는 북아일랜드가 영국의 일부로 남아 있기를 원한다는 것이었다. 둘째는 북아일랜드 주민의 "상당한substantial 일부"와 아일랜드 국민의 "다수"는 통일된 아일랜드를 희망한다는 것이었다. 영국과 아일랜드공화국은 이 두 개의 관점을 모두 합법적인 것으로 인정함으로써 북아일랜드와 아일랜드 국민의 다수가 각각 남북 아일랜드의 통일을 원하게 되는 시점까지는 북아일랜드가 영국의 일부로 남아 있는 데 동의했다. 그것은 아일랜드공화국이나 북아일랜드의 민족주의 세력이 아일랜드의 통일을 일방적으로 추진하지 않는다는 것을 의미했다.

그러나 그렇다고 해서 통일아일랜드를 포기한 것은 결코 아니었다. 향후 언젠가 남북 아일랜드 모두에서 다수의 국민이 통일을 희망할 경우 영국과 아일랜드공화국 양국 정부는 그 같은 아일랜드 국민의 선택을 즉시 실행에 옮겨야 하는 "법적 의무binding obligation"를 지님을 명시함으로써 통일아일랜드로 향한 길을 열어 놓았다. 나아가 아일랜드의 통일은 외부의 방해 없이 전적으로 아일랜드 섬 주민들만이 자유로운 합의에 의해 스스로 선택할 수 있는 문제라고 규정함으로써 민족자결self-determination의 원칙을 천명했다.

더욱 중요한 사실은 그 같은 선택이 남북 아일랜드에서 "동시에concurrently" 이루어져야 하고, 특히 그 같은 선택에 북아일랜드 주민의 다수가 동의해야 한다는 점을 강조함으로써 "합의에 의한" 통일 원칙을 분명히 밝혔다는 것이었다. 그리고 이 원칙을 보장하는 제도적 조치로서 영국이 1920년에 제정해 아일랜드의 분단과 북아일랜드의 탄생을 초래했던 아일랜드정부법을 폐지하는 대신 아일랜드공화국은 북아일랜드에 대한 아일랜드의 영토권을 주장하는 아일랜드 헌법 제2조와 3조의 개정을 약속했다.

성금요일 협정은 또한 북아일랜드가 앞으로 계속해서 영국의 일부로 남아 있든, 아니면 통일아일랜드의 일부가 되든, 미래의 법적 지위가 어떻게 변화든 상관없이 북아일랜드 주민에게는 "영국이나 북아일랜드, 또는 두 개 모두의 정체성"을 선택할 수 있는 천부의 권리birthright가 있음을 인정하고, 영국과 아일랜드 양국의 시민권을 모두 보유할 수 있는 권리를 허용했다. 나아가 북아일랜드의 법적 지위와 상관없이 "각 지역에 대한 관할권을 갖고 있는 주권정부의 권력은 다양한 정체성과 전통을 지닌 모든 사람들을 대표해 전적으로 공평하게 행사되어야 하며, 시민권적, 정치적, 사회적, 문화적 권리에 대한 존중과 평등의 원칙뿐 아니라 모든 사람에 대한 차별로부터의 자유,

동일한 존중, 양측 지역사회community의 염원과 기풍, 정체성 등에 대한 공정하고 평등한 대우에 기초해서 행사되어야 한다"고 강조함으로써 소수민족에 대한 차별을 방지했다.

　　제2장은 성금요일 협정에 따라 영국과 아일랜드 정부가 시행해야 할 법률 개정에 관한 초안과 법률 개정 일정을 부속조항annex에 명시했다. 부속조항은 먼저 북아일랜드 분리에 대한 북아일랜드 주민의 합의가 없는 한 북아일랜드는 계속해서 영국 영토의 일부로 잔류한다는 사실을 재차 강조했다. 그러나 북아일랜드 주민의 다수가 남북아일랜드의 통일을 희망할 경우 영국 정부의 북아일랜드장관에게 그 희망을 현실시키기 위한 제안을 의회에 제출하도록 법제화함으로써 합의이행을 위한 법적 토대를 제공했다. 영국 정부는 또한 1920년에 제정된 아일랜드정부법을 폐지하고, 성금요일 협정에 입각해 새로 제정되는 법이 앞서 제정된 다른 모든 법에 우선하는 효력을 지닌다는 사실을 분명히 했다. 한편 아일랜드공화국 정부는 영아협정에 의거해서 헌법을 개정할 것을 약속했다. 제2장의 부속조항은 특히 북아일랜드를 포함해 아일랜드 섬 전체에 대한 영토권을 주장하고 있는 헌법 제2장과 제3장의 개정을 명시하고, 대체 조항의 문안을 구체적으로 제시했다.

표 II-1. 성금요일 협정의 구성

구분	주요내용	세부내용	부속합의
제1조	지지선언		
제2조	헌법적 사안	영아 정부 간 협정에 대한 인준	A: 영국 정부 입법 조항 초안 및 입법일정 B: 아일랜드 헌법 개정 및 개정조항 초안
제3조	첫 번째 가닥 (Strand One)	북아일랜드의 민주적 기구	
제4조	두 번째 가닥 (Strand Two)	남북각료위원회	
제5조	세 번째 가닥 (Stand Three)	영국-아일랜드 위원회 영국-아일랜드 정부 간 회의	
제6조	권리, 안전장치 및 기회의 균등	인권 영국의 법령 북아일랜드의 신설 기구 아일랜드 정부에 의한 상응조치 합동위원회 화해 및 폭력의 희생자 경제, 사회, 문화적 사안	
제7조	무장해제		
제8조	안보(Security)		
제9조	치안 및 형사제도		A: 북아일랜드 치안위원회 B: 형사제도 재검토
제10조	죄수의 석방		
제11조	비준, 이행 및 평가	비준 및 이행 이행 후 평가절차	영아 정부 간 협정

출처: Wikipedia(http://en.wikipedia.org/wiki/Belfast_Agreement) 참조 재구성

제3장에서 제5장까지는 세 개의 "가닥strands", 또는 분야에서의 합의내용을 담고 있다. 첫 번째 가닥은 영국이라는 국가 내에서 북아일랜드의 정부체제와 그것이 갖는 지위에 관한 것이었다. 두 번째 가닥은 북아일랜드와 아일랜드공화국과의 관계, 즉 남북관계에 관한 것이었다. 마지막 세 번째 가닥은 아일랜드공화국과 영국과의 관계에 관한 것이었다. 성금요일 협정의 특징은 그처럼 세 가닥으로 구성된 합의의 이행을 위해 설립될 다양한 제도의 구성방식과 운영방안 등을 매우 구체적으로 명시하고 있다는 것이다.

제3장에서는 권력공유의 토대 위에 설립될 북아일랜드 자치정부의 민주적 제도에 관한 내용을 다뤘다. 먼저 영국식 의원내각제에 맞춰 입법과 행정에 대한 전권을 행사하는 의회를 구성하는 방안을 명시했다. 기존의 웨스트민스터 의회 선거구에서 선출된 총 108명의 의원으로 북아일랜드 의회를 구성한다는 것이었다. 그렇게 구성된 의회는 자치적 입법기관으로서 영국 의회로부터 위임받은 모든 권력의 근원이 되었다.

성금요일 협정은 모든 통합주의와 민족주의 세력이 북아일랜드 의회에 참여하고 서로 성공적으로 협력할 수 있도록 하는 몇 개의 안전장치를 제시했다. 먼저 권력공유정부를 구성하는 모든 정당 사이에 의회의 모든 상임위원장과 행정부의 각료 자리를 '디헌트d'Hondt 방식'[110]에 따라 의석수에 비례해 분배하도

---

110 디헌트 방식은 의회 구성 시 최대 평균치를 토대로 해서 정당 명부에 의해 의석을 배정하는 방식이다. 토마스 제퍼슨(Thomas Jefferson)이 고안한 제퍼슨 방식과 비교할 때 수학적으로는 차이가 있지만 실제적으로는 동일한 결과를 낳는다. 1878년에 동 방식을 고안한 벨기에 수학자인 빅터 디헌트(Victor D'Hondt)의 이름을 따서 명명되었다. 일반적으로 다른 방식에 비해 소규모 정당보다는 거대 정당과 연합세력에게 약간 더 유리한 결과를 제공한다.

록 함으로써 북아일랜드 자치정부가 제 정치세력 간의 권력공유정부임을 분명히 했다. 그와 함께 중요한 안건에 대해서는 지역사회 교차투표cross-community vote[111]를 의무화했다. 나아가 의회로 하여금 인권위원회Human Rights Commission를 설치해 북아일랜드 '권리장전Bill of Rights'과 '유럽인권조약ECHR, European Convention on Human Rights'을 준수할 것을 약속하고, '평등위원회Equality Commission'를 설치해 인권침해와 민족, 또는 종교에 근거한 차별을 감시하도록 했다.

행정부의 경우 지역사회 교차투표 방식에 의해 의회에서 선출된 수상과 부수상을 비롯해서 최대 10명의 장관들로 구성하도록 했다. 나아가 경제, 사회, 문화 분야에 관해 조언하는 재계, 노조 등의 대표로 구성된 '민간자문포럼Consultative Civic Forum'을 두어 수상과 부수상으로 하여금 자문을 구하도록 했다.

제4장에서는 남북 아일랜드 관계 발전을 위해 신설될 합의이행기구인 '남북각료위원회North-South Ministerial Council'와 '공동사무국Joint Secretariat'에 대해 규정하고 있다. 남북각료위원회는 아일랜드공화국 정부와 북아일랜드 행정부의 장관들로 구성되었다. 아일랜드 섬의 모든 정파의 참여를 보장하기 위해 남아일랜드의 경우 수상Taoiseach이 수석대표가 되고, 북아일랜드의 경우 수상과 부수상이 수석대표가 되어 양측의 유관 부처 장관들이 참여하는 것을 의무화했다. 북아일랜드의 경우 수상과 부수상의 참여를 의무화함으로써 민족주의와 통합주의 세력 모두의 참여를 제도적으로 보장한 것이다.

---

111 지역사회 교차투표는 성금요일 협정에 입각해서 북아일랜드 의회에서 사용되는 투표방식으로 의사결정에 있어 북아일랜드 주요 지역사회 모두의 지지를 의무화하고 있다. 즉 의회 내 통합주의 세력과 민족주의 세력 양측 모두의 대다수가 찬성을 해야 안건이 가결되는 투표방식이다.

남북각료위원회의 목적은 남북 공동의 이익을 창출할 수 있는 12개의 분야에서 남북 간의 "협의와 협력, 실천"을 추진하는 데 있었다. 12대 협력 분야는 남북 아일랜드가 공동으로 정책을 수립하고 기존의 기구를 통해 각자의 관할지역에서 독립적으로 합의내용을 이행하는 6개의 분야와 공동이행기구를 통해 남북cross-border, 또는 아일랜드 전체all-island 차원에서 협력사업을 추진하는 또 다른 6개의 분야로 나뉘었다. 남북각료위원회 산하에는 남북 간의 합의사항 이행 관리를 위해 상설 공동사무국을 두었다.

한편 새로 탄생하는 북아일랜드 의회와 아일랜드공화국의 의회 Oireachtas는 양국 간의 공동관심사를 논의하기 위해 공동의회포럼의 설립을 검토하도록 했다. 그 같은 합의는 마침내 2012년 10월 '남북의회간협회North-South Inter-Parliamentary Association'의 발족으로 구체화되었다. 한편 성금요일 협정에 참여한 북아일랜드의 제 정당은 시민사회 각계각층의 대표들로 구성된 독립적인 자문기구인 '남북자문포럼 North-South Consultative Forum'을 설립하는 데 동의했다. 그 결과 2002년에는 포럼의 기본적 구조에 대한 합의가 이루어졌으며, 2006년에는 북아일랜드 행정부도 기구의 설립을 지원하기로 약속했다. 그럼에도 불구하고 남북 양측은 아직까지도 자문포럼 설립에 관한 합의에 이르지 못한 채 남북각료위원회 전체회의를 통해 계속 협의를 진행 중이다.

제5장에서는 영국과 아일랜드 간의 "동서East-West 문제"를 다루었다. 이 분야에서 새로 설립될 기구는 '영아위원회British-Irish Council'와 '영아정부간회의British-Irish Intergovernmental Conference'였다. 그 가운데 영아위원회는 영국과 아일랜드 두 나라뿐 아니라 북아일랜드와 스코틀랜드, 웨일스는 물론 맨 섬Isle of Man과 채널제도Channel Islands 등 영국

각 지역의 자치정부 대표들로 구성되었다. 영아위원회의 목적은 모든 참여 정부의 주민들 사이에 조화롭고 상생적인 관계 "전반totality"의 발전을 촉진하는 한편 모든 참여 정부들 사이에 협력을 확대하고 공동정책을 수립하는 데 있었다. 영아위원회는 매년 두 차례의 정상회담을 비롯해 필요시 유관부처 장관들이 참여하는 비정기 회의를 개최해 남북 간의 현안을 협의하도록 했다. 동 위원회는 전원합의제로 운영되었다. 한편 2001년에는 영아위원회에 맞춰 그간 영국과 아일랜드의 의회 대표들만 참여해 오던 기존의 '영아의회간기구British-Irish Inter-Parliamentary Body'를 영아위원회 회원국 모두의 의회 대표가 참여하는 다자회의체로 확대했다.

한편 영아정부간회의는 1985년 영아합의에 의해 창설되었던 기존의 '영아정부간위원회Anglo-Irish Intergovernmental Council'와 '영아정부간회의Anglo-Irish Intergovernmental Conference'를 포괄하는 기구였다. 영국과 아일랜드의 정상 및 각료급 인사들로 구성되는 동 회의는 양국 간 다양한 차원에서의 협력 증진을 목적으로 하고 있었다. 동 회의는 특히 영국 정부로부터 북아일랜드 정부에게 위임되지 않은 사안에 관해 남아일랜드 정부가 의견을 개진할 수 있는 채널 역할을 했다. 양국 간 안보 분야의 협력 또한 동 회의의 의제에 포함되었다. 북아일랜드와 관련해서는 자치정부에 위임되지 않은 인권, 사법, 정치범, 순찰 분야 등의 문제가 협의대상이었다.

성금요일 협정은 상기 세 개의 가닥에서 만들어진 제도적 장치들은 "서로 연계되고 상호의존적interlocking and interdependent"이라고 강조했다. 특히 북아일랜드 의회와 남북각료위원회의 기능은 "서로 매우 밀접하게 연계되어 있어 각각의 성패가 서로에게 달려 있다"고 명시했다. 그 같은 이유로 인해 남북각료위원회의 참석은 "북아일랜드와 아일랜드공화국 정부의 모든 장관에게 부여된 필수적 의무 가운데 하나"임을 분명히 했다.

제6장은 인권과 평등에 관한 조항이었다. 성금요일 협정은 모든 사회구성원 사이의 상호존중, 민권, 종교적 자유 등의 중요성을 강조했다. 협정 서명자들은 특히 아일랜드 사회를 구성하는 여러 민족 사이에 존재하는 언어의 다양성을 인정했다. 영국 정부는 유럽인권 조약을 북아일랜드의 법체계에 반영할 것과 '북아일랜드인권위원회 Northern Ireland Human Rights Commission'를 설립하는 데 동의했다. 이에 북아일랜드 정부는 "기회의 균등에 우선순위"를 두도록 법제화하고, 공정고용위원회, 균등기회위원회, 인종평등위원회 등 다양한 기존의 위원회들을 통합한 '평등위원회Equality Commission'를 창설해 법률 위반을 감시할 것을 약속했다. 한편 아일랜드공화국은 균등고용 관련 법안을 새로 제정하고 '아일랜드인권위원회Irish Human Rights Commission'를 설립하는 한편 영국이 이미 채택한 '소수민족에 관한 유럽협약Europe Framework Convention on National Minorities'을 비준할 것을 명시했다.

제7장은 준군사조직의 무장해제에 관한 조항이었다. 불과 다섯 개의 항목으로 구성된 동 조항은 무장해제 문제의 해결이야말로 평화협상의 "필수불가결한indispensable 부분"임을 인정한 1997년 9월의 합의를 상기시켰다. 그러나 성금요일 협정은 그저 모든 준군사조직들의 완전한 무장해제에 대한 협상 참석자들의 의지를 재확인하는 수준에 머물렀다. 단지 서명 당사자들에게 동 협정이 국민투표에 의해 인준될 경우 그로부터 2년 이내에 산하 모든 준군사조직들의 무장해제를 위해 적극적으로 영향력을 행사할 것을 촉구하는 데 그쳤던 것이다. 또한 독립적 국제무장해제위원회IICD가 계속해서 무장해제에 대한 감독과 평가, 검증 등의 작업을 진행하는 가운데 양국 정

부가 6월 말 이전에 무장해제 촉진을 위한 조치를 취할 것을 요구했다. 무장해제 조항이 그처럼 소극적일 수밖에 없었던 것은 무장해제 문제가 그때까지도 완전한 합의가 이루어지지 않은 민감한 사안이었기 때문이었을 것이다.

제8장에서는 "안보Security"라는 제목 아래 치안 정상화에 관한 문제를 다루었다. 성금요일 협정은 북아일랜드의 치안 정상화를 위해 영국 정부에게 현존하는 위협의 정도에 맞춰 북아일랜드 파병 영국군의 규모와 역할을 "정상적이고 평화로운 사회의 수준"에 맞게 감축할 것을 촉구했다. 그와 동시에 각종 방호시설을 폐쇄하고 비상권한법을 폐지할 것을 요구했다. 영국 정부가 무기규제 상태를 계속 예의주시하는 동안 아일랜드 정부는 1939~1985년 사이에 제정된 반국가범죄법에 대한 광범위한 재검토를 약속했다.

제9장은 북아일랜드의 치안과 형사사법제도에 관한 조항이었다. 북아일랜드의 분열된 역사 속에서 왕립얼스터경찰과 같은 공공기관으로 인해 감정이 악화되었던 고통스러운 경험을 감안할 때 치안질서 유지 문제는 평화협상의 가장 중요한 의제 중 하나일 수밖에 없었다. 성금요일 협정은 북아일랜드 치안 유지를 위해 새로운 경찰서비스를 요구했다. 새로운 경찰은 인권을 옹호하고 전문기관으로서의 품위를 유지함으로써 전체 북아일랜드 사회가 지속적으로 수용하고 지지할 수 있는 조직이어야만 했다. 성금요일 협정은 북아일랜드 경찰을 감독할 독립적 위원회의 설립을 요구했고, 영국 정부는 북아일랜드 형사사법제도에 대한 "광범위한 재검토"를 약속했다.

제10장은 준군사조직 소속 정치범들의 석방 문제를 다루고 있었다. 영국과 아일랜드 양 정부는 준군사조직들이 계속해서 "완전하고 명백한 휴전" 상태를 유지한다는 조건 아래 구속 중인 동 조직 소

속 인사들의 조기 석방을 약속했다. 그 같은 수준의 휴전을 유지하지 않고 있는 준군사조직의 소속원들에게는 조기 석방 조치가 적용되지 않았다.

마지막 제11장에서는 성금요일 협정의 인준 및 이행절차에 대해 설명했다. 영국과 아일랜드공화국 정부는 1998년 5월 22일 양국에서 동시에 국민투표를 실시할 것을 명시했다. 나아가 각각의 국민투표에 부쳐질 문안을 구체적으로 제시했다. 북아일랜드의 경우 주민들은 '의회 제출 정부문서 3883호'에 제시된 "북아일랜드 문제에 관한 다자회담의 합의 내용을 지지하는가?"라는 질문에 대해 가부를 표시하도록 했다. 반면 아일랜드 정부는 의회에 헌법개정안을 제출할 것을 약속했다. 그리고 국민투표에 부쳐질 개정헌법 제2조와 제3조의 구체적인 문안을 부속문서에 첨부했다.

마지막으로 성금요일 협정은 남북각료위원회, 영아위원회, 영아정부간회의와 같은 합의이행기구의 설립과 영국 의회로부터 북아일랜드 의회로의 입법권과 행정권 이양은 영아협정이 효력을 발생함과 동시에 이루어진다고 선언했다. 한편 그 시점까지는 영국과 아일랜드공화국 정부의 공동 주관 아래 협정 참여 정당들이 공동으로 성금요일 협정의 이행을 검증한다고 명시했다.

제2장

—

합의이행체계

앞서 설명한 것처럼 성금요일 협정은 동 협정의 합의사항 이행을 위해 다양한 기관과 기구의 설립을 명시하고 있다. 그 같은 제도적 장치는 크게 세 부류로 분류할 수 있다. 첫째는 북아일랜드 행정부와 의회와 같은 북아일랜드 내부 기관이며, 둘째는 영아정부간회의, 영아위원회, 영아 의회 간 기구처럼 영국과 아일랜드공화국 양국 정부 등이 참여하는 국제기구다. 세 번째 부류는 아일랜드공화국과 북아일랜드 정부 간의 화해와 협력 증대를 위한 남북 아일랜드 공동기구라고 할 수 있다. 그중 우리에게 가장 큰 시사점을 지니는 것은 세 번째 부류이며, 특히 그 가운데에서도 가장 우리의 관심을 끄는 것은 '남북각료위원회NSMC, North-South Ministerial Council'와 공동사무국을 비롯해 6대 경제협력기구와 국제아일랜드기금이라고 할 수 있다.

1. 남북각료위원회

남북각료위원회는 성금요일 협정에 입각해 1999년 12월 2일 아일랜드공화국과 북아일랜드 정부에 의해 설립되었다. 동 위원회의 목적은 양측 정부의 권한이 허용하는 범위 내에서 남북의 공동 관심사에 대한 합의내용을 초국경적 기반 위에서 아일랜드 섬 전체를 대상으로 이행함으로써 상호 대화와 협력을 확대해 나가는 데 있다. 남북각료위원회와 북아일랜드 자치정부는 "상호의존적" 기구라고 할수 있다. 다시 말해, 한쪽이 없이는 다른 한쪽도 존재할 수 없는 것이다. 이는 북아일랜드 자치정부가 중단될 경우 제반 협력 분야에 대한 권한이 남북 아일랜드 공동기구로부터 영국과 아일랜드 사이의

범정부 합동회의로 넘어가
게 됨을 의미한다.

남북각료위원회는 아일
랜드공화국과 북아일랜드
자치정부의 장관들이 참여
하는 공동회의체 성격을 띠
고 있다. 동 위원회는 12개

남북각료위원회 회의 장면

의 정책 분야를 관장하고 있으며, 그중 여섯 개 분야에서는 각각 해
당 분야에 신설된 남북 공동이행기구joint implementation bodies를 통해 합
의사항을 이행하고 있다. 남북각료위원회는 여러 형식의 회의를 개최
한다. 전체회의는 연 2회 개최되며, 북아일랜드 행정부 대표단의 수
석대표는 북아일랜드의 수상과 부수상이 맡는다. 이는 북아일랜드
자치정부가 권력공유정부로서 통합주의 세력과 민족주의 세력이 각
각 수상과 부수상 직을 나눠 갖고 있는 현실을 고려한 장치라고 할
수 있다. 이에 반해 아일랜드공화국 측의 대표는 수상Taoiseach이 맡
는다. 전체회의plenary meeting에서는 주로 남북 아일랜드 간 직접 협력
과 남북 공동기구를 통한 협력에 관한 포괄적 사안들을 협의한다.
2009년부터 전체회의는 더블린과 아마Armagh에서 번갈아 개최되었다.
남북각료위원회는 2007년 7월부터 2014년 10월 현재까지 총 18회의
전체회의를 개최해 영국 정부로부터의 권력 위임 작업을 완료했다.

보다 일상적으로는 성금요일 협정에서 이미 합의된 12대 경제협
력 분야에서 제기되는 구체적인 사안을 논의하기 위해 부문별 회의
sectoral meeting를 소집한다. 각 부문별 회의는 정기적으로 개최된다. 부
문별 회의의 경우 아일랜드공화국에서는 해당 분야 주무장관이 참
석하며, 북아일랜드에서는 보통 해당 분야 주무장관 1인을 포함해

North/South Ministerial Council
Plenary, Armagh, 17 July 2007

2007년 남북각료위원회 전체회의 참석자들

수상과 부수상이 각각 지역사회 교차투표 방식으로 지명한 2인의 장관(보통 한 명은 통합주의자, 다른 한 명은 민족주의자)이 참석한다. 남북각료위원회 참석자격은 반드시 지역사회 교차방식에 의해 부여해야 한다는 성금요일 협정과 1998년 북아일랜드법의 정신을 살린 방식이라고 할 수 있다. 남북각료위원회는 모든 부분별 회의의 결과를 공동성명의 형식으로 발표함으로써 언론과 대중에게 논의내용과 합의결과를 공표하도록 되어 있다.

전체회의와 부문별 회의 이외에도 범기구 회의institutional meeting 형식의 회의도 있다. 북아일랜드의 수상과 부수상, 아일랜드공화국의 외교통상부 장관이 참여하는 동 회의에서는 EU와의 관계, 남북 간 이견 해소, 남북각료위원회 운영의 문제점 등 어느 특정 분야에 한정되어 있지 않은, 보다 광범위하고 전반적인 사안들을 논의한다.

남북각료위원회를 지원하는 상설기구로는 공동사무국이 있다. 공동사무국은 1999년 12월 2일 남북각료위원회의 출범과 동시에 북아일랜드의 국경도시 아마에 설립되었다. 공동사무국은 남북각료위원회를 위한 물적, 인적 자원을 제공하고 동 위원회에서 결정된 합의사항의 이행을 관리하는 책임을 맡고 있다. 보다 구체적으로는 다음과 같은 업무를 수행한다.[112]

---

112 남북각료위원회 홈페이지, http://www.northsouthministerialcouncil.org/ (2013.8.12 검색).

- 각종 회의 일정 준비, 사업보고서 및 연례보고서 초안 등 작성
- 각종 회의 의제에 대한 정치적 합의 사전 도출, 공동성명서 및
  의사록 작성
- 남북각료위원회 결정사항 전달 및 이행상태 확인
- 각종 이행기구와의 의사소통 통로 역할
- 영아 정부 간 회의, 영아위원회, 영아 의회 간 기구 등의 사무국
  과의 연락
- 기타 남북각료위원회 지시사항 이행

　공동사무국의 업무와 관련한 모든 의사결정은 남북 아일랜드 간에 협의를 통해 합의제로 이루어진다. 공동사무국은 남북 아일랜드 양쪽 정부에서 파견한 행정요원으로 구성된다. 공동사무국은 남북 아일랜드 정부에서 각각 임명한 두 명의 공동사무국장에 의해 운영된다. 두 명의 공동사무국장 밑에는 두 명의 공동사무차장이 있다. 2012년 10월 현재 공동사무국에는 아일랜드공화국 외교통상부와 북아일랜드 정부 수상 및 부수상실에서 파견된 21명의 직원이 함께 근무 중이다.

　남북각료위원회에서 발생하는 회의경비는 회의 개최 시마다 해당 회의를 주최하는 측의 정부가 부담한다. 단, 회의 장소까지의 여행경비와 참석 장관 및 수행원을 위한 일상경비는 소속 정부가 지급한다. 인건비 등 자국 소속 남북

아마에 위치한 남북각료위원회 공동사무국 건물

각료위원회나 공동사무국 직원 관련 직접경비는 양측 정부가 각기 부담한다. 기타 남북각료위원회 또는 공동사무국 운영비용은 남북 아일랜드 양국 정부가 균등하게 분담한다.

2. 남북공동경협기구

남북각료위원회는 현재 12개의 분야에서 남북 간의 경제협력을 추진하고 있다. 그 가운데 여섯 개는 양자 간에 합의를 필요로 하지만 이행은 각 관할지역에서 양측이 기존의 정부 부처나 기구를 이용해서 각기 독자적으로 이행하는 분야다. 다른 여섯 개는 공동으로 합의한 후 공동이행기구를 통해 아일랜드 전역을 대상으로 이행하는 분야다.

남북 아일랜드가 합의사항을 각기 독자적으로 이행하고 있는 여섯 개 분야는 다음과 같다.

- 농업: 공동 농업정책(CAP) 수립 및 집행, 동식물 보건, 농업연구, 농촌개발
- 교육: 특수 장애아 교육, 기초학력 부진아 교육, 교사자격 상호인증, 학교 간·교사·학생 교류
- 환경: 환경보호, 오염 방지, 수질관리, 쓰레기 관리
- 보건: 사고 및 위기 대비계획, 응급구조, 첨단 기술·장비 협력, 암 연구, 보건 홍보
- 관광: 아일랜드 관광공사(Tourism Ireland) 신설을 통한 아일랜드 섬 관광 관련 해외홍보

- 교통: 도로·열차 인프라, 대중교통, 도로·열차 안전을 포함한 전략적 수송계획에 대한 협력

한편 남북 공동이행기구를 통해 아일랜드 전역을 대상으로 이행하고 있는 여섯 개 분야는 다음과 같다. 각 기구의 운영비용은 양측 정부가 공동으로 부담한다.

가. 아일랜드 수로위원회Waterways Ireland

주로 아일랜드 내륙의 항해 가능한 레저용 수로의 관리, 유지, 개발 및 복원을 담당하고 있다. 내륙 수로에는 바로우강 수로Barrow Navigation, 언강 수로 시스템Erne System, 대운하Grand Canal, 로워 반강Lower Bann, 로얄강Royal, 샤논-언 수로Shannon-Erne Waterway와 샤논강 수로 Shannon Navigation 등이 포함되어 있다. 동 위원회의 본부는 이니스킬렌 Enniskillen에 있으며, 캐릭 온 샤논Carrick-on-Shannon, 더블린, 스카리프 Scarriff 등에 지역사무실을 두고 있다. 그간 여러 운하를 대상으로 한 정비사업을 진행했고, 왕립운하Royal Canal의 복원도 완료했다. 최근 더블린에 관광객안내센터를 개원한 데 이어 현재는 얼스터 운하를 클론즈Clones까지 연장하는 사업계획을 작성 중이다.

샤논-언 운하(Shannon-Erne Waterway)

나. 식품안전증진위원회
Food Safety Promotion Board

'안전먹거리Safefood종'라는 별칭의 식품안전증진위원회는 남북 공동기구로서 아일랜드 섬 전역의 식품안전을 담당하고 있다. 동 위원회는 영아협정과 '남북협력 이행기구에 관한 북아일랜드법령'에 의거해 1999년에 설립되었다. 동 위원회의 기능은 다음과 같다.

- 식품안전 관련 연구
- 식품안전 경고 전파
- 식품 매개 질병 감시
- 식품안전에 대한 과학협력 및 연구소 연계
- 비용 대비 고효과의 전문 연구소 테스트 시설 개발
- 독자적인 과학적 자문 제공 등

다. 고유언어 보존기구The Language Body

산하에 아일랜드어 보존기관Foras na Gaelige과 얼스터–스코틀랜드어 보존기관Tha Boord O Ulster-Scotch이라는 두 개의 기관을 둔 단일 기구이다. 전자는 아일랜드 전역에서 아일랜드어의 사용을 장려하고, 후자는 살아있는 언어로서의 얼스터–스코틀랜드어의 연구, 보존, 개발 및 사용을 촉진하며 동 언어사용권 문화의 온전한 개발 장려, 얼스터–스코틀랜드 지방의 역사에 대한 이해 촉진 등이 목적이다.

라. 아일랜드 무역기구Inter Trade Ireland

남북 아일랜드 사이의 무역을 발전시키고 양측 경제의 상호이익을 위한 비즈니스 기회 개발을 위해 아일랜드 전역의 중소기업 지원을 목적으로 한다. 남북 아일랜드 사이의 무역과 비즈니스의 성장 및 촉진을 위해 공동자원의 보다 효율적인 활용을 장려하고, 비즈니스 운영에 유리한 환경을 조성한다. 협력적 비즈니스 정책과 연구 프로그램, 파트너십과 네트워크 구축 등을 통해 그 목적을 달성한다. 현재까지 총 1만 4,000개에 달하는 중소기업이 아일랜드무역기구가 제공하는 비즈니스 정보의 혜택을 보았으며, 그중 1,500개 기업이 남북간 초국경 프로그램에 참여했다. 그 결과 총 5억 4,000만 파운드 가치의 무역 및 비즈니스 개발이 이루어지고, 800여 개의 새로운 일자리가 창출되었다.

마. 포일·칼링포드 지역 호수 및 아일랜드 연안 등대위원회
Foyle, Carlingford and Irish Lights Commission

동 위원회는 호수관리청Loughs Agency과 등대관리청Lights Agency이라는 두 개의 기관으로 구성되어 있다. 호수관리청은 수산업, 어업, 양식업과 관련해 상업 및 여가 목적으로 내륙호수인 포일호와 칼링포드호를 공동으로 홍보하고 개발하는 업무를 담당하고 있다. 등대관리청은 아일랜드 연안 지역의 등대를 개발하고 관리하는 것이 목적이다. 당초에는 아일랜드 등대관리소장협회The Commissioners of Irish Lights를 대신해 아일랜드 전역의 등대를 관할하는 일반 등대관리기관으로 만들 계획이었으나 기능 위임의 복잡성으로 인해 현재 그 같은 계획은 재검토되고 있는 중이다.

바. EU 특별프로그램 담당기구_{SEUPB, Special European Union Programmes Body}

SEUPB는 1998년 성금요일 협정과 1999년 3월 영국과 아일랜드 정부 사이에 체결된 평화협정 이행에 관한 합의에 의해 설립되었다. 현재 평화와 화해를 위한 'EU 프로그램PEACE Ⅲ'과 북아일랜드-아일랜드 국경지역 및 스코틀랜드 서부지역을 대상으로 한 'EU 국경 간 프로그램INTERREG IVA' 등 두 개의 프로그램을 운영하고 있다. 이 두 EU 프로그램의 인증기관이자 공동기술사무국으로서 프로그램의 이행과 감독을 담당하며 EU와의 기타 협력업무를 담당하고 있다. 따라서 동 위원회는 북아일랜드 행정부 및 아일랜드공화국 정부뿐 아니라 EU 집행위원회European Commission에 대해서도 책임을 지고 있다. 또한 아일랜드공화국의 국가개발계획과 북아일랜드 정부의 '구조적 기금 계획Structural Funds Plan'을 관리하고 감독하는 역할도 맡고 있다.

이들 여섯 개 기구 외에도 사실상 제7의 공동이행기구라고 할 수 있는 '아일랜드관광회사Tourism Ireland'가 있다. 동 기구는 아일랜드 섬 전체를 대상으로 한 아일랜드 관광 홍보와 외국인 관광객 유치 등의 업무를 담당하고 있다. 동 기구의 출범으로 인해 아일랜드를 방문하고자 하는 외국인 관광객들은 이제 더 이상 영국과 아일랜드공화국 정부로부터 각각 따로 관광비자를 발급받고 남 또는 북 아일랜드를 방문한 후 영국, 또는 제3국으로 나왔다가 다른 한 곳을 방문해야 하는 불편함을 겪지 않게 되었다.

남북 아일랜드는 또한 남북각료위원회에서 합의가 이루어지고 양국 의회가 그것을 비준할 경우 상기 12대 분야 외에도 언제든지 새로운 협력 분야를 추가할 수 있다는 데 이미 합의한 상태다. 이처럼 상호협력을 통해 양측은 정치적·경제적 관계개선을 위한 노력을 지속적으로 확대하고 있는 중이다. 그럼에도 불구하고 현실적으로 남북 아일랜드 간 협력의 수준은 분야별로 상당한 차이를 보이고 있는 것이 사실이다. 일례로 관광 분야에서는 2000년 아일랜드 관광회사 창립 이후 남북협력이 급속도로 확대되고 있으나, 교통 분야에서는 아직까지 그리 큰 진전이 없다. 그처럼 일부 분야에서 진척이 부진한 이유는 북아일랜드 정부 주무장관들의 저항이 있기 때문이기도 하지만, 남북각료위원회의 설립에 앞서 북아일랜드 의회가 중단되고 영국 정부가 북아일랜드를 직접 통치하던 기간 중에 영국과 아일랜드공화국 정부가 해당 분야에서 양자협력이 필요한 대부분의 사업을 이미 완료했기 때문이기도 하다.

제3장

EU 프로그램

EU는 아일랜드 평화프로세스를 지원하기 위해 '북아일랜드 및 아일랜드 접경지역에서의 평화와 화해를 위한 EU 프로그램PEACE'[113]이라는 특별 프로그램과 '지역 간 협력INTERREG'[114]이라는 기존의 프로그램을 활용하고 있다. 이들 프로그램은 아일랜드 평화협상 과정에 대한 EU의 긍정적인 평가를 바탕으로 유럽의회와 EU 집행위원회가 계획해 1995년부터 현재까지 시행되고 있는 중이다. SEUPB가 관리하고 있는 EU 프로그램의 세부내용은 다음과 같다.

표 II-2. PEACE 프로그램

구분	기간	사업목표	지원사업 수	예산
개요	1995년 아일랜드 평화프로세스에 대한 EU의 긍정적인 평가로 탄생, EU 집행위원회와 남북 아일랜드 정부가 약 3:1의 비율로 비용 부담			
PEACE I	1995–1999	북아일랜드 갈등의 가장 직접적인 피해에 대한 조치 및 평화로 인한 기회 활용	약 15,000개	667만 유로
PEACE II	2000–2004 2004–2006 (연장)	남북 아일랜드 국경지역의 경제개발과 초국경 협력을 통해 평화롭고 안정적인 사회를 향한 진전 촉진	약 7,000개	995만 유로 160만 유로 계 1,155만 유로
PEACE III	2007–2013	지역사회 간 화해 촉진을 통해 평화롭고 안정적인 사회 건설	약 400개	333만 유로
합계				1,995만 유로

출처: 통일연구원 주최 아일랜드 평화구축 세미나(2012.10.16) 참석 SEUPB 대표단 발표 자료에서 참고 재구성

---

[113] The EU Programme for Peace and Reconciliation in Northern Ireland and the Border Region of Ireland.

[114] Interregional Cooperation.

북아일랜드의 화해를 상징하는 데리市의 두 청년상　코벤트리(Coventry) 대성당에 놓여 있는 화해의 상

1. PEACE 프로그램

먼저 PEACE는 EU가 아일랜드 평화프로세스를 지원하기 위해 특별히 설립한 다년간의 프로젝트 지원 프로그램이다. 프로그램을 위한 기금은 일반적으로 EU 집행위원회가 약 75%를, 그리고 나머지 약 25%를 영국(북아일랜드)과 아일랜드 두 정부가 나누어 부담하고 있다. 이 기금은 EU의 다른 구조적 기금과는 달리 전적으로 아일랜드의 평화구축과 분쟁해결을 위해 사용된다. PEACE 프로그램의 주요 목표는 북아일랜드가 평화롭고 안정된 사회로 발전하는 것을 돕고, 평화에서 발생하는 기회를 활용해 민족주의와 통합주의 사회 간의 화해를 촉진하는 데 있다. 그 같은 목표를 달성하기 위해 교육 훈련, 인프라, 경제개발 같은 경제적 측면과 지역사회 간 긍정적 관계 발전, 청소년 교육 같은 사회적 측면을 포함한 시민사회 전 분야에 대한 지원을 제공하고 있다. 또한 아일랜드 갈등기간 중 폭력의 희생자와 생존자, 옥중 복역자 문제와 같은 분쟁의 직접적인 유산을 처리하는 사업도 전개하고 있다.

PEACE 프로그램은 오늘날까지 총 세 개가 존재했다. 1995~
1999년에 진행된 PEACE I은 기금 규모가 6억 6,700만 유로로 도
합 1만 5,000여 개의 사업을 지원했다. 2000~2006년에 진행된
PEACE II는 총 기금 9억 9,500만 유로로 7,000여 개 사업을 지원
했다. 특히 이 기간 중에는 북아일랜드와 아일랜드 국경지역의 경제
적 발전과 국경 간 협력을 통해 평화롭고 안정적인 사회를 향한 동
지역 내의 화해 촉진에 초점이 맞춰졌다. 마지막으로 2007~2013년
에 진행된 PEACE III는 총 기금이 3억 3,300만 유로로, 그 가운데
2억 2,500만 유로는 EU가, 나머지 1억 800만 유로는 영국과 아일랜
드 정부가 기여했다.

가장 최근에 진행된 PEACE III는 앞선 두 개의 프로그램에 비
해 지원 대상 프로젝트의 수는 적으나, 보다 규모가 큰 전략적인 사
업들을 지원했다. PEACE III는 평화롭고 안정된 사회 발전 촉진, 지
역사회 간 화해 및 긍정적 관계 형성, 모든 사람을 위한 서로 나누
는 사회 건설 등을 기본목표로 했다. 그것을 위해 지역 차원에서의
긍정적인 관계 구축 및 화해(1억 4,000만 유로), 과거사 인정 및 처리

민간단체인 WAVE 트라우마센터에서는 스테인드글라스(좌)나 퀼트(우) 공동제작 등을 통해 '폭동의 시대
(The Troubles)' 중에 겪은 폭력으로 인한 트라우마의 치유를 돕고 있다.

데리市의 통합주의 지역인 워터사이드(Waterside)와 민족주의 지역인 시티사이드(Citiside)를 잇는 평화의
다리(Peace Bridge). SEUPB Peace Ⅲ 프로그램의 지원으로 2011년 6월 25일 완공되었다.

(5,000만 유로), 서로 공유하는 공공영역 창출(8,000만 유로), 사회
적 공유를 위한 제도적 핵심능력 개발(4,000만 유로) 등 4대 분야에
초점을 맞췄다. 가시적인 사업의 하나로서 여러 도시와 타운, 마을
등에 다양한 지역사회의 일원들이 평안하게 공유할 수 있는 물리적
공간을 만드는 일을 장려하기도 했다.

SEUPB는 현재 2014~2020년에 걸쳐 진행될 신규 PEACE 및
INTERREG 프로그램을 준비하고 있는 중이다. 지난 6월에 일반 대
중을 대상으로 실시한 온라인 설문조사를 통해 사업제안서를 작성
한 후 남북 아일랜드 정부의 승인을 거쳐 9월에 EU 집행위원회에 제
출했다. 새로운 프로그램은 EU 집행위에서 회원국 간의 협상과 조
정을 거쳐 2015년 1사 분기 중에 공식으로 확정될 예정이다.

2. INTERREG 프로그램

한편 '지역 간 협력INTERREG, Interregional Cooperation'[115] 프로그램은 국경을 서로 접하거나 일정한 지리적 구역에 존재하는 유럽 내 지역 간의 협력을 촉진하기 위해 EU가 만든 63개 프로그램 가운데 하나다. 일반적으로 INTERREG 프로그램은 세 개의 그룹으로 분류된다. INTERREG A는 초국경cross-border 협력 프로그램이다. 이것은 공동의 발전전략을 통한 국경지역의 사회, 경제적 발전을 목적으로 인접 지역 간 협력을 장려하는 프로그램이다. 예산이나 프로그램 수에 있어서 전체 INTERREG 프로그램 가운데 가장 큰 부분을 차지하고 있다. 이 그룹에 속하는 프로그램들은 육상, 또는 해상 국경을 공유하고 있는 지역을 대상으로 하고 있다. 유럽 내에는 알프스 지역 프랑스-이태리 국경, 이태리-몰타 국경 등 그 대상지역이 49개 존재한다. 이들 프로그램은 EU의 국경 안팎에 존재하는 지역의 변화도 지원하고 있다. 특히 기업활동 활성화, 천연자원 공동관리, 도농지역 연계, 수송통신 네트워크 개선, 인프라 시설 공동이용, 행정 협력 및 능력 개발, 고용, 지역사회 상호관계 개선, 사회문화 행사 개최 등 다양한 형대의 국경 간 활동을 장려하고 있다.

INTERREG B는 국가 간transnational 협력 프로그램이다. 유럽 내 여러 지역을 묶은 하나의 커다란 광역 형성을 통해 EU 통합을 촉진시키기 위한 프로그램으로서 국가, 지역 및 지방정부를 포함하는 초국가적 협력사업을 지원 대상으로 하고 있다. 일례로 발트해, 북해,

---

[115] 또는 '유럽 영토협력(European Territorial Cooperation)'이라고도 불린다.

지중해, 대서양 같은 바다나 알프스산과 같은 산맥을 둘러싸고 있는 주변 지역, 또는 북유럽이나 중유럽처럼 공동의 경제, 사회적 시너지를 창출하고 있는 지역 내에서의 협력 추진을 목표로 한다. 이 그룹에 속하는 프로그램들은 홍수 조절이나 운송통신 통로, 국제 비즈니스와 연구 연계, 도시개발 등 공동의 도전에 대한 조율된 전략적 대응을 촉진한다. 특히 인도양, 캐리비안 지역, 북유럽 주변 지역 등 EU의 변경과 도서지역에 특별한 관심을 기울이고 있다. 현재 유럽 교통네트워크 구축, 유럽 정원유산garden heritage 보존사업 등 13개 프로그램을 운영 중이다.

INTERREG C는 지역 간inter-regional 협력 프로그램이다. 이것은 각 지역사회 및 지역적 행위자 사이의 경험 및 정보 공유를 통해 지역정책 개발의 효율성을 증진시키기 위한 프로그램이다. 이러한 지역 간 협력을 통해 성장, 고용, 지속적 발전 등을 위한 EU의 전략에 기여하는 것이 목적이다. 그 외에도 혁신, 인구구성 변화, 에너지 공급, 기후 변화 등 다양한 정책 분야에서 경험이 부족한 지역을 보다 풍부한 경험을 지닌 지역과 맺어 줌으로써 지역 간 격차를 줄이는 것을 목표로 하고 있다. 대표적 프로그램으로는 '바이오매스 이용에 관한 지역 간 협력', '지속가능한 개발을 위한 아드리안해 실행계획 2020Adriatic Action Plan 2020'등을 들 수 있다.

표 II-3. INTERREG 프로그램

구분	주요내용	세부내용	부속합의
개요	EU가 1989년에 서로 다른 경제적 수준에 있는 EU 회원국 간 협력을 장려하기 위해 만든 프로그램으로서 유럽지역개발펀드(ERDF)에서 자금 지원		
목적	EU 전체의 동등한 경제, 사회, 문화 발전을 위해 회원국 간 격차 축소 EU 회원국 간 경제·사회적 결속 강화, 국가 및 지역 간 협력을 통해 유럽의 균형 있는 발전 촉진		
구성	A: 초국경 협력	인접 국가 간 공동의 발전전략을 통해 사회, 경제적 발전 도모(전체 INTERREG 프로그램 중 예산이나 프로그램 숫자 측면에서 최대)	알프스 지역 프랑스-이태리 국경 간 프로그램, 이태리-몰타 프로그램 등
	B: 국가 간 협력	유럽 내 소지역을 연계하는 광역의 형성을 통해 EU 통합을 촉진시키기 위한 국가, 지역 및 지방정부를 포함한 초국가적 협력	유럽 교통네트워크 구축, 유럽 정원유산(garden heritage) 보존사업 등
	C: 지역 간 협력	지역 간 정보 교환 및 경험 공유를 통해 지역정책 개발의 효율성을 증진시키기 위한 지역 간 협력	바이오매스 이용에 관한 지역 간 협력, 지속가능 개발을 위한 아드리안해 행동계획 2020 등

출처: 통일연구원 주최 아일랜드 평화구축 세미나(2012.10.16) 참석 SEUPB 대표단 발표 자료에서 참고 재구성

SEUPB는 북아일랜드와 아일랜드 국경지역, 스코틀랜드 서쪽 해안 일부 지역에서의 초국경 프로그램을 관리하고 있다. 가장 최근의 프로그램은 INTERREG IVA라 불린다. INTERREG IVA 프로그램은 같은 목표를 공유하는 INTERREG IVB와 INTERREG IVC 프로그램들과도 협력하고 있다. 2007년에 시작되어 2013년까지 지속된 INTERREG IVA 프로그램의 총 기금은 2억 5,600만 유로로 이 가운데 75%를 EU 집행위원회가 제공하고, 나머지 25%는 아일

랜드 정부와 북아일랜드 행정부, 그리고 스코틀랜드 정부가 분담했다. 동 프로그램은 기업과 비즈니스 개발 분야에서의 혁신 장려 및 경쟁력 제고, 관광 촉진, 지역 내 정부기관 사이의 협력 증진 등에 초점을 맞춰 다양한 사업을 지원했다. 또한 에너지, 텔레커뮤니케이션telecommunication, 의료, 환경, 사업개발 분야의 프로젝트에 투자하기도 했다.

SEUPB 본부는 벨파스트에 위치해 있으며, 북아일랜드 오마Omagh와 아일랜드의 모네헨Monaghan 두 곳에 지역사무국을 두고 있다. 현재 이 세 곳의 사무국에서 총 65명의 직원이 근무 중이다. 각 사무국은 세 개의 주요 부서로 이루어져 있다. 관리부Managing Authority는 프로그램 개발과 규정준수 여부 감독, 프로그램의 전반적 모니터링 및 관리 등을 담당한다. 공동기술사무국Joint Technical Secretariat은 프로젝트 파이프라인의 개발, 기금신청 모집, 신청서 평가, 기금 지원 여부 결정, 진행 중인 프로그램의 이행 감독 등 프로그램의 물리적 이행에 대한 책임을 맡고 있다. 기업서비스국Corporate Services은 기업 거버넌스, 재정관리, 정보 및 커뮤니케이션, 인사관리 등을 담당한다. SEUBP 사무국은 예산집행 요건을 검증하는 인증기관의 기능을 겸하고 있으며, EU 집행위원회와 회원국들로부터 기금을 유치하는 일도 담당하고 있다.

Ⅲ

──

한반도
통일을 위한
시사점

제1장

서론

우리 정부의 공식 통일방안은 '한민족공동체 건설을 위한 3단계 통일방안(이하 '민족공동체 통일방안')'이다. 이는 1989년에 노태우 정부가 발표한 '한민족공동체 통일방안'을 김영삼 정부가 보완·발전시킨 것이다. 한민족공동체 통일방안의 발표는 1991년 말 남북한 간의 기본합의서 체결로 이어졌다.[116] 그러나 남북을 "잠정적 특수 관계"로 규정한 기본합의서 전문의 선언에도 불구하고, 한민족공동체 통일방안은 북한의 정치적 실체를 제한적으로나마 인정해 남북한 간 국가 대 국가 관계의 구축을 가능케 했다. 실제로 남북한은 한민족 공동체 통일방안 발표 후 얼마 안 되어 UN에 공동가입함으로써 최소한 국제사회에서는 서로를 주권국가로 인정하기에 이르렀다.

민족공동체 통일방안은 한반도 통일을 실현하는 데 있어 '화해 협력 확대→남북연합 구성→통일국가 완성'으로 이어지는 평화적, 단계적, 합의적 접근방식을 제시하고 있다. 동 방안은 첫 번째 화해 협력 단계에서 남북한 사이에 존재하는 불신과 적대관계를 해소하고, 교류협력을 통해 화해와 공존을 추구해 가는 것을 목표로 하고 있다. 두 번째 남북연합 단계에서는 이전 단계에서 강화된 화해협력의 토대 위에 남북한이 국가연합을 구성해 평화를 제도화하고 사회적, 문화적, 경제적 공동체를 만드는 것이 목표고, 마지막 통일국가 단계에서는 남북한이 두 체제의 기구와 제도를 완전 통합해 정치공동체를 이룩함으로써 민족공동체를 복원하고 '1민족 1국가 1정부 1체제'의 통일국가를 완성하는 것을 목표로 하고 있다.[117]

그 후 역대 정부는 보수와 진보를 막론하고 민족공동체 통일방

---

116 이홍구, '통일교육원 제8기 통일미래지도자과정' 강연 중(2013.9.28).
117 통일원, 『김영삼 정부의 3단계·3기조 통일정책』, 통일원, 1993, pp.12-18.

안을 계승·발전시켜 왔다. 김대중 정부의 '화해협력정책(소위 '햇볕정책')', 노무현 정부의 '평화번영정책', 이명박 정부의 '상생공영정책' 등은 모두 1단계 화해협력의 확대를 실현하기 위한 다양한 노력의 일환이었다.[118] 역대 정부가 추진해 온 "화해", "평화", "상생"은 모두 교류협력 단계에서 추구하는 남북 간 적대적 관계의 해소를 위한 개념이며, "협력"과 "번영", "공영"은 상호 교류협력의 확대를 위한 것이라고 할 수 있다. 정권의 변화에 따라 정치적 개념인 "화해"가 보다 적극적인 "평화구축"과 "상생관계 형성"으로 진화했다면, 경제적 개념인 "협력"은 보다 적극적인 "번영"을 거쳐 남북 공동의 번영을 강조하는 "공영"으로 발전했다고 할 수 있다. 김대중 정부와 노무현 정부가 경제적 "협력"의 확대에 상대적으로 더 큰 방점을 찍었다면, 이명박 정부는 정치적 "화해"를 좀 더 강조한 것이 차이라면 차이였다. 그러나 지난 20년 동안의 노력에도 불구하고 안타깝게도 남북관계는 아직도 민족공동체 통일방안이 상정하고 있는 첫 번째 단계를 벗어나지 못하고 있다. 나아가 남북기본합의서는 점진적, 단계적 통일을 위한 커다란 실천적 틀에 대한 남북 간 최초의 합의라는 역사적 의미에도 불구하고 현실적으로는 거의 사문화된 상태이다.

민족공동체 통일방안의 선례적 모델은 독일이라고 할 수 있다. "접근을 통한 변화Wandel durch Annährung"란 기치 아래 1970년대 초 빌리 브란트Willy Brandt 수상이 주도한 서독의 동방정책Ostpolitik은 1972년 12월 동서독 간의 기본조약Grundlagenvertrag 체결로 이어졌다. 민족공동체 통일방안의 발표와 남북기본합의서 체결은 독일의 족적과 궤

118 김정노, 「이명박 정부의 대북정책: 비핵·개방·3000에서 그랜드 바겐까지」, 『통일』 12월, 민족통일중앙협의회, 2009, pp.8-9.

를 같이 한다. 2000년대 들어 김대중 정부는 동방정책을 벤치마킹해 "접촉을 통한 변화"를 기조로 대북 포용정책을 추진했다. 1989년 베를린 장벽 붕괴 이후 시작된 독일의 통일·통합 과정은 그간 한반도 통일을 준비하는 데 좋은 참고가 되었다. 동서독 통합 과정에서 독일이 경험한 다양한 성공뿐 아니라 실패에서도 얻을 수 있는 교훈이 많았다. 이에 정부는 지난 20여 년간 독일식 통일모델 연구에 막대한 인적·물적 자원을 투입했다. 어쩌면 그것은 보다 적절한 역사적 통일모델이 별로 존재하지 않는 현실적 제약을 감안할 때 불가피한 선택이었다고도 할 수 있다. 그러나 독일식 "흡수통일" 모델은 급속한 국가통일을 토대로 한 것이어서 이제 겨우 기초 수준의 화해협력 단계에서 진퇴를 거듭하고 있는 남북관계의 현실과는 상당한 괴리가 있다고 할 수 있다. 또한 독일식 통일모델 연구에 대한 지나친 편중은 간혹 민족공동체 통일방안의 진정성에 대한 국제사회의 의구심을 불러일으키고 북한의 비난을 초래하기도 했다.

한편 지난 20여 년간 한반도 내외 정세와 국제적 통일환경은 크게 변화했다. 북한은 안으로는 김일성과 김정일을 거쳐 김정은으로 이어지는 3대 세습체제를 확립해 가면서, 밖으로는 핵과 장거리 미사일 개발을 통해 핵보유국의 지위를 확보하기 위해 애쓰고 있다. 북한의 핵 개발에 대한 국제사회의 제재가 지속되는 가운데 남북관계는 2000년대 초 7~8년간의 교류협력 확대기를 거쳐 천안함 폭침, 연평도 포격 등으로 고조된 긴장이 아직도 가라앉지 않은 상태다. 나아가 한반도 주변 정세를 보면, 중국의 경제적, 군사적 부상이 가속화되는 가운데 최근 들어서는 일본의 재무장 움직임도 눈에 띄게 빨라지고 있다. 중국과 미국 사이에는 사안에 따라 갈등과 협력의 가능성이 교차하는 가운데 중미 간의 잠재적 경쟁이 미일 군사협력의 확대와 한미동맹의 강화를 초래함으로써 동북아 지역에 새로운 냉전형 대립구조를 만들어 가고 있다.

물론 그 같은 내외정세의 변화 속에 민족공동체 통일방안도 지난 20년간 몇 차례 보완되었다. 일례로 노무현 정부는 한반도 평화체제 구축을 민족공동체 형성의 기반으로 제시했고,[119] 이명박 정부는 3대 공동체 통일방안의 실행계획으로 평화·경제·민족의 3대 공동체 구성방안을 제시했다.[120] 그럼에도 불구하고 민족공동체 통일방안의 토대가 되는 기능주의적 통합론이나 공동체 이론의 실효성에 대해서는 아직도 많은 논란이 야기되고 있다. 아쉽게도 남북연합의 모호성 등 부족한 내용을 보완하거나, 한반도 평화체제 구축이나 한반도 통일을 위한 국제공조 유도 전략 등을 포함하는 보다 진화된 통일방안은 아직 마련되어 있지 않은 상태다.

이제는 지난 사반세기의 변화된 국내외 통일환경을 반영해 보다 현실적이고 실현가능한 통일방안을 모색해야 할 때다. 그런 면에서 현재 진행 중인 아일랜드 평화프로세스의 경우 비록 아직은 우리에게 생소하지만 한반도 통일준비를 위한 보완적 모델의 하나로 연구해볼 만한 가치가 충분하다. 독일의 경우와 비교할 때 아일랜드의 경우는 비록 갈등의 근원은 다를지라도 정부의 형태나 통일방안 측면에서는 오히려 우리와 유사한 측면이 더욱 많기 때문이다. 분단의 원인이나 분단의 구조를 살펴보아도 우리의 경우와 크게 다르지 않다고 할 수 있다. 그 무엇보다도 아일랜드에 관심을 기울여야 하는

---

119 조민, 「한반도 평화체제 구축과 통일전망」, 『KINU 연구총서 05-16』, 통일연구원, 2005, p.59.

120 박종철 외, 「민족공동체 통일방안의 새로운 접근과 추진방안: 3대 공동체 통일구상 중심」, 『KINU 연구총서 10-08』, 통일연구원, 2010, p.11.

결정적인 이유는 그것이 급속한 흡수 형태로 진행되었던 독일의 경우와는 달리 점진적, 합의형 통일을 추구하고 있기 때문이다. 오랜 전통의 지역자치를 토대로 한 연방제 국가인 독일과는 달리 우리나라처럼 전통적으로 중앙집권제 국가였다는 사실 또한 커다란 의미를 지닌다고 할 수 있다.

표 Ⅲ-1. 독일-한반도-아일랜드 비교

구분	독일	한반도	아일랜드
분단원인	패전-국제냉전	식민통치-국제냉전	식민통치
갈등근원	이념과 체제	이념과 체제	민족과 종교
분단구조	1민족 2국가	1민족 2국가	1민족 2국가 + 2민족 1국가
정부형태	연방제	중앙집권제	중앙집권제
통일방안	급속흡수	점진합의	점진합의

아일랜드 평화프로세스는 길게는 영국의 최초 아일랜드 정복 이후 800여 년, 짧게는 1921년 남북 분단 이후 90여 년에 걸친 갈등과 폭력의 반복 속에서 어렵게 시작된 역사役事다. 아일랜드 역사歷史에 새로운 장을 여는 것은 관련 세력들 간의 상호 양보를 토대로 한 타협이 있었기에 가능했다. 수백 년에 걸쳐 형성된 불신과 적대감 위에 양보를 이끌어 낸 것은 전부를 취할 수 없는 상황에서 차선을 선택한 지혜와 결단이었다. 그렇게 이루어진 합의를 즉각 법제화했다. 상호신뢰의 부재를 제도로 보완하기 위한 조치였다. 그 같은 조치의 적절성은 결과로 나타났다.

아일랜드와 한반도 사이에 존재하는 차이점에 초점을 맞추면 귀중한 교훈들을 놓칠 수 있다. 성금요일 협정에는 두 개의 대립하던 정치적 실체 사이의 갈등극복 과정을 보여주는 북아일랜드 내정 측면과 통일을 지향하는 분단국가 사이의 협력확대 과정을 보여주는 남북관계 측면이 상호 연계되어 있다. 남북 아일랜드는 그 같은 두 개 과정의 상호작용을 통해 평화를 구축하고 공존의 길로 나아가고 있는 것이다. 우리가 아일랜드 평화프로세스에서 배울 점은 바로 그것이다.

성금요일 협정이 체결된 지 이제 불과 15년, 언제라도 평화프로세스를 뒤흔들 수 있는 불안요소는 아직도 도처에 산재해 있다. 그럼에도 불구하고 북아일랜드 자치정부는 점차 안정되어 가고 있으며, 남북 아일랜드 간에는 긴장이 현저하게 해소된 가운데 다양한 분야에서 상생의 협력이 확대되어 가고 있다. 아일랜드 평화프로세스는 지금도 진행 중이지만 불과 십여 년밖에 안 되는 짧은 시간에 남북 아일랜드가 거둔 놀라운 성과는 민족공동체 통일방안에 입각해 한반도 통일을 추진하고 있는 우리에게 많은 것을 시사한다. 일단 현 시점에서 그 같은 시사점들을 정리해 보면 다음과 같다고 할 수 있다.

제2장

통일 추진의 주체와
민족자결

분단국가가 통일을 이룰 수 있는 방법은 다양하다. 신라에 의한 삼국 통일, 진秦나라에 의한 중국대륙 통일 등 고대국가의 통일은 물론 현대에 들어 베트남민주공화국(북베트남)에 의한 베트남 통일 등은 무력을 사용한 통일이었다. 북한도 6·25전쟁을 일으켜 무력으로 한반도 통일을 시도했다. 그와 반대로 집권세력 간 정치적 협상에 의해 이루어진 평화적 통일도 있다. 남북 예멘의 경우가 좋은 예다. 독일의 경우도 동서독 정부 간 합의에 의한 통일이라고 할 수 있다. 그러나 예멘과 독일의 차이는 전자의 경우 남북 예멘 국민들의 의사가 거의 반영되지 않은 정치지도자 간의 합의였는데 반해, 후자의 경우 동독 주민의 의사가 상당히 반영된 "국민자결형" 통일이었다.

동독 주민들은 공산당 치하 라이프치히Leipzig에서부터 시작된 가두시위를 통해 통일에 대한 자신들의 입장을 분명히 표명했다. 1989년 10월 시위에서 "우리가 국민이다Wir sind das Volk. 권력은 사회주의통일당SED의 것이 아니다"라며 민주화를 요구했던 동독 시민들이 1989년 11월 4일 동베를린 시위에 이르러 이미 "우리는 하나의 국민이다Wir sind ein Volk"라며 독일 통일을 요구했던 것이다.[121] 통일을 바라는 동독 주민들의 열기는 결국 동독의 통치자 에리히 호네커Erich Honecker의 사임과 베를린 장벽의 붕괴를 초래했고, 마침내 1990년 3월 18일에 실시된 동독 최초의 자유선거에서 동독 공산당인 사회주의통일당SED의 40여 년간에 걸친 1당 독재를 종식시키기에 이르렀다.

독일 통일에 대한 동독 주민들의 열기는 서독 정부로 하여금 통

---

[121] 당시 동독 주민들이 외쳤던 또 다른 구호는 "하나의 조국 독일(Deutschland einig Vaterland)", "더 이상의 실험은 그만, 당장 통일을(Keine Experimente mehr, Wiedervereinigung jetzt)" 등이었다. 김동명, 『독일 통일, 그리고 한반도의 선택』, 한울 아카데미, 2010, p.115.

동독 라이프치히市에서 매주 월요일에 전개되었던 민주화 시위는 공산정권의 붕괴를 가져왔다.

일정책을 수정하지 않을 수 없게끔 만들었다. 베를린 장벽 붕괴 직후인 1989년 11월 28일 헬무트 콜Helmut Kohl 서독 수상은 '조약공동체→국가연합적 구조→연방식 통일국가'로 이어지는 10개 항의 단계적 통일계획Zehn-Punkte Programm을 제시했다. 동 계획을 발표할 당시만 해도 콜 수상은 동서독 통일이 최소 10~15년 소요될 것으로 예상했다. 때문에 그는 12월 19일 한스 모드로우Hans Modrow 동독 수상과 정상회담을 갖고 동서독 조약공동체 형성에 합의하기까지 했다.

그러나 상황은 동서독 정부의 예상과는 전혀 다르게 전개되었다. 동독의 자유총선거에서 서독 마르크화의 즉각적인 도입과 조속한 통일을 공약으로 내세운 기민당 중심의 '독일연맹'이 승리함에 따라 화폐통합 및 통일 과정이 가속화된 것이다. "선 경제개혁 후 화폐통합"이란 단계적 통합방안이 고려되기도 했으나, 1990년에 들어 동독 주민의 서독 이주가 증가하고 서독 마르크화 도입에 대한 요구가 더욱 강력해지는 등 동독의 상황이 급격히 악화되자 서독 정부는 단계적 통합에서 조기통합으로 정책을 급격하게 수정할 수밖에 없었다. 그 결과 1990년 7월 1일 동서독 간의 경제, 통화, 사회 통합이 실시되고, 8월 23일에는 동독 의회가 서독에 의한 흡수통일에 동의함으로써, 마침내 8월 31일 '통일조약'을 조인하게 된 것이다. 결국 가두

시위와 동독 탈출, 투표와 서독으로의 이주 등 다양한 방식을 이용한 동독 주민들의 분명한 의사 표시가 동서독 양국 정부의 정책을 바꾸고 급속한 통일을 추동했던 것이다. 그러기에 "만약 동독에서 시민혁명이 없었다면 독일 통일은 전혀 다른 형태로 이루어졌을 것"이다.[122]

우리나라도 기본적으로 통일은 민족자결의 원칙에 입각해 "겨레 전체의 자유의사가 반영"되는 민주적 절차에 의해 성취되어야 한다고 강조한다.[123] 그러나 구체적으로 어떻게 겨레 전체의 의사를 반영할지에 대한 언급은 별로 없다. 그나마 겨레 전체의 의사는 주로 남한식 자본주의 체제냐, 아니면 북한식 사회주의체제냐 하는 통일국가의 정치·경제 제도에 관해 묻는 것이지, 통일 자체에 관해 묻는 것은 아니라고 할 수 있다. 그만큼 남한과 북한의 주민 대다수가 통일을 갈망하고 있다는 것을 당연한 전제로 받아들이고 있기 때문일 것이다.

점진적, 단계적 통일 실현을 제시하고 있는 민족공동체 통일방안도 구체적으로 언제, 어떻게 통일을 추진할지에 대해서는 분명한 언급이 없다. 단지 남북연합 단계 말기에 이르러 통일에 대한 분위기가 "성숙"되면 남북한이 통일에 대한 협의를 시작한다는 것인데[124], "성숙된 분위기"가 의미하는 상황에 대한 설명이 없다. 그것이 남북 양측 정부가 통일에 합의하는 시점을 의미하는 것인지, 비록 민주적 방

---

122 리하르트 슈뢰더(Richard Schröder) 마지막 동독 의회 사민당 총무, '한독통일자문위원회' 기조강연 중, 2011.11.17(서울).

123 1982년 1월 22일 전두환 대통령 국정연설, http://www.pa.go.kr/online_contents/speech/speech02/speech021/1311509_6178.jsp/(2013.8.20 검색).

124 박종철 외, 「민족공동체 통일방안의 새로운 접근과 추진방안: 3대 공동체 통일구상 중심」, 『KINU 연구총서 10-08』, 통일연구원, 2010, pp.195-196.

식과 절차가 강조되고는 있지만 통일 결정 과정에서 국민의 의사는 어떻게 반영될 것인지 불분명하다. 통일국가의 정부 형태와 정치체제에 초점을 맞추고 있는 북한 측의 고려민주연방공화국 창립방안에서도 통일 결정 과정에서 북한 주민의 "자결권"을 반영할 수 있는 장치는 찾아볼 수 없다. 북한이 주장하는 연방제 통일방안은 남한과 북한 정부 및 제 정당 정치세력 사이의 협상을 통해 통일을 이루자는 것이다.

여론은 끊임없이 변하기 마련이지만 우리 국민의 대다수가 과연 통일의 분위기가 "성숙"된 시점에서 통일국가를 희망할 것인지는 불분명하다. 물론 그 같은 국민의 여론 역시 "성숙된 분위기"를 구성하는 하나의 요소라고 할 수 있을 것이다. 그러나 여론은 수시로 변하기 마련이다. 일례로 서울대 통일평화연구원이 작년 10월 실시한 국민통일의식조사[125] 결과에 의하면 통일의 필요성에 대한 질문에 대해 전체 응답자의 55.8%가 "필요하다"고 대답한 반면, 21.7%는 "필요 없다"고 대답한 것으로 나타났다. 이는 전년 대비 긍정적 대답은 1%p 상승한 반면, 부정적 대답은 2%p 감소한 것이다. 한편 그 이전인 2012년 광복절을 맞아 KBS가 실시했던 국민통일의식조사[126]에 의하면 반드시 통일이 되어야 한다고 응답한 사람이 전체 응답자의 25.4% 정도에 불과했다. 큰 부담만 없다면 통일되는 것이 좋다는 사람이 43.0%, 통일이 되지 않는 것이 낫다(7.0%)거나 그냥 교류협력

---

[125] 서울대학교 통일평화연구원, 「통일준비와 대북정책, 국민의 평가와 기대」, 호암교수회관 발표자료집(2014.10.1), http://knsi.org/knsi/admin/work/works/141020%202014%20통일의식조사%20발표%20자료집.pdf/(2014.12.16 검색).

[126] KBS 남북협력기획단이 KBS 방송문화연구소와 여론조사기관인 엠비존(Mbizon)을 통해 전국 만 19세 이상 성인 1,027명을 대상으로 2012년 8월 6~7일간 휴대전화로 실시한 조사.

이나 하며 공존상태를 유지하는 것을 바라는 사람(24.6%)도 30%를 상회했다. 동 조사에서는 통일에 대해 긍정적인 응답이 전년도의 74.4%에서 68.4%로 6.0%p 감소한 것으로 나타났다.

우리 사회를 보면 분단의 시간이 지속됨에 따라 세대가 바뀌고, 통일에 대한 세대 간 인식의 차이가 점차 커 가고 있는 것을 알 수 있다. 따라서 장차 통일 추진 시점에서 국민의 대다수가 통일에 대해 어떤 생각을 갖고 있을지는 결코 예단하기 쉽지 않다. 마찬가지로, 그 시점에서 설혹 북한 주민들에게 자유롭게 의사를 표명할 수 있는 여건이 주어진다 해도 그들의 대다수가 남북한의 통일을 선택할지도 미지수다. 남북한의 통일이 "좋은" 통일, "성공한" 통일이 되기 위해서는 통일 추진 결정 과정에서 남북한 주민의 의사가 반드시 반영되어야 한다. 통일은 진정한 의미에서 남북 양측 주민의 "자주"와 "자결"의 문제이기 때문이다.

아일랜드의 경우 국민자결형 통일을 추구한다는 것을 분명히 하고 있다. 성금요일 협정은 헌법적 문제를 다루고 있는 제2조에서 통일아일랜드의 선택은 오직 아일랜드 섬에 거주하는 모든 사람들의 자유로운 "자결권"의 행사에 의해서만 결정된다고 강조했다. 아일랜드의 미래에 대한 선택은 남북 아일랜드 주민들에게 달려 있으며, 영국과 아일랜드공화국 정부에게는 주민 스스로의 선택을 그대로 이행할 "의무"가 있다는 사실을 분명히 한 것이다. 나아가 남북통일에 대한 주민들의 선택을 확인하기 위한 구체적인 방법까지 명시했다. 통일에 앞서 남북 아일랜드 주민들을 대상으로 "양쪽 모두에서 in both jurisdictions"에서 "동시concurrently"에 진행되는 주민투표여야 한다는 것이다.

"아일랜드인의 국가" 수립을 갈망해 온 아일랜드공화국이지만 성금요일 협정에 입각해 개헌을 단행할 수밖에 없었다. 협정에 대한 찬반을 묻는 주민투표를 통해서였다. 수정헌법에 새로 삽입된 제3조 1항은 통일아일랜드를 이루고자 하는 것이 아일랜드 국민Irish Nation의 강력한 의지임을 천명하면서도 통일은 오직 북아일랜드 주민 대다수 majority의 분명한 동의consent에 따라 "평화적인 방법"에 의해 이루어져 야 한다고 명시했다.[127] 즉 남북통일에 앞서 주민투표를 통해 "민주 적"으로 표출된 북아일랜드 주민들의 동의를 먼저 확인할 것을 의 무화한 것이다. 북아일랜드 주민의 대다수가 원치 않는 한 아일랜드 의 통일은 불가능하다는 것이다. 이는 통일이 이루어질 경우 자신들 의 권리가 훼손될지도 모른다는 통합주의자들의 우려를 덜어주기 위 한 정치적 장치라고 할 수 있다. 그럼에도 불구하고 아일랜드 통일에 관한 남아일랜드 헌법조항이 통일에 앞서 남아일랜드에서뿐만 아니 라 북아일랜드에서도 통일에 대한 찬반을 묻는 주민투표를 실시해 야 한다는 것을 법적 조건으로 규정하고 있다는 점은 매우 흥미로 운 사실이다.

---

[127] 수정헌법 제3조 1항: It is the firm will of the Irish Nation, in harmony and friendship, to unite all the people who share the territory of the island of Ireland, in all the diversity of their identities and traditions, recognizing that a united Ireland shall be brought about only by peaceful means with the consent of a majority of the people, democratically expressed, in both jurisdictions in the island. Until then, the laws enacted by the Parliament established by this Constitution shall have the like area and extent of application as the laws enacted by the Parliament that existed immediately before the coming into operation of this Constitution.

제3장

민족공동체 개념의 재정립

민족공동체 통일방안은 남북한 주민이 같은 한민족韓民族, 즉 "하나의 민족"이라는 사실을 토대로 오랜 역사 속에 유지해 왔던 '민족공동체national community'의 회복을 통해 한반도 통일을 이루자는 제안이다. 그간 수십 년간 분단되어 살아 온 남북한이 같은 민족으로서 사회 각 분야에서 공동체를 회복하고 함께 살아가면서 궁극적으로 하나의 국가로 정치적 통합을 이루자는 것이다.

"민족"이란 개념이 우리 정부의 통일방안에 처음 등장한 것은 1982년 전두환 정부가 발표한 민족화합민주통일방안에서다. 전두환 대통령은 1982년 국정연설에서, 통일은 "장구한 세월에 걸쳐 한 핏줄, 한 역사, 같은 문화와 같은 전통을 이어 온 하나의 민족"이라는 입장에서 해결해야 이루어진다며, 남과 북의 대표들로 구성된 '민족통일협의회의 구성→통일헌법 제정→자유총선거 실시'를 통한 통일국가 건설 순의 통일방안을 제시했다. 그 후 1989년 노태우 정부가 발표한 한민족공동체 통일방안이나 1992년 김영삼 정부가 제시한 민족공동체 통일방안은 모두 그와 같은 민족의 개념에 바탕을 둔 국가연합제 통일방안이라고 할 수 있다.

민족이란 개념이 통일방안의 토대를 이루게 된 것은 한반도라는 울타리에서 수천 년을 함께 살아오는 과정에서 "하나의 시회, 하나의 문화, 하나의 언어, 더 나아가 하나의 혈연으로 얽힌 공동체 의식"이 우리 민족의 정체성을 규정해 왔기 때문이다.[128] 따라서 민족공동체야말로 "민족을 하나로 묶고 있는 뿌리이며, 한민족이 재결합할 수밖에 없는 당위일 뿐 아니라, 그 자체가 통일의 실현을 가능케 하

---

[128] 이홍구, '한민족공동체 어디로 가고 있나', 《중앙일보》(2013.12.30), p.31.

는 힘의 원천"[129]이라고 생각했던 것이다. 즉 남북한의 주민은 같은 민족이기에 통일의 당위성이 성립된다고 전제했다.

아이러니컬하게도 사회주의 국가인 북한 역시 혈연 중심의 민족 개념에서 벗어나지 못하고 있다. 북한은 민족을 "장구한 사회역사발전 과정을 통해 핏줄을 기본으로 뭉쳐진 사람들의 공고한 사회적 집단이며 운명공동체"라고 정의하고 있다.[130] 1960년대까지만 해도 북한은 민족이란 개념을 설명하는 데 있어 언어, 영토, 경제생활, 심리 상태 등의 공통성을 중요시한 스탈린식 정의를 그대로 차용했다. 스탈린은 민족이란 "공통의 언어와 영토, 경제생활, 공통의 문화 속에 나타난 심리구조의 토대 위에 역사적으로 형성된 안정된 사람들의 공동체community"라고 정의했다.[131] 스탈린의 경우 유물론자임에도 불구하고 민족을 정의하는 데 있어 심리구조라는 정신적 요소를 가미하는 모순적인 모습을 보이긴 했지만, 혈연을 강조하지는 않았다. 다민족 국가인 소련의 현실을 감안할 때 그것은 어쩌면 당연한 것이었는지도 모른다.

그러나 1970년대 이후 북한은 스탈린이 제시한 4대 요소 외에 혈연을 새로 추가했다. 1980년 제6차 노동당 당대회에서 '1민족 1국가 2정부' 형태의 고려민주연방공화국 창립방안을 제시하면서부터 혈연을 강조하기 시작한 것이다. 고전적 공산주의 이론은 "민족이란 부르주아 계급이 자신의 이익을 관철하기 위해 도구화한 허구적 공동

---

[129] 『통일백서』, 통일부, 1997, p.64.

[130] 『조국통일 3대 공조』, 평양출판사, 2005, p.2.

[131] 조셉 스탈린(Joseph Stalin), 「마르크스주의와 민족의 문제(Marxism and the National Question)」, 『저서(Works)』, vol.2, Moscow, 1953, http://www.marxists.org/reference/archive/stalin/works/1913/03a.htm/(2014.7.3 검색).

체로서 노동자 계급의 이익을 위한 프롤레타리아 국제주의와는 상충되는 것"이라고 주장한다. 나아가 "민족은 궁극적으로 공산주의 사회가 실현되면 소멸되는 자본주의의 과도기적 개념"이라고 한다. 그러나 북한은 1980년대 들어서부터 프롤레타리아 국제주의를 배척하고 주체사상을 당의 유일지도사상으로 제시하면서 "우리식 사회주의"를 주장하기 시작했다. 그와 함께 고전적 공산주의 이론과는 모순되게 민족이 미래의 공산주의 사회에서도 사회생활의 기본단위가 될 것이라며 민족소멸론 대신 민족영원론을 주장했다. 그 후 북한은 연방제와 함께 민족자주성을 내세우며 심지어는 '조선민족제일주의(1986년)', '김일성민족(1994년)' 등과 같은 극도로 자의적인 개념을 제시하기도 했다.

그렇듯 남북한이 모두 통일방안의 토대로 삼고 있는 "민족"이란 과연 무엇인가? 일반적으로 민족이란 "동일한 지역에서 장기간에 걸쳐 공동생활을 함으로써 공통의 언어, 풍습, 종교, 정치, 경제, 문화, 역사 등을 갖는 인간집단"으로 정의된다.[132] 민족의 정의에 대해서는 오랫동안 학자들 사이에도 다양한 의견이 존재해 왔다. 흔히 민족은 크게 객관적 기준과 주관적 기준이라는 두 개의 관점에서 정의되었다. 칼튼 헤이스Carlton J. H. Hayes 같은 학자는 객관적 기준을 중시한 반면, 한스 콘Hans Kohn이나 어네스트 르낭Earnest Renan, 베네딕트 앤더슨 Benedict Anderson 등은 주관적 기준을 더욱 중시했다. 그 가운데에서도 르낭은 민족이란 "혼, 즉 영적 원칙"으로서 "풍요로운 유산에 대한 기억의 공유와 함께 살고 싶어 하는 욕구, 분열되지 않은 형태로 물

---

132 「21세기 정치학대사전」, http://terms.naver.com/entry.nhn?docId=727215&cid=42140&categoryId=42140/(2014.10.5 검색).

려받은 유산의 가치를 영구화하고자 하는 의지에 대한 현재의 합의로 이루어져 있다"고 하며, "과거에 대한 잘못된 시각mistaken view과 이웃에 대한 증오hatred로 인해 하나로 뭉쳐진 인간의 집단"이라고 규정했다.[133] 그는 민족은 같이 살기를 희망하는 다수의 사람들의 "의지공동체"이기 때문에 역사의 흐름 속에서 종족처럼 태생적으로 정해진 것이 아니고 의지가 변하듯 새로 결성될 수 있는 것이라고 설명했다. 앤더슨도 민족은 자연발생적인 것이 아니고 사람들에 의해 만들어진 "상상의 공동체"라고 정의했다.

원래 "민족民族"이란 한자어는 우리말에 존재하지 않았다. 이는 구한말에 근대문명을 받아들이는 과정에서 들어온 말이다. "민족"이란 표현은 일본의 근대화가 진행 중이던 메이지 유신 시대에 일본인 학자들이 영어의 "네이션nation"이란 단어를 번역하는 과정에서 처음으로 한자문화권에 등장했다. 그러나 우리 어휘에 "민족"이란 단어가 추가된 것은 그 후 중국의 신해혁명에 영향을 미친 량치차오梁啓超[134]가 주창한 "중화민족"이라는 표현이 우리나라에 들어오면서부터라는 설이 가장 유력하다.

영어의 "네이션nation"은 흔히 "민족", "국가", 또는 "국민"으로 번역된다. 서구에서는 "민족"이란 개념은 "민족주의"의 발전과 함께 태동했다. 국민, 국가, 또는 민족이 주체가 되어 국가의 독립, 통일, 또

---

133 르낭이 1882년 소르본대학에서 행한 「민족이란 무엇인가(What is a Nation)?」란 제목의 강연 중. http://www.nationalismproject.org/what/renan.htm/ (2014.10.5 검색).

134 양계초(梁啓超, 1873~1929). 중국의 청나라 말에 활동했던 언론인, 사상가이자 개혁가. 강유위(康有爲)의 제자로서 스승의 입헌제 주장 및 대동설(大同說)에 공감해 무술신정(戊戌新政, 1898)에 적극 가담했다. 1896년에는 중국 최초의 잡지인 《시무보(時務報)》를 간행했고, 무술정변 실패 후에는 일본으로 망명해 《청의보(淸議報)》, 《신민총보(新民叢報)》, 문학지인 《신소설(新小說)》 등을 간행했다.

는 발전을 지향하는 사상과 운동의 총칭[135]인 민족주의란 용어를 처음 사용한 사람은 독일의 학자인 요한 고트프리트 헤르더Johann Gottfried Herder[136]였다. 그것은 동 시대에 "독일 민족주의의 아버지"라 불렸던 요한 고틀리브 피히테Johann Gottlieb Fichte[137]에 의해 보다 확실하게 정립되었다.

유럽에서는 왕정을 종식시키고 자유와 평등의 사상을 전파한 나폴레옹 전쟁(1803~1815년)과 전후 비엔나 체제가 붕괴된 이후 발발한 두 차례의 세계대전을 거치며 민족주의가 국제정치의 주요 동인으로 등장했다. 특히 프랑스 대혁명(1789~1794년)에 의해 고취된 피지배 민족의 자유와 독립의식은 그리스 독립전쟁(1821~1829년)이나 이탈리아의 통일(1870년) 같은 정치적 사변을 통해 발전했다. 제1차 세계대전 후 성립된 베르사유Versailles 체제 하에서는 오스트리아-헝가리 제국 등 패전 동맹국들이 해체되고, 중·동부 유럽에서 개별 민족을 기반으로 한 여러 개의 민족국가가 새롭게 탄생했다. 전후처리에 대한 불만은 독일과 이탈리아 등에서 민족주의의 발호를 가져왔고, 이는 제2차 세계대전 발발의 원인이 되기도 했다.

---

135 차기벽, 『한국 민족주의의 이념과 실태』, 도서출판 까치, 1978, p.13.

136 Johann Gottfried Herder(1744~1803). 18세기 독일의 '질풍노도(Strum und Drang)' 운동을 이끈 대표적인 사상가, 신학자, 시인, 문예비평가. 독일의 고전주의 및 낭만주의 문학 탄생에 기여했다. 저서로 『인류사의 철학에 관한 이념』, 『순수이성비판에 대한 초(超)비판』, 『인간성 증진을 위한 서신』 등이 있다.

137 Johann Gottlieb Fichte(1762~1814). 헤겔(Georg Wilhelm Friedrich Hegel), 쉘링(Friedrich Wilhelm Joseph Schelling)과 더불어 독일 관념론을 대표하는 철학자이자 사상가. 철학적으로는 지식학을 주로 연구했으며, 칸트(Immanuel Kant)의 비판철학의 계승자, 또는 칸트로부터 헤겔로 이어지는 가교 역할을 한 것으로 인정받고 있다. 일반적으로 나폴레옹 1세에 의해 점령된 프로이센의 수도 베를린에서 행한 14부로 구성된 「독일 민족에게 고함」이라는 제목의 강연으로 유명하다.

민족주의의 두 얼굴. 건전한 민족주의는 사회 발전과 통합을 위한 건설적인 에너지가 될 수 있으나, 그 반대의 경우 커다란 재앙이 될 수도 있다.

이렇게 영어의 "네이션nation"이 다의적 의미를 지니는 것은 유럽에서는 근대국가 건립state-building과 민족 형성nation-building이 병행적으로 진행되어 왔기 때문일 것이다. 유럽의 경우 여러 차례의 전쟁과 혁명을 통해 중세 봉건체제가 붕괴되고 근대국가를 거쳐 현대의 국민국가로 발전하는 과정에서 민족의식도 함께 발전했다. 그로 인해 국가와 국민, 민족의 개념이 함께 결합될 수밖에 없었던 것이다. 또한 그같은 역사발전 과정에서 국가 간 경계가 수시로 바뀌며 '1민족 다국가', '다민족 1국가'가 일상적으로 존재해 온 사실도 다의적 개념의 형성에 기여했을 것이다.

한편 제2차 세계대전 이후 제국주의적 헤게모니를 행사해 온 강대국의 예속으로부터 탈피해 자주적 독립국가 형성을 목표로 해 온 아시아나 아프리카, 중남미 지역의 피식민 국가에서 발달한 민족의 개념은 서구의 그것과는 차이가 있었다. 그것은 혈연을 중시하는 외세 저항적 민족주의였다. 일본 제국주의에 의한 식민통치 경험을 지닌 우리의 경우도 마찬가지였다. 이는 '한국사'라는 개념을 창시한 신채호가 역사를 "아我와 비아非我의 투쟁"으로 정의한 것과도 일맥 상통한다. 우리와 같은 피식민 국가에서는 끊임없이 "비아非我", 즉 "타자他者"를 상정하며 "우리"라는 일체감을 굳혀 가면서 민족의 개념 이 발달되었다고 할 수 있다. 일반적으로 "민족"이란 개념은 내적으로 는 보편성과 동질성을, 외적으로는 특수성과 차별성을 추구한다.[138]

저항적 민족주의는 후자를 더욱 강조함으로써 폐쇄적이 될 수 밖에 없다. 해방과 분단 이후 남한과 북한 양측 모두에서 폐쇄적 민 족주의가 발달했다. 특히 북한 정권은 극도로 배타적인 민족주의를 발전시켜 왔다. 유일영도체제의 사상적 기반은 배타적 혈연 민족주 의를 바탕으로 한 주체사상과 "우리식 사회주의"였다. 정도의 차이 는 있지만 남한에서도 폐쇄적 민족주의가 발전했다. 그간 우리 사회 는 배타적 민족공동체를 지향해 왔다. 단일민족의 정체성을 지나치 게 강조해 왔기 때문이다. 1960~1970년대의 화교억압정책이 하나의 좋은 예라고 할 수 있다. 또한 우리나라가 국적법에 있어 속지주의가 아니라 속인주의를 채택하고 있는 것도 폐쇄적 민족주의로 인한 것 이라 할 수 있다.

그러나 최근 사반세기 동안 우리 사회에는 많은 변화가 일어났 다. 특히 1988 서울올림픽과 1990년대 말 외환위기를 거치면서 사회 와 경제가 급속하게 개방되고 사회구성원의 다양화가 이루어졌다. 이러한 변화는 그간 우리 사회가 자랑해 온 단일민족국가라는 인식 을 무색하게 만들었다. 한편 북한은 2000년대 들어서도 핵 개발에 집착함으로써 국제사회로부터의 고립을 더욱 심화시켰다. 그에 반해 우리 사회는 IT 혁명과 한류 열풍에 힘입어 더욱 급속하게 국제사회

---

[138] 구영록·임용순 공편, 「한국의 통일정책」, 『나남신서』 303, 1993, pp.279-280.

에 통합됨으로써 우리의 생활양식과 가치관에 급속한 변화를 가져왔다. 그처럼 시간이 지날수록 남북 간의 격차는 커져만 갔고 더불어 이질감도 계속 증가했다.

민족공동체 통일방안의 유효성에 대해 다시 한 번 생각하게 만드는 것은 바로 그 같은 이유에서다. 특히 최근 들어 우리 사회에서는 혈연 중심의 폐쇄적 민족주의에 기초한 통일방안이 과연 효과적인 것인지에 대해 의문을 갖게 만드는 두 가지 변화가 더욱 가속화되고 있다. 그것은 바로 다민족화 현상과 남북 간의 이질감 확대 현상이다.

첫째, 우리 사회를 혈연공동체로서의 민족공동체라고 할 수 있는 기반이 급속히 붕괴되고 있다. 우리나라는 더 이상 단일민족국가가 아니라 해도 과언이 아닐 정도로 현재 남한의 공동체는 단일민족의 혈연공동체를 벗어나 빠른 속도로 다민족 공동체로 진화하고 있는 중이다. 우리 사회는 1990년대 중·후반을 기점으로 국제결혼이 꾸준히 증가하면서 다문화사회로 접어들기 시작했다.[139] 현재 우리 사회에는 2013년 기준 75만 명에 이르는 다문화가족이 존재하고 있다. 여기에는 결혼이민자와 인지·귀화자 28만 명, 배우자 28만 명, 자녀 19만 명을 포함된다. 그 숫자는 매년 지속적으로 증가해 2020년에는 100만 명에 이를 것으로 예상된다.[140]

한편 교육부에 의하면 관련 현황을 처음 조사한 2006년에는

---

[139] 한국심리학회, 네이버 지식백과 심리학용어사전, http://terms.naver.com/entry. nhn?docId= 2094187&cid =41991&categoryId=41991/(2014.4.27 검색).

[140] 여성가족부가 안전행정부가 실시한 '외국인주민현황조사('13.7월)' 결과를 이용해 작성한 '다문화가족 관련 연도별 통계' 보고서(2014.5) 중에서, http://www. mogef.go.kr/korea/view/policy/policy02_05a.jsp?func=view&idx=691668/ (2014.12.29 검색).

9천 389명에 불과하던 전국 초·중·고등학교에 다니는 다문화가정 학생 수가 매년 6천~8천 명씩 꾸준히 늘어나 8년 만인 2014년 4월에는 7배로 증가한 6만 7천 800여 명에 달했다. 전체 학생 대비 다문화가정 학생의 비율은 1.07%를 기록함으로써, 처음으로 1%대를 넘어섰다. 현재 외국인 주민의 미취학 자녀 현황으로 미뤄보건대 향후 3년 내에 다문화가정 학생 수는 10만 명을 돌파할 것으로 예상된다.[141] 최근 우리 사회의 출산율 저하로 인해 전체 학생 수가 매년 20여만 명씩 감소 중인 데 반해 다문화가정 학생 수는 꾸준히 증가하고 있는 추세를 감안할 때 그 비율은 계속 확대될 것으로 전망된다. 또한 통계청의 2010년 인구조사자료에 의하면 현재 우리나라에 장기 체류 중인 등록외국인 수는 총 98만 명으로, 그 가운데 특히 중국이나 동남아 등지에서 유입된 외국인 노동자 수도 꾸준히 증가해 현재 50만을 상회하는 중이다. 그 같은 변화로 인해 어느덧 혈연주의에 입각한 단일민족의 순수성이 "오늘의 대한민국이나 내일의 민족 공동체에서는 더 이상 유효하지 않게"[142] 되었다.

둘째, 분단 70년이 지나며 남북한 간의 이질화가 점차 가속화됨에 따라 같은 민족으로서의 공통성이 점차 희석되고 있다. 정치, 경제, 사회적 차이뿐만 아니라 문화와 풍속이 달라지고, 삶과 사물에 대한 인식, 세계관과 역사에 대한 시각의 차이도 더욱 확대되고 있다. 심지어는 언어마저도 빠른 속도로 달라지고 있다. 이제 남북을 과연 공통의 경제생활과 공통의 문화를 지닌 같은 민족이라고 할 수 있을지 의심스러울 정도다.

---

141 '다문화가정 학생 6만 8천 명…3년 내 10만 명 돌파 전망' (2014.9.21), 《온라인 연합뉴스》(2014.12.27 검색).

142 이홍구, '한민족공동체 어디로 가고 있나', 《중앙일보》(2013.12.30), p.31.

민족을 규정하는 주관적 기준에 비쳐보면 이러한 우려는 더욱 심각해진다. 현재는 미래의 과거라는 사실을 감안할 때 르낭의 말대로 서로 철저하게 분리되어 "과거를 공유"하지 않은 남한과 북한의 사람들이 과연 "미래를 함께 만들어 갈 수" 있을까? 특히 인류사에 가장 급속한 변화가 일어나고 있는 가장 최근의 수십 년간을 각기 독립적으로 발전해 온 남한과 북한이 하나의 국가로 통합되어 공동의 미래를 만들어 가는 것이 과연 가능한 일일까?

그래서 최근 학계에서는 폐쇄적 공동체에서 "열린 공동체"로 나아가자는 대안이 제시되고 있다. 그러나 2009년부터 참정권이 주어진[143] 700만 해외동포와 3만에 가까운 국내 정착 북한이탈주민을 포함한 100만 다문화가족을 모두 수용하려면 나가고 들어옴에 모두 포용적인 "양방향"의 열린 민족공동체가 되어야만 한다. 그처럼 개방적인 민족 개념을 수용하는 새로운 통일방안의 마련이 필요한 것이 오늘날 우리에게 주어진 과제라고 할 수 있다.

그 같은 맥락에서 볼 때 아일랜드는 수백 년간 폐쇄적 민족주의에 젖어 대립해 오던 두 개의 민족이 갈등을 극복하고 개방형 공동체를 건설해 가고 있는 좋은 모델이라고 할 수 있다. 아일랜드인은 700년이 훨씬 넘는 영국의 지배 아래에서도 민족의 정체성을 유지해 온 민족이다. 그들은 군사력의 절대적 열세 속에서 민중항쟁과 테러 공격에 의존한 게릴라전을 전개해 수백 년간 끊임없이 자치와 독립을 추구해 온 민족이었다. 아일랜드 '내셔널리스트Nationalist'들은 아일랜

---

143 해외동포의 참정권은 1972년 선거법 부칙에 의해 폐지되었다가 2007년 그 같은 법령에 대한 헌법재판소의 헌법불일치 판결에 이어 2012년 국회에서 공직선거법(재외국민 참정권법)이 개정 통과되면서 2012년 4월 국회의원 선거부터 재외국민에게 투표권이 허용되었다.

드 섬에 대영통합왕국으로부터 독립된 "아일랜드인의 국가"를 건설하고자 했다. 독립국가는 곧 가톨릭계 게일족으로 이루어진 민족국가를 의미했다. 공화주의Republicanism를 표명한 강경 민족주의자들의 목표도 주권재민이나 대의민주주의보다는 영국의 왕정monarchy으로부터 완전히 독립된 민족국가를 건설하는 데 있었다. 1937년 에이레로의 국명 개명은 그 같은 염원이 반영된 것이다. 북아일랜드 독립 추구세력이 '아일랜드공화국군IRA'이라는 명칭을 고수했던 것도 그것이 아일랜드인들이 1919년 1월에 일방적으로 영국으로부터의 독립을 선포하고 수립한 아일랜드 민족 최초의 근대국가인 아일랜드공화국에서 연유한 것이기 때문이다.

이처럼 아일랜드인들은 그 어느 민족보다 더 민족의식이 강하면 강했지 결코 약하지 않는 민족이었다. 그러나 그처럼 강력한 민족의식에도 불구하고 아일랜드인들은 성금요일 협정을 위해 지난 수백 년간 그토록 갈망해 오던 단일민족국가의 수립을 포기하고 이-민족 국가라는 현실을 수용했다. 따라서 아일랜드 섬 전체를 영토로 하는 단일 독립국가는 이제 더 이상 게일족의 단일민족 국가를 의미하지 않는다.

아일랜드공화국은 성금요일 협정 체결 직후인 1998년 6월 헌법 개정을 단행했다. 수정헌법 제3조 1항에서는 아일랜드라는 국가를 정체성과 전통의 차이를 떠나서 "아일랜드 섬이라는 영토를 공유하는 모든 사람들의 공동체"로 묘사했다.[144] 나아가 통일된 단일민족국가

---

144 1998년 수정 아일랜드공화국 헌법 제3조 1항: It is the firm will of the Irish Nation, in harmony and friendship, to unite all the people who share the territory of the island of Ireland, in all the diversity of their identities and traditions, recognizing that a united Ireland shall be brought about only by peaceful means with the consent of a majority of the people, democratically

를 추구하기보다는 국민통합united people을 이루는 것이 통일아일랜드 국가Irish Nation의 확고한 의지라는 사실을 분명히 했다. 그것은 통일아일랜드가 수립될 경우 자신들의 정체성을 잃게 될 것을 두려워하는 통합주의자들의 우려를 해소해 주기 위한 배려에서 나온 것이었다.

수정헌법 제2조는 아일랜드 섬에서 출생한 모든 사람에게 아일랜드 국가의 일부가 될 수 있는 자격과 권리를 부여했다.[145] 이에 따라 잉글랜드계 개신교 신자든, 아일랜드계 가톨릭 신자든, 통합주의자든 민족주의자든 개인의 정체성이나 문화적, 종교적 전통에 관계없이 아일랜드 섬에서 출생한 모든 사람은 "아일랜드 국가의 일원"이 될 수 있는 자격과 권리를 보유하게 되었다. 그렇게 함으로써 북아일랜드 주민들도 희망할 경우 자연스럽게 통일아일랜드에 대한 소속감을 가질 수 있도록 한 것이다. 그것은 "향후 북아일랜드의 법적 위상 변화와 관계없이 모든 북아일랜드 주민은 출생 시부터 본인의 희망에 따라 아일랜드나 영국, 또는 두 국가 모두의 국민이 될 수 있는 권리를 보유할 수 있다"는 사실을 인정하는 성금요일 협정을 반영한 것이었다. 그것은 속인주의에서 속지주의로의 전환을 의미하는 것이기도 했다. 독일은 통일 후 2000년에 이르러서야 국적법을 개정해 그

---

expressed, in both jurisdictions in the island. Until then, the laws enacted by the Parliament established by this Constitution shall have the like area and extent of application as the laws enacted by the Parliament that existed immediately before the coming into operation of this Constitution.

[145] 1998년 수정 아일랜드공화국 헌법 제2조: It is the entitlement and birthright of every person born in the island of Ireland, which includes its islands and seas, to be part of the Irish Nation. That is also the entitlement of all persons otherwise qualified in accordance with law to be citizens of Ireland. Furthermore, the Irish nation cherishes its special affinity with people of Irish ancestry living abroad who share its cultural identity and heritage.

렇게 했지만 남아일랜드는 이미 1998년에 과감하게 속인주의를 포기하고 속지주의를 택한 것이다.

그러나 그렇다고 통일아일랜드 실현에 대한 의지를 포기한 것은 결코 아니었다. 단지 제반 현실적 여건을 감안해 통일에 대한 접근을 선언적 방식에서 실질적 통일de facto을 추구하는 실천적 방식으로 바꾸었을 뿐이다. 수정헌법 제3조 1항은 남북 아일랜드의 모든 국민을 통합하는 것이 여전히 "통일아일랜드국가의 확고한 의지firm will"라는 사실을 천명함으로써 통일을 향한 아일랜드공화국의 헌법적 입장을 분명히 했다.

제4장

—

헌법 영토조항의 개정

우리나라 헌법 제3조는 "대한민국의 영토는 한반도와 그 부속도 서로 한다"고 규정하고 있다. 대한민국의 영토가 대한제국의 영토를 기초로 확정되었으며, 대한민국은 이 지역에서 대한제국의 정통성을 계승하는 유일한 국가임을 내세우고 있다. 제헌의원들은 대한민국의 관할이 "남한뿐만 아니라 북한에까지 미친다는 것"을 전제로 일단 남한만으로 정부를 수립하되 남북한이 합쳐지는 것을 염두에 두고 그 같은 영토조항을 헌법에 삽입한 것이다.[146]

그간 우리 학계에서는 영토조항의 해석과 적용을 놓고 많은 논란이 있어 왔다. 영토조항 개정을 주장하는 측은 특히 동 조항과 헌법 제4조 '평화적 통일 추구' 조항 사이의 모순을 지적하고 있다. 제3조는 대한민국 영토를 한반도 전체라고 규정함으로써 북한을 합법적인 국가로 인정하지 않고 있는 반면, 제4조는 대한민국은 통일을 지향한다고 해 분단을 전제로 함으로써 통일의 상대방인 북한을 국가로 인정하고 있다는 것이다.

영토조항의 존재는 북한 정부와의 대화와 협상을 통한 남북관계 정상화를 어렵게 만드는 측면이 있는 것이 사실이다. 통일을 추진하는 데 있어서도 민족공동체 통일방안에 입각해 남북연합을 구성할 수 있는 헌법적 기반이 존재하는지에 대한 의문을 갖게 한다. 따라서 영토조항은 결과적으로 흡수통일 외의 대안 선택을 원천적으로 봉쇄하고 있다는 일부의 지적을 피하기 어렵게 한다. 그 같은 이유로 인해 법원도 남북 간 서명한 합의서의 성격을 "남북한 당국이 각기 정치적인 책임을 지고 상호 간에 성의 있는 이행을 약속한 것"에

---

146 "제헌국회서 헌법 영토조항에 이의 제기도 한반도와 부속도서밖에 못 가진다는 제한적 정신", 《주간조선》 2269호(2013.8.12), http://weekly.chosun.com/client/news/viw.asp?nNewsNumb=002269100009&ctcd=C03/(2013.10.29 검색).

불과하기에 "법적 구속력이 있는 것은 아니어서 이를 국가 간의 조약 또는 이에 준하는 것으로 볼 수 없고, 따라서 국내법과 동일한 효력이 인정되는 것도 아니다"라고 판시하고 있는 것이다.[147]

신기하게도 아일랜드공화국의 헌법에도 유사한 영토조항이 있었다. 1937년에 제정된 아일랜드공화국 헌법 제2조는 우리 헌법 제3조처럼 영토를 규정한 조항이었다. 동 조항은 아일랜드의 영토가 "아일랜드 섬 전체와 부속 도서 및 영해"로 이루어진다고 규정함으로써 아일랜드 섬 전체가 "한 국가의 영토"임을 분명히 했다.[148] 그러나 제3조에서는 아일랜드공화국 의회와 정부가 아일랜드 섬 전체에 대한 주권을 갖고 있다고 재확인하면서도 "국토의 재통합이 이루어지기까지는" 동 헌법에 입각해 구성된 의회에서 만들어진 법령은 동 헌법이 제정되기 이전인 아일랜드자유국 시절의 의회에 의해 제정된 법들이 미치던 범위, 즉 남아일랜드에서만 효력을 발생한다고 규정함으로써 제2조 영토조항이 실질적인 법적 집행력을 갖는 것이 아니고 단지 선언적인 의미를 지닌다는 사실을 분명히 했다.[149]

---

[147] 대법원 1999.7.23. 선고 98두14525 판결 참조.

[148] 1937년 제정 아일랜드공화국 헌법 제2조: (아일랜드공화국의) 영토는 아일랜드 섬 전체와 부속도서 및 영해로 이루어진다.(The national territory consists of the whole island of Ireland, its islands and the territorial seas).

[149] 1937년 제정 아일랜드공학국 헌법 제3조: 영토의 재통합이 이루어지기까지, 본 헌법에 의해 설립된 정부와 의회가 보유한 국토 전체에 대해 관할권을 침해하지 않는 가운데, 아일랜드공화국 의회에 의해 제정된 법령들은 아일랜드자유국(Irish Free State) 의회(Saorstat Éireann)에 의해 제정된 법령들과 동일한 장소 및 범위에 적용되며 동일한 영외효과를 갖는다(Pending the re-integration of the national territory, and without prejudice to the right of the parliament and government established by this constitution to exercise jurisdiction over the whole territory, the laws enacted by the parliament shall have the like area and extent of application as the laws of Saorstat Éireann (Irish Free State) and the like extra-territorial effect).

아일랜드공화국 헌법의 기초자들은 1921년 영아조약Anglo-Irish Treaty에 의한 아일랜드의 분단을 불법으로 간주했다. 그들은 새로운 헌법이 단일 "아일랜드 국가"의 존재를 선포해야 한다고 믿었다. 한편으로는 실질적인 분단의 현실을 인정하는 실용주의적 논리를 수용하면서도 그 같은 국가가 이론적으로나마 아일랜드 섬 전체에 대한 주권을 보유하기를 원했던 것이다. 따라서 1937년에 제정된 아일랜드 헌법에서는 두 개의 용어를 사용해 서로 다른 두 가지 개념의 "국가"를 구분했다. 즉 아일랜드 섬 전체를 영토로 하는 아일랜드 국가를 지칭할 때는 "네이션nation"이라는 용어를 사용한 반면, 잠정적으로 남부 아일랜드의 26개 주county에 국한된 국가를 의미할 때는 "스테이트state"라는 용어를 사용했다. 따라서 헌법 제2조에서는 아일랜드 섬 전체를 아일랜드공화국의 "영토national territory"로 표현한 반면, 제3조에서는 아일랜드공화국, 즉 남부 아일랜드 주들로 구성된 "국가state"의 법령은 남측에만 적용된다는 사실을 밝힌 것이다.

이러한 역사적 전통에도 불구하고 아일랜드공화국은 1998년 6월에 실시된 성금요일 협정에 대한 찬반 국민투표를 통해 제2조 영토조항을 헌법에서 전격적으로 삭제했다. 이듬해 12월에 제정된 수정헌법 제2조는 아일랜드 섬에서 출생한 모든 사람에게 "아일랜드 국가Irish Nation"의 일원이 될 수 있는 권리를 부여했다.[150] 국가의 정체성을 더 이상 영토가 아니라 국민으로 재규정함으로써 흡수통일에 대한 북아일랜드 주민들의 우려를 불식시키고 모든 북아일랜드 주민들에게 민족과 종교를 불문하고 통일아일랜드의 국민이 될 수 있도록 한 것이다. 나아가 동 조항은 남북 아일랜드에 살고 있는 모든 아일랜드

---

[150] 1998년 수정 아일랜드공화국 헌법 제2조.

인과 해외에 거주하고 있는 아일랜드 디아스포라diaspora 사이에 존재하는 특별한 유대감을 소중히 여긴다고 명시함으로써 열린 공동체를 지향하고 있다.

한편 제3조 2항에서는 아일랜드 정부가 성금요일 협정에 근거한 "초국경 집행기구"에 참여하는 것을 허용함으로써 주권국가인 아일랜드가 영국의 자치령인 북아일랜드와 정부 대 정부 차원에서 대등하게 남북공동기구를 설립할 수 있는 법적 기반을 마련했다.[151] 그렇게 함으로써 남북 아일랜드 정부가 동등한 자격으로 공동기구를 구성하고, 거기에서 합의된 사항을 남아일랜드 국내법과 상충하지 않고 아일랜드 섬 전체에 적용할 수 있는 법적 토대를 마련한 것이다.

---

[151] 1998년 수정 아일랜드공화국 헌법 제3조 2항: 각각의 정부는 상기 목적을 위해 관할권을 공유하는 행정적 권한과 기능을 지닌 기관들은 설치할 수 있으며, 그 같이 설치된 기관들은 아일랜드 섬 전체 또는 일부에 대해 권한과 기능을 행사할 수 있다(Institutions with executive powers and functions that are shared between those jurisdictions may be established by their respective responsible authorities for stated purposes and may exercise powers and functions in respect of all or any part of the island).

제5장

통일정부 구성방식

민족공동체 통일방안은 민족공동체의 복원에 초점을 맞춘 통일방안이다. 권력의 배분을 어떻게 하느냐보다는 민족이 어떻게 함께 살아가느냐에 초점을 맞추고 있다.[152] 즉 통일을 특정집단, 또는 계급의 국가권력 장악 과정이나 가공적인 국가체제의 조립으로 보기보다는 한민족이 어떻게 함께 살아가느냐는 문제로 보고 있는 것이다. 남북한은 상대방의 주권적 실체를 인정하지 않고 있기 때문에 서로의 존재를 부인하고 자신이 내세우는 조건 하에서 통일을 이루는 방안만을 고수해 온 것이다. 이러한 차원에서 타협과 공존의 가능성은 원천 봉쇄되었다. 따라서 여태까지 남과 북의 통일제안은 마치 『이솝우화』에 나오는 여우와 두루미의 이야기처럼 서로 상대방을 식사에 초대하기는 했으나 상대방이 도저히 먹을 수 없는 음식을 내어놓는 격이었다.

그럼에도 불구하고 남한과 북한은 2000년 6월 15일에 발표된 제1차 남북정상회담 공동선언을 통해 분단 이후 최초로 통일방안에 대한 합의점을 도출했다. 남측의 "연합제"와 북측의 "낮은 단계의 연방제" 사이의 공통성을 서로 인정하고 앞으로 함께 통일을 지향해 나가기로 합의한 것이다. 그러나 문제는 남측과 북측의 통일방안이 비록 중간단계에서는 유사해 보일지 모르나 궁극적 지향점에 있어서는 상호배타적인 성격을 지녔다는 점이었다. 남측의 남북연합이 '1국가 1정부 1체제'의 단일국가를 향한 과정에서 잠정적으로 존재하는 과도기적 체제인 데 반해, 북측의 "낮은 단계 연방제"는 보다 높은 단계의 '1국가 2정부 2체제'의 연방제 통일을 상정한 것이기 때문이다.

남한과 북한은 통일정부의 궁극적인 형태뿐만 아니라 통일정부

---

[152] 통일부, 『1998년 통일백서』, 1998, p.60.

수립방식에 있어서도 서로 상충된 입장을 고수해 왔다. 우리 정부는 오랫동안 남북한 자유총선거를 통일정부 수립방안으로 제안해 왔다. 이는 1948년 UN 총회 결의에 근거한 것으로서 정부 수립 당시의 국제법적, 도덕적 우월성에 기초해 북한 공산정권의 합법성을 부정하는 인식에서 출발한 것이라고 할 수 있다.[153]

북한도 처음에는 남북한 동시총선을 통일방안으로 제시했다. 그러나 북한의 총선거 주장은 1973년 6월 '조국통일 5대 방침'을 내놓으면서 중단되었다. 이때부터 연방제는 총선거 이전의 과도적 단계가 아니라 그 자체가 목표가 되었고, 북한은 이를 실현하기 위해 각계각층 대표들로 대민족회의와 같은 군중집회식 회의체를 구성해야 한다고 주장하기 시작했다. 북한이 기존의 총선거안을 거두어들인 시점은 남한의 국력이 북한을 앞지르기 시작한 시점과 일치했다. 1980년대 들어서는 연방제를 궁극적인 통일국가의 모습으로 제시하면서 남북한 동시총선을 통한 통일정부 수립방안을 완전히 폐기했다.

통일정부의 형태와 구성방식을 둘러싼 남북 간의 첨예한 입장 차이는 결국은 통일국가에서의 권력을 어떻게 배분하느냐는 문제에 귀결된다고 할 수 있다. 우리 정부가 "자유민주주의 질서에 입각한 통일"을 추구한다고 헌법(제4조)에 못 박고 '1민족 1국가 1정부 1체제'로의 통일을 추구하는 것도 결국은 권력의 배분 문제와 직결된다. 그럼에도 불구하고 민족공동체 통일방안은 통일국가 정부 구성 단계에서 남북이 어떻게 권력을 배분할 것인지에 대해서는 구체적인 언급이 없다. 과도체제인 남북연합 단계에서 남북 각각 10명 내외의 각료급 인사로 사실상 중추적 집행부 역할을 하는 남북각료회의를 구

---

153 통일부, 『2003년 통일백서』, 2003, p.9.

성하고 남북 쌍방의 총리가 공동의장을 맡도록 함으로써 권력 공유의 의사를 보이고 있으나, 남북각료회의는 남북 양측 정부가 각각의 주권을 행사하는 가운데 잠정적으로 존재하는 단순한 협의체일 뿐 실질적인 의사결정기구는 아니기 때문에 그리 큰 의미가 없다고 할 수 있다. 더욱이 민족공동체 통일방안이 지향하는 궁극적 목표인 단일국가 체제 하에서는 인구 규모와 경제력에 있어 절대적 열위에 있는 북한의 집권세력이 남한 측과 동등한 크기의 권력을 유지하기는 결코 쉽지 않을 것이다. 통일정부가 인구비례 자유총선거에 의해 구성된다면 그 같은 가능성은 더욱 작아질 것이다.

북한이 현재 누리고 있는 권력을 그대로 유지할 수 있는 특정한 형태의 연방제를 고수하고, 연방정부의 구성이 자유총선거가 아니라 남북 양측 정부, 또는 제 정당·정파와 해외동포까지 참여하는 연석협상을 통한 정치적 합의로 이루어져야 한다고 주장하는 것도 결국은 같은 맥락에서 나온 것이다. 고려민주연방공화국 창립방안에 의하면 통일국가의 최고 의사결정기구인 최고민족연방회의는 남북 동수로 구성된다.[154] 최고민족연방회의 의장과 그 산하 집행기구인 연방상설위원회 위원장도 남북이 윤번제로 맡는 것으로 되어 있다. 이는 남북 간 인구나 경제력의 차이는 전적으로 무시하고 남북이 1:1로 대등하게 권력을 공유하자는 의도를 내포한다.

물론 국력의 차이가 나는 두 개의 정치적 개체가 합의에 의해 하나의 국가로 통일하는 일은 쉬운 일이 아니다. 상대적 열세에 놓여

---

[154] "련방형식의 통일국가에서는 북과 남의 같은 수의 대표들과 적당한 수의 해외동포대표들로 최고민족련방회의를 구성하고 거기에서 련방상설위원회를 조작해 북과 남의 지역정부들을 지도하며 련방국가의 전반적인 사업을 관할하도록 하는 것이 합리적일 것입니다.", 『김일성저작집』 제35권, 조선로동당출판사, 1979-1998), p.347.

있는 개체로서는 자기 보존을 위해서도 최대한의 권력 배분을 보장 받으려 할 것이기 때문이다. 그에 반해 상대적 우위에 있는 개체의 경우 국가통일을 달성하기 위해서는 어느 정도의 권력을 나눠줄 수밖에 없기 마련이다. 그러기에 우리 정부도 그 같은 북측의 입장을 일부 고려해 1989년 노태우 대통령이 한민족공동체 통일방안을 제시하며 통일국가의 의회를 단원제가 아니라 지역대표인 상원과 인구비례인 하원으로 이루어진 양원제로 할 것을 제안하기도 했다.

정부 간 합의를 통해 통일을 이루었던 남북 예멘의 경우는 정치적 타협에 의한 통일의 특성을 잘 보여주고 있다. 예멘의 경우 자본주의 체제였던 북예멘이 공산주의 체제였던 남예멘보다 인구와 소득 면에 있어서 훨씬 더 우위에 있었기에 북예멘에 의한 남예멘의 흡수통일이었음에도 불구하고 양측이 합의에 의해 통일예멘 정부의 권력을 남북의 국력 비례에 따라 배분했다. 만약 권력 지분에 대한 합의가 없었다면 남북 예멘의 통일은 합의에 이르기 쉽지 않았을 것이다.[155] 그러나 남북의 인구와 경제력이 지니고 있는 실질적 비중을 무시한 형식적 평등원칙에 입각한 권력 배분은 오래갈 수 없었다. 결국 예멘통일이 실패로 돌아가고 통일예멘이 다시 남북으로 재분열된 것은 비교적 짧은 시간 내에 인위적으로 조성되었던 권력 균형이 붕괴되었기 때문이다.

아일랜드의 경우 평화프로세스의 토대는 통합주의 세력과 민족

---

[155] 통일예멘 정부는 5인으로 구성된 최고권력기관인 대통령평의회를 두고 이를 북과 남이 3:2로 구성한 가운데, 통일 정부의 대통령은 당시 북예멘 대통령이 맡고, 수상과 부통령은 각각 당시 남예멘 대통령과 남예멘 유일 집권당 서기장이 맡았다. 또한 총 301명으로 구성된 통일의회는 북예멘 159명, 남예멘 111명, 비당파 부족대표 31명으로 배분하고, 각료 역시 북예멘 출신 19명, 남예멘 출신 15명으로 배정하는 등 남북 예멘의 전반적인 국력에 비례해서 배분되었다.

주의 세력이 권력을 공유하는 북아일랜드 자치정부의 수립이었다. 1998년 성금요일 협정에서 영국은 영국 정부의 권력을 위임 받은 북아일랜드 자치정부의 수립을 허용하고, 무장해제를 전제로 그간 폭력투쟁을 계속해 오던 통합주의와 민족주의 양측의 준군사조직들이 북아일랜드 정부에 참여할 수 있도록 했다. 여러 차례의 우여곡절 끝에 양측의 준군사조직 대부분이 그 같은 조건을 수용함에 따라 권력 공유에 기반한 아일랜드 평화프로세스를 시작할 수 있었다.

북아일랜드 의회는 영국 의회로부터 권력을 위임 받은 자치기관이다. 영국 의회에 명시적으로 보류되어 있는 사안들을 제외한 다른 모든 사안에 관해 법령을 제정할 수 있고 북아일랜드 행정부를 구성할 수 있는 권한을 갖고 있다. 북아일랜드 의회는 단원제며, 현재 총 108명의 의원으로 구성되어 있다. 의원들은 비례대표제에 의한 단일투표로 선출된다. 의회는 디헌트 방식에 의한 권력 공유 원칙에 입각해 대부분의 행정부 장관들을 선출함으로써 북아일랜드 양대 정치세력인 통합주의 세력과 민족주의 세력이 모두 행정부에 참여할 수 있도록 보장하고 있다.

첨예하게 대립하는 두 개의 세력 간에 권력 공유를 가능케 하는 것은 북아일랜드 정부의 제도적 구조 때문이다. 북아일랜드 행정부는 수상격인 제1장관과 부수상격인 부제1장관을 비롯해서 여러 명의 장관들로 구성된다. 법무장관을 제외한 모든 장관들은 의회를 구성하는 주요 정당에 의해 임명된다. 법무장관은 지역사회 교차투표 방식에 의해 의회에서 선출된다. 의회에서 다수 의석을 차지한 당이 내각을 구성하는 일반적인 의원내각제와는 달리 북아일랜드 행정부의 장관직은 일정 수의 의석을 가진 모든 정당들에게 배분하도록 되어 있다. 법무장관직을 제외하고 각 정당에게 배분되는 나머지 장관직의 숫자는 의석 최대 평균치를 토대로 한 디헌트 방식에 의해 정해진다. 현실적으로 그 어느 주요 정당도 정부 구성에서 배제될 수 없도록 권력의 공유가 제도적으로 보장되어 있는 것이다. 정당 간의 협상을 통해 권력을 공유하는 방식이 "자발적 연정voluntary coalition"이라면 그 같은 정부 형태는 "의무적 연정mandatory coalition"이라고 할 수 있다. 따라서 북아일랜드 행정부는 의회 내 두 개의 최대 정당 가운데 그 어느 하나가 연정 참여를 거부할 경우 제대로 기능할 수가 없다. 원내 제1당과 제2당이 수상직과 부수상직을 각각 나누어 맡아 공동 수반으로 행정부를 이끌도록 되어 있기 때문이다. 통합주의계 정당과 민족주의계 정당이 원내 제1당과 제2당을 나누어 가질 수밖에 없는 북아일랜드의 정치적 현실을 감안할 때 그것은 두 세력 간의 권력 공유를 확실히 보장하는 방법이라고 할 수 있다. 나머지 정당들의 경우 연정에 참여할 권리는 갖고 있으나 반드시 참여해야 하는 것은 아니다. 그들은 원할 경우 연정에 참여하지 않고 야당의 길을 선택할 수도 있다.

성금요일 협정에 의하면 행정부의 장관들은 모든 행정부 내부회의뿐 아니라 남북각료위원회와 영아위원회에도 의무적으로 참석하도록 되어 있다. 북아일랜드 자치정부와 남북각료위원회의 존폐가 상호의존적mutually inter-dependent이라고 하는 것은 바로 그 같은 제도적 장치 때문이다. 성금요일 협정은 두 기구 중 그 어느 하나라도 기능을 상실할 경우 다른 하나도 자동적으로 기능이 정지된다고 명시하고 있다. 남북각료위원회는 아일랜드공화국과 북아일랜드 간의 현격한 인구 차이에도 불구하고 남아일랜드와 북아일랜드의 두 정치세력이 각각 1:1:1의 비율로 참여하게 함으로써 북아일랜드 양대 정치세력 간의 권력 공유를 이중으로 보장하고 있는 것이다.

한편 북아일랜드 행정부의 장관회의 규정The Ministerial Code에 의하면, 세 명 이상의 장관이 발의할 경우 지역교차 투표를 요구할 수 있다. 투표를 진행할 수 있는 성원은 7명이나, 현재 북아일랜드 행정부는 통합주의계 6명과 민족주의계 5명, 중도계 2명 등 총 13명의 장관으로 구성되어 있다.[156] 어느 한 세력이 다른 측의 이해가 걸린 주요 사안에 대한 결정을 단독으로 내릴 수 없게 만드는 이러한 안전장치 역시 권력 공유를 보장하는 제도적 조치라고 할 수 있다.

한 가지 더 유의할 점은 권력 공유에 대한 합의는 결코 쉽게 이루어진 것이 아니라는 사실이다. 북아일랜드 행정부가 처음 수립된 것은 서닝데일 합의가 이루어진 직후인 1974년 1월 1일이었다. 그러나 제1차 권력공유행정부는 얼스터노동자위원회가 주도한 파업으로 인해 다섯 달도 채 버티고 못하고 그 해 5월 28일 기능이 중단되었다. 그 후에도 자치정부는 중단과 재개를 반복했다. 정치적 신뢰의 부재 속에 다양한 정치세력을 대표하는 준군사조직들에 의한 폭동과 소요가 끊임없이 이어졌기 때문이다.

현재의 행정부는 1998년 4월 10일 성금요일 협정에 의해 구성되었다. 그러나 협정 체결 이후에도 혼란은 계속되었다. 자치정부는 그 후에도 2000년 2월 12일~5월 30일, 2001년 8월 11일과 9월 22일, 그리고 2002년 10월 15일~2007년 5월 8일에 걸쳐 네 차례나 중단되었다. 2002년부터 2007년까지 장기간의 중단은 PIRA 간첩조직에 대한 북아일랜드 경찰청의 수사가 시작되자 얼스터통합당이 신페인당과의 권력 공유를 거부한 데서 비롯되었다. 그 후 자치정부가 복

---

156 통합주의 계열: 민주통합당 5명, 얼스터통합당 1명, 민족주의 계열: 신페인당 4명, 사회민주노동당 1명, 중도 계열: 북아일랜드동맹당 2명.

원된 것은 2006년 11월 성앤드류 협정이 이루어지고 2007년 3월 7일 선거가 실시된 후였다.

표 III-2. 역대 북아일랜드 행정부의 정당 구성

구분	기간	주요 구성 정당	장관수	성향
서닝데일 합의 제1차	1974	얼스터통합당(UUP)	5	통합
		사회민주노동당(SDLP)	4	민족
		북아일랜드동맹당(NIAP)	1	중도
성금요일 합의 제2차	1998-02	얼스터통합당(UUP)	4	통합
		사회민주노동당(SDLP)	4	민족
		민주통합당(DUP)	2	통합
		신페인당(Sinn Féin)	2	민족
제3차	2007-11	민주통합당(DUP)	5	통합
		신페인당(Sinn Féin)	4	민족
		얼스터통합당(UUP)	2	통합
		사회민주노동당(SDLP)	1	민족
		북아일랜드동맹당(NIAP)	1	중도
제4차	2011-15	민주통합당(DUP)	5	통합
		신페인당(Sinn Féin)	4	민족
		북아일랜드동맹당(NIAP)	2	중도
		얼스터통합당(UUP)	1	통합
		사회민주노동당(SDLP)	1	민족

출처: '역대 북아일랜드 행정부'(http://en.wikipedia.org/wiki/List_of_Northern_Ireland_Executives) 참조해 재구성

다행히 2007년 5월 8일에 출범한 제3차 행정부는 중간에 한 번의 중단도 없이 계속 유지되었다. 그러나 제3차 행정부도 신페인당의 보이콧으로 인해 2008년 6월 19일부터 11월 20일까지 단 한 번의 회의도 개최할 수 없었다. 신페인당의 보이콧은 경찰권 및 사법권 위임 문제를 둘러싼 민주통합당과의 충돌에서 비롯된 것이었다. 결국 중

도세력인 북아일랜드동맹당Alliance Party of Northern Ireland이 법무장관직을 맡는 것으로 타협이 이루진 후에도 2010년 4월 12일이 되어서야 비로소 영국 정부로부터 경찰권과 사법권을 위임 받는 것이 가능했다. 그 후 제3차 북아일랜드 의회 도중 한 번의 중단도 없이 2011년 3월 막을 내리고, 5월 5일 선거를 거쳐 5월 12일에는 제4차 의회가 개원했다. 의회 선거에 뒤이어 5월 16일에는 민주통합당, 신페인당, 북아일랜드동맹당, 얼스터통합당, 사회민주노동당 등 5개 정당이 참여하는 제4차 권력공유행정부가 구성되었다.

성금요일 협정은 1960년대 말부터 30년에 걸쳐 진행되었던 '폭동의 시대The Troubles'를 종식시켰다. 뒤집어 이야기하면 합의에 도달하는 데 길게는 1921년 아일랜드의 분단부터 약 80년, 짧게는 1974년 서닝데일 합의로부터 25년이 걸렸다는 것이다. 특히 마지막 30년은 북아일랜드 전역에서 폭동과 테러가 난무한 시대였다. 그만큼 많은 인내와 결단을 필요로 한 과정이었다. 그러나 평화협정이 체결되었다고 해서 갈등과 대결이 종식된 것은 결코 아니었다. 성금요일 협정 이후에도 북아일랜드 자치정부는 중단과 재개를 반복했다. 자치정부의 기능이 중단될 때마다 북아일랜드는 영국 정부의 직접 통치를 받아야만 했다. 다양한 성향의 준군사조직들이 폭력을 행사할 때마다 정치협상은 중단되었다. 해당 조직을 대변하는 정당의 협상 참여가 불허되었기 때문이다.

협상에서 어렵게 합의가 이루어져도 그것에 불만을 표출하는 준군사조직은 늘 존재했다. 준군사조직들은 자체 분열을 거듭하며 갈수록 더욱 강경그룹으로 분화했다. 통합주의 세력과 민족주의 세력, 영국 정부 간에 상호신뢰가 채 구축되지 않은 상태에서 무장해제는 일부 준군사조직들에게는 선뜻 받아드릴 수 없는 조건이었다.

그러나 대다수 북아일랜드인들에게 있어 그것은 영국의 직접 통치보다는 나은 차선의 선택이었다. 자신들의 문제에 대한 결정을 현지 상황도 제대로 모르는 런던의 정치인들 손에 맡기는 것은 결코 수용할 수 없었기 때문이다. 무엇보다도 권력의 공유는 쉽게 거부하기 힘든 매혹적인 인센티브였다. 영국과 아일랜드공화국 정부를 비롯해 평화협상에 참여한 북아일랜드 제 정당·정파가 협상 참여의 전제조건으로 무장해제 원칙을 확고하게 견지할 수 있었던 것은 그 덕분이었다. 이처럼 무장해제와 정부 참여의 교환에 의한 권력 공유 구조가 아니었다면 성금요일 협정 타결과 그 이후 북아일랜드 자치정부의 지속이나 아일랜드 평화프로세스의 진행은 불가능했을 것이다.

제6장

합의이행 메커니즘

민족공동체 통일방안은 경제·사회·문화 등 비정치적 영역에서의 교류협력 확대가 정치·안보적 영역의 화해와 긴장완화로 이어지는 확산효과spill-over effect를 통해 국가통합을 이룰 수 있다는 기능주의 통합론에 기반을 둔 것이다. 신기능주의 통합론은 국가통합이라는 궁극적 목표에 대한 인식의 공유가 없이는 그 같은 확산효과가 자연스럽게 나타나지 않으며 확산이 지체되거나 오히려 역류spill back될 수 있기에 확산을 위한 인위적 노력이 필요하다는 점을 지적한다. 그것은 교류협력 단계의 확산을 통한 남북연합 구성, 남북연합 단계의 발전을 통한 통일국가 건설을 위해서는 단계별로 효과적인 합의이행기구가 절대적으로 필요하다는 것을 의미한다.

그럼에도 불구하고 민족공동체 통일방안에는 단계별 합의이행기구에 대한 구체적인 설명이 부족하다. 특히 화해협력 단계를 남북기본합의서의 실질적 이행, 실천 단계로 규정하고 있으나, 이 단계의 이행기구로 상정되는 것은 고작 남북연락대표부 정도다. 오히려 다양한 형태의 이행기구는 화해와 협력의 제도화가 이루어지는 그 다음 단계인 남북연합 단계에서 구성하는 것으로 상정하고 있다. 이 단계에서는 남북정상회의, 남북각료회의, 남북평의회, 공동사무처가 설치된다. 남북 양측 총리를 공동의장으로 하는 남북각료회의가 사실상 중추적 집행기구로서 남북 간의 모든 현안과 문제를 협의, 조정하고, 남북연합헌장의 구체적 이행과 남북 정상회의에서 부과한 사업의 이행을 보장한다. 또한 산하에 정치, 경제, 군사 등 분야별 상임위원회를 두고 사업의 진전과 진행을 관리한다. 그러나 남북연합에는 남북한 간 정책의 조율이나 차이가 있는 경우 그에 대한 결정권을 행사하거나 조정이나 조율을 할 수 있는 기구가 존재하지 않는다.[157] 한편 강력한 대통령제 국가인 남한과 수령에 의한 유일적 영도체계를 갖고 있는 북한의 경우 정책결정 과정에서 각료들에게 주어진 권한은 상당히 제한적인 것이 현실이다. 결국 남북각료회의나 남북평의회에서 입장 차이가 발생할 경우 그것을 조정할 수 있는 유일한 기구는 남북정상회의일 수밖에 없다는 점이 문제다.

나아가 남북각료회의에서 결정된 정책사항을 집행할 수 있는 기구마저 존재하지 않는다. 남북각료회의 공동사무처는 집행기관이 아니라 단순한 실무지원기구에 불과하기 때문이다. 공동사무처는 남북각료회의, 남북평의회 등과 같은 남북연합기구의 제반업무를 지원하며 이들이 위임한 실무적 사항을 처리하고,[158] 남북한 간의 연락 및 정책협조업무는 상주연락대표부가 담당하는 것으로 되어 있다.[159] 1991년에 체결된 남북기본합의서에도 합의이행기구로는 단지 남북 간의 연락과 협의를 담당하는 남북연락사무소를 두고, 분야 또는 부문별로 비상설 협의체 성격의 공동위원회를 설치하도록 명시되어 있을 뿐이다.

남과 북이 지난 수십 년간 수많은 합의를 도출했음에도 불구하고 그 합의들이 제대로 이행되지 못한 이유는 무엇일까? 물론 거시적으로는 한반도를 둘러싼 국제정세 및 안보환경, 남북한 정부의 상

---

157 박종철 외, 「민족공동체 통일방안의 새로운 접근과 추진방향: 3대 공동체 통일구상 중심」, 『KINU 연구총서』 10-08, 통일연구원, 2010, p.23.

158 민주평화통일자문회의, 「남북연합 형성방안」, 『통일정책연구과제』 94-1, 민주평화통일자문회의사무처, 1994, pp.86-92. 김국신, 「한반도 평화체제 구축과 통일전망」, 『KINU 연구총서』 06-16, 통일연구원, 2005, pp.94-95에서 재인용.

159 2002 통일연구원 합동연구 제1차 워크숍, 「남북한 '실질적 통합'의 개념과 추진과제: 민족공동체 형성을 중심으로」, 『통일연구원인문사회연구회 협동연구 총서』 02-01, 통일연구원, 2002, pp.70-71.

호인식, 통일, 군사 및 국내 정책의 변화 등 여러 가지 요인을 손꼽을 수 있으나, 남북관계의 틀 안에서 그 이유를 찾아보자면 "선 화해협력 확대 후 제도화" 방식에 입각한 접근법의 효용성을 재검토해 볼 필요가 있다. 어쩌면 전쟁을 치루고 수십 년간 극단적인 체제경쟁을 벌려온 남과 북 사이에는 아직 기본적인 신뢰조차 구축되어 있지 않은 상태이기에 그러한 접근방식이 불가피한 선택이었을 수도 있다. 그러나 분단 이후 70년, 민족공동체 통일방안 제시 후 20년이 되도록 남북관계가 아직까지도 겨우 초기 화해협력 단계에서 일진일퇴를 거듭하고 있는 현실을 감안할 때 이제는 그 같은 기능적 접근법에 대한 재검토가 필요한 시점이다. 우리보다 훨씬 긴 갈등의 역사를 지녔음에도 불구하고, 우리보다 훨씬 짧은 시간에 훨씬 앞선 화해협력의 단계에 접어들어 있는 아일랜드인들의 접근방식은 이 부문에서도 많은 것을 시사한다.

아일랜드 평화프로세스는 화해협력 확대와 제도화의 "병행 추진" 방식을 택하고 있는 것이 특징이다. 성금요일 협정은 다양한 합의이행기구의 설립을 명시하고 있다. 앞서 설명한 대로 이들 기구들은 세 개의 가닥이 서로 얽히고설킨 중첩적 구조 속에서 상호강화작용mutual reinforcement을 통해 합의이행을 촉진하고 있는 것이다. 우선 평화프로세스의 근간이 되는 영국 및 아일랜드 정부와 북아일랜드 제정당·정파 간의 다자합의 가닥에는 북아일랜드 자치 의회와 행정부라는 이행기구가 존재한다. 전체적 틀 아래 세부적인 합의사항을 이행하기 위한 기구의 설립 또한 명시되어 있다. 일례로 영국과 아일랜드공화국은 각각 자국 내의 가톨릭과 개신교 사회에 대한 법적, 제도적 차별을 감시할 인권위원회를 설치하도록 되어 있다. 또한 북아일랜드에서의 경찰권과 사법권의 정당한 행사를 감독하기 위한 독립적 위원회의 설립도 명시하고 있다.

북아일랜드 국내 정치적 합의의 이행은 남북 아일랜드 사이에 체결된 두 번째 가닥과 영국과 아일랜드공화국 간에 체결된 국제협정 성격을 띤 세 번째 가닥의 합의이행기구들에 의해 중첩적으로 보장되고 있다. 남북 아일랜드 사이의 합의사항을 이행하는 기구로는 남북각료위원회, 남북의회협회, 남북자문포럼 등이 있다. 이 세 개의 기구는 각각 정부와 의회, 시민사회 차원의 기구이다. 이들은 상호 보완하며 남북 아일랜드 사이의 화해와 협력을 촉진하고, 남북각료위원회와 북아일랜드 행정부 사이의 상호연계성을 매개로 북아일랜드 자치제도의 정상적인 운영을 보장하고 있다. 한편 영국과 아일랜드 정부는 영아정부간회의, 영아위원회, 영아의회간기구 등을 통해 권력위임에 의해 구성된 북아일랜드 자치정부가 합의주체의 하나가 된 아일랜드 평화구축체제의 미비한 부분을 보완해 성금요일 협정 이행의 안정성을 더욱 높여주고 있다.

아일랜드 평화프로세스에서 특히 우리의 관심을 끄는 것은 남북 아일랜드 간의 합의이행기구라고 할 수 있다. 그 가운데 남북각료위원회는 아일랜드 섬 전체를 대상으로 하는 남북 공동 이익의 협력사업들을 추진함으로써 남북 아일랜드 간 평화구축을 진전시키고 장차 통일아일랜드 건설을 위한 기반을 닦는 역할을 하고 있다. 남북각료위원회는 아일랜드공화국 수상과 북아일랜드 자치정부의 양대 세력을 대표하는 수상과 부수상이 참석하는 전체회의와 양 정부의 장관들이 참여하는 분야별 회의를 중심으로 운영된다. 양측 정부 모두가 모든 장관들의 남북각료위원회 참석을 의무화하고 있는 가운데 분야별 회의에는 아일랜드 정부의 해당 장관과 북아일랜드 정부의 양대 세력 대표가 참석하게 되어 있다. 이는 성금요일 협정에 명시된 대로 남북각료위원회와 북아일랜드 자치정부 사이의 "상호 연계성과 의존성"을 제도적으로 보장하는 장치라고 할 수 있다.

또한 성금요일 협정은 농업, 교육, 교통 등 남북 아일랜드 간 12대 협력확대 분야를 구체적으로 적시하고, 양측의 기존 기구나 신설되는 아일랜드 섬 전역을 대상으로 하는 초국경cross-border 기구의 신설을 통해 분야별로 남북 간의 합의사항을 이행할 것을 명시하고 있다. 앞서 설명한 것처럼 이들 기구는 단순한 비상설 회의체가 아니라 상당 규모의 인력과 예산을 갖춘 상설기구다. 12대 분야에서의 경제협력사업을 지원하고 분야별 이행기구와의 협력 하에 협력사업의 진척상황을 점검하는 것은 남북각료위원회 공동사무국이다. 남북 아일랜드 정부에서 파견한 동수의 공무원으로 구성된 공동사무국은 양측이 각각 임명한 공동사무국장의 지휘 아래 남북각료위원회와 다양한 이행기구들을 잇는 채널 역할을 한다.

아일랜드 평화프로세스의 또 하나의 특징은 이 모든 합의이행기구의 설치가 단순히 정치적 선언에 근거한 것이 아니라 법제화를 통해 이루어졌다는 것이다. 성금요일 협정 자체도 남북 아일랜드에서는 국민투표를 거쳐 확정되었고, 영국에서는 관련 법령이 개정된 후 국제협정 체결 절차를 거쳐 의회의 인준을 받았다. 남아일랜드에서도 헌법 개정과 후속 입법조치들이 이루어졌다. 성금요일 협정의 이행도 아일랜드공화국과 영국 국내의 입법절차에 따라 법제화되었다. 그처럼 잘 갖춰진 법적 기반 위에서 합의이행이 진행되었기에 그토록 짧은 시간에 그처럼 커다란 진전을 이루는 것이 가능했던 것이다.

우리의 경우 남북관계의 법적, 제도적 기반이 아직도 취약하다. 남북기본합의서를 비롯해 다양한 남북 간의 합의가 우리 국내에서조차 법적 구속력을 갖고 있지 못한 것이 현실이다. 따라서 우선 기존의 관련 법령을 개정, 보완하고 새로운 법령을 제정해 남북관계의 법적, 제도적 기반을 마련할 필요가 있다. 그 같은 토대 위에서 "선화해협력 진전 후 제도화"식 접근법의 효용성을 냉철하게 평가해 보고, "제도화를 통한 관계개선", 또는 "관계개선과 제도화의 병행 추진" 방식을 검토해 볼 필요가 있다.

제7장

통일비용의 조달

통일 논의에 있어 경제적으로 가장 민감한 사안 가운데 하나는 '통일비용'의 문제라고 할 수 있다. 냉전 종식 이후 지난 20여 년간 남북관계의 진전을 위해 다양한 대북정책이 추진되는 과정에서 통일비용에 대한 연구도 산발적으로 진행되었다. 그러나 그간의 통일비용 논의는 어떻게 비용을 조달하느냐 하는 문제보다는 주로 비용이 얼마나 될지를 추정하는 데 초점이 맞춰져 왔다. 그 과정에서 통일비용에 대한 지나친 강조로 인해 통일에 대한 불안감을 가중시키는 경향이 적지 않았다.

한반도 통일비용에 대한 연구는 시대별로 연구의 초점이 바뀌어 왔다.[160] 통일비용의 규모는 통일의 형태와 방식, 시기와 속도, 통일비용에 대한 개념 정의 및 추정모형, 비용부담 주체 구분, 도달 목표의 수준 등에 따라 큰 편차가 발생했다.[161] 그로 인해 그간 발표된 국내외의 다양한 연구 결과들 사이에는 최소 500억 달러에서 최대 5조 달러에 이르는 엄청난 편차가 존재했다.[162]

냉전의 종식과 독일의 통일로 인해 북한의 붕괴에 대한 우려가 고조되었던 1990년부터는 특히 통일비용에 대한 관심이 높아졌다. 그러다 1990년대 말부터 2000년대 초반까지 김대중-노무현 정부의 대북 개입정책engagement policy 기조 하에서 통일비용에 대한 연구가 정체되었다. 당시 국내에서의 연구는 주로 독일 통일의 사례를 분석해 통일비용을 추정하는 것이 일반적이었다. 때문에 독일 통일 10년이 지난 시점에도 계속 발생하는 막대한 구동독 지역 재건비용으로 인

---

160 김규륜 외, 「통일비용·편익 연구의 새로운 접근: 포괄적 연구요소의 도입과 대안의 모색」, 『통일비용·편익 종합연구』, 11-01, 통일연구원, 2011, p.13.

161 같은 책, pp.34-35.

162 같은 책, pp.24-25.

해 재정적 고통을 받고 있던 당시 독일의 경제상황은 통일비용에 대한 우려를 가중시켰던 것이다. 이어서 1990년대 말 외환위기가 발생하자 우리 경제의 통일비용 부담능력에 대한 우려가 증폭되면서 통일비용 연구가 위축되었다.

그 후 2010년 8.15 경축사에서 이명박 대통령이 통일세를 제안한 것을 계기로 통일비용에 대한 연구가 다시 활기를 띠었다. 2011년 통일부는 3대 공동체 추진구상과 더불어 통일재원 마련방안 연구용역을 발주했다. 용역을 맡은 통일연구원 등 5개 기관 및 단체는 2020년 통일을 가정한 단기형 시나리오에서는 통일비용이 총 379조 2,000억~1,261조 1,000억 원, 2030년 통일을 가정한 중기형 시나리오 하에서는 총 813조~2,836조 원, 2040년 통일을 가정한 장기형 시나리오에서는 총 1,000조 4,000억~3,277조 6,000억 원이나 될 것으로 추정했다.[163] 그러나 이 시기의 통일비용 연구는 외환위기를 극복한 우리나라의 경제력과 재건된 통일 독일의 경제적 위상에 고무되어 통일비용보다는 통일편익 추정을 더욱 중시하는 경향을 보였다.

이명박 정부 하에서 진행된 통일비용 연구의 특징 중 하나는 정부 차원에서 통일재원 조달방안이 검토되었다는 것이다. 민족공동체 기반조성사업 연구용역팀은 내국세 적립을 사전 통일재원 확보방안으로 제안했다. 정부는 통일재원 마련의 필요성을 국민에게 알려 나가는 한편 통일재원 적립을 위한 법적·제도적 장치를 마련하고자 했다. 통일부는 추가 조세 부담에 대한 국민적 반발을 고려해 통일세 신설을 포기하는 대신 국민들의 자발적 통일성금을 모금하는 '통일항아리' 캠페인을 전개했다. 또한 남북협력기금법에 통일재원을 마련

---

163 같은 책, p.26.

할 수 있는 근거규정인 '통일계정'을 신설하는 남북협력 및 통일기금법 개정안을 정부 입법으로 마련해 2012년 8월 29일 국회에 제출했다. 그러나 이명박 정부의 퇴임과 함께 통일성금 모금운동은 추동력을 상실하고 남북협력기금법 개정안은 아직까지도 국회에서 표류를 계속하고 있다.

이렇듯 우린 아직까지 통일비용 논의의 초점이 규모 추정에 머물러 있어 실제 통일비용 조달을 위한 재원 확보방안 논의에서 크게 진전이 없는 상태다. 일부 전문가에 의해 목적세 신설, 특별 기금 설립, 국제금융기관의 지원이나 일본의 식민통치 배상금 활용, 국제사회 지원 확보 등의 방안이 제시되기도 했으나 아직도 보다 현실적이고 구체적인 방안은 마련되어 있지 않은 것이 현실이다.

아일랜드의 경우 다양한 재원을 통해 북아일랜드 경제 재건 및 남북 갈등해소에 들어가는 비용을 조달하고 있다. 첫 번째 재원은 남북 아일랜드 정부의 공동부담금이다. 각종 공동합의이행기구의 직원 인건비 등 운영비용은 물론 사업비의 대부분은 아일랜드공화국 정부와 북아일랜드 자치정부가 공동으로 분담하고 있다. 두 번째 재원은 EU의 지원이다. EU는 아일랜드 평화프로세스 지원을 위해 INTERREG와 PEACE라는 두 개의 프로그램을 운영하고 있다. 세 번째는 미국 등 외국 정부의 투자다. 일례로 미국은 아일랜드 평화구축은 북아일랜드의 경제 발전을 통해 촉진될 수 있다는 생각으로 막대한 규모의 자금을 아일랜드에 투자해 왔다. 마지막으로 특징적인 것은 북아일랜드 경제 개발과 사회 발전을 지원하기 위한 독립적 '국제아일랜드기금International Fund for Ireland'의 존재다.

우리 역시 북한 경제의 규모나 남북한 경제의 상대적 격차 등을 감안할 때 남북 화해나 북한 재건을 위해서는 상당 규모의 재원이 필요할 것이다. 그러나 국채 발행, 목적세 신설, 특별기금 설립과 같은 국내 재원만으로는 자금 조달에 한계가 있을 수밖에 없다. 더욱이 그 같은 국내 재원을 확보하는 과정에서는 여러 가지 정치적 난관도 예상된다. 북한의 허약한 재정상태를 감안할 때 부존 지하자원 매각 등을 통해 북한 측이 분담할 수 있는 자금의 규모에도 한계가 있을 것이다. 나아가 국제사회의 지원을 얻어내는 것도 쉬운 일이 아니다. 유럽과 달리 동북아의 경우 EU 같은 지역통합기구가 부재한 상황이기 때문에 역내 국가들의 적극적인 지원을 얻어내기가 쉽지 않을 것이다. 나아가 '세계부흥개발은행IBRD, International Bank for Reconstruction and Development'이나 '아시아개발은행ADB, Asian Development Bank' 같은 국제금융기구의 개입 가능성도 미지수다.[164] 미, 중, 일, 유럽 등의 외국인직접투자FDI, Foreign Direct Investmen 전망도 불투명하다. 그것이 설혹 성사된다 해도 그 규모나 타이밍, 조건 등이 적절하리라는 보장이 없다. 한 가지 방법은 유관국가 간 재정분담을 위한 한반도에너지개발기구KEDO, Korean peninsula Energy Development Organization와 유사한 다자기구를 새로 창설하는 것이다. 이와 같은 맥락에서 더욱 우리의 관심을 끄는 것이 국제아일랜드기금이다. 물론 기금만으로 필요한 통일비용 모두를 충당할 수는 없을 것이다. 그럼에도 불구하고 국제아일랜드기금은 다양한 재원 확보 방안 가운데 하나로 충분히 참고할 만하다.

국제아일랜드기금은 1985년 영아합의에 따라 이듬해에 설립된 독립적인 국제기구다. 동 기금은 미국과 EU, 캐나다, 호주, 뉴질랜드 등의 기여금에 의해 재정이 조달된다. 그것은 아일랜드 전역에서 파

---

[164] 이 같은 맥락에서 볼 때 북한의 사회건설자본 개발에 있어 중국의 주도로 2014년 10월 24일에 공식 출범한 아시아인프라투자은행(AIIB, Asian Infrastructure Investment Bank)의 역할이 기대된다.

벌주의와 폭력의 근원적 원인을 치유하고, 주민과 주민 사이, 지역
사회 내부 및 지역사회 사이의 차별 해소 및 화해를 촉진하는 데 사
용되고 있다. 특히 북아일랜드를 비롯해 북아일랜드와 접경을 이루
고 있는 아일랜드공화국의 6개 주, 즉 카반Cavan, 도네갈Donegal, 레이
트림Leitrim, 로우스Louth, 모네헨Monaghan, 슬리고Sligo 등의 지역에 초점을
맞추고 있다. 오늘날까지 동 기금에 투입된 자금은 총 7억 1,300만
파운드(또는 8억 9,500만 유로)이며, 그간 아일랜드 섬 전역에서 총
5,800여 개의 프로젝트를 지원했다.

동 기금은 영국과 아일랜드 정부가 공동으로 임명하는 민간인
출신 이사장과 이사들에 의해 운영되는 것이 특징이다. 양국 정부
는 민간, 공공, 지역사회 등 사회의 다양한 분야에서 경험을 쌓은 인
사들 가운데 이사들을 선정한다. 그 이유는 기금의 정치적 독립성을
최대한으로 보장하기 위해서다. 한편 영국과 아일랜드 정부는 고위
정부인사들을 자문위원으로 임명해 이사회의 운영을 돕고 있다. 또
한 양국의 정부 부처를 비롯해 다양한 기관과 기구들이 기금 운영의
주체로 참여하고 있다. 기금 집행과 관련된 실무는 각각 벨파스트와
더블린에 의해 임명된 공동사무국장이 이끄는 단일 사무국이 담당
하고 있다. 남북 아일랜드 양측의 해당 국경지역 인사들은 지역개발
관Development Officers의 자격으로 유관지역 내 프로젝트의 운영에 참여
하고 있다. 그들은 기금 사무국과 해당 지역을 연결하는 가교 역할
을 하고 기금 신청자와 사업계획서 모집을 담당하며 진행 중인 사업
을 모니터하기도 한다. 미국과 EU, 캐나다, 호주, 뉴질랜드 등 기금
기여국의 대표들은 국제 옵서버 자격으로 이사회에 참석한다.

동 기금과 관련해서 한 가지 흥미로운 사실은 미국, 캐나다, 호
주, 뉴질랜드 등 기부국의 면모를 보면 이들 모두가 아일랜드계 이

민이 대규모로 거주하고 있는 국가라는 사실이다. 18세기 초부터 시작된 아일랜드인들의 이민은 19세기 초 대기근Great Famine 중 급속도로 증가했다. 본국에서의 가난과 영국의 억압에 못이긴 아일랜드인들은 캐나다와 미국을 향해 떠났다. 1820년에서 1880년 사이 미국으로 이민을 떠난 아일랜드인의 수만 해도 당시 아일랜드 전체 인구의 거의 절반에 달하는 350만 명에 이르렀다. 현재 미국의 경우 아일랜드계 시민은 약 4,000만 명으로 전체 미국 인구의 약 12% 정도를 차지하고 있으며, 이는 아일랜드 섬에 살고 있는 아일랜드인의 약 여섯 배나 되는 규모다.[165] 학자마다 아일랜드계의 정의에 대한 이견은 있지만 역대 대통령 가운데 최대 절반 가까이가 직간접적으로 아일랜드계 조상을 갖고 있는 등 미국 사회 각계각층에 미치는 아일랜드계의 영향력은 엄청나다. 캐나다, 호주, 뉴질랜드 등 영연방 국가들의 경우에도 상황은 비슷하다. 따라서 아일랜드계 후손이 상당한 영향력을 행사하고 있는 국가들이 국제아일랜드기금의 재원이라는 사실은 그리 놀라운 일이 아닐 수도 있다.

우리나라도 중국에 270만, 미국에 200만 등 전 세계에 걸쳐 총 700만 명이 넘는 해외 거주 동포를 갖고 있는 나라다.[166] 일부 국가에서는 재외동포사회가 상당한 재력을 갖추고 있고 정치력도 날로 신장되고 중이다. 동포 1세뿐 아니라 2세, 3세 등이 다양한 국가에서 정부와 정치권을 포함 각계각층의 요직에 진출하고 있다. 일부 국

---

[165] 2008년에 미국 연방인구조사국이 실시한 미국사회조사(American Community Survey)에 의하면 전체 미국 인구의 약 11.9%인 3천 600만 명이 자신을 아일랜드계의 후손이라고 응답하고, 약 1.2%인 350만 명 정도는 자신의 조상이 스코틀랜드-아일랜드계라고 밝혔다. http://en.wikipedia.org/wiki/Irish_American/(2013.10.15 검색).

[166] 외교부, 『2013 해외동포현황』, 2013, p.14.

가에서는 여론을 주도하고 정부의 의사결정 과정에 영향력을 행사할 수 있는 위치에 있기도 하다. 해외동포사회의 사회적, 정치적 영향력은 시간이 갈수록 더욱 강화될 것이다. 우리에게도 그 같은 글로벌 한인 네트워크를 통일재원 조달, 나아가 한반도 통일 추진 전반에 보다 효과적으로 활용할 수 있는 치밀한 전략과 계획이 필요하다.

epilogue

에필로그

    남부 아일랜드 26개 주는 1921년에 무려 750년간 지속되던 영국의 식민통치로부터 독립했다. 하지만 북부 6개 주가 영국에 잔류함으로써 아일랜드 섬은 남북으로 갈라지고, 북아일랜드에는 민족적, 종교적 요소로 인한 중첩적 갈등구조는 지속되었다. 그리고 지난 1998년 갈등구조를 형성하던 제 세력 간에 성금요일 협정이 체결됨으로써 폭력으로 얼룩진 갈등의 시대를 뒤로 하고 평화프로세스가 시작되었다. 이제 평화정착 과정이 시작된 지 불과 15년밖에 안 되었지만 남북 아일랜드는 벌써 상당 수준의 화해와 협력을 이룩하며 통일아일랜드를 향해 조용히 나아가고 있다.

    아직 현재진행형이긴 하지만, 앞에서 살펴본 것처럼 아일랜드 평화프로세스는 한반도 통일을 준비하는 우리에게 많은 것을 시사한다. 첫째, 성금요일 협정은 차선을 선택하는 정치적 타협의 산물이었다. 북아일랜드의 독립을 원하는 민족주의 세력과 영국의 일부로서 존속을 원하는 통합주의 세력 간의 타협을 가능하게 한 것은 권력공유를 통한 북아일랜드 자치정부의 수립이라는 유인책incentive이었다. 결국 그 어느 세력도 권력의 전부를 소유하는 것이 불가능한 교착상황에서 대부분의 정치세력은 그나마 일부를 공유하는 차선을 선택할 수밖에 없었던 것이다.

"통일정부를 어떻게 구성할 것인가" 하는 문제는 우리에게 있어서도 자유총선거를 통한 단일정부 구성방안이 제시되었던 해방정국 이후 남북 간에 계속 평행선을 그어 온 가장 핵심적인 문제였다. 아일랜드의 경우에는 아일랜드 섬 전체에 대한 주권을 주장하는 아일랜드공화국 헌법과도 연결된 문제였다. 우리 헌법에도 유사한 영토조항이 있다는 사실을 감안할 때 그것은 우리에게도 민감한 문제가 아닐 수 없다.

물론 권력의 공유가 공짜는 아니었다. 권력 공유를 위한 다자간 평화협상에 참여하기 위해서는 폭력투쟁을 포기하고 무기를 내려놓아야만 했다. 그 어느 누구에게도 선제적으로 무장을 해제하는 것은 쉬운 일이 아니었다. 민족주의 세력과 영국 정부, 통합주의 세력과 아일랜드공화국, 민족주의 세력과 통합주의 세력 등 서로 대립하는 제 세력 사이에는 기본적인 상호신뢰마저 부재했기 때문이었다. 그러나 영국 정부는 권력 위임을 위한 전제조건으로 무장해제를 집요하게 요구했고, 결국 이를 관철시켰다.

둘째, 성금요일 협정은 단순한 정치적 선언이 아니라 영국과 아일랜드 정부에게 즉각적인 법제화를 의무화했다. 각각 영국과 아일랜드공화국, 아일랜드공화국과 북아일랜드 자치정부, 영국과 아일랜드 정부 및 북아일랜드 제 정당 사이에 이루어진 세 가닥의 합의로 구성된 성금요일 협정은 무엇보다도 먼저 합의이행에 필요한 법적 근거를 제공한 것이다. 성금요일 협정에 따라 영국 정부는 다양한 입법절차를 거쳐 북아일랜드 자치정부로의 권력 위임을 이행했고, 아일랜드공화국은 헌법 개정을 통해 남북 아일랜드 관계 정상화를 위한 법적 기반을 마련했다. 단지 권력 공유뿐 아니라 무장해제, 화해, 치안, 인권 등 모든 관련 분야에서 행해진 조치들도 법제화를 통해 이루어졌다. 합의도출 과정과 병행해 튼튼한 법적 기반이 먼저 구축됨으로써 성금요일 협정이 보다 지속적으로 이행되었고, 아일랜드 평화프로세스는 안정성을 확보할 수 있었다.

셋째, 아일랜드 평화프로세스는 제도화를 통해 이루어졌다. 성금요일 협정은 다양한 합의이행기구의 설치를 명시했다. 제 세력 간의 화해와 협력은 처음부터 각 분야별로 상설 이행기구라는 실체를 통해 추진되었다. 특히 남북 아일랜드 간의 경제협력은 분야별로 기존의 기구와 함께 성금요일 협정에서 명시적으로 신설된 공동이행기구를 통해 진행되었다. 이행기구의 존폐가 합의이행의 성패와 직결되어 있는 구조였다. 남북 간에 최소한의 상호신뢰도 부재한 상태였지만 화해와 협력이 일정 수준에 이른 후 제도화를 시도한 것이 아니고 처음부터 제도화를 통해 화해와 협력의 확대를 추진한 것이다. 아일랜드 평화프로세스가 시작된 지 불과 15년 만에 상당 수준에 오르게 된 것은 어쩌면 그 같은 제도화의 병행 추진이 그만큼 효과적이었기 때문인지도 모른다.

물론 아일랜드 평화프로세스에는 비민주적인 측면도 존재한다. 오늘날 북아일랜드의 두 정치세력은 디헌트 방식에 의한 권력 공유와 지역사회 교차투표와 같은 독주방지장치를 이용해 권력의 균형을 유지하고 있다. 남북 아일랜드 사이에 구성된 남북각료위원회의 경우 인구 수와 경제력에서 상대적으로 우월한 남아일랜드가 북아일랜드와 오히려 1:2의 비율로 회의체를 구성하고 있다. 민족주의 세력과 통합주의 세력이 권력을 공유하고 있는 북아일랜드 자치정부의 특수한 사성을 고려한 조치다. 양 세력이 모두 참여한 협상이 아닌 경우 실질적으로 합의이행이 불가능하기 때문이다. 엄격한 의미에서 그와 같은 인위적인 제도는 진정한 민주주의가 아니라고도 할 수 있다. 우리는 예멘의 경우에서 인위적 권력 배분의 폐단을 보았다. 아일랜드인들도 그것을 인정한다.[167] 그러나 비록 최선의 제도는 아니라 해도 그것은 아일랜드인들이 길게는 수세기, 짧게는 평화협상 시작 이후 수십 년에 걸친 무수한 시행착오 끝에 아일랜드만의 특이한 정치적 상황 속에서 찾아낸 인내와 결단의 산물이다. 아일랜드인들이 자치정부의 반복되는 중단과 재개 속에 아일랜드 섬의 특수한 상황에 맞는 평화프로세스를 찾아가고 있듯이, 우리도 한반도의 특수한 상황에 가장 적합한 통일방안과 평화프로세스를 찾는 노력을 부단히 경주해야 한다.

이와 같은 관점에서 두 가지 정책적 제안을 한다. 첫째, 이제는 발표 후 벌써 사반세기의 세월이 지난 민족공동체 통일방안을 보완하는 작업에 착수하자. 민족공동체 통일방안이 처음 마련된 것은 1989년이다. 당시 1년여의 준비기간을 거쳐 국민의 뜻을 수렴했다. 수차례의 전문가 회의와 공청회를 거쳐 정부안을 마련한 후 3당 대표를 초청해 설명회를 열고, 그들의 동의를 얻어 국회에 상정한 뒤 여야 만장일치로 통과시킨 방안이었다.[168] 그처럼 국민적 합의를 바탕으로 한 통일방안이기에 역대 정부도 예외적으로 이념적 성향에 관계

---

[167] 이몬 맥키(Eamonn McKee) 주한 아일랜드 대사, 통일연구원 주최 '아일랜드 평화협상 세미나' 중(2012.10.16).
[168] 이홍구 전 총리, 통일교육원 제8기 통일미래지도자과정 강의 중(2013.9.27).

없이 이를 승계했다. 그러나 이제는 그간의 한반도 내외 정세와 통일 환경의 변화를 반영해 민족공동체 통일방안을 보다 발전적으로 수정, 보완해야 할 시점이다.

민족공동체 통일방안이 발표된 이후 국제 냉전이 종식되고 독일의 통일과 함께 소련이 붕괴되었으며, 동구 사회주의 국가들에서는 체제전환이 이루어졌다. 남한과 북한은 각각 UN 회원국으로 가입했고, 두 번의 정상회담을 개최했다. 이제는 그 같은 변화를 감안해 지난 25년간 지적된 장점은 더욱 세밀하게 보강하고 단점은 보완해 보다 현실적이고, 실현가능한 통일방안을 만들어야 한다. 그런 맥락에서 볼 때 박근혜 정부가 추진하고 있는 '한반도 신뢰프로세스'는 현실적인 통일방안과 치밀한 추진전략을 마련하는 것에서부터 시작되어야 한다. 그것이 한반도 평화프로세스, 나아가 통일 과정의 시작이라고 할 수 있다. 이를 위해서는 그 무엇보다도 통일방안 논의의 공론화가 필요하다.

둘째, 민족공동체 통일방안의 보완을 위해서는 아일랜드 평화프로세스를 참고할 필요가 있다. 이를 위해서는 아일랜드 평화프로세스에 대한 정부 차원의 심층적인 연구가 필요하다. 지난 20여 년간 독일 통일을 연구했듯 이제 아일랜드 평화프로세스에 대해 관심을 기울일 때다. 3년 전 통일연구원은 통일부의 후원 아래 주한 아일랜드 대사관과 공동으로 아일랜드 평화프로세스에 대한 세미나를 개최한 적이 있다. 이 세미나에는 남북 아일랜드 평화협상 당시 실무요원으로 참여했던 아일랜드 외교부 관리들과 현직 남북각료위원회 공동사무국 관계자들이 다수 참석했다. 이러한 노력이 앞으로도 지속되어야 한다.

주지하는 대로 아일랜드 평화프로세스는 지금도 진행 중이다. 그 결말이 어떻게 날지는 아무도 알 수 없다. 매리 번팅Mary Bunting 남북 각료위원회 공동사무국 북아일랜드 측 사무총장은 "아일랜드 평화 프로세스가 우리에게 주는 교훈은 종착지에 대해 쉽게 예단하지 말고, 종착지와 그곳에 이르는 방법에 대해 끊임없이 의문을 제기하라는 것"이라고 했다.[169] 앞으로 남북 아일랜드가 어떠한 종착지를 향해, 어떻게 나아갈지는 그 누구도 알 수 없다. 그들은 지금 백지 위에 그림을 그리고 있다. 전인미답의 길을 가고 있는 것이다. 독일 통일 시 독일이 그랬듯이 아일랜드에게도 통일에 대한 "교과서나 참고서가 없는" 상태다.[170] 아일랜드 평화구축모델은 아일랜드만의 특수한 상황이 만들어 낸 산물이기 때문이다. 그렇기 때문에 우리에게 더욱 큰 의미를 지닌다고 할 수 있다. 현재 진행형이기 때문에 좀 더 시간의 여유를 갖고 그들이 만들어 가는 평화프로세스를 바로 옆에서 지켜볼 수 있을 것이다. 우리가 보다 적극적으로 원할 경우 그 과정에서 아일랜드 정부와 피드백feedback을 주고받으면서 아일랜드와 한반도의 미래를 일정 부분 함께 만들어 갈 수 있는 여지도 찾을 수 있을 것이다.

---

169 통일연구원 주최 '아일랜드 평화협상 세미나' 중(2012.10.16).
170 로타 드메지에르(Lothar de Maizière) 구동독 마지막 총리, 이화여대 주최 '비전대 강연' 중(2011.11.11).

[찾아보기]

가톨릭 차별정책 96~110
  * 가톨릭신자법(1778) 108
  * 로마가톨릭구호법(1793) 108
  * 포이닝스법(1494) 108
가톨릭해방 109
가톨릭협회 109
갈리시아(Galicia) 32
강제법 91
개신교통합당(PUP) 174
게리멘더링 117
게일릭리그 129
게일릭체육협회 130
게일족(The Gaels) 31
게일족의 부활기 115
견습소년단 174, 224
고대 켈트종교 49
고드윈슨, 해롤드(Harold Godwinson) 60
골딩, 캐달(Cathal Goulding) 170
골족(The Gauls) 37
공군특수부대(SAS) 198
공식 IRA(OIRA) 159, 178, 179~184, 197
공식통합당(OUP) 186, 209
공식 통합주의자 188
국경공세 173
국경위원회 163, 165~168
국민의용대 139
국왕의 동의 123
국제무장해제위원회(IICD) 219, 239~242, 291
국제아일랜드기금 378
교식통일령(1560) 100
그라탕, 헨리(Henry Grattan) 120

그레고리오 1세(Gregorius I) 교황 51
그리피스, 아서(Arthur Griffith) 144
글래드스톤, 윌리엄 이워트 89, 124
긴 의회(Long Parliament) 85
남북각료위원회 228, 244, 288, 296~300
남북의회간협회 244, 289
남북자문포럼 289
남북정상회담 173~174
농장화 정책 68~69
뉴모델 군대 84, 86
다우닝가 선언 189, 210, 216~217
다이어메이트 맥머르차다(Diamait
MacMurchada) 왕 61
다일 아이린 141
단계적 권력위임 203
달 리아타(Dál Riata) 왕국 35, 41
담요시위 197
대처, 마가렛(Margaret Thatcher) 198, 200, 207
대헌장(Magna Carta) 114
'더러운 시위' 197~198, 202
데리의 포위 164
데 발레라, 이몬(Eamon de Valera) 144, 150
데 샤뜨랑, 존(John de Chastelain) 239
데스몬드 항쟁 74
도허티, 피얼스(Pearse Doherty) 257
독일통일 328~330
동서독기본조약 321
드루이드 36
디헌트 방식 288, 360
딜론, 존(John Dilon) 137
랑발슨, 하롤프(Hrolf Ragnvaldsson) 또는
롤로(Rollo) 60
레드몬드, 존 에드워드(John Edward Redmond)
130
레마스, 숀(Sean Lemass) 173
레이놀즈, 알버트(Albert Reynolds) 217, 220
로빈슨, 피터(Peter Robinson) 209, 258
로열리스트 118, 120
로열리스트의용군 218, 242
룬디, 로버트(Robert Lundy) 193, 208
류이드리 우에 콘쵸브헤어(Ruaidri Ua

Conchobhair) 62~63
르낭, 어네스트(Earnest Renan) 338
린치, 잭(Jack Lynch) 176
림머릭 조약 117
마겐티우스(Magentius) 40
말론, 시머스(Seamus Mallon) 229, 233
매리 1세 100
매이슨, 로이(Roy Mason) 198
맥기니스, 마틴(Martin McGuinness) 184, 243
맥더못, 숀(Sean MacDermott) 139
맨델슨, 피터(Peter Mandelson) 240
먼스터 대농장 74~75
메이저, 존(John Major) 220, 225
메이휴, 패트릭(Patrick Mayhew) 221
모우람, 모(Mo Mowlam) 227
몰리닉스, 제임스(James Molyneaux) 209
무장해제 160, 138~144, 219~222
미첼, 조오지(George Mitchell) 223~227
민족공동체통일방안 320~321, 356, 368~369
민주통합당(DUP) 186, 231
밀레시안족(The Milesians) 31
밀 에스패인(Mí Espáne) 31
바이킹족의 침공 44~47
바이킹 대부대(Great Army) 46
반노크번 전투 246
반분단동맹 172
백작들의 패주 66, 76
버트, 아이작(Issac Butt) 125
벨파스트 협정(성금요일 협정 참조) 282
보그사이드 전투 159, 176
보디카(Boudica) 여왕 38
보인 전투(Battle of Boyne) 103, 164
보조부대 143
부재 지배자 61
부재 지주 88
부활절 봉기 139~140, 145
북아일랜드동맹당(APNI) 189, 208, 364
북아일랜드무장해제법(1997) 219
북아일랜드인권협회(NICRA) 170~172
북아일랜드청(NIO) 182
북아일랜드 평화협상 159~161

북아일랜드헌법법 189
브라운, 고든(Gordon Brown) 253
브라이언 보루(Brian Boru) 44
브란트, 빌리(Willy Brandt) 325
브루톤, 존(John Bruton) 222
브룩, 피터(Peter Brooke) 210
브리타니(Britany) 43
브리튼족 33, 38
블레어, 토니(Tony Blair) 226, 227~231
비상권한법안 148
사회민주노동당(SDLP) 189, 204, 206
살몬드, 알렉스(Alex Salmond) 248, 252
상왕국(over-kingdom) 36
색슨족(The Saxons) 40
샌즈, 보비(Bobby Sands) 202
서닝데일 합의 185, 189~196
성금요일 협정 196, 266, 271~273, 282~293
성 아이단(St. Aidan) 51
성앤드류 협정 243
성 콜럼바(St. Columba) 51
성 패트릭(St. Patrick) 51
수장령(1534) 98
스코트족(The Scots) 39, 41
스코틀랜드국민당(SNP) 248~258
스코틀랜드녹색당(SGP) 254
스코틀랜드법(1998) 247
스코틀랜드 주민투표 245, 247~260
스탬포드 다리 전투(Battle of Stamford Bridge)
47, 60
시험법 107, 109
신아일랜드포럼(NIF) 206~207
신페인당 130, 141
심넬, 람버트(Lambert Simnel) 116
아담스, 제리(Gerry Adams) 182, 212
아마게돈훈련 176
아서 치체스터(Arthur Chichester) 총독 76
아스퀴스, H.H. 130, 136~137
아스투리아(Asturia) 32
아이헌, 버티(Bertie Ahern) 226, 228~231
아일랜드공화국군(IRA) 142, 117~178, 180~183,
201, 205, 219~220

아일랜드공화국형제단(IRB) 124, 130
아일랜드 군주(존 락클랜드 왕자) 62
아일랜드내전 146~149
아일랜드 대기근 88, 123
아일랜드독립전쟁 142~144
아일랜드를 위한 모두의 동맹 136
아일랜드민족해방군(INLA) 159, 197
아일랜드법(1949) 186
아일랜드시민군 130
아일랜드애국당 119
아일랜드위원회 187, 190
아일랜드의 대영의존법(1719) 118
아일랜드의용군(IVF) 134
아일랜드의용대 138
아일랜드의회당 127
아일랜드인민해방기구(IPLO) 205
아일랜드인청년봉기 124
아일랜드자유국 145
아일랜드자치당 130
아일랜드자치법 136~137
아일랜드자치법안 126
　　*제1차 128
　　*제2차 128~129
　　*제3차 130~131
　　*제4차 144
아일랜드전국토지동맹 91, 125
아일랜드정부법(1915) 131
아일랜드정부법(1920) 144
'아일랜드 차원' 187~188, 192
아일랜드회의 138, 141
알브로스 선언 246
알프레드(Alfred) 왕 47
애그리콜라(Agricola) 총독 39
앤토닌 장성(Antonine Wall) 37
앳킨스, 험프리(Humphrey Atkins) 118
앵글로-색슨족(The Anglo-Saxons) 42~43
야스키, 바트(Bart Jaski) 45
얼스터개신교의용대(UPV) 171
얼스터군위원회 193
얼스터노동자위원회 194, 240, 362
얼스터대농장 76~78, 102~103

얼스터방위연대(UDR) 159
얼스터방위협회(UDA) 181, 208~209
얼스터선언 200
얼스터엄숙동맹서약 133
얼스터의용군(1913, UVF) 134, 165
얼스터의용군(1966, UVF) 171, 180, 208, 218
얼스터의용대 133
얼스터저항군 205, 209
얼스터통합당(UUP) 168
얼스터통합위원회(UUC) 132
얼스터헌법수호위원회(UCDC) 171
에드워드 1세 100
엘리자베스 1세 70~71, 80, 100~101, 245
연방아일랜드(Confederate Ireland) 82
영국독립당(UKIP) 264
영국통합당(UKUP) 227, 231
영아위원회 229
영아정부간회의 208, 289
영아조약 93, 145, 162~163, 352~353
영아합방법 95, 121~123
오닐, 테렌스(Terrence O'Neil) 173
오도허티, 카힐(Cahir O'Doherty) 76
오렌지공 윌리엄 59, 105
오렌지기사단 224
오렌지카드 128
오브라이언, 코너 크루이즈(Connor Cruise O'Brien) 191
오코닐, 데니엘(Daniel O'Connell) 109, 123
오파의 둑(Offa's Dyke) 43
오히긴스, 케빈(Kevin O'Higgins) 151
왕립얼스터경찰(RUC) 159, 172, 175
왕위계승정리법(1701) 110
우월계급(Ascendency Class) 68, 106
윌리엄전쟁 87, 105
윌슨, 해롤드(Harold Wilson) 194
임대료지급거부선언 91
임시신페인당 204
임시 IRA(PIRA) 159, 178~184, 176~197
임의구금제 158
잉글랜드 내전 58
사유 네리 1/4~175

자치(Home Rule) 126
자치동맹 125
자치정부협회 125
장기공항 90
장미전쟁 58, 116
전위당 158
전차운전사 작전 182
정복왕 윌리엄(William the Conqueror) 60
정령신앙 49
제임스 1세 80, 102
제임스 2세 59
제임스 6세 76, 246
조오지, 데이빗 로이드(David Lloyd George) 137
조오지 3세 107, 120
존 락클랜드(John Lachland) 왕자 62
주교들의 전쟁 81
줄리우스 시저(Julius Caesar) 36
쥬베날(Juvernal) 40
지역교차투표 288, 298
지주소작인법(1870) 89
진짜 IRA(RIRA) 218
찰스 1세 70, 80, 83~84
참회왕 에드워드(Edward the Confessor) 59
처칠, 랜돌프(Randolph Churchill) 128
첼레스티노 1세(Coelestinus I) 교황 50
추수작전 173
충성애국동맹 128
카슨, 에드워드(Edward Carson) 133, 165
캐머런, 데이비드(David Cameron) 250, 263
커먼웰스(Commonwealth) 정부 85
켈토이(Keltoi) 32
켈트 기독교 52
켈트의 서 52
켈트 십자가 53
켈트족 35~36
코널리, 제임스(James Connolly) 139, 150
코스그레이브, 리암(Liam Cosgrave) 151
콘스탄스(Constans) 황제 41
콜, 헬무트(Helmut Kohl) 329
콜린스, 마이클(Michael Collins) 143, 162, 165~166

큐만 난 게디힐당 151
Q-켈트어(Q-Celtic) 34
크누트 대왕(Cnut the Great) 47
크레이그, 윌리엄(William Craig) 188
크레이그, 제임스(James Craig) 132, 166
크롬웰, 올리버 58, 82~85, 208
크롬웰의 저주 87
클라디우스(Claudius) 황제 37
클라이드-포스 지협(Clyde-Forth Isthmus) 38
클라크, 톰(Tom Clarke) 139
클락, 치체스터(Chicheter Clark) 175
클랜 나 포블락타당 155
클론타프 전투(Battle of Clontarf) 44
클린톤, 빌(Bill Clinton) 222
킬데어 백작 토마스 피츠제럴드(Thomas Fitzgerald) 64
킹, 톰(Tom King) 209
타라의 전투(Battle of Tara) 44
타르탄청년단 195
타이론 백작 휴 오닐(Hugh O'Neill) 67
타키투스(Tacitus) 39
토마스 웬트워스(Thomas Wentworth) 80
토지개혁운동 92
　　*토지전쟁 92
　　*윈드헴법 93
　　*체납금탕감법(1882) 92
　　*토지매각법(1885) 93
톨레미(Ptolemy) 35
통일아일랜드인사회 119
통일아일랜드인항쟁 120
통합로열리스트사령부(CLMC) 217
통합왕위국 246
투아타 데 데이난족(The Tuatha Dé Dannan) 30
투항과 재교부 정책 71, 99
트림블, 데이비드(David Trimble) 223, 234, 240
특별권한법 158
특수B경찰대 175
틸코널 백작 로리 오노닐(Rory O'Donnell) 67
파넬, 찰스 스튜어트 91, 125
파인 게일당 155, 199

팔라디우스(Palladius) 50
패이슬리, 이안(Ian Paisley) 171, 173~174,
193~194, 243
패일(Pale) 64
퍼거스 모어(Fergus Mor) 41
페니언 폭동 89
펨브룩(Pembroke) 백작 스트롱보우(Strongbow)
62
평화화해포럼 216
'평화의 사람들' 197
폐지협회 123
포스만(Firth of Forth) 33
포크너, 브라이언(Brian Faulkner) 180
폭동의 시대 96
퓌르 볼그족(The Fur Bolg) 30, 135
프라이어, 제임스(James Prior) 203
프랑크족(The Franks) 40, 42
프리시아족(The Frisians) 42
피셔, 조셉(Joseph Fisher) 166
피아나 패일당 149, 151~152, 154, 199
피어스, 패트릭(Patrick Pearse) 139
피의 금요일(1972) 186
피의 일요일(1920) 143
피의 일요일(1972) 181~182
피츠제럴드, 가렛(Garret Fitzgerald) 191, 212
P-켈트어(P-Celtic) 34
피트, 게리(Fitt Gerry) 193
피트, 윌리엄(William Pitt the Younger) 107, 120
픽트족(The Picts) 33
하드리안 장성(Hadrian's Wall) 37
하랄드 하드라다(Harald Hardrada) 60
하우이, 찰스(Charles Haughey) 199~200
하이버니아(Hibernia) 36
할슈타트(Hallstatt) 문화 32
해스팅스 전투(Battle of Hastings) 60
헌법개정(1937) 153~154
헨리 2세 61
헨리 8세 64~67, 89~70, 98~100
형법 103
호노리우스(Honorius) 황제 41
확대위임안 248

흄, 존(John Hume) 204~206, 213
흑색과 갈색 143
히스, 에드워드(Edward Heath) 184, 194
힐스보로 합의 207
3F 92
9년 전쟁 75
1641년 항쟁 81~83
INTERREG 프로그램 311~313
PEACE 프로그램 309~311
SEUPB 314~315